中原文化研究丛书

郑姓源流与荥阳堂研究

卫绍生　主编

中原出版传媒集团
大地传媒

大象出版社
·郑州·

图书在版编目（CIP）数据

中华郑姓源流与荥阳堂研究 / 卫绍生主编. — 郑州:大象出版社, 2015.11

(中原文化研究丛书)

ISBN 978-7-5347-8616-7

Ⅰ.①中… Ⅱ.①卫… Ⅲ.①姓氏—研究—中国 Ⅳ.①K810.2

中国版本图书馆CIP数据核字(2015)第256940号

中华郑姓源流与荥阳堂研究

卫绍生 主编

出 版 人 王刘纯
责任编辑 郑强胜
责任校对 钟 骄
装帧设计 王 敏

出版发行 大象出版社（郑州市开元路16号 邮政编码450044）
发行科 0371-63863551 总编室 0371-65597936
网 址 www.daxiang.cn
经 销 各地新华书店经销
印 刷 河南省瑞光印务股份有限公司
开 本 787mm×1092mm 1/16
印 张 21.5
字 数 333千字
版 次 2015年11月第1版 2015年11月第1次印刷
定 价 43.00元

若发现印、装质量问题，影响阅读，请与承印厂联系调换。
印厂地址 郑州市二环支路35号
邮政编码 450012 电话 0371-63956290

参加荥阳与中华郑姓源流研讨会的领导、学者及郑姓宗亲合影

荥阳与中华郑姓源流研讨会会场

河南省政府发展研究中心主任谷建全研究员致辞

中国先秦史学会副会长兼秘书长、中国社会科学院历史研究所研究员宫长为致辞

荥阳市人民政府副市长张宏伟致辞

河南省社会科学院中原文化研究所所长卫绍生主持会议

中国社会科学院历史研究所研究员曹定云发言

河南省社会科学院研究员马世之发言

河南省社会科学院研究员任崇岳发言

中国青年政治学院教授王大良发言

北京师范大学文学院教授王泉根发言

陕西博物馆研究员杨东晨发言

荥阳市政协原副主席宋国桢发言

郑州大学历史学院教授王星光发言

河南大学历史学院教授李玉洁发言

北京第二外国语学院教授常耀华发言

河南省姓氏文化研究会秘书长李立新宣读会议纪要

荥阳世界郑氏联谊总会执行会长郑朝增发言

河南科技大学人文学院教授薛瑞泽发言

郑州航空工业管理学院中国文化与市场研究所所长李海龙发言

河南省姓氏文化研究会副会长石小生发言

河南教育学院学报主编范富安发言

郑州师范学院中原文化研究所教授杜学霞发言

河南省社会科学院中原文化研究所研究员李乔发言

与会专家学者考察荥阳堂文化园

与会专家学者考察京城遗址公园

目 录

中华郑姓源流研究

荥阳郑氏研究的回顾与思考 …………………………………………… 王大良 3
论河南荥阳中华郑姓的“主流姓源”优势与“文化认同” ………… 王泉根 16
郑姓源流史简述 …………………………………………………… 杨东晨 23
郑姓的来源与迁徙 ………………………………………………… 任崇岳 29
郑国公族后裔姓氏考略 …………………………………………… 李 乔 39
汉唐间荥阳郑氏的兴盛 …………………………………………… 陈建魁 64
魏晋南北朝时期荥阳郑氏家族群像 ……………………………… 薛瑞泽 69
唐五代时期敦煌的郑姓研究 ……………………………………… 杜文涛 81

郑国文化综合研究

殷代郑国考……………………………………………………………… 曹定云 93
郑地与郑国考原………………………………………………………… 李立新 100
商周时期的郑国………………………………………………………… 徐义华 108
郑国东迁与娘娘寨遗址………………………………………………… 马世之 117
郑国：“和合”实践的首善之区 ……………………………………… 杨海中 125
春秋郑国社会风气述论………………………………………………… 李玉洁 133
郑庄公母子心结的文化学解析………………………………………… 常耀华 143
从郑国音乐看春秋时期的礼…………………………………………… 李玲玲 149

郑国兴衰成败给后人的启示 …………………………………… 徐玉清　159

荥阳郡与荥阳堂研究

荥阳郡与郑姓考论 ……………………………………………… 卫绍生　171
荥阳堂：中华姓氏的重要徽记 ………………………………… 李　乔　179
家族认同与郡望自负 …………………………………………… 范富安　197
荥阳郡与天下郑姓的文化认同 ……………………… 袁延胜　时军军　206
论荥阳郑氏祖地的历史形成 …………………………………… 陈　玮　218
荥阳郑氏郡望考辨 ……………………………………………… 汤慧玲　224
解读与郑姓历史发展有关的历史地理记载 …………………… 石小生　233
荥阳郡郡治地望与所辖区域考 ………………………………… 陈习刚　242
荥阳在汉唐时期的重要作用 …………………………………… 张玉霞　253

郑姓名人及其他研究

郑国与郑国渠 ………………………………………… 王星光　郑言午　263
从正史比较东汉的两位"郑众" ………………………………… 李海龙　271
唐代荥阳郑氏宰相考略 ………………………………………… 杨　波　280
中唐翰林学士郑絪 ……………………………………………… 杜学霞　301
唐代荥阳郑氏繁荣的若干思考 ………………………………… 郭树伟　308
郑氏家风的文化内涵及当代价值 ……………………………… 郭　艳　315
历史上荥阳故城周边水系及其价值 ………………… 陈隆文　陈东川　324

研讨会相关文件

在荥阳与中华郑姓源流研讨会上的讲话 ………………………… 谷建全　331
在荥阳与中华郑姓源流研讨会上的致辞 ………………………… 宫长为　334
在荥阳与中华郑姓源流研讨会上的致辞 ………………………… 张宏伟　336
荥阳与中华郑姓源流研讨会会议纪要 …………………………… 李立新　338

中华郑姓源流研究

荥阳郑氏研究的回顾与思考

⊙王大良

荥阳郑氏原本是指魏晋至隋唐时期居住在荥阳郡的郑氏家族，这一家族的人在当时“本枝硕茂，跗萼重晖，冠冕相仍，风流继及”，与清河崔氏、范阳卢氏、太原王氏并称为天下四大“郡姓”，“家为鼎甲”。不仅如此，这支郑姓人还一直以荥阳郡为居住地，与其他望族如“土门崔”“岗头卢”等不同，“唯郑氏不离荥阳”。由于这支郑姓人几乎成为天下郑姓人的象征，其家族所在地荥阳郡也被视为郑姓人的圣地，而他们也被统称为荥阳郑氏，进而有“天下郑姓出荥阳”或“荥阳郑氏遍天下”之说。这样一个具有代表性的郑姓望族，不仅受到郑姓人仰望，而且也成为古今研究者关注的对象之一。本文拟就荥阳郑氏研究的相关问题进行系统回顾，并就其中的某些问题提出自己的思考，就教于诸位专家和广大郑姓贤达。

一、传统文献中的荥阳郑氏研究

由于荥阳郑氏在历史上曾产生过重要影响，古今学界对其投入较多关注也是理所当然。这种关注有时还反映在正史、野史、谱牒、方志、碑刻、类书、笔记、小说、人物传记、年谱、文集、研究论著等文献中。其中除家谱以外，我在与安国楼等先生合著的《中华姓氏谱·郑姓卷·文献篇》、我的博士后研究报告《郡望与堂号：一种血缘认同的历史民俗学考察——以荥阳郑氏为例》等研究成果中统称之为一般文献，而把近现代以前的文献称为传统的一般文献，简称传统文献。在这些文献中，便包括与荥阳郑氏研究有关的内容。

严格说来，荥阳郑氏应是指居住在荥阳郡、世代显贵的那支郑姓人，其被称为荥阳郑氏也与三国时的曹魏正始三年（242）从司州河南郡分设荥阳郡有关，在此之前即使可以将其历史追溯到先秦时期的郑国或秦汉时期的淮阳国陈县郑氏、河南郡开封郑氏，但还算不得名正言顺的荥阳郑氏。直到荥阳郡设立以后，荥阳郑氏人物才大量见于文献记载，荥阳郑氏也从此开始有了自己独立发展的历史。仅在与魏晋南北朝时期荥阳郑氏有关的 11 部正史中，《三国志》涉及郑泰、郑浑、郑丰、郑泉等郑姓人物 40 个。《晋书》收入郑冲、郑袤、郑球、郑默、简文帝郑太后等郑姓人物 42 个，“南朝五史”收入郑哲、郑鲜之、郑先护等郑姓人物 46 个，“北朝四史”收录郑羲、郑述祖、郑伟等郑姓人物 174 个，其中大多都属于荥阳郑氏人物。此外，还有一些碑刻墓志资料可以与正史记载互补的，其中如由郑道昭题写的《郑文公碑》，涉及荥阳郑氏郑羲家族的来源及子嗣情况，在论及家族来源时一直追溯到郑桓公在西周时期的受姓命氏，并称郑当时、郑兴、郑众、郑泰、郑袤、郑崇等人都是其远祖或先贤，而郑略、郑豁、郑温、郑晔等人则是其自高祖以下的直系祖先，郑懿和郑道昭本人则是其长子或次子。至于对其中所涉及的这些人，特别是郑羲的历史地位、主要建树、莅官情况等，该碑也有一定的记载，对研究北魏以前的荥阳郑氏历史具有重要价值。另在近人所编《汉魏南北朝墓志集释》《汉魏南北朝墓志汇编》等书中，也收录了北魏后军将军郑道忠、东魏都水使者顿丘李云夫人郑氏、北齐阳州长史郑子尚等人的墓志，也同样都是与荥阳郑氏有关的资料。

隋唐五代时期是荥阳郑氏历史上的另一个重要时期，相关文献对其记载同样较多，这些记载也在一定程度上可以被认为是当时对荥阳郑氏研究的成果。其中如正史中的《隋书》收录郑译、郑善果、郑元寿等郑姓人物 31 个，《旧唐书》《新唐书》中涉及郑音、郑珣瑜、郑虔等郑姓人物 1373 个，《旧五代史》《新五代史》中分别有郑珏、郑韬光、郑仁诲、郑遨等 9 位郑姓人物传记，这些人也大多属于荥阳郑氏。尤其是《新唐书・宰相世系表》中与荥阳郑氏有关的部分，共收录郑姓人物 1245 个，其中属于其血缘先祖者 43 人，出自北祖郑氏 936 人，南祖郑氏 255 人，荥阳郑氏 8 人，沧州郑氏 5 人，这些被称为“北祖”“南祖”“荥阳”郑氏者其实都是荥阳郑氏的不同支派。此外，还有一些由当时人撰写的郑姓人物墓志，大多被后人编入《金石录》《千唐志斋藏志》《全唐文》《隋唐五代墓志汇编》《唐代墓志

汇编》《唐代墓志汇编续集》等书中，其中尤以《唐代墓志汇编》收录最多。该书所收墓志共涉及郑姓人物511个，分布在208方墓志中，有些还是专门的荥阳郑氏人物墓志。至于当时人林宝所编的著名姓氏书《元和姓纂》，也涉及这一时期荥阳郑氏的源流及传衍情况，其中有些内容还为《新唐书·宰相世系表》所征引，甚至《新唐书》在引用该书时于郑晔7子中仅及6人，并且多出了郑茂一代等，都能通过与该书文字的重新对照而得到纠正。当然，该书也并非尽善尽美，如把汉代郑荣当作郑幽公六世孙，远不如《新唐书》作"幽公生公子鲁，鲁六世孙荣"等更为合理，其失误也显然是由于妄删"生公子鲁"等字而致。

唐末五代以后，随着荥阳郑氏本身的衰落和由其分衍而出的人在新迁居之地获得了引人注目的成就或地位，加以社会上"风教又薄，谱录都废，冠冕皂隶，混为一区"，都促使社会习惯由重视历史上的郡望向关注现实中的祖籍转变，郑姓人也以新的籍贯相标榜，从而使"荥阳郑氏"的实际意义逐渐让位于象征意义。如在宋元明清时期的相关文献中，《宋史》中有郑皇后、郑戬、郑居中、郑獬、郑清之、郑樵、郑绮、郑兴裔等218位郑姓人物的事迹，《金史》中有郑家、郑建充、郑子聃3位郑姓人传记，《元史》中有郑鼎、郑义、郑滁孙、郑玉等13位郑姓人传记，《明史》收录了明世宗郑贵妃、郑定、郑遇春、郑赐、郑濂、郑和等251位郑姓人事迹，《清史稿》中有郑成功、郑国鸿、郑珍19位郑姓人物传记，但这些人已经很少被记载为荥阳郑氏，仅在其中一些人的家谱中有对魏晋南北朝隋唐时期荥阳郑氏某位人物的追溯，称他们是某位人物之后，可见"荥阳郑氏"已经是历史的记忆了。

二、近现代文论中的荥阳郑氏研究

近现代意义上的荥阳郑氏研究，就我所知，应是由日本学者矢野主税发其端。作为日本学者中较早对我国中古时期门阀世族进行个案研究的专家之一，矢野主税在1958~1960年间于《长崎大学教育学部社会科学论丛》上连续发表了3篇关于荥阳郑氏家族个案研究的系列论文，统一定名为"郑氏研究"。论文中详细论述了从汉至唐郑氏家族的发展状况，力图解释每个宗族或房支兴旺的原因。论文尤其重视荥阳郑氏与政府之间的关系，其观点及资料都不乏借鉴价值。1989 年，另一位日本学者爱宕元在《京都大学人文》杂志上发表了《唐代荥阳郑氏研究——本贯地归葬中心》论文，利用墓志与新旧《唐书》的记载对郑氏的死亡地与归葬地进行了探讨，一定程度上推进了日本学者对荥阳郑氏的研究。

至于我国学者对荥阳郑氏的研究，特别是在近几十年来，随着“寻根热”“文化热”等在大陆各地的出现，与荥阳郑氏研究相关的论文、文章也不断发表出来。其中除本人的一些研究成果外，有丘刚的《启（开）封故城的兴废与勘探——兼谈启（开）封的郑氏家族》一文，是一篇探讨郑庄公修建启（开）封城及有关问题的论文，对于荥阳郑氏形成以前的历史研究有一定的参考价值（《史学月刊》1992 年第 2 期）；黎虎先生的《郑羲使宋述略》一文，利用《八琼室金石补正》卷十四著录的《兖州刺史荥阳文公郑羲下碑》碑铭及正史资料，围绕郑羲使宋的时间、背景、经过等内容，探讨了南北朝时期的外交问题，是研究北朝时期荥阳郑氏代表人物郑羲外交史的重要论文（《文史哲》1993 年第 3 期）。此外，在《中原文物》1994 年第 2 期发表了荥阳郑氏研究的系列论文，包括徐伯勇的《荥阳郑氏家族散论》、刘心健的《从唐代墓志谈郑氏家族》、刘心健与庞应水的《郑氏祖源与开封》，分别对荥阳郑氏源流及祖居地等问题进行了探讨。郭世军、刘心健的《开封发现北魏郑胡墓志砖》一文，利用该墓志砖对郑氏祖茔具体方位的明确记载，指出荥阳郑氏故里也在祖茔附近（《文物》1998 年第 11 期）。宋国祯的《郑氏祖地荥阳》一文，从追溯荥阳与郑国、荥阳与郑氏的历史入手，把荥阳作为郑氏的祖地（《寻根》2004 年第 3 期）。诸如此类专门研究荥阳郑氏的论文、文章，还有刘顺安、欧阳春的《从郑虔撰文墓志探郑氏家族根源》（《史学月刊》1994 年第 6 期）、周玉峰的《郑文公碑综论》（《东南文化》1997 年第 3 期）、李合群的《开封故城史迹考》（《中州今古》1998 年第 3 期）、陶敏的《唐〈郑洵墓志〉考释》（《咸宁师范专科学校学报》1999 年第 2 期）、韩琦的《云峰刻石与荥阳郑文公碑析》（《美术观察》2001 年第 11 期）、崔庚浩与王京阳的《唐李宁妻郑氏墓志简释》（《文博》2001 年第 1 期）、闫勇的《略论新发现的北魏郑道昭四仙刻石》（《文博》2002 年第 2 期）、阎勇与崔天勇的《新发现的北魏郑道昭刻石及相关问题探讨》（《烟台师范学院学报》2002 年第 2 期）、刘璞与宁欣的《郑氏墓志释读：新唐书宰相世系表 4 校补四则》（《中国历史文物》2003 年第 3 期）、谢思炜的《崔郑家族婚姻与〈莺莺传〉暌离结局》（《文艺研究》2010 年第 2 期）、张武军的《郑邕墓志铭考——兼论荥阳郑氏祖茔在开封》（《殷都学刊》2010 年第 4 期）、孔祥军与李朱平的《荥阳郑氏与北魏政治》（《兰台世界》2010 年第 3 期）、任颖卮的《北朝时期荥阳郑氏宗室婚姻的特征与影响》（《齐鲁学刊》2012 年第 4 期）、吴江与刘顺安的《〈开封县郑胡铭〉墓志砖考——兼谈荥阳郑氏祖源在开封》（《开封教育学院学报》2013 年第 3 期）等等。

在对荥阳郑氏的论文类研究成果中，有些是在校硕士、博士所完成的学位论文，以及以学位论文为基础而发表的相关论文。如 2003 年，陕西师范大学硕士研究生张卫东借助唐代墓志和有关史籍记载，撰写了硕士论文《唐代荥阳郑氏个案研究》，从“研究概况、资料和方法”“荥阳郡的历史地理沿革”“唐以前荥阳郑氏的发展概况”“唐代荥阳郑氏若干房支的世系流传情况”“唐代荥阳郑氏的婚姻和仕宦”“唐代荥阳郑氏的衰亡及其原因”等六个方面进行研究，结论是荥阳郑氏作为处于衰亡期的世家大族之一，在唐代依旧势力庞大、成员众多，社会上以“国婚”和名门大族为主要联姻对象，政治上有 92% 的入仕率，在唐代具有一定的历史地位，应予肯定。以此为基础，张卫东还发表了《唐代荥阳郑氏的入仕途径》（《史学月刊》2004 年第 10 期）、《略谈唐代荥阳郑氏的兴衰》（《寻根》2007 年第 4 期）等文。与他近似的情况还有南开大学博士研究生邢学敏，2006 年完成了博士论文《世家大族与中古社会——以荥阳郑氏为中心的解读》。在此前后，她还发表了《近年来汉唐之间荥阳郑氏家族研究综述》（《中国史研究动态》2006 年第 3 期）、《西汉名臣郑当时生平事迹述论》（《齐鲁学刊》2006 年第 1 期）、《唐代家庭伦理关系探微——以荥阳郑氏为例的考察》（《中国社会历史评论》2007 年）、《唐代夫妻葬俗的文化考察——以荥阳郑氏为中心》（《历史教学》2008 年第 2 期）、《隋唐时期的荥阳郑羲房》（《唐史文丛》2009 年）、《唐代士族的“国婚”问题——以山东荥阳郑氏为例》（《广西民族大学学报》2009 年第 4 期）、《隋唐时期荥阳郑氏家族洞林房考述》（《中国社会历史评论》2011 年）、《曹魏名吏郑浑与乡村建设》

（《兰台世界》2014年第27期）等论文，在荥阳郑氏研究领域用功颇多。

此外，在对荥阳郑氏的论文类研究成果中，有些是被收录在论文集类的著作中的。如1984年，山东省掖县召开了云峰刻石学术研讨会，24篇论文于次年结集出版为《云峰诸山北朝刻石研讨会论文选集》，其中张从军的《荥阳郑氏与郑道昭生平思想考略》《郑道昭书法历史地位之浅见》、焦德森的《云峰刻石与郑道昭晚年的道家思想倾向》、钟轶及张起明的《郑道昭思想初探》等都是研究荥阳郑氏的专门成果，分别对荥阳郑氏及郑道昭等人的书法艺术成就等进行了探讨。1992年，该论文集又增加了《云峰刻石的艺术成就及郑道昭在书史上的地位》《青州市玲珑山北魏石刻考》两篇文章，更名为《云峰刻石研究》出版。再如中国社会科学出版社1998年出版的陈爽博士论文《世家大族与北朝政治》一书，专辟一章研究荥阳郑氏，对南北对峙与胡汉融合中荥阳郑氏的政治向背、崛起及其与鲜卑权贵的合流问题进行了考证，重点探讨了其家族的生存环境及与当时政治的关系，具有一定的深度和力度。又如上海书店在2002年出版的毛汉光《中国中古社会史论》一书，虽然没有专门的论文研究荥阳郑氏，但其第7篇《中古山东大族著房之研究》和第9篇《唐代大士族的进士第》分别涉及唐代荥阳郑氏禁婚家及定著房、"北祖"第二房郑氏的进士第等问题，也是对相关问题进行深入研究的力作。至于2013年出版的郑鸿恩主编的《启封故城与郑姓溯源》一书，实际上也是一部论文、文章汇编性质的图书，收录了多位专家此前发表的如《荥阳郑氏县籍开封》《启（开）封故城遗址的初步勘探与试掘》《郑崮墓志铭考》《荥阳郑氏遍天下，古今略不同——郑氏历史渊源之我见》《关于郑氏家族问题的几点看法》《郑姓族源研究》等观点鲜明的文章。

三、近现代著作中的荥阳郑氏研究

在近几十年来的"寻根热""文化热"推动下，大量与荥阳郑氏研究有关的资料、报刊、社会读物或综合性研究著作等也相继问世。其中除本人的一些研究成果外，以相关研究成果问世的时间先后论，大约以1988年由荥阳郑氏研究会编印的《荥阳郑氏资料辑录》为最早。此后该会又进一步编印了《郑氏研究》《荥阳郑氏史话》《郑氏世系表》《荥阳情》《荥阳之光》等资料或书籍、报刊、音像制品等。1990年，中州古籍出版社出版了宋国祯、周显才主编的《中华望族荥阳郑氏》一书。1992年，广西人民出版社"华夏姓氏丛书"开始启动，由毛策所撰的《郑》于次年5月出版。1993年冬，周显才受河南省中原族史学术委员会之约撰写《中原寻根丛书·荥阳郑氏》，该书于次年5月撰毕并由中州古籍出版社于9月出版。1994年，荥阳郑氏研究会为迎接郑桓公受封立国2800周年纪念大会召开而组织编写了"荥阳郑氏研究丛书"（一套5册），该书由宋国祯主编、中州古籍出版社出版，各册书名及具体责任人是《天下郑氏出荥阳》（宋国祯）、《郑国二十三君评传》（赵子谋）、《历代郑氏名人传略》（马德峰等）、《郑氏宗族史》（安国楼）、《郑氏诗词笺注》（董桂芳）。1999年，新蕾出版社和气象出版社分别出版了由宋国祯编写的《百家姓书系·郑》和由李永宠编写的《寻根问祖·郑》两本通俗读物。2002年，由宋国祯主编的《百家姓书库·郑》由陕西人民出版社出版。2002年后，又有邢学敏《北魏书法家郑道昭家族研究》（2010）等研究性著作问世。

总的来看，上述这些成果较为重要的有毛策的《华夏姓氏丛书·郑》、周显才的《中原寻根丛书·荥阳郑氏》、宋国祯主编的《荥阳郑氏研究丛书》及其中的安国楼《荥阳郑氏研究·郑氏宗族史》，以及邢学敏《北魏书法家郑道昭家族研究》等。其中，毛策一书在对郑姓进行系统研究的基础上，对宋明时期的"义门郑氏"进行了更为深入的研究。周显才一书分作渊源、脉派、人物、文化、现状、追宗等六章，将所见资料分门别类进行编排，在郑姓分布（脉派）、现状、家族文化等方面都有独到之处。宋国祯作为当时荥阳郑氏研究会会长，所主编的该丛书涉猎广泛，被评论者认为"向人们展示了丰富多彩、健康向上、慎终追远、团结互助、见贤思齐、热爱故土的郑文化，这无疑是中国姓氏文化乃至中华传统文化研究中的一大壮举"。尤其是其中的安国楼一书，收录了较多与郑姓家族文化有关的家法族规、族谱论赞等文献资料，并对这些资料进行了梳理和研究。书前的长篇前言更论述了郑姓家谱、族史研究、姓氏起源、郡望堂号、迁徙繁衍、派系划分等多方面的问题，体现了作者对资料编辑和研究的功力。邢学敏一书利用史籍、碑刻等资料，全面梳理并探讨了出自北魏时期荥阳郑氏家族的郑道昭的家庭渊源、师承关系和仕宦、婚姻、文化，以及郑道昭的书法价值和历史地位等。

四、我与荥阳郑氏研究

我关注荥阳郑氏的研究较早，至今已近30年，最初是由于我在20世纪80年代早期攻读硕士学位研究生时，研究方向是魏晋南北朝时期的门阀世族，而荥阳郑氏正是当时最为著名的门阀世族之一。硕士毕业后到郑州工作，仍然进行古代家族问题的研究。荥阳郑氏作为郑州历史上的一个重要家族，更加引起我的关注。正是由于有这种关注的基础，我在1994年应海南出版社“中华姓氏通书”编委会的邀请撰写了《中华姓氏通书·郑姓》一书，后因出版计划变化而由东方出版社2000年出版，书名改为《中华姓氏通史·郑姓》。同年，我还受四川人民出版社“百家姓寻根探秘丛书”编委会邀请，撰写《百家姓寻根探秘·郑》一书，后同样因出版计划变化，直到1999年才由气象出版社出版，改名《周吴郑王：中国大姓寻根与取名》。此后，在2001年，中国史学会启动重点项目“中华姓氏谱”第二批的编写工作，我又受邀主编了《中华姓氏谱·郑姓卷》一书，并在次年与安国楼先生等人一起完成了该书的撰写。该书后由现代、华艺出版社联合出版。当时我正在中国人民大学博士后流动站从事博士后研究工作，于是我又在此前研究的基础上撰写了博士后研究报告《郡望与堂号：一种血缘认同的历史民俗学考察——以荥阳郑氏为例》，并于2002年5月完成。之后，在2004年10月于荥阳召开的首届郑氏文化节郑文化研讨会上，我提交了《荥阳郑氏的认同现象与中华民族凝聚力》论文。该论文后来又经过修改、补充，更名为《郑姓人的认同现象与中华民族凝聚力》，收录在《郑氏文化》2013年第1期，并在2013年4月于深圳召开的《中华姓氏简史》编委会会议上交流。

我的这些与荥阳郑氏研究有关的成果，相继完成于不同时期，也代表了我在不同时期对荥阳郑氏相关问题的思考。其中如《中华姓氏通史·郑姓》一书，本来是按章节体的形式编写，出版时取消了章以下的节及更为细致的分类，仅以内容提要及不同字号区分相关内容。尽管如此，从分布在每章以下、用不同字号区分的提要及相关内容仍能看到该书的通史性质。如第一章“探根寻源”，专门研究郑姓起源。

第二章“郑国兴亡录”，研究郑国历史与文化，其中对郑氏三公、郑国寄孥地等都有涉及。第三章“秦汉郑姓的多重发展”，研究荥阳郑氏形成以前的历史。第四章“天下郑姓出荥阳”，详细探讨了荥阳郑氏“郡姓望族”地位形成、确立、演变的历史过程，并利用《郑文公碑》等资料研究荥阳郑氏历史及郑羲等人的政治建树，理清了荥阳郑氏在魏晋南北朝至隋唐间的播迁线索。此外，第六章专门研究“当代郑姓及其分布”，第七至九章分别研究“郑姓宗族文化”“家谱文献”“郑姓人物谱”。可见，该书实际上是一部研究荥阳郑氏和郑姓的通史性著作，加以采用穷尽式的资料搜集方法，广泛吸收了当时所见的各种成果，并把史书记载和家谱资料等有机结合在一起，源流脉络清晰，图文并茂，被认为是一部当时仅见、至今仍有一定影响的成功之作。

又如《中华姓氏谱·郑姓卷》，作为一部以我为主而完成的研究成果，与《中华姓氏通史·郑姓》相比也有自己的特点。该书由“源流篇”“人物篇”“人文篇”“文献篇”组成，其中的“人物篇”以四章的篇幅对郑姓历代名人分门别类进行梳理，包括概括性的“郑姓人物概说”（第一章）、追溯性的“得姓以前名人”（第二章），重点研究了“政治名人”（第三章）和“文化名人”（第四章）。“文献篇”把历代郑姓文献分为“一般文献”和“家谱文献”两大类，以两章的篇幅加以介绍，对于全面了解郑姓文献和进一步研究郑姓不乏参考价值，也与“人物篇”一样代表了该书的新特点。

我在2002年完成的博士后研究报告约26万字，分前言、郡望与堂号、认同前期的血缘传说、认同时期的血统流变、认同之后的繁衍发展、认同之下的非事实依据、结论及兼论血缘认同与中华民族凝聚力等多个部分，是我从新的角度对荥阳郑氏研究的成果。该成果以荥阳郑氏作为血缘认同的个案研究对象，指出从古至今的郑姓人对荥阳郑氏的认同实际上是一种血缘认同，这种认同也是中国传统民俗中的一种习见现象，与举国上下认同炎黄二帝、自称“炎黄子孙”性质近似。作为古今郑姓人普遍认同的一个血缘概念，郑姓人在汉唐前后与汉唐时期对荥阳郑氏的认同在性质上有所不同，其在汉代以前只能算是认同之前的传说时期，唐代以后则是认同之后仅具象征意义的时期，具有明显的阶段性；而无论是哪一时期、哪种情况下的认同，在基本认同之下都存在与事实不符现象，说明在看似简单的认同表相之下还掩藏着复杂的事实本质。该报告最后还把对荥阳郑氏的认同与中华民族这一更为广泛的概念进行比较，指出二者在性质上基本一致或相近，前者实际上也是民族凝聚力赖以存在的一种基础。上述这种视角和结论在当时都不见于其他研究中，具有一定的开拓意义。此后，我所完成的论文《荥阳郑氏的认同现象与中华民族凝聚力》《郑姓人的认同现象与中华民族凝聚力》等都是以此为基础，不同程度申述了我的上述观点。

2006 年，上海图书馆谱牒中心联合海峡两岸相关姓氏研究会共同编写“百家姓寻根丛书”，其中《郑姓卷》由我负责编写。本书在编写的过程中尽力吸收了以往的研究成果，以“二十五史”为经，以谱牒、野史、传说为纬，通过姓氏之本、文化之源、古迹之根展示了郑姓全貌，为海内外郑姓读者勾画了寻根问祖、旅游观光的基本蓝图。该书有 40 多万字、100 多幅图片，分郑姓起源与发祥地寻根、先秦郑姓寻根、秦汉郑姓寻根、魏晋南北朝郑姓寻根、隋唐五代郑姓寻根、宋元明清郑姓寻根、当代郑姓寻根、郑姓名人故里寻根、郑姓文化寻根等九章，是当时姓氏学界最新、最权威的内容丰富、资料翔实、雅俗共赏、图文并茂的文化大观式著作。可惜由于出版计划调整，该书至今未出版。

五、荥阳郑氏研究中的问题与对策

回顾荥阳郑氏研究的历史，特别是近现代的研究历史，可以发现，研究者们大都在广泛占有文献与考古资料的基础上，运用历史学、社会学、民族学、人类学等学科的理论、观点和方法，对荥阳郑氏乃至郑姓进行了多方面的研究，无论是论文类成果还是著作类成果都取得了不少成就，这也是我们进一步研究的基础。综合来看这些研究，有些研究着眼于荥阳郑氏乃至郑姓兴衰历程的综合研究和探讨，有些则关注郑国历史与文化，或利用出土墓志和文献资料探讨郑氏族源、人物事迹，或对郑国寄孥地、荥阳郡地望、荥阳郑氏乃至郑姓的播迁与分布、郡望堂号、文化认同等重要问题进行专门研究，从不同角度推动了荥阳郑氏研究的进程。当然也不容否认，已有的研究并非尽善尽美，不少方面还有进一步深入的余地。同时，有些研究成果还藏在深闺人未识，或者没有引起足够重视，或者被人为地视而不见。如对荥阳郑氏郡望和居住地问题的研究，其实是早已解决的问题，但至今还在发生着争论，争论的焦点无非是怎样理解“荥阳”二字问题。其最清楚明白的事实是，“荥阳”一词大约最早与一条叫作“荥水”的河流有关，因有人在荥水以北居住而称当地为荥阳，时间大约是在战国时期。秦朝开始在当地设立荥阳县，三国曹魏割河南郡置荥阳郡，下辖荥阳等县，郡名的来源也是因为下辖荥阳县。曹魏设郡后不久废，西晋复置，辖荥阳、京、密、卷、阳武、苑陵、中牟、开封等8县，辖境相当于今天以郑州市为中心的河南中部地区，东至开封市祥符区朱仙镇，西至荥阳市，南至新密市，北至黄河以北的原阳县。北齐时，荥阳郡一度更名成皋郡，隋朝开皇初称郑州，大业初复名荥阳郡。唐代则郑州和荥阳郡两称，唐肃宗乾元元年（758）改郡为州时最后定名郑州，从而使荥阳郡这一在历史上使用了517年的名称正式被废弃。从此以后的所谓荥阳，所指或是荥阳县，或是1994年以后的荥阳市，位于今河南郑州市西。由于郑姓最早在荥阳郡形成望族，因此才被称为荥阳郑氏。至于其在荥阳郡的居住地，最早在郡中的开封县，亦即今天河南开封市祥符区朱仙镇古城村一带，因此史书多称郑姓的早期人物是荥阳开封人。两晋十六国时，其中的一些人大约为了避难或便于在全郡统治中心荥阳县仕宦的缘故，由开封县迁居荥阳县，并在县北的广武山区修筑坟墓，从而成为荥阳县人。但他们并不自称荥阳郡荥阳县人，而是仍称荥阳郡开封县人，其中原因正像当时的大多数望族那样是为了标榜固有血统，以便区别于其他非望族出身的同姓人，并借以继续享有仕宦、婚姻等方面的特权。故而，历史上的荥阳郑氏，真正含义或具体所指实际上都是“荥阳郡开封县的郑姓”，而并非荥阳郡荥阳县或其他。同样，今天海内外郑姓人中流传的“天下郑姓出荥阳”或“荥阳郑氏遍天下”，也与今天的河南省荥阳市并不完全是一回事情。

尽管历史上的荥阳郑氏是指“荥阳郡开封县的郑姓”，但那支在北魏至隋唐时期最为知名、被称为四大郡姓之一的郑姓人的确居住在荥阳郡荥阳县，这也是一个不争的事实。如果追本溯源，便可知“郡姓”一词是北魏时期称呼那些高门大族的特殊用语。当时，就汉族出身的一些著名家族而言，如果在自己所处的郡中地位最高，并且公卿辈出、累世相继，就会被称为郡姓。而在全国郡姓中处在前几位的姓氏和家族，由于只有崔、卢、郑、王四姓，因此又称他们为四大“郡姓”，其中的郑姓所指便主要是荥阳郑氏的“北祖”或“七房”一支，亦即居住在荥阳郡荥阳县的北魏秘书监郑羲、兖州刺史郑懿、青州刺史郑道昭、骠骑大将军郑先护、司空郑季明，以及他们的后代北齐殿中尚书郑颐、帐内都督郑仲礼，北周大将军郑孝穆、开府仪同三司郑诩、内史上大夫郑译、少傅郑伟、豫州刺史郑顶，唐朝宰相郑珣瑜、郑覃、郑朗、郑馀庆、郑从谠、郑从昌等人。早在北魏孝文帝为了争取汉族人支持，以家族势力大小排定其位次时，“以范阳卢敏、清河崔宗伯、荥阳郑羲、太原王琼四姓，衣冠所推，咸纳其女以充后宫”，又以赵郡李氏“人物尤多，各盛家风”，因与四姓共称五姓，“世之言高华者，以五姓为首”，以政治手段确立了荥阳郑氏的特殊地位。另据《宋书·文九王传》《新唐书·宰相世系表》等记载，作为荥阳郑氏代表人物的郑羲，其祖先郑浑等人曾于西晋末年到河北地区避乱，约在十六国时迁居荥阳郡荥阳县一带，以至在南朝宋文帝元嘉二十七年（450）大举北伐时，便有郑德玄在当地起兵响应，郑德玄便是被明确记载为出自荥阳郑氏“中祖”郑恬的后代。更为重要的是，郑羲次子郑道昭在为其所写的《郑文公碑》中，还明确记载郑羲去世后于北魏太和十七年（493）“归葬于荥阳石门东南十三里三皇山之阳”，这里的“归葬”便说明当地是其家族传统墓地之所在，其所居住之地也应距此不远。另据对相关资料的综合研究，其墓地应在今荥阳市北的广武山区，居住地在今郑州市惠济区古荥镇郑庄村一带。早在北魏孝文帝太和十七年（493）南迁荥阳县城到今天的荥阳市城区以前，古荥镇都是荥阳县和荥阳郡的治所，其治所遗址今称汉魏荥阳故城遗址，1963 年被公布为河南省重点文物保护单位。遗址北的郑庄村北临旃然河，东近荥泽水，西是广武平原，荥阳郑氏最有代表性一支的实际居住地应就在此。村西的广武平原中原有郑氏墓地，20 世纪 50 年代时还可见古冢数十个，可惜以后相继被平毁。墓地一带至今仍存唐代郑氏碑刻一通，碑额题“大唐故赠安州都督郑府君碑”，可知墓主应是唐代荥阳郑氏中的一员。

由上所举事例可见，近现代以来与荥阳郑氏有关的研究的确取得了不少成果，当然也有一些值得进一步深入研究的问题。为此，我仅就深入开展荥阳郑氏研究的态度问题提出一个建议，即我也在其他会议上常说的“三多一少”。“三多”即多团结、多包容、多奉献。海纳百川，有容乃大。研究荥阳郑氏也是在研究郑姓，是在研究姓氏文化，研究姓氏文化离不开研究姓氏。由于姓氏人人都有，天天都在使用，现在没有人敢再说，我姓什么你就不能姓什么，我的观点是什么你就要是什么。同样的道理，研究荥阳郑氏是一项需要广泛参与、心平气和的事业，是公器，不是私利，不是某一个人或一家一户、一村一地的专利，任何人也不应该有先入为主、居功自傲的心态。同时，研究荥阳郑氏还要以大局为重，淡泊名利，乐于奉献。对不同观点要多理解，以宽容的心态看问题。“一少”，即“少功利”。有人进行姓氏文化研究或组织联谊活动不是为了奉献，而是带有强烈的个人目的，要担任会长、主编或编委、理事之类自认为很风光的职务，争夺发言权，讲究开会时所坐的位置，甚至当成生意做，当成摇钱树，借此挣钱或争名，功利色彩十分严重。还有人以研究或联谊的名义不恰当地宣扬宗亲关系，调动宗族情绪，借机大搞迷信活动。还有人借机建立关系网，甚至挑动不同支派、不同地区之间的矛盾，互相攻击，压制不同观点，误导舆论宣传。凡此种种，都背离了姓氏文化研究和联谊的初衷，既不利于宗亲之间的团结，也有损于自己的形象，应当竭力避免。

总之，荥阳郑氏研究是一项应以正确态度广泛参与的文化事业，现在也出现了非常好的研究环境和发展态势。因此，我们有必要紧抓这一难得的机会，团结海内外各地的人全方位、多层次的参与研究或联谊活动，从共同推进荥阳郑氏研究或联谊事业的繁荣。

（本文作者为中国青年政治学院教授）

论河南荥阳中华郑姓的“主流姓源”优势与“文化认同”

⊙王泉根

姓氏是中国文化独有的最具有民族“文化认同”价值与意义的符号标志。河南是中国众多大姓的祖根地，而荥阳则是中华郑姓的“主流姓源”祖根地。虽然中华郑姓的起源有着多重姓源，但源于姬姓、以周宣王之弟友即郑桓公所传之河南荥阳一带的后裔以“郑”为氏，无疑是中华郑姓的“主流姓源”。“主流姓源”往往成为该族姓人们认同感、归属感最高的最具有“文化认同”价值与意义的姓源。我认为，探讨“荥阳与中华郑姓源流”，应当在郑姓的“主流姓源”与“文化认同”上做足文章。

一、认识中华姓氏的几个关键问题

第一，“姓”的本义是指源于同一女性始祖。原始图腾崇拜是中华古姓的根源。无论是古代文献资料还是现代少数民族中留存的图腾信仰，均已为这一点提供了佐证。“姓”的本义是指源于同一女性始祖、具有共同血缘关系的族属所共有的符号标志。

第二，“别子为祖，继别为宗”。我们现在的姓氏制度，确立于秦汉之际。西周—秦汉间由氏转姓到姓氏合一，是现代中华姓氏来源的最基本、最重要的途径。现代中国人的大多数“姓”正是承袭了周代众多“氏”而来；而周代众“氏”则来源于周王室的宗法制与分封制。“别子为祖，继别为宗”。“氏”的本义是指源于同一父性族祖的分出去的各支系（别子）的开氏始祖的符号标志。

第三，门阀制度与姓氏贵贱。魏晋六朝的门阀制度造成了世家门第、著姓庶姓的社会现象，从而使作为人的个体符号的姓氏有了高低贵贱之别。这是中华姓氏史上的一段畸形历史。但由于当时姓氏世系成为选官、婚姻的重要依据，故反过来又促进了姓氏之学与谱牒之书的研究编修。

第四，同宗不一定同姓，同姓不一定同宗。兼容并包的华夏文化与古代各民族之间的互相交融，直接导致了大量胡姓汉化与部分汉姓胡化，而胡汉姓氏的混淆互化又反过来加速民族交融的步伐。出于帝王意志与政治目的的赐姓避讳，因战乱人祸避难而改姓，因特殊事件，或因省文、音讹而改姓，以及古代复音姓氏单音化等，凡此种种，使中国姓氏变得更加错综复杂，致使世系难辨，脉络难清。同宗不一定同姓，同姓不一定同宗，近代中华姓氏乃是包含着多种文化因素的结晶体。一部中华姓氏史是中华各民族共同创造、共同演进的历史，是中华文化史、社会史、制度史、民族史等的综合产物。

第五，文化认同与血缘认同。对于中华民族来说，奉行厚德载物、重生报本、寻根归宗，更甚于世界其他民族，这也是中华民族“文化认同”强大凝聚力的血脉之源。姓氏谱系生动地辐射出中国文化精神的强光，寻根认祖是一种完全意义上的文化认同。21世纪之交，世界各地的华人华裔回到中国故土寻根祭祖归宗，正是中国文化强大凝聚力的生动体现。当然，具体到“一家一姓之史”的家谱记载，中国人历来的做法还是有区别的：对于远祖，重其文化名位与历史声望，认同于普遍敬仰的祖先形象（如李唐以老子为始祖），此为文化认同；而对于近祖，则是重血缘世系，坚执“行吾所明，不行吾所不明”的修谱原则，于近祖，如上溯至明清时代的始迁祖，总要查考出个水落石出，将其血亲衍派勾勒得清清楚楚，此为血缘认同。

二、中华大姓往往具有多重姓源

中国姓氏的姓源有一显著特点，即人口众多的大姓必姓出多门，具有多重姓源，亦即血源谱系复杂；而那些人口较少，尤其是特别稀少的小姓、稀姓，则姓源单一，血源谱系自然也较“纯正”。如中华王姓，出自帝胄之王有三系：姬姓之王，即太子晋之后，传太原、琅玡、江左、开闽、三槐王氏等，还有妫姓之王、子姓之王。出自古代少数民族的胡姓之王有四系；出于河南者，为可频氏之王；出于冯翊者，为钳耳族之王；出于营州者，为高丽族之王；出于安东者，为阿布思之王。此外还有赐姓之王，冒姓、改姓之王，复姓之王等。因而当今中国人中的王姓人士，虽然头上都顶着一个“王”字，但其姓源祖宗却是千差万别，这就是“同姓不一定同宗”的道理。

但是，凡中华大姓虽然姓出多源，而必有一个最核心最主流的姓源，我把它称之为“主流姓源”，而“主流姓源”往往成为该族姓人士认同感、归属感最高的最具有“文化认同”价值与意义的姓源。如王姓，普遍认同源出西周太子晋的姬姓之王，姓氏演变播迁以太原、琅玡、江左、开闽、三槐王氏等为主脉。现在几乎全球王姓华人，都将“西周太子晋”作为开姓姓祖，以山西太原市的晋祠作为谒祖寻根归宗之地。晋祠里面的晋溪书院、子乔祠，已在20世纪90年代开辟成为全球王姓华人的谒祖祭祀圣地，修建有“太原堂”，举办过多届“世界王氏恳亲联谊大会”。

为什么“主流姓源”最易成为该姓人士认同感、归属感最高、最具有“文化认同”价值与意义的姓源呢？我认为原因有三：

第一，主流姓源“出身高贵”。中华大姓的主流姓源开姓始祖往往与远古帝王或历史文化名人（如李姓以河南鹿邑李耳为主流姓源的开姓始祖）相联系。人们都有“人往高处走，水往低处流”的普遍文化心理，恐怕没有哪个人会拿一个罪犯当始祖。所以人们修家谱追始祖，追寻到历史上的帝王将相、文化名人就打住了，因为这是“光宗耀祖，惠及子孙”的事情。

第二，主流姓源“历史清楚”。由于主流姓源的开姓始祖或是帝王将相，或是历史文化名人，因而二十四史或地方志书多有记载，史迹清晰，斑斑可考，自然被视为正史、信史。这对编修家谱、谒祖认宗、传承后裔，都是一件真实可靠、很有面子的事情。比较而言，那些非主流的姓源始祖，由于文献史料难以查核，而传承演变的线索更是一笔糊涂账，因而非主流姓源的后人更容易向主流姓源的开姓始祖认宗归族。“五百年前是一家”“一笔写不出两个‘王’字”，就是这种心理的反映。

第三，现代社会的认宗谒祖，文化认同往往大于血缘认同。唐代诗人孟浩然深有感慨地写道：“人事有代谢，往来成古今。”由于历史变迁、大浪淘沙、天灾人祸等种种原因，现代中国人寻根追祖的血缘谱系，大多只能追到明清，如有宋版老谱保留至今，那是十分罕见之事，至于唐以前的古谱，更是国宝级的文物了。中国人只有孔子的《孔子世家谱》，才完整地记录了从第一代春秋孔子到2006年出生于台湾的第79世孙孔佑仁的历史血缘传承谱系，此外还有孔、孟、颜、曾四姓的“通天家谱”也有历史血缘传承谱系。一般而言，很多姓氏的血缘谱系历史都较为短暂。正因如此，现代中国人对于远祖，更重其文化名位与历史声望，认同于普遍敬仰的祖先形象，此即文化认同。全球华人每年到河南新郑、陕西黄陵祭奠黄帝，或到陕西宝鸡、湖南炎陵祭奠炎帝，这是源于同一文化归属意识的最大规模的“文化认同”与“命运共同体”行为。就具体姓氏而言，如李姓以河南鹿邑李耳为始祖、林姓以河南卫辉比干之子林坚为始祖，都是一种“文化认同”意识的体现。

基于以上理解，我们应如何看待中华郑姓的姓源与河南荥阳的关系呢？

三、中华郑姓的多重姓源与“主流姓源”

郑姓是一个大姓，按人口排序，郑姓在中国内地为第21大姓（在台湾地区是第12大姓）。内地郑姓人口约为936万，约占内地总人口的0.78%。作为大姓，郑姓也是一个典型的多源流姓氏，主要源自姬姓、子姓、姜姓及少数民族的改姓等。根据历史文献，中华郑姓的主要来源有三种途径：

一是源于远古帝王，以国为氏，此可分为三系：

一源于姬姓，以国为氏。据《新唐书·宰相世系表》记载：周宣王封其弟友于槿林（今陕西华县东），建郑国，友即郑桓公。后，桓公之子郑武公助周平王有功被封赏虢、郐之间的土地，并在那里建立了新的郑国。公元前375年，郑被韩所灭。郑国子民从此散居于京（今河南荥阳京襄城）、制（今荥阳西）、祭（今河南郑州东）和陈（今河南淮阳）、宋（今河南商丘）之间，并以故国“郑”为氏，始有郑氏。二源自子姓，以国为氏。出自商王武丁之子子奠之后，子奠也称奠侯，以主持祭奠而得名，子姓郑国为商朝一方国。公元前1046年，周灭商，子姓郑国也随之亡，周人迁子姓郑人于渭水上游，约在今陕西宝鸡凤翔附近，后人也以故国

“郑”为氏。三源自姜姓，以国为氏。出自姜太公之后。周灭商后，周武王封姜太公之少子井叔于郑，以统治子姓郑人，史称西郑，故城在今陕西凤翔。后周穆王夺西郑为下都，姜姓郑国亡。国人姓奠井氏，或为郑井氏，亦即郑氏。

二是源于地名，以地为氏。《一统志》载：“南郑，古褒国附庸之邑。桓公殁，其民南奔居此，因曰南郑。后为县名。今属陕西汉中府。”这一支郑氏出自古褒国附庸之邑南郑。韩灭郑国后，部分郑国子民迁至陕西汉中地区，并再建了一个小方国，史称南郑，以居邑地名为氏，称郑氏。

三是源于古代少数民族的改姓、赐姓、姓氏简化等。如朝鲜半岛上的新罗国第三代国王朴儒理执政时期，开始仿汉制分封授姓，其中的珍支部被封郑氏。又如蒙古族宝里吉特氏，世居喀喇沁（今内蒙古自治区赤峰喀喇沁旗），清朝中叶以后所冠汉姓多为郑氏、宝氏、李氏、吉氏等。裕固族增斯恩氏，原称增斯恩氏、赠坷斯氏，后多简化成汉姓为郑氏。满族济礼氏，亦称纪里氏，世居骛宜（今俄罗斯萨哈林岛）、长白山区等地，后多冠汉姓为郑氏。

关于帝王赐姓郑氏，最著名的莫过于明朝郑和。郑和本是回族人，原姓马名和，小名三宝，云南昆阳人，为宫廷太监。据20世纪80年代云南发现的《赛氏总族牒》《马氏家乘》，郑和一世鼻祖可上溯到穆罕默德。明靖难之变中，马和在河北郑州（今河北任丘北，非河南郑州，另一说为燕京郑村坝，即今北京东坝村）为燕王朱棣立下战功。永乐二年（1404），明成祖朱棣在南京御书“郑”字赐马和郑姓，史称郑和。1405到1433年，郑和七下西洋，完成了人类历史上伟大的航海壮举。

从以上郑姓的多重姓源分析，我认为第一种姓源即源于远古帝王、以国为氏历史最久；而第一种姓源中的源于姬姓、以周宣王之弟友即郑桓公所传之河南荥阳一带的后裔以故国“郑”为氏，应是中华郑姓的“主流姓源”。如果追踪郑桓公郑氏与中华共祖黄帝的谱系，其世系应为：黄帝→玄嚣→峤极→高辛→后稷→不窋→鞠陶→公刘→庆节→皇仆→差弗→毁俞→公非→高圉→亚圉→公叔祖类→古公亶父→公季→姬昌（周文王）→姬发（周武王）→姬诵（周成王）→康王钊→昭王瑕→穆王满→共王繄扈→懿王囏→孝王辟方→夷王燮→厉王胡→共和行政→宣王静→封姬友（郑桓公）于郑。

四、河南荥阳是中华郑姓“文化认同”意义上的祖根地

汉朝至隋唐时期，荥阳郑氏是北中国的著名大族，与博陵崔氏、陇西李氏、赵郡李氏、范阳卢氏、清河崔氏、太原王氏，并称为五姓七家，因而有“天下郑氏出荥阳”之说。实际上，据以上考察中华郑姓的多重姓源，荥阳郑氏只是其中的一支，但这却是最重要的一支，是中华郑姓的“主流姓源”。如上所述，主流姓源由于“出身高贵”“历史清楚”，因而最容易满足郑姓人士的认同感与归属感，也最易将荥阳作为木本水源的祖根之地。

但我认为，以荥阳作为中华郑姓的祖根地，除了真有荥阳郑氏本宗血缘谱系的谱牒可认定为“血缘认同”外，对于其他的郑姓人士而言，实际上应是一种“文化认同”。

文化认同（culturalidentity）是一种群体文化认同的情绪，是个体被群体的文化所影响的感觉。文化不仅与人的“自我”联系在一起，还与人的“存在”，乃至关于“人”的概念联系在一起。弗洛姆曾指出，文化是人的第二本能。这个“本能”决定了人的社会存在是一种文化存在。“文化认同”是身份的认同问题，它所回答的是“我们是谁?”亨廷顿曾指出，不同民族的人们常以对他们来说最有意义的事物来回答“我们是谁”，即用“祖先、宗教、语言、历史、价值、习俗和体制来界定自己”，并以某种象征物作为标志来表示自己的文化认同，如旗帜、十字架、新月形，甚至头盖等等。亨廷顿认为“文化认同对于大多数人来说是最有意义的东西”。文化是一种“根”，它先于具体的个体，通过民族特性的遗传，以“集体无意识”的形式先天地给个体的精神结构型塑了某种“原型”。个体在社会化后，生活于这种原型所对应的文化情境之中，很自然地表现出一种文化上的连续性。文化认同与族群认同、血缘认同等是重叠的。一个具有历史连续性的文化共同体同时也是一个地缘、血缘共同体，它们将人的各种认同融合其中，避免了这些不同的认同之间因相异特性而产生的矛盾甚至冲突。

具有五千年文明史的中华民族，在历史长河中形成了一系列民族“文化认同”

的元素与符号，如认同“轩辕黄帝”为自己民族的共同祖先，认同春节、元宵、清明、端午、中秋等传统节庆为自己民族的风俗，认同汉语汉字为国家通行的语言文字，认同“龙”“长城”“黄河”“长江”等为自己民族的标志。对于我们每个中国人来说，我们人人头上都顶着认同“我们都是中国人”的“文化认同”符号，这就是姓氏与生肖，而姓氏尤其能够作为“文化认同”的个体符号标志。因为每个姓氏都直接联结着历史、祖先、族群与血缘，而同一姓氏的祖根地、开姓始祖又最能激起人们的“集体无意识”的支配，正是这种看得见、摸得着、人人都有的源于同根同宗的姓氏“文化认同”，成为蕴含于中华民族文化大厦最深层的文化基石之一。如同德国学者李斯特所描述的那样，在这个共同体中生活的人们拥有“共同的历史、共同的荣誉”，共同体中的人们无论身处何地，当他们汇聚到宗祠、祖根地，汇聚在开姓始祖的像下，都会油然产生一种休戚与共的情怀，由姓而族、由家而国，生发起他们与整个民族和国家“一起缅怀过去，憧憬未来”“荣辱与共”的文化情怀。

河南是中华民族姓氏的主要祖根地，中国众多大姓的根都在河南，这使河南通过姓氏根亲活动成为中华民族“文化认同”的重要地域提供了最基本和最有意义的认同基础，因为只要是中国人，他（她）的头上都顶着一个姓氏，这是河南的文化优势、文化资本。而河南荥阳，因为拥有中华郑姓的“主流姓源”源起的历史事实与资源，因而完全有理由也有责任把荥阳打造成中华郑姓“文化认同”的祖根地与世界郑姓祭祖恳亲寻根的中心。这是荥阳地域文化独有的优势与资本，荥阳应当在郑姓的“主流姓源”与“文化认同”上做足文章。

（本文作者为北京师范大学文学院教授）

郑姓源流史简述

⊙杨东晨

郑国（前825～前375）初封地在郑（今陕西华县），国君姬友是周厉王之子、宣王之庶弟，封于宣王二十二年（前806），称郑桓公。幽王执政后，桓公任司徒。他看天下局势不稳，向太史请教，迁往何地为妥？太史公分析了当时的形势，认为西方、南方、东方均不妥，只有雒（今河南洛阳）之东土、河济之南可以为国。公问为何？太史公曰："地近虢、郐，虢、郐之君贪而好利，百姓不附。今公为司徒，民皆爱公，公诚请居之，虢、郐之君见公方用事，轻分公地。公诚居之，虢、郐之民皆公之民也。"（《史记·郑世家》，以下引文不再注明）。桓公上奏幽王，得到支持，遂迁郑国于此，虢、郐二国果然献出10邑之土予以安置。

一、郑国史简述

（一）郑武公与庄公时期的郑国。犬戎杀幽王和桓公，郑国人立其子掘突，史称郑武公。武公有才干，灭虢、郐二国，成为春秋初期大国。《史记·郑世家》"集解"徐广曰："虢在成皋，郐在密县。""集解"韦昭曰："后武公竟取十邑地而居之，今河南新郑也。"郑国最强盛时，还有今河南鄢陵、长葛、禹州及登封一部分。周平王迁都洛邑（今洛阳）时，武公颇有功劳，遂封其为卿士。

郑武公十年（前761），娶申侯（申国在今河南省南阳市北）女申姜为妻，曰武姜。她生太子（前757）寤生时难产，不喜爱他。武公十七年（前754）生少子段（又称太叔段），出生顺利，武姜喜爱。二十七年（前744）武公病重，武姜欲立少子段为公，武公不允。不久武公去世，寤生继位，史称郑庄公。封弟段于京

（今河南荥阳），号太叔。卿士祭仲向武公奏：京之地比“公”之地还要大，不宜封于弟。庄公曰：母后之意，我怎能违背！姬段至封地“京”后，招兵买马，训练军队，与母亲合谋攻郑夺位。庄公二十二年（前722），弟段发兵攻郑，武姜做内应。庄公率军反击，段军退至京。庄公军攻京，京民归顺，段逃于鄢（一说今新郑市南，一说今鄢陵县）。亲从叛其归顺庄公，姬段又逃亡于共。庄公怒而将生母武姜迁居于颍城（郑地，今河南临颍县），发誓说：“今生再不与母亲相见。”年余后，庄公悔而欲见母亲。嵩山隐士颍考叔求见庄公，庄公见而赐食。考叔曰：臣有母，请公食赐臣母。庄公闻，愧曰：我十分思念母亲，但已发誓今生不见面，怎么办？考叔说：挖地道可见母，不违背誓言。庄公果然以这种方式见到了母亲，并尊敬如初。庄公时期，郑国强盛，成为春秋鲁、齐、晋、秦、楚、宋、卫、陈、蔡、曹、燕、郑十二大国之一。

（二）郑国内乱而国力削弱。庄公四十三年（前701），庄公病逝，四个儿子争位，朝政混乱，国家不宁，“公”位互移，内政黑暗。昭公姬忽在争权中败逃于卫国（今河南淇县），厉公姬突被废后居于栎（今河南禹州市）。之后，昭公与其弟又相继短暂掌权，被废或被杀，厉公又复位。七年（前673），厉公突去世，子继位，称郑文公（前672）。

郑文公三十六年（前637），晋国落难公子重耳路过郑，未以“公子”之礼对待。重耳即位（前636）称晋文公。郑文公四十一年（前632），郑国出兵助楚伐晋。四十三年（前630），晋文公和秦穆公派军攻郑，报其无礼和助楚之仇，郑军败。晋文公又提出立亲晋的郑公子兰为太子，文公允，晋秦二国方退兵。郑文公四十五年（前628）病逝，公子兰即位，史称郑穆公。

郑穆公时期（前627～前606），国力衰弱，秦、楚、晋三国相继出兵侵犯。穆公卒，太子立，称郑灵公。灵公即位的当年，因争权之事欲杀二卿子家、子公，反而被二卿所杀，二卿立其弟子坚为公，称郑襄公（前604～前587）。

（三）郑国在与大国争夺中求存。郑襄公元年，楚伐郑，郑遂叛楚而归晋。五年（前600），楚又攻郑，晋国出兵救援，楚退走。六年（前599），郑卿子家去世，国人驱逐其家族，为灵公报仇。其后，郑国一直在楚、晋两国之间求生存，时而投靠晋，时而投靠楚。

襄公十八年（前587），襄公去世，太子悼公立，两年后去世，又立其弟，号成公。楚国派使者入郑，两国私下结盟。秋，郑成公出访晋国，被晋景公扣留，派栾书带军攻郑，被击败。成公四年（前581），郑担心晋再派军围攻，遂立成公庶兄为公，与晋国对抗。晋景公怒，又释放郑成公回国，郑人又杀其庶兄。十年（前575），郑成公背晋结盟于楚，在两个大国互斗中求生存。十四年（前571）成公卒，太子继位，史称郑釐公。

釐公五年（前566），釐公被相子驷暗害，其五岁的儿子被立为国君，是为简公。简公元年（前565），诸公子欲诛子驷，反被子驷尽诛。三年（前563）相子驷欲废简公自立为公，子孔派尉止杀子驷。子孔又欲废简公自己执政，子产劝曰：内乱不停，国怎安宁？不可自立为公。于是子孔为相，辅佐简公。简公十五年（前551），诛专权的相子孔，任子产为卿。子产是春秋时期著名政治家、改革家，在内政外交方面都为简公出了不少好主意，制定了不少利国利民的好政策。简公十九年（前547），由子产陪同入晋请回卫君，封子产六邑之地，子产只接受三邑。二十二年（前544），吴国使者延陵季子（名札）入郑国，见子产如同老朋友，政见一致，话语投机。两人相见恨晚，遂结为好朋友。二十三年（前543），诸公子争权，互相残杀，有人欲杀卿子产，被公室人制止。他们说：子产是位仁人、圣人，郑国之所以能在大国争斗中存在，子产之功也。二十五年（前541），子产入晋看望有病的平公，对答得体，得到平公的厚赏。二十七年（前539），子产随简公拜见晋平公、楚灵王，保郑国平安。

三十六年（前530）简公去世，子姬宁立，史称郑定公，子产为相，国家平安。十六年（前514）定公卒，献公立，子产仍任相。十三年（前501），献公卒，声公立，子产为相。天下形势变化，晋国六卿势力大，常侵郑，郑国衰弱。但由于子产善于处理内政外交，国家仍存。《史记·郑世家》云："声公九年（前492），郑相子产卒，郑人皆哭泣，悲之如亡亲戚。子产者，郑成公少子也。为人仁爱人，事君忠厚。孔子尝（常）过郑，与子产如兄弟云，及闻子产死，孔子为泣曰：'古之遗爱也'！"声公又称康公。

（四）郑国亡于韩。郑康公八年（前493），晋国范氏、中行氏打败支援晋国的郑军。晋定公三十六年（前476），晋国卿士智伯率军攻郑国，侵占九邑土地。韩哀侯二年（前375），韩灭郑国。

二、出自姬姓的郑姓和名人

我国的姓氏，一是来自祖先之姓，二是国灭后以其名为姓，三是赐姓，四是各种原因而改姓。

（一）郑姓出自姬姓。从姬友封于郑国（前806）称桓公起，至郑康公二十年（前375）被韩国灭亡，共传13代430年。《广韵》曰："郑氏，本自周宣王封母弟友于郑，及韩灭郑，子孙以国为氏。"《新唐书·宰相世系表》载：郑国"为韩所灭，子孙播迁陈、宋之间，以国为氏。幽公生公子鲁，鲁六世孙荣，号郑君，生当时，汉大司农，居荥阳开封"。

（二）荥阳郡的设立。周朝、春秋、战国时期，设荥阳邑（在今河南荥阳市东北）。秦朝建立后，置荥阳县。三国魏正始三年（242），始设荥阳郡，辖地较广。《元和姓纂》载："郑，荥阳开封，当时（指汉大司农郑当时）六代孙稺，汉末自陈（今河南淮阳）徙河南开封。晋置荥阳郡，开封隶焉，遂为郡人。"唐朝时期，荥阳郑氏中出过9位宰相，成为崔、卢、李、郑四大姓之一。

（三）得郑姓的名人。郑姓出自姬姓，远祖为姬友，得姓祖先说法不一。一说"由周王室分支出来的郑氏子孙，在我国历史上表现十分出色。相传在春秋末年，越王勾践献给吴王夫差两名越国美女，一个是西施，另一个叫郑旦，战国时楚怀王的夫人叫郑袖。"① 这三个郑姓人物，我认为是吴越地区的另一支郑氏，与郑国亡后形成的郑姓人无关系。其原因是吴国灭亡（前473）时，郑国还在，王室子弟仍姓姬。楚怀王在世（前328～前299）时间，与郑国灭亡时间很短，不可能已形成郑姓，成为怀王之夫人。

最早以郑为姓的名人为郑国，籍贯不详，水利家，在韩国做事。秦王政十年

---

①张海彤、金连昌编：《百家姓探源》，首都师范大学出版社，1996年2月第1版，第130页。

（前237），他受韩王安派遣赴秦国，游说秦王兴修水利，以削弱秦的国力，进而阻止秦兼并韩国。秦王不知是阴谋，便接受了郑国的建议，下诏征发大量民工，拨款给郑国，令其指挥开凿水渠。这条渠由今陕西泾阳县西达于东部洛河，长达三百余里，工程浩大，费用甚巨。工程进行中，秦王政觉察到韩国水工的阴谋，欲处死郑国。郑国向秦王政奏曰：韩王派我来修渠，用心确实是想耗费秦国的财力和人力，但渠修成后给秦国带来的却是万世之利。秦王政信其言，未治其罪，仍然让他主持修渠。渠成后，在盐碱地上引泾河水灌田三百余里。于是关中变为沃野，无饥饿之年，秦国富强，终灭六国，史称其为"郑国渠"。

东汉汴（今河南开封）人郑兴、郑众父子，世称"先郑"，是杰出文学家，而称伟大经学家郑玄（今山东潍坊市人）为"后郑"。此外，还有东汉宦官郑众（生年不详，卒于114年），字雅卿，今河南鲁山县人。汉章帝时任中常侍，汉和帝时以诛灭外戚窦宪升任大长秋，成为宦官参政的首位人物。汉代后，荥阳郡的郑姓人向各地迁徙。

宋代福建人郑侠（1041～1119），字介夫，少年时苦学成才，为宰相王安石器重。后来，他反对变法被贬于边境。宋徽宗时遇赦返乡，去世于家中，著有《西塘集》。

（四）明清时期的郑姓名人

郑成功（1624～1662）本名森，字大木，福建南安（今属福建）人，郑芝龙之子，弘光时监生。隆武帝赐姓朱，号"国姓爷"，永历帝封为延平郡王。隆武二年（1646），因反对父亲降于清，便在广东起兵抗清。后来，他以金门、厦门为根据地，连年出击广东、浙江等地清军。永历十三年（1659），他和张煌言合军围攻南京，误中清总督郎廷佐诈降奸计，战败后退守厦门。永历十五年（1661），郑成功率军数万人从厦门出发，经澎湖从禾寮港（台湾南境）登陆，围攻荷兰总督所在地赤崁城，击溃敌人从巴达维亚派来的援兵。经过八个月的征战，荷兰总督揆一投降（1663），台湾回到祖国怀抱。他在台湾设立机构，推行屯田，促进了台湾社会经济的发展。他收复台湾五个月后去世，年仅38岁。郑成功去世后，子郑经继位，任用陈永华主持政务，刘国轩主军，守卫台湾，不降清朝。清朝"三藩之乱"时，他曾率军进入福建、广东，攻打清军。清康熙十九年（1680），郑经率军退回台湾，次年（1681）病逝，年仅38岁。郑经去世，儿子郑克爽才12岁，由冯锡范等拥立，称延平郡王。清康熙二十二年（1683），降于清朝，封公爵。

郑板桥，江苏兴化市人，“扬州八怪”之一，擅长兰竹，工书法，自称“六分半书”，《难得糊涂》是其传世珍品之一。

综上所述，周宣王封的郑国在今陕西华县，周幽王时期东迁于今河南荥阳、新郑，国君姬友称郑桓公。犬戎杀幽王、桓公后，郑武公继位。他灭虢、郐二国，又扩大领土，使郑国占有今河南荥阳、新郑、新密、鄢陵、长葛、禹州等地，成为春秋强国。郑国传450年被韩国灭亡，子民流亡于河南商丘、淮阳一带，逐渐以郑为姓，表示对故国的怀念。三国魏时，郑姓在今荥阳形成名门望族。从战国末至清朝，郑姓和其他姓氏一样，出现许多名人。他们在不同朝代、不同时期都做出了自己的贡献！

（本文作者为陕西历史博物馆研究馆员）

郑姓的来源与迁徙

⊙任崇岳

郑姓是我国历史悠久的大姓，在百家姓中排名第21位。本文拟对郑姓来源、播迁及郑姓名人作点探讨。

一、郑姓的来源

郑姓与郑国有着不解之缘，据《史记·郑世家》记载，周宣王二十二年（前806）封其弟姬友于郑（今陕西华县东），此为郑国之始。姬友是个勤政爱民的诸侯，“封三十三岁，百姓皆便，爱之”。周幽王继位，晋升姬友为司徒。周代司徒掌管教化，为六卿之一。他民胞物与，信及豚鱼，深受百姓爱戴，“河洛之间，人便思之”。周幽王宠幸褒姒，奸邪满朝，忠良遭贬，民怨沸腾，诸侯多叛。姬友忧心忡忡地问太史伯：王室纷扰，天下将乱，我怎样才能保全性命？太史伯说：“独洛之东土，河（黄河）济（济水）之南可居。”姬友不解地问：为什么那里可以居住？太史伯说，因为那里邻近虢（今河南荥阳东北，为东虢）、郐（今河南新密东南），这两个国家的诸侯贪财好利，百姓不附，如今大王是司徒，百姓都爱戴您，您若提出想在河济之南居住，虢、郐两国国君见您是朝廷重臣，必然答应您的要求。只要定居在那里，虢、郐的百姓也就是您治下的百姓了。《国语·郑语》记载史伯的话说，虢国国君自恃势力强大，郐国国君自恃有山河之险，对周天子有骄奢怠慢之心，加上贪财好利，如果司徒您“寄孥与贿”，虢、郐两国不敢不许。所谓“寄孥与贿”是指把妻子儿女与财物寄放在那里，既然能把妻子儿女和财物寄放在溱（河名，源出今河南新密，东北流与洧水汇合）、洧（河名，源出今河南登封，东流合溱水后为双洎河）之间，虢、郐两国就不能不答应大王治理这片土地的要求。姬友听从了太史伯的建议，“东徙民洛东，而虢、郐果献十邑，竟国之”。虢、郐两国国君果然大方，献出了十座城池。具体说来，姬友是把妻子儿女安顿在京这个地方，即今河南荥阳的襄城村，这为郑国在这里建国打下了牢固的基础。

周幽王是个昏聩无道的天子，他嬖爱褒姒，竟立褒姒所生的伯服为太子，废黜正宫申后，并废掉了太子宜臼。申后乃申侯之女，周幽王这一轻率之举，引起了申侯的叛乱。公元前770年，地处今河南南阳的申国与地处河南方城县的鄫国联合西方犬戎之兵进攻西周，杀周幽王于骊山之下，西周灭亡，身为司徒的姬友也在这次战乱中罹难。这就是《国语·晋语》中所说周幽王“逐太子宜臼而立伯服。太子出奔申，申人、鄫人召西戎以伐周，周于是乎亡”。姬友被追谥为桓公，史称郑桓公。桓公既死，国人立其子掘突袭位，是为郑武公。太子宜臼即位后，是为周平王，他把都城由镐京迁往雒邑（今河南洛阳），史称东周。郑武公掘突趁护送平王东迁之机，先后灭了虢、郐两国，在溱水、洧水之间建立了新的郑国，史称新郑，都城在今河南荥阳市境内。《汉书·地理志》：“幽王败，桓公死，其子武公与平王东迁，卒定虢、郐之地，右雒左泲（泲水即济水，其分流处在今河南荥阳市北），食溱洧焉。”《资治通鉴·周纪一》胡三省注：“郑桓公始封于郑，其地属汉之京兆，后灭虢、郐而国于溱、洧之间，故曰新郑。《左传》郑庄公所谓吾先君新邑于此是也。”郑庄公所说的先君指郑武公，新邑指的就是今河南荥阳市境内的郑国新都城。《诗经·郑风·溱洧》：“溱与洧，方涣涣兮”“溱与洧，浏其清矣”，是说溱、洧二水浩浩荡荡又清澈见底，指的是郑武公东迁后都城的环境。传至郑文公时，又把都城迁往黄帝有熊氏居住之地，即今河南新郑的郑韩故城。郑国在春秋时是强国，郑武公、郑庄公曾是辅佐周天子的卿士。到了战国时已逐渐衰落，为秦、晋等大国所欺凌。周安王二十六年（前376），韩、赵、魏三家分晋，周烈王元年（前375），韩哀侯灭郑，并其国，把都城由阳翟迁于新郑。郑国覆亡后，子孙播迁于陈（今河南淮阳）、宋（今河南商丘）之间，以国为氏，于是便有了郑姓。《新唐书·宰相世系表》云：“郑氏出自姬姓，周厉王少子友封于郑，是为桓公，其地华州郑县是也。十三世孙幽公为韩所灭，子孙播迁陈、宋之间，以国为氏。”《广韵》："郑，姬姓，周宣王封弟友于郑，及韩灭郑，子孙以国为氏。"这就是郑姓的由来。《新唐书》称郑国灭亡于郑幽公时，《史记·郑世家》则说幽公还有个弟弟骀，继幽公之位为繻公，后国人杀繻公骀而立幽公另一弟乙为君，郑国亡于郑君乙时。两说虽然有差别，但郑为韩所灭并无异议，子孙以国为氏的史实也未改变。

二、郑姓的迁徙

郑国灭亡后，郑氏族人星散四方，漂泊无定，《新唐书·宰相世系表》除了说播迁于陈、宋之间外，还说有一支迁徙到了开封："幽公生子鲁，鲁六世孙荣，号郑君，生当时，汉大司农，居荥阳开封。"郑当时是汉初淮阳人，汉武帝时任大司农，他的六世孙郑稺徙居开封。三国魏始置荥阳郡，管辖开封，故称荥阳开封。这一支郑姓迁入开封后，人才荟萃，名家辈出，郑姓便把荥阳郡作为自己的郡望和堂号。从秦至晋，今陕西、山东、浙江、四川、湖北等地都有了郑姓。

西晋末年发生了争夺皇位的"八王之乱"，并由此引起了"五胡乱华"，山西的匈奴族首领刘渊乘机起事，自称皇帝，国号汉。其子刘聪派刘曜、石勒等进攻洛阳，晋怀帝被俘丧命。建兴元年（313）晋愍帝司马邺即位于长安，建兴四年（316）刘曜率匈奴兵攻破长安，晋愍帝投降，司马睿在南京称帝，史称东晋。中原板荡，干戈不息，中原世家大族及流离失所的百姓纷纷播迁，寻找安身立命之地，大部分人到了江南。《资治通鉴》说："时海内大乱，独江东差安，中国士民避乱者多南渡江。"《晋书·王导传》也说："洛京倾覆，中州士女避难江左者十六七。"郑姓就在这批渡江南下的队伍之中，如《闽书》记载："永嘉二年，中原板荡，衣冠始入闽者八族，所谓林、黄、陈、郑、詹、丘、胡、何是也。"《宋书·郑鲜之传》称："荥阳开封人郑袭，初为江乘（今江苏句容县北）令，因居县境。"福建《莆田南潮郑氏谱》记载："晋永嘉时，郑昭入闽任刺史，是为闽中郑氏开山祖。"江西石城县《郑氏族谱》说："晋怀帝时，郑膺由莱州避居豫章西山，子求安、求富迁宜黄（今属江西），孙孟达、孟远东晋时迁石城。"

唐代郑姓南迁人数比汉晋时期有所增加。唐高宗时，固始人陈政、陈元光父子率兵入闽平乱，部下就有郑姓人。据康熙《漳浦县志》记载，陈政部下仅校尉以上就有20余人，其中就有郑平仲其人。据《台湾通志·氏族篇》引湾马巷《郑氏族谱序》："唐垂拱（垂拱是武则天的年号）间，陈将军（指陈政、陈元光父子）趋闽，大臣郑时中随之，郑姓遂星布闽粤。"福建南安市石井乡是民族英雄郑成功的故乡，《郑氏石井宗谱序》说："郑自唐光启（唐僖宗年号）间入闽，或居于莆（莆田）、于漳（漳州）、于潮（潮州）、于泉（泉州），是不一其处。"唐末王潮、王审邽、王审知兄弟入闽时，带有5000名将校，有人考证他们共有50个姓氏，其中就有郑姓。福建永春县《永春鹏翔郑氏族谱》记载："今永春城关东门桃东村郑氏，俗称'东门郑'，出自河南荥阳，入闽始祖郑可远因中原战乱，于唐末随王潮入闽，统戍桃林场（即今永春县），后肇居姜莲龟山坪上，传至四世郑懋为宋真宗潮阳都巡检使，告老后卜居今县城东门一带，因地在大鹏之阳，又取原祖居'坪上'之谐音，故称鹏翔郑氏。"宋人范祖禹写的《郑闽中墓志铭》称："公字闽中，其先光州固始人，唐末高祖为王潮所虏，遂死之。子孙家福州，今为侯官人。"宋人袁燮《絜斋集·李太淑人郑氏行状》说："太淑人讳和悟，福州闽县人也，其先家于光州之固始，五季末徙焉。"《景定建康志》载："郑侠，字介夫，其先光州固始人，四世祖佰，唐末随王氏入闽，遂为福清人。"宋人杨时《郑縠墓志铭》："公讳縠，字致刚，姓郑氏，其先光州固始人，唐僖宗时避乱，从王潮入闽，居建城南乡之龙池，故今为建州人。"明人郑岳《郑明允墓志铭》称："郑本姬姓，五季初有讳摄者，自河南光州入闽，居长乐，长乐之有郑始此。"

福建《龙峰郑氏族谱》称："郑体恭，南唐驸马都尉，原籍河南光州固始，迨南唐归宋后，避地入闽，居盖山光化里，为龙峰郑氏始祖。"从以上所引郑氏族谱来看，唐代入闽的郑姓清一色均来自光州固始，宋代史学家郑樵就曾提出过质疑，他说："吾祖出荥阳，过江入闽，皆有记录，孰谓固始人哉？闽人称祖皆自光州固始来，实由王潮兄弟以固始之众从王绪入闽，王审知因其众克定闽中，以桑梓故，独优固始人，故闽人至今言氏族者皆曰固始，其实滥谬。"唐代南迁的郑姓人不可能尽是固始人，但两次大规模南迁的带队人陈政、陈元光、王潮、王审知都是固始人，于是几乎所有的郑姓族谱都说自己是固始人，这是非常有趣的固始现象。

宋代郑姓也有播迁南方者，但规模没有唐代大。福建宁化《郑氏族谱》称：南唐中宗时曾派兵攻打闽地，将领中有郑彦华其人者立有战功，累官至镇海军节度使，左千牛卫将军，致仕后卜居宁化招贤里郑家坊（水茜乡庙前村）。南唐为宋所亡，郑彦华之子郑文宝跟随后主李煜一起到了开封。卒后归葬宁化故里（今宁化安乐乡三大村）。福建三明市大田县桃源《郑氏族谱》称："宋仁宗时，其裔郑章公（第四代）任职光禄大夫，与叔少聪总管奉旨率众家军调征南闽藩镇兴化府仙游县，至庆历二年，受奸臣陷害，弃官携兄弟叔侄隐于各州荒野繁衍生息……宋熙宁年间，为怀念先祖之德深，郑氏后人联络闽省各郡，在桃源公馆前兴建一座郑氏大宗祠——荥阳祠，俗称桃源十八户。元至正年间由桃源连京迁至南安县石井镇。"《郑氏宗祠·各地肇基祖世系图》载："南安县石井镇肇基祖隐石公（入南第一代），历八代芝龙公（入南第八代，总第二十三代）、森公（入南第九代，总第二十四代，森即民族英雄郑成功）。"这一则记载说郑姓在宋仁宗庆历年间入闽是可信的，但说郑成功的祖上是由大田县迁往南安则与郑成功家乡的《郑氏石井宗谱序》小有出入。福建厦门鼓浪屿郑成功纪念馆内《郑氏附葬祖父墓志》说："王父讳成功，字明俨，号大木，姓郑氏，先世由光州固始县入闽，由莆居漳、居粤之潮，至始祖隐石公乃移居于泉之南安县杨子山下石井乡，遂世为南安人。"据此，郑成功的先人隐石公似由潮州迁泉州南安县，不是从三明市大田县迁南安的，大田县靠近江西，离南安悬远。两个族谱记载不一，也有可能郑成功的先人先由大田迁潮州，然后从潮州迁南安的。又据宋人文集，北宋覆亡，宋高宗即位于南京（今河南商丘）后，金人穷追不舍，高宗率文武百官逃往江南，史称"建炎南渡"。百姓跟随南下者甚多，正如《宋史·食货志》所说："高宗南渡，民之从者如归市。"这其中就有郑姓人。如郑望之家族由彭城（今江苏徐州）迁往信州（今江西上饶），郑梦得家族由开封迁往余杭（今属浙江），郑清家族由中原迁入汀州上杭（今属福建），郑思恭家族由襄邑（今河南睢县）迁往潭州衡山（今属湖南），等等。

元明时期郑姓播迁见于史籍者不多，只有零星迁移。光绪《闽县乡土志》说：元代固始人郑本初，泰定年间任福州路军民总管府，遂家本境下渡，传三十代。明代倪元璐《郑元勋墓铭》载："公讳元勋，字元功，别号玄圃，其先世河南固始人，时有为福州路总管者，遂家于闽。"明初天启年间，颜思齐与南安人郑芝龙

（郑成功之父）在台湾的笨港（今北港）设寨垦荒，并多次招募福建漳州、泉州沿海百姓去台湾垦荒，因此郑姓人在明末就到了台湾。清顺治十八年（1661）民族英雄郑成功率大军两万余人、战船四百艘驱逐荷兰侵略者，一举收复台湾，他的部下就有不少郑姓将官和士兵卜居不归，如今郑姓已是台湾著姓。所谓“陈林半天下，黄郑满街排”是也。

清朝初年的“湖广填川”是一次规模浩大的移民运动。由于湖广等地人多地少，灾荒频繁，四川地广人稀，沃壤千里，雍正、乾隆时期便有计划地将湖广人口迁往四川，迁移的人群里便有郑姓人。重庆市璧山县《郑氏族谱》记载了一段歌谣，道出了他们先祖由湖北迁四川时度日维艰的情景：

吾祖携家西徙去，途经孝感又汉江。

辗转跋涉三千里，插占为业垦大荒。

被薄衣单盐一两，半袋干粮半袋糠。

汗湿黄土十年后，鸡鸣犬吠谷满仓。

光绪四川仪陇《郑氏家谱》称，这支郑姓的先祖郑弘士，于康熙三十二年（1693）携妻刘氏迁川，卜居于顺庆府仪陇县南阳里（今仪陇县乐兴乡）。来川时“携有族谱一本，木本水源，记载甚详”。有些迁徙者长途跋涉，还带着父母的骸骨，例如广东长乐县的郑奇达弟兄七人，于康熙末年一道入川，同时将其父母的骸骨背负入川，最终葬于定居的隆昌县（今属四川）境内。（陈世松《大迁徙：湖广填四川》第233页）有些人在迁徙过程中队伍太庞大，行动不便，便将大锅砸成片儿，每人手持一片，作为他日相见的凭证。光绪四川仪陇《郑氏家谱》称：

我祖（郑）庄公之后，娶祁氏婆婆生十六子。公公身故，婆婆出于郝氏，又生十六子。公公身故，婆曰：我一身所改两姓，两姓所取，共姓子应先。先夫之子红棋郑，后夫之子黑棋郑，红黑为记。我红棋传三代，弟兄几人分散，干戈发动。弟兄三人将锅分成三块，分锅边者锅边郑，分锅中者锅中郑，我公所分锅底，将锅为记。如今郑姓已是四川著姓。

浙江也有一支郑姓，他们是汉文帝时任过大司农的郑庄之后。郑庄是荥阳人，传到第22世孙郑温时，已是南北朝时期。郑温有四子，排行第二的郑奕因在北魏任建武将军，遂长期居北方。北宋真宗年间，郑奕裔孙郑凝道任安徽歙县令，致仕后定居歙县。他的儿子郑自牖仁宗时期官居殿中侍御史，又由歙县迁往遂安（今属浙江淳安）。仁宗时政治清明，兵革不兴，郑自牖在遂安大兴土木，建筑宅院。他的孙子郑渥、郑说、郑淮兄弟三人分居三处，其时已是宋哲宗元符年间。郑淮建议弟兄三人一同迁往浦阳（今浙江浦江县）。三家和睦相处，慷慨助人，被乡亲誉为“浦阳三郑”。明朝洪武初年，浦阳郑氏一门十世同居，朱元璋召见“三郑”的后人郑濂，问他是如何治家的？郑濂回答说：“不听妇人之言而已，凡同宗者俱效之，恪守义门之规。克勤思俭，蔚然起光大之业，敦伦睦族，蔼然成礼义之风。”朱元璋赐予“江南第一家”的匾额，把郑濂居住的村子赐名为“郑义门”，凡郑姓都赐以“孝义”匾额。后人传颂说：“史官不用春秋笔，天子亲书孝义门。”

传到郑淮五世孙郑逵时，已是南宋末端宗赵昰景炎年间，因年龄40岁尚未生子，算命人说只有离开祖地才能兴旺，于是郑逵一家从浦阳迁往建德西乡横衢，此为郑姓入居建德之始，至今已有800年。

三、郑姓名人

郑姓历史上名人荟萃，可圈可点。大致上可分为三类：

一是纯学者型。如战国时水利学家郑国，他是韩国人，受命赴秦，劝说秦国兴修水利，想以此阻止或延缓对韩国的兼并战争。他西引泾水，东注洛河的灌溉渠，长达300余里，灌田4万余顷，使关中成为沃野，秦国从此富强，兼并六国，天下一统，该渠被命名为郑国渠。东汉经学家郑玄跟随马融等大家求学，归来后聚徒讲学，有学生数百人，因受党锢之祸牵连，不能出仕，潜心著述，以古文经说为主，兼采今文经说，遍注群经，成为汉代经学的集大成者，世称郑学。郑玄为古诗作笺证，实际上就是注释，后世称郑笺，泛指对古籍的注释。元好问有诗云：“诗家总爱西昆好，独恨无人作郑笺。”西昆体是北宋初杨亿、刘筠、钱惟演等人所做的倡和诗，追求辞藻，好用典故，文字绮丽，但语意晦涩。郑玄在中国经学史上影响很大。南宋福建莆田人郑樵，因常住夹漈山，人称夹漈先生。自认为学问不在刘向、扬雄之下。好游名山大川，搜奇访古，遇藏书家，必借来读完方去。对礼乐、文字、天文、地理、虫鱼、草木皆有研究。高宗南渡之初，曾召见郑樵说："闻卿名久矣，敷陈古学，自成一家，何相见之晚耶?"郑樵后来虽然当了枢密院编修官，但仍以写作为主，故《宋史》把他列入"儒林传"中。他最有名的著作是《通志》，200卷，为经传体通史，上起三皇，下迄于隋，叙述典章制度为全书之精华，尤其是氏族部分，是研究姓氏者必读之书。清史权威郑天挺曾任西南联大教授，新中国成立后任北京大学历史系主任，1952年任南开大学历史系主任，为一级教授。曾受教育部委托，编写高校历史教学大纲，著作《清史探微》等，在史学界影响很大。

另一类是满腹经纶，为人正直的学者型官员。如东汉经学家郑众，曾任大司农，世称"郑司农"。明帝永平年间，北匈奴遣使和亲，他奉诏赴匈奴，单于强令行拜礼，他昂首不屈，终于被放还。后来打击匈奴立功，迁武感太守。他和父亲郑兴被人称为"先郑"，称郑玄为"后郑"。他熟悉《左氏春秋》，通晓《易经》《诗经》，以此知名于世。汉代还有两人值得一提：一是东汉郑均。他的哥哥是县中小吏，屡屡受贿，郑均屡谏不听，郑均外出佣工，得钱归兄，并说钱财花尽可再赚，为官贪赃，终身受累，他的哥哥改恶从善，成为廉吏。朝廷征郑均为官，不就，后强征为尚书，旋即辞官。汉章帝东巡至其家，赐尚书俸禄终身，时称"白衣尚书"。还有一个是西汉时的郑崇，位居尚书仆射，性格耿直，喜欢进谏，每次进谏，汉哀帝只要一听到脚步声，就说："我识郑尚书履声。"后来人们就以郑履来形容正直敢言的大臣。宋朝初年，大将曹彬率军灭南唐，李后主被俘至开封，虽封为侯爵，实际乃是囚犯。南唐大臣入宋者不少，无人敢去探望，只有一个叫郑文宝的人披蓑衣，戴斗笠，扮作渔翁前去探望，并赠送银两，使后主夫妇大为感动。后主死后，才考中进士，官至转运史，防御西夏贡献甚大。他工诗词，善书法，著有《南唐近事》《江表志》，至今尚存。宋朝末年有个叫郑所南的人，宋亡后终身不娶，改名思肖，隐喻怀念宋朝之意。逢年过节必向南跪拜，听见蒙古人说话，必掩耳而走，坐卧从不头向北。他与赵孟頫是莫逆之交，赵孟頫降元，立即与他划地绝交，赵孟頫几次来访，均不见。善画兰，但从不画土，有人问他，他说土地已被番人夺去，兰花无处植根。他有诗云："此地暂胡马，终身只宋民。"表现了他的高风亮节。清人郑板桥是诗人、画家、政治家，雍正举人，乾隆进士，曾在河南范县（当时属山东）、山东潍县（今潍坊）两地当过县令，因同情百姓疾苦，请求减免百姓赋税而被免官，后来在扬州卖字画为生，73岁时去世。他在潍县任上有一首诗："衙斋卧听萧萧竹，疑是民间疾苦声。些小吾曹州县吏，一枝一叶总关情。"他睡觉时听见风吹竹子发的声音，就想到了民间疾苦，真是关心民瘼的好县令。习近平在参加兰考县委班子专题民主生活会的讲话中，曾经引用了这首诗，他说，封建时代的官吏尚有这样的认识，今天我们共产党人应该境界比这高得多。郑板桥硬骨铮铮，不畏强御，成人之美，救人困厄均传为佳话。他诗书画三绝，誉满天下，毛泽东评价郑板桥的字说："你再看郑板桥的帖，就又感到苍劲有力。这种美不仅是秀丽，把一串字联起来看有震地之威，就像要奔赴沙场的一名勇猛武将，好一派威武之资啊！郑板桥的每一个字都有分量，掉在地上能砸出铿锵的声色，这就叫掷地有声啊！"郑板桥是郑姓的荣耀。新中国成立后任文化部副部长、国家文物局局长、中国科学院考古所所长、文学所所长的郑振铎是学部委员、一级教授，著作甚多，以《插图本中国文学史》最有名。1958年出国访问时因飞机失事遇难。

第三类是民族英雄郑成功等人。他驱逐荷兰侵略者，收复台湾的壮举，彪炳史册，俎豆千秋。

以上所说皆外省郑姓名人，其实荥阳的郑姓名人也灿若星辰，熠熠生辉，使人如行山阴道上，目不暇接，以唐代最多。唐代以前的郑姓名人多为开封人。这些荥阳籍的名人有：南北朝时北魏大臣郑俨；唐初任检校大理卿兼礼部、刑部尚书，做官清廉，号为"清吏"的郑善果及他的曾在唐初任左武侯大将军的堂兄郑元璹（shú）；唐代文学家郑世翼；唐朝考古学家郑钦说；唐玄宗亲笔赐写"郑虔三绝"的画家郑虔；唐代大臣郑潜曜；唐德宗时任京兆尹的郑云逵；娶唐宣宗之女、拜为驸马都尉的诗人郑颢；唐宪宗时任宰相的郑细；唐文宗时任过检校户部尚书兼御史大夫的郑浣；文学家郑仕表、郑准、郑处诲；因击败黄巢而官至检校司空的郑畋；唐僖宗时任过宰相的郑从谠；唐武宗时任同中书门下平章事的经学家郑覃；任过节度使、同中书门下平章事的郑朗；唐德宗时任同中书门下平章事、正直无敌的郑珣瑜；唐文宗时任检校尚书右仆射同中书门下平章事的郑肃。唐代以后，荥阳郑姓名人不多。我建议编写一本《唐代荥阳郑姓名人》这样的书，对于宣传荥阳、提高荥阳的知名度大有好处。

（本文作者为河南省社会科学院研究员）

郑国公族后裔姓氏考略

⊙李 乔

中国传统宗法社会十分注重宗族成员之间的血缘伦理关系，强调“同姓同德”“同德同心”“同心同志”，重视同姓在维护宗族利益中的重要作用。当今中国社会，尽管宗法制已经不复存在，但在遇到与自己同姓人的时候，人们还会表现出比较亲切，“五百年前是一家”就是这种心态的表述，身处异乡的华人这样的感受会更深。

实际上，我们今天所说的姓氏与先秦时期的姓氏是两个不同概念。先秦同一姓氏后裔或以国为氏，或以字为氏，或以名为氏，或以邑为氏，或以地为氏，等等，由此产生不同的姓氏。由于这些姓氏之间存在着血缘关系，彼此之间也具有很强的凝聚力。郑国作为西周末年至战国初年的重要诸侯国之一，其后也衍生出了众多姓氏。关于郑国公族后裔姓氏，汉代王符的《潜夫论·志氏姓》、宋代罗泌的《路史·高辛纪下》、明代王圻的《续文献通考·氏族考》都曾做过梳理。

《潜夫论·志氏姓》收录有14个郑国后裔姓氏：“周厉王之子友封于郑。郑恭叔之后，为公文氏、轩氏、驷氏、丰氏、游氏、国氏、然氏、孔氏、羽氏、良氏、大季氏。十族之祖，穆公之子也，各以字为姓。及伯有氏、马师氏、褚师氏，皆郑姬姓也。”①

《路史·高辛纪下》收录有83个郑国后裔姓氏：“宣王封庶弟友于咸林，曰郑，为司徒，死戎难，子武公以夹俌赐虢、郐十邑，徙，拾爵伯，二十有二世，韩灭

①[汉] 王符著，[清] 汪继培笺：《潜夫论笺校正》，中华书局，1985年，第450页。

之。有郑、蔺、语、京、将、良、孤、尉、具、司、髡、烛、禆、谇、堵、泄、洩、羽、浑、然、游、遊、驷、国、渝、俞、喻、会、雅、邃、繻、罕、丰、賸、歂、侨、参、眅、姜、蚤、印、颉、梧、儵、皇、蟜、佚、卫，及田章、封具、羌宪、强梁、赵阳、史龟、去疾、大季、公文、公德、共叔、世叔、大叔、子人、子强、子驷、子罕、子孔、子皙、子国、子游、子宽、子然、子羽、子轩、子革、子旗、伯有、马师、东里、行人、西门、西宫、京城、俟伏、贺吐之氏。”①

《续文献通考·氏族考》基本沿袭了罗泌的说法：“宣王封庶弟友于咸林，曰郑，伯爵也，为幽王司徒，死犬戎之难，郑人立其子掘突为武公，有虢、郐之十邑，二十二世灭于韩，有郑氏、蔺氏、语氏、京氏、将氏、良氏、孤氏、尉氏、具氏、司氏、髡氏、烛氏、禆氏、堵氏、泄氏、洩氏、羽氏、浑氏、然氏、游氏、遊氏、驷氏、国氏、渝氏、俞氏、喻氏、谕氏、会氏、雅氏、邃氏、繻氏、罕氏、丰氏、賸氏、歂氏、侨氏、参氏、眅氏、姜氏、蚤氏、印氏、颉氏、梧氏、儵氏、皇氏、蟜氏、佚氏、卫氏、田章氏、封具氏、羌宪氏、强梁氏、赵阳氏、史龟氏、去疾氏、大季氏、公文氏、公德氏、共叔氏、世叔氏、大叔氏、子人氏、子强氏、子驷氏、子罕氏、子孔氏、子皙氏、子国氏、子游氏、子宽氏、子然氏、子羽氏、子轩氏、子革氏、子旗氏、伯有氏、马师氏、东里氏、行人氏、西门氏、西宫氏、京城氏、俟伏氏、贺吐氏。”②

另外，《世本》③、《元和姓纂》（以下简称《姓纂》）④、《通志》⑤、《古今姓氏书辩证》（以下简称《辩证》）⑥、《姓氏急就篇》（以下简称《急就篇》）⑦、《名贤

---

①［宋］罗泌辑，［宋］罗苹注：《重订路史全本》后纪卷十，清嘉庆六年酉山堂刻本。

②［明］王圻撰：《续文献通考》卷二〇八，《氏族考·氏族源流上》，《四库全书存目丛书》影印明万历三十一年曹时聘等刻本。

③［清］秦嘉谟等辑：《世本八种》，商务印书馆，1957 年。

④［唐］林宝撰：《元和姓纂附四校记》，中华书局，1994 年。

⑤［宋］郑樵撰、王树民点校：《通志二十略》，中华书局，1995 年。

⑥［宋］邓名世撰、王力平点校：《古今姓氏书辩证》，江西人民出版社，2006 年。

⑦［宋］王应麟撰：《姓氏急就篇》，北京图书馆出版社，2006 年。

氏族言行类稿》（以下简称《类稿》）[1]、《姓觿》[2]、《万姓统谱》（以下简称《统谱》）[3]、《姓氏寻源》（以下简称《寻源》）[4] 等姓氏史籍收录有卑氏、都氏、蠹氏、段氏、丰将氏、具封氏、兰氏、去氏、如氏、蔚氏、梧氏、熙氏、徐吾氏、子丰氏、子公氏、子华氏、子家氏、子如氏、子师氏、子臧氏、子濯氏等 21 个郑国公族后裔姓氏。

上述史籍收录的 112 个郑国公族后裔姓氏中，《路史》《续文献通考》收录的公德氏、皇氏、孤氏、会氏、将氏、具氏、蔺氏、羌宪氏、强梁氏、史龟氏、邃氏、田章氏、雅氏、赵阳氏、子强氏，《姓觿》收录的子臧氏、子濯氏以及《寻源》收录的蠹氏、丰将氏等 19 个姓氏，有的不是郑国公族后裔姓氏，有的不确定为郑国后裔姓氏。

公德氏。《姓觿》引《路史》云，公德，郑公族。然张澍认为罗泌的说法有误："公德氏，《路史》云：郑后有公德氏。澍按，郑有子驷德公，罗说误。"

孤氏。《寻源》亦引《路史》云，郑后有孤氏。然《潜夫论·志氏姓》仅云卫公族后有孤氏。

皇氏。《姓觿》亦曰："皇，《姓考》云，郑公族亦有皇氏。《左传》郑大夫皇戌、皇耳、皇颉、皇辰是也。"然其他姓氏史籍皆言皇氏出自子姓。《姓解》[5]："皇氏，出自宋戴公之后。"《辩证》："皇，《风俗通》云，三皇之后。非也。谨按：皇氏出自子姓，宋戴公子充石，字皇父，为宋司徒，其孙南雍缺以王父字为皇父氏，或去父称皇氏。盖古者冠字，而六十称父，别为两氏，于理有稽。春秋时，皇氏仕宋，其族仕郑。"《寻源》："皇氏，《风俗通》云，皇氏，三皇之后，因氏焉。《左传》，郑大夫皇颉、皇辰。宋有皇氏，世为上卿，本皇甫充石之后，以字为氏者。澍按：皇出自子姓。宋戴公子充石，字皇父，为宋司徒，其孙南雍缺以王父字为皇父氏。或去父称皇氏。盖古者冠字，而六十称父，别为两氏也。春秋时，皇氏仕

---

①[宋] 章定撰：《名贤氏族言行类稿》，文渊阁四库全书本。
②[明] 陈士元撰：《姓觿附录札记》，中华书局，1985 年。
③[明] 凌迪知撰：《万姓统谱》，上海古籍出版社，1994 年。
④[清] 张澍编纂：《姓氏寻源》，岳麓书社，1992 年。
⑤[宋] 邵思纂：《姓解》，中华书局，1985 年。

宋，其族仕郑。”

会氏。《姓觿》亦引《路史》云，郑伯之后有会氏。然《潜夫论·志氏姓》仅云卫公族后有会氏、雅氏。汪继培注认为，会氏、雅氏，当作会雅氏。秦嘉谟亦认为《潜夫论》误分会、雅为二氏。《姓纂》：“卫灵公子郻生灶，为会庌氏。”《通志·氏族略》：“会庌氏，音雅。《姓纂》云，卫灵公子郻生灶，为会庌氏。”《辩证》：“会庌，庌音雅。《姓苑》曰，齐灵公子郻生灶为会庌氏。谨按，惠公之孙灶，字子雅，非灵公之子。必子雅父子尝食采于会，因氏焉。”《统谱》：“会庌，音雅。《姓纂》云，卫灵公子郻生灶，为会庌氏。”

将氏。《寻源》：“将氏，见《姓苑》。《路史》云，周公次子伯龄之后有将氏，郑亦有将氏。澍按：郑有孔将钽，非将氏。《左传·成公十六年》郑子罕伐宋，宋将钽、乐惧败诸汋陂。退，舍于夫渠，不儆。郑人覆之，获将钽、乐惧。是宋有将姓也。伯龄之后是蒋氏，罗说，非。”

具氏。姓氏史籍皆云具氏为晋大夫具丙之后。《通志》：“具氏，晋大夫具丙之后。”《急就篇》：“具氏，《左传》晋具丙后。”《统谱》：“具，晋大夫具丙之后。见《风俗通》。”《寻源》：“具氏，《风俗通》云，春秋时晋大夫具丙之后。”

蔄氏。姓氏史籍皆不言郑后有蔄氏。《姓纂》：“蔄，韩厥元孙康仕赵食采于蔄因氏焉。”《通志》：“蔄氏，姬姓，韩厥元孙曰康仕赵，食采于蔄，因氏焉。”《辩证》：“蔄，出自姬姓，晋穆侯之子成师封邑于韩，裔孙韩献子厥，厥玄孙康食采于蔄，因氏焉。”《急就篇》：“蔄氏，晋穆公之后韩献子玄孙康食邑于蔄，因氏焉。”《统谱》：“蔄，晋韩厥支孙仕赵，食采于蔄，以邑为氏。”郑后有兰氏，“蔄”当为“蘭”字之误。

羌宪氏。姓氏史籍皆云卫后有羌宪氏。《通志》：“羌宪氏，姬姓，卫公族羌子孙宪为羌宪氏。”《辩证》：“羌宪，《世本》曰，卫公族，羌之孙宪为羌宪氏。”《姓觿》：“羌宪氏，《路史》云，郑、卫公族并有羌宪氏。”《寻源》：“羌献氏，《世本》云，卫公族羌之孙宪为羌宪氏。《路史》云，卫有羌宪氏，又云郑有羌宪氏。非也。《潜夫论》云：羌宪氏，卫，姬姓。”

强梁氏。《姓觿》引《路史》云，郑伯支庶有强梁氏。《寻源》：“《世本》云，卫将军文子生慎子会，会生强梁，因氏焉。澍按，《潜夫论·志氏姓》，郑共叔之后为强梁氏。又云，卫有强梁氏。《路史》云，郑有强梁。又云，强梁氏，卫，姬姓。说皆本于王符也。”然《潜夫论·志氏姓》仅云卫公族之后有强梁氏。姓氏史籍皆云强梁氏为卫后。《姓纂》：“强梁，《世本》，卫将军文子生真子会，会生强梁，因氏焉。”《通志》：“强梁氏，《世本》，卫将军文子生慎子会，生强梁，因氏焉。”《统谱》：“强梁，《世本》，卫将军文子生慎子会，会生强梁，因氏焉。”

史龟氏。《姓觿》：“史龟氏，《姓源》云，郑大夫史龟之后。”然郑大夫无史龟，《潜夫论》谓卫后有史龟氏，《路史》谓卫后有史鼂氏。《元和姓纂》：“史鼂，《世本》，卫，史鼂之后。”《通志》：“史鼂氏，《世本》，卫，史鼂之后。”《辩证》：“史鼂，《世本》曰，卫，史鼂之后。谨按，鼂与朝通，必史朝氏也。”《统谱》：“史鼂，卫，史鼂之后。”或因龟、鼂字形相近而误。

邃氏。《姓觿》亦引《路史》云，邃氏，郑公族之后。《寻源》：“邃氏，《潜夫论》，邃氏为姬姓也。”然《潜夫论》云卫公族之后有邃氏。《希姓录》：“邃氏，卫，姬姓之别。”秦嘉谟认为，邃氏为蘧氏传写之讹。《姓纂》：“蘧，卫大夫蘧瑗字伯玉之后。”《通志》：“蘧氏，卫大夫蘧瑗字伯玉之后。”

田章氏。《姓觿》引《路史》云，田章氏，郑公族之后。《寻源》亦引《路史》云，郑后有申（当是田字之讹）章氏。然《潜夫论》云卫公族之后有田章氏。

雅氏。《姓觿》：“雅，《路史》云，郑公族之后。”《寻源》：“雅氏，王符云，雅，郑姓之别也。《路史》云，郑后有雅氏。”然《潜夫论》仅云卫后有会氏、雅氏。

赵阳氏。《姓觿》引《路史》云，赵阳，郑、卫公族均有赵阳氏。然《潜夫论》仅曰卫公族后有赵阳氏。《通志》：“赵阳氏，姬姓。《潜夫论》，卫公侯有赵阳氏。”《辩证》：“赵阳，《潜夫论》，卫公族有赵阳氏。公子赵阳之后也。”《统谱》：“赵阳，姬姓，《潜夫论》，卫公族有赵阳氏。”

子强氏。《姓觿》引《路史》云，郑、卫公族并有子强氏。然《潜夫论·志氏姓》仅说卫公族之后有子强氏，《元和姓纂》也只是说：“子强，卫公族昭子郢之后。”

子臧氏。《姓觿》："子臧，《姓源》云，曹公子臧之后。或云，郑公子臧之后。"然史籍未载郑有公子臧。

子濯氏。《姓觿》："子濯，《姓源》云，郑子濯孺子之后。"然史籍无郑有公子濯的记载。

蠹氏。《寻源》："蠹氏，《路史》云，郑公族后亦有蠹氏。"然《路史》并无郑公族后有蠹氏的记载，其他姓氏史籍亦不见记载。

丰将氏。《寻源》："丰将氏，《潜夫论》云，郑穆公之子，各以其字为姓，有丰将氏。"然《潜夫论》并无郑穆公之后有丰将氏的记载。

因此，郑国公族后裔姓氏实际上有93个，下面分类予以简单考证。

一、以国为氏者

郑氏。周宣王弟姬友封于郑，其后以国为氏。《世本》："郑氏，本自周宣王封母弟友于郑，及韩灭郑，子孙以国为氏。"《姓纂》："郑，周厉王少子支封于郑，是为桓公，在畿内，今华州郑县是也。桓公生武公，与晋文公夹辅平王东迁于洛，郑徙溱、洧之间，谓之新郑。传封十三代至幽公，为韩所灭，子孙播于陈、宋，以国为氏。"《姓解》："郑氏，出自周宣王母弟友，封于郑，是为桓公。及韩灭郑，子孙以国为氏。"《通志》："郑氏，周厉王之少子、宣王之母弟桓公友之后也。桓公初受封于郑，在周之畿内，今华州郑县是也，封三十三岁为周大司徒。当幽王时，桓公问于太史伯曰：王室多故，吾安逃死乎？对曰：独洛之东土，河济之南可居。地近虢、郐，其君贪而好利，今君为司徒，民皆爱公，公诚居之，虢、郐之民皆君之民也。桓公从之。后幽王有犬戎之祸，桓公死难，其子武公从平王东迁，卒有虢、郐之地，号为新郑，今之郑州也。武公生庄公，庄公之二十年，鲁隐公之元年也，声公二十年，获麟之岁也，声公三十七年卒。自声公三世至幽公，韩武子伐郑杀幽公，子孙播迁陈、宋之间，以国为氏。"《急就篇》："郑氏，周宣王弟桓公友封畿内咸林，子武公徙新郑，其后以国为氏。"《氏族大全》（以下简称《大全》)[①]:“郑，周厉王少子封于郑，平王时迁于河间，谓之新郑，传十三代为韩所灭，子孙居陈，以国为氏。”《类稿》:“郑，《姓纂》，周厉王少子友受封于郑，是为桓公，在畿内，今华州郑县是也。生武公，与晋文侯夹辅平王东迁于洛，徙溱、洧之间，谓之新郑，传十三代至幽公，为韩所灭，子孙播于陈、宋，以国为氏。”《统谱》:“郑，伯爵，厉王之子，宣王庶弟，封于郑，始桓公友，至康公乙，二十三君，凡四百三十年，韩哀侯灭之。”《姓觿》:“郑，《姓苑》云，周宣王封母弟于郑，子孙以国为氏。”《寻源》:“郑氏，《世系表》云，郑，出自姬姓。周厉王少子友封于郑，是为桓公，其地华州郑县是也。平王东迁，徙溱、洧之间，谓之新郑，河南新郑是也。十三世幽公为韩所灭，子孙播迁陈、宋之间，以国为氏。《姓谱》云，本自周宣王封母弟友于郑，及韩灭郑，子孙以国为氏。”

二、以邑为氏者

共氏。郑庄公之弟段封于共，其后以邑为氏。《世本》:“共氏，郑共叔段后，郑有共仲。”《姓纂》:“共氏，郑共叔段后。”《通志》:“或言共氏，共叔段之后。”《寻源》:“共氏，一云郑共叔段之后。”

共叔氏。郑共叔段之后，以邑为氏。《世本》:“共叔氏，郑武公子共叔段之后。”《广韵》:“共叔氏，郑武公子共叔段之后。”《姓纂》:“共叔，郑武公子共叔段之后。”《通志》:“共叔氏，姬姓，郑武公之子共叔段之后。”《姓觿》:“共叔，《世本》云，郑共叔段之后。”《寻源》:“共叔氏，《氏族略》云，姬姓，郑武公子共叔段之后有共叔氏。”

京氏。郑武公子段封于京，其后以邑为氏。《世本》:“京氏，郑武公子段封于京，号京城太叔，其后氏焉。”《广韵》:“京，姓，《风俗通》云，郑武公子段，封于京，号京太叔，其后氏焉。”《通志》:“京氏，郑武公少子改封于京，谓之京城太叔，因氏焉。旧荥阳京县是其地，后齐废入荥阳，其故城在县东南二十里。”《大全》:“京，卫（当为郑）武公少子段封京，谓之京城大叔，因氏焉。”《姓觿》:

①[明] 佚名撰:《氏族大全》，文渊阁四库全书本。

“京，《世本》云，郑武公少子段封京，号京城大叔，因氏。”《寻源》：“京氏，《风俗通》云，郑武公子段封于京，号京城太叔，其后氏焉。澍按：京所谓京索，郑讨叔出于京者，今荥阳有故京城，是京以地为氏。”

京城氏。郑京城太叔之后。《辩证》：“京城，郑京城太叔之后，亦为京城氏。”《姓觿》：“京城，《姓苑》云，郑叔霞（段之误）京城大叔之后。”《寻源》：“京城氏，《姓觿》云，郑京城大叔之后，为京城氏。”

具封氏。郑公子具食采开封，其后以邑为氏。《世本》：“具封氏，郑公子具食采开封，因氏。”《姓纂》：“具封，郑公子具食采开封，因氏焉。”《辩证》：“具封，《元和姓纂》曰，郑公子具食采开封，因氏焉。”《寻源》：“具封氏，《姓纂》云，郑公子具食采开封，因氏焉。澍按：一作封具氏。”又作封具氏。《通志》：“封具氏，姬姓，郑公子具食采开封，因氏焉。”《姓觿》：“封具，《路史》，郑公族。”《万姓统谱》：“封具，姬姓，郑公子具食采开封，因氏焉。”《统谱》：“封具，姬姓，郑公子具食采开封，因氏焉。”《续通志・氏族略》：“具封氏，《姓纂》曰，郑公子具食采开封，因氏焉。郑大夫具封狐人。臣等谨案，具封，郑《志》误作封具，今据《姓纂》改正。”《寻源》：“封具氏，《辩证》云，姬姓，郑公子具食采开封，因氏焉。”

鲦氏。郑大夫食采于鲦，其后以邑为氏。《姓觿》：“鲦，《姓纂》云，郑大夫采邑，因氏。《左传・文公十七年》，待于鲦，即其地。”

梧氏。郑公族封于梧，其后以邑为氏。《姓觿》：“梧，《姓纂》云，以国为氏。古梧国在郑地。《左传・襄公十年》：郑师城梧是也。”《寻源》：“梧氏，《路史》云，郑公族后有梧氏。亦见《姓苑》。澍按，梧本郑地，晋取之，此以地为氏者。”

徐吾氏。郑公子有食采于徐吾之乡者，其后以邑为氏。《广韵》：“郑公子有食采于徐吾之乡，后以为氏。”《姓纂》：“徐吾，《左传》，郑大夫徐吾犯之后。”《通志》：“徐吾氏，《左传》，郑大夫徐吾犯之后。”《急就篇》：“徐吾氏，郑公子食采于徐吾之乡，后为氏。”《统谱》：“徐吾，《左传》，郑大夫徐吾犯之后。”《寻源》：“徐吾氏，《广韵》云，郑公子有食采于徐吾之乡者，后以为氏。”

堵氏。郑大夫食采于堵，其后以邑为氏。《姓纂》：“堵，《左传》，郑有堵寇、堵叔、堵俞弥、堵汝父。”《辩证》：“堵，出自郑大夫食邑于堵，因以为氏。郑文公时有堵叔，为政谓之三良。又有堵俞弥、堵女父、堵狗，皆为郑臣。”《姓觿》：“堵，《姓苑》，郑大夫泄伯采邑，后因氏。”《寻源》：“堵氏，《春秋音义》，堵音者，郑大夫食邑于堵，因以为氏。”

三、以地为氏者

东里氏。郑子产居东里，支庶以地为氏。《世本》：“东里氏，郑大夫子产居东里，因氏焉。”《姓纂》：“东里，郑大夫子产居东里，因氏焉。”《通志》：“东里氏，姬姓，郑大夫子产居东里，因氏焉。”《辩证》：“东里，《庄子》，郑之东里多才，盖七穆所居，《论语》言东里子产是也，其支庶或以为氏。”《资治通鉴》“南阳太守东里衮”，胡三省注曰：“郑子产居东里，支子以为氏。”《统谱》：“东里，姬姓，郑大夫子产居东里，因氏焉。”《姓觿》：“东里，《世本》，郑子产居东里，因氏。”《寻源》：“东里氏，《广韵》云，郑子产居东里，其支庶或以为氏。”

西宫氏。郑公族居西宫者，其后以地为氏。《辩证》：“西宫氏，《姓苑》《元和姓纂》皆未详。谨按《左传》，郑盗攻执政于西宫之朝，郑人讨西宫之难，则西宫执政所居，以别于太子之东宫。而后世氏焉。”《姓觿》：“西宫，《路史》，齐、郑公族俱有西宫氏。”《寻源》：“西宫氏，见《姓苑》。澍按：诸侯子弟居西宫者以为氏，如南宫之类。”

西门氏。郑大夫居西门者，其后以地为氏。《姓纂》：“西门，郑大夫居西门，因氏焉。”《通志》：“西门氏，郑大夫居西门，因氏焉。”《统谱》：“西门，郑大夫居西门，因氏焉。”《姓觿》：“西门，《路史》云，齐、郑公族，俱有西门氏。”《寻源》：“西门氏，《氏族略》云，郑大夫居西门，因氏焉。”

佚氏。郑大夫居于佚，其后以地为氏。《姓解》：“佚，《左传》，郑有大夫佚之狐。”《辩证》：“佚，郑大夫佚之狐始以氏，见《春秋》。”《姓觿》：“佚，《姓纂》云，郑大夫采邑，后以国为氏。”《续通志·氏族典》：“郑樵于烛氏注云，地名，称烛之武犹介之推、佚之狐也。盖以地为氏。”《寻源》：“佚氏，《路史》云，郑公族后有佚氏。”

烛氏。郑大夫居于烛，其后以地为氏。《通志》：“烛氏，郑人烛之武，不得氏，以其居于烛地，故言。烛之者，犹言介之推、佚之狐也。”《统谱》：“烛，郑大夫烛之武后不得氏，以其居于烛地，故以为氏。”《寻源》：“烛氏，《广韵》云，烛，姓。澍按，烛氏当以邑为姓。《水经注》七里沟水南历烛城，西即郑大夫烛之武邑。”

四、以字为氏者

伯有氏。郑国大夫良霄，字伯有，其后以字为氏。《世本》：“伯有氏，郑公子去疾孙良霄，字伯有之后。”《通志》：“伯有氏，姬姓，郑穆公玄孙良霄，字伯有之后也。伯有为良氏，复为伯有氏，所以别其族。”《辩证》：“伯有，郑良霄字伯有，子孙氏焉。”《统谱》：“伯有，姬姓，郑穆公元孙良霄，字伯有之后。”《姓觿》：“伯有，《姓考》云，郑大夫之后。”《寻源》：“伯有氏，《姓纂》云，郑穆公元孙良霄，字伯有，子孙氏焉。”

都氏。郑公孙阏，字子都，其后以字为氏。《资治通鉴》“右将军都贵驰传诣邺”，胡三省注曰：“都姓，贵名。郑公孙阏，字子都，子孙以为氏。”《姓觿》：“都，《姓谱》，郑公孙阏字子都，后以王父字为氏。”

蟜氏。郑公孙虿，字子蟜，其后以字为氏。《辩证》：“郑公孙虿字子蟜，考其世在蟜固前，恐固乃虿孙，以字为氏。”《姓觿》：“蟜，《姓考》云，郑公子蟜之后。”

良氏。郑公子去疾，字子良，其后以字为氏。《世本》：“良氏，去疾字子良，又有良氏，所以别族。”《广韵》：“良，姓。《左传》郑大夫良霄。郑穆公之子子良之后。”《姓解》：“良，《姓苑》，出郑穆公之后。《左传》有郑大夫良霄。”《通志》：“良氏，姬姓，郑穆公子子良之后。”《辩证》：“良，出自姬姓，郑大夫，其族有良佐。”《资治通鉴》“良贺清俭退厚”，胡三省注曰：“春秋郑穆公子子良后为良氏。”《统谱》：“良，姬姓，郑穆公子子良之后。”《姓觿》：“良，《姓考》云，郑穆公去疾字子良，后以王父字为氏。《左传》郑有良霄、良止是也。”《寻源》：“良氏，《广韵》云，《左传》郑大夫良霄，穆公之子，子良之后。”

石氏。郑公孙段，字子石，其后以字为氏。《姓觿》："石，《姓考》云，宋、郑、卫三国俱有石氏……郑公子丰之子公孙段，字子石，其后有石甲父、石葵、石楚、石首、石制、石盂。"《寻源》："石氏，郑公孙段，字子石，必有以字为氏者。"

印氏。郑公子喻，字子印，其后以字为氏。《世本》："印氏，郑穆公子采字印，孙印段以王父字为氏。"《广韵》："印，姓，《左传》，郑大夫印段，出自穆公子印，以王父字为氏。"《通志》："印氏，姬姓，郑穆公子子印之后也。公子喻，字子印，其孙印段以王父字为氏。"《辩证》："印，出自姬姓，郑穆公生伦，字子印，伦生黑肱，字子张，黑肱生印段，字子石，以王父字为印氏。"《急就篇》："印氏，郑穆公子喻字子印，其孙印段以为氏。"《统谱》："印，郑穆公子印之后，以王父字为氏。"《姓觿》："印，《姓源》云，郑穆公子舒字子印，后以王父字为氏。《左传》郑大夫印段、印癸是也。"《寻源》："印氏，《姓纂》云，出郑大夫印段之后。穆公子喻字子印，其孙印段以王父字为氏。"

子丰氏。郑公子去疾，字子丰，其后以字为氏。《通志》："子丰氏，姬姓，郑公子去疾，字子丰之后也。亦为丰氏。"《统谱》："子丰，姬姓，郑公子去疾，字子丰之后。"《寻源》："子丰氏，《世本》云，郑公子去疾字子丰之后，亦为丰氏。"

丰氏。郑公子丰之后，以王父字为氏。《世本》："丰氏，郑穆公子子丰之后。"《广韵》："丰，姓，郑公子丰之后。"《姓解》："丰，《左传》，郑穆公子丰之后。"《通志》："丰氏，《左传》，郑穆公子丰之后，以王父字为氏……臣谨按，穆公之子皆以王父字为氏，公子去疾，字子良，其后为良氏，良霄、良止是也。公子喜，字子罕，其后为罕氏，罕虎、罕魋是也。公子骈，字子驷，其后为驷氏，驷带、驷乞是也。公子偃，字子游，其后为游氏，游吉、游眅是也。以至子孔、子国、子印、子然皆然。惟公子丰无字，其后为丰施、丰卷并以名为氏。"《辩证》："丰氏，谨按《春秋》，郑穆公十一子，子然及二子孔三族亡，子羽不为卿，其存者唯罕、驷、丰。"《统谱》："丰，郑穆公子丰之后，以王父字为氏。"《急就篇》："丰氏，郑穆公子子丰，其后丰卷、丰施以为氏。"《姓觿》："丰，《集韵》云，郑公子丰之后。《左传》郑大夫丰施、丰卷是也。"《寻源》："丰氏，《广韵》云，郑穆公子丰之后，以王父字为氏。《氏族略》云，公子丰无字，其后以名为氏。郑之子丰，穆公子，公子平也。”

子革氏。郑公孙然丹，字子革，其后以字为氏。《世本》：“子革氏，然丹字子革之后。”《辩证》：“子革，《元和姓纂》曰，《世本》宋司城子革后。又曰，季平子支孙为子革氏。皆误矣。谨按，《春秋》，季氏无子革，唯乐喜字子罕，为宋司城，审此言，则子罕氏非子革氏。必欲存此一氏，宜改曰出自姬姓，郑穆公子子然生丹，字子革，奔楚为右尹，后人以为子革氏。则近而有据。”《姓觿》：“子革，《姓源》云，郑大夫子革之后。”《寻源》：“子革氏，《世本》云，宋司城子革后。又云，季平子支孙亦为子革氏。澍按：季氏无子革，宋乐喜字子罕，为司城，惟郑穆公子然生丹，字子革，奔楚，为右尹，后为子革氏。《世本》误，或后传写以罕为革，非《世本》本文误也。”

子公氏。郑公子宋，字子公，其后以字为氏。《辩证》：“子公氏，《世本》曰：齐顷公子子公之后。谨按，《春秋》，郑公子宋，亦字子公。”《姓觿》：“子公，《姓源》云，郑公子宋，字子公，因氏。”《寻源》：“子公氏，《世本》云，齐顷公子子公之后。澍按，子公即子尾所逐者。《左传》郑公子宋亦字子公，即染指于鼎者，不止齐有子公也。”

子国氏。郑公子发，字子国，其后以字为氏。《通志》：“子国氏，姬姓，郑公子发，字子国之后也，亦为国氏。”《辩证》：“子国，《世本》曰：郑穆公生子国发，发生子产侨、简成子。侨生子思参，参生子玉珍、武子。珍生子乐卑、显庄子，为子国氏。谨按，《春秋》，子产家，止谓之国氏。”《统谱》：“子国，姬姓，郑公子发，字子国之后。”《姓觿》：“子国，《姓源》云，郑公子国之后。”《寻源》：“子国氏，《世本》云，郑穆公生子国发，发生子产侨、简成子，侨生子思参，参生子玉珍，珍生子乐卑、显庄子，为子国氏。《辩证》云：武子珍子产子，《春秋》止谓之国氏。”

国氏。郑公子发，字子国，其后以字为氏。《世本》：“国氏，郑穆公子发，字子国，生侨字子产，生参，以王父字为氏。”《姓纂》：“国，郑穆公子发，字子国，生辄，字子耳，生侨，字子产，以王父字为氏。”《姓解》：“郑穆公之后有九族：

公孙侨者，公孙发之后也，姓国氏，故曰国侨，即子产也。”《通志》：“国氏，姬姓，郑穆公之子公子发，字子国，其后以字为氏。”《急就篇》：“国氏，郑穆公子发，字子国，其孙国参以为氏。”《统谱》：“国，郑穆公子发，字子国，生辄，字子耳，生侨，字子产，以王父字为氏，亦为国氏焉。”《姓觿》：“国，《姓考》云，齐、郑公族并有国氏……郑穆公子发，字子国，子孙以王父字为氏。”《寻源》：“国氏，《左传》杜注，子产之子始为国氏，谓之国参，字子思。《姓纂》云，郑穆公之子发，字子国，生辄，字子耳，生侨，字子产，以王父字为氏。与杜预说异。”

子罕氏。郑公子喜，字子罕，其后以字为氏。《通志》：“子罕氏，姬姓，郑公子喜，字子罕之后也。或作子轩氏，亦为罕氏。”《辩证》：“子罕，《世本》曰，郑穆公子喜，字子罕，生子展舍之，舍之生子皮虎，或作子轩氏。《春秋》罕氏无子字。”《统谱》：“子罕，姬姓，郑公子喜，字子罕之后。”《姓觿》：“子罕，《姓苑》云，郑公子喜之后。”《寻源》：“子罕氏，《世本》云，郑穆公子喜字子罕，生子展舍之，舍之生子皮虎。澍按：子罕氏或作子轩氏，亦为罕氏。《左传》无子字。”

罕氏。郑公子喜，字子罕，其后以字为氏。《通志》：“罕氏，姬姓，郑穆公之子公子喜，字子罕，其孙罕虎、罕魋遂为罕氏。”《辩证》：“罕氏，出自姬姓，郑穆公之子曰公子喜，字子罕，其孙以王父字为氏。子罕生公孙舍之，字子展。子展生罕虎，字子皮，及其弟罕魋。子皮生婴齐，字子□。子□生罕达，字子姚，一曰武子□。子展弟曰公孙□，字罕达。”《姓觿》：“罕，《姓苑》云，郑穆公子喜字子罕，后以王父字为氏。《左传》郑大夫罕虎、罕达、罕朔是也。”《寻源》：“罕，出自姬姓。郑穆公之子公子喜字子罕，其孙以王父字为氏。子罕生公孙舍之字子展，子展生罕虎字子皮，及其弟罕魋为罕朔，奔晋。子皮生婴齐字子□，子□生罕达字子姚。”

子轩氏。郑公子喜，字子罕，亦作子轩，其后以字为氏。《姓觿》：“子轩，《路史》云，郑公族之后。”《寻源》：“子轩氏，《路史》云，郑公族有子轩氏。澍按，即子罕氏，故罕虎亦作轩虎。”

轩氏。郑公子喜，字子罕，亦作子轩，其后以字为氏。《世本》：“轩氏，出自郑穆公子喜字子轩，以王父字为氏。”《寻源》：“轩氏，《潜夫论》云，轩氏，郑共叔段后。澍按：郑之罕虎亦曰轩虎。”

子华氏。郑太子华之后，以王父字为氏。《姓觿》：“子华，《路史》云，鲁、郑公族并有子华氏。”《寻源》：“子华氏，《姓源》云，《庄子》，韩有子华子，因以子华为氏。澍按，《左传》，郑文公娶郑子之妃曰陈妫，生子华，是不止韩有子华氏也。实韩之子华氏，乃郑子华氏之后。”

子家氏。郑公子归生，字子家之后，以王父字为氏。《寻源》：“子家氏，《姓纂》云，出自姬姓。鲁庄公曾孙公孙归父字子家，其孙以王父字为氏。澍按：郑公子归生亦氏子家。”郑公子归生，字子家。

子孔氏。郑公子嘉字子孔之后，以王父字为氏。《世本》：“子孔氏，郑穆公生公子嘉字子孔之后。”《通志》：“子孔氏，郑公子嘉，字子孔之后也。姬姓。又有公子志，谓之士子孔，并穆公之子，亦为孔氏。”《辩证》：“子孔，《世本》曰，郑穆公生公子嘉，字子孔之后。谨按，春秋有二子孔，司徒孔生公孙泄，泄生孔张，士子孔生子良。”《统谱》：“子孔，姬姓，郑公子嘉子孔之后。”《姓觿》：“子孔，《姓源》云，郑大夫嘉之后。”《寻源》：“子孔氏，《世本》云，郑穆公生公子嘉，字子孔之后。《氏族略》云，姬姓，又有子孔子志，谓之士子孔，并穆公之子，亦为孔氏。《路史》云，郑公族有子孔氏。澍按，《春秋》有二子孔，郑孔张，字子孔。”

孔氏。郑公子嘉，字子孔，其后有孔氏。《潜夫论·志氏姓》云，郑公族之后有孔氏。《通志》：“孔氏有三：宋孔父嘉之后也。又卫有孔氏，为世卿；郑亦有孔氏，皆以字为氏者。”《姓觿》：“《姓考》，《左传》郑有孔张，出于子孔。”《辩证》：“郑孔氏有孔叔、孔将钼，不知其所出。又穆公子嘉之后有孔氏。”

子宽氏。郑大夫浑罕，又名游速，字子宽，其后以字为氏。《姓觿》：“子宽，《姓纂》云，郑大夫游速之后。”《寻源》：“子宽氏，《路史》云，郑公族有子宽氏。澍按：浑罕字子宽，子产作《五赋》，国人谤之，子宽以告。”

子南氏。郑公孙楚字子南，其后以字为氏。《通志》：“子南氏，郑穆公之孙公孙楚之后，为子南氏，姬姓也。”《辩证》：“子南，出自姬姓，郑穆公孙游氏之子曰楚，字子南，别为子南氏。”《姓觿》：“子南，《姓源》云，楚公子追舒字子南，郑公孙楚字子南，后并为子南氏。”《寻源》：“子南氏，《姓纂》云，出郑穆公子游之子，曰楚，字子南，别为子南氏。”

子旗氏。郑大夫丰施字字旗，其后以字为氏。《辩证》：“子旗，齐惠公孙栾施字子旗，郑七穆氏丰施亦字子旗，未知何人之后为氏。”《姓觿》：“子旗，《路史》云，郑大夫子旗丰施之后。”《寻源》：“子旗氏，《姓韵》云，齐惠公曾孙栾施字子旗之后。澍按：郑七穆丰施亦字子旗，亦必有为氏者。”

子人氏。郑公子语，字子人，其后以字为氏。《世本》：“子人氏，郑厉公之弟语也，其后为子人氏。”《通志》：“子人氏，郑子人九之后也，亦为子氏。”《辩证》：“子人，出自姬姓，郑穆公之弟语，字子人，为大夫。其孙九，以王父字为氏。《春秋》，郑伯使子人九，行成于晋，是也。”《急就篇》：“子人氏，郑子人九，厉公弟语，字子人，以为氏。”《统谱》：“子人，郑子人九之后。”《姓觿》：“子人，《姓源》云，郑庄公弟公子语，字子人，因氏。”《寻源》：“子人氏，《世本》云，郑穆公之弟语字子人，为大夫，其孙九以王父字为氏。澍按，桓十四年，郑伯使其弟语来盟，《传》作子人氏来盟。杜注：其后为子人氏。《僖二十八年传》使子人九行成于晋。《正义》以为语之后，是也。而杜预《世族谱》以为杂人，误矣。按：郑穆公弟公子语字子人，误。语为庄公之子、厉公之弟。”

子如氏。郑公子班，字子如，其后以字为氏。《姓觿》：“子如，《姓考》云，郑大夫子如班之后。”

如氏。郑公子班，字子如，其后以字为氏。《寻源》：“如氏，澍按：《左》成十年，郑公子班字子如，立成公庶兄繻为君。郑公族多以王父字为氏。是如姓出于郑也。”

子师氏。郑大夫子师仆之后。《世本》：“子师氏，郑有子师仆。”《通志》：“子师氏，姬姓，郑大夫子师仆之后也。”《辩证》：“子师，出自郑大夫子师仆之后。”《统谱》：“子师，姬姓，郑大夫子师仆之后。”《姓觿》：“子师，《姓考》云，郑有子师仆。”《寻源》：“子师氏，《风俗通》云，出自郑大夫子师仆之后。”

子驷氏。郑公子骈字子驷之后以王父字为氏。《通志》：“子驷氏，姬姓，郑公子骈字子驷之后也。亦为驷氏。”《辩证》：“子驷，郑穆公子骈字子驷之后，郑大夫有子驷德公，见《释例》。谨按，《春秋》，驷氏无子字，《释例》亦无子驷德公。”《统谱》：“子驷，姬姓，郑公子骈字子驷之后。”《姓觿》：“子驷，《姓考》云，郑公子骈之后。”《寻源》：“子驷氏，《姓纂》云：郑穆公子骈字子驷之后。”

驷氏。郑穆公子骈字子驷，其后以字为氏。《世本》：“驷氏，郑穆公子骈字子驷之后，以王父字为氏。”《姓纂》：“驷，《左传》郑穆公子骈字子驷之后，以王父字为姓。”《通志》：“驷氏，姬姓，郑穆公子子驷之后也。公子骈字子驷，其孙驷带、驷乞以王父字为氏。”《辩证》：“驷，出自姬姓，郑穆公子骈字子驷，生夏，字子西，夏生带及乞，带字子上，乞字子瑕，始以王父字为驷氏。”《急就篇》：“驷氏，郑穆公子骈字子驷，其孙驷带以为氏。”《姓觿》：“驷，《世本》云，郑公子骈，其孙乞与印，俱以王父字为氏。驷乞子带，带子偃，偃子丝。驷印子歂，歂子弘，弘子秦，皆姓驷。”《寻源》：“驷氏，澍按：驷出姬姓。郑穆公子骈字子驷，生公孙夏字子西，生带及乞，带字子上，乞字子瑕，始以王父字为驷氏。”

子皙氏。郑公孙黑，字子皙，其后以字为氏。《世本》：“子皙氏，郑穆公孙驷氏之子曰驷黑，字子皙，别以字为氏。”《通志》：“子皙氏，姬姓，郑公孙黑，字子皙之后也。”《辩证》：“子皙，出自姬姓，郑穆公孙驷氏之子曰驷黑，字子皙，别以字为子皙氏。”《统谱》：“子皙，姬姓，郑公孙黑，字子皙之后。”《姓觿》：“子皙，《姓谱》云，郑公子黑之后。”《寻源》：“子皙氏，《姓纂》云，出郑穆公孙驷氏之子曰驷黑，字子皙，别以字为氏。”

子游氏。郑公子偃字子游之后以王父字为氏。《世本》：“子游氏，郑穆公生子偃字子游之后。”《通志》：“子游氏，姬姓，郑公子偃字子游之后也，亦为游氏。”《辩证》：“子游，《世本》，郑穆公生子偃，字子游之后。谨按，《春秋》，郑游氏无子字。”《统谱》：“子游，姬姓，郑公子偃，字子游之后。”《姓觿》：“子游，《姓纂》云，郑公子偃之后。”《寻源》：“《世本》云，郑穆公生子偃字子游之后。澍按，《左传》郑游氏，无子字。”

游氏。郑公子偃，字子游，子孙以王父字为氏。《姓纂》：“游，《左传》，郑穆公子偃字子游之后，以王父字为氏。”《通志》：“游氏，姬姓，郑穆公之子公子偃，字子游，其后以字为氏。”《辩证》：“游，出自姬姓，郑七穆氏，其先郑穆公子姬字子游。子游生公孙虿，字子蟜，虿二子以王父字为氏。昄，字子明，生良，良以父有罪，废。郑人立昄弟吉，字太叔，为正卿，所谓子太叔者也。吉生速。又吉兄子游楚，字子南，生印，其族仕周者曰游孙伯。”《类稿》：“游，《姓纂》，《左传》郑穆公子偃字子游，后以王父字为氏。”《急就篇》：“游氏，郑游吉，穆公子偃之孙，以王父字为氏。”《统谱》：“游，郑穆公子偃字子游，后以为氏。”《姓觿》：“游，《姓纂》云，郑穆公子偃字子游，子孙以王父字为氏。”又，“遊，《姓谱》云，本郑公子子游之后。去水从辵为遊，古文遊、游通用。”《寻源》：“游氏，澍按，郑游吉字太叔，为正卿，穆公子偃之孙，子孙以王父字为氏。一云穆公子偃字子游，子游生公孙虿，字子蟜，虿二子以王父字为氏。”

子羽氏。郑公孙挥，字子羽之后以王父字为氏。《辩证》：“子羽，《元和姓纂》曰：晋公族子羽后，为楚邑大夫。谨按，《左传》，卫、郑皆有行人子羽。”《姓觿》：“子羽，《姓纂》云，晋大夫韩子羽。又，郑有行人子羽，其后并有子羽氏。”《姓氏寻源》“子羽氏，《姓纂》云，晋公族子羽后为楚随邑大夫。《辩证》云，卫、郑皆有行人子羽。”

羽氏。郑公孙挥，字子羽，其后以字为氏。《世本》：“羽氏，郑穆公子子羽，其后为羽氏。公孙挥生羽颉。”《广韵》：“羽，姓。《左传》郑大夫羽颉。”《姓纂》：“羽，《左传》郑大夫公孙挥之后生羽颉。”《通志》：“羽氏，姬姓，郑子羽之后也。”《辩证》：“羽氏，出自姬姓，郑穆公之子挥，字子羽，其孙颉为马师，以王父字为氏。”《急就篇》：“羽氏，郑穆公之后羽颉，子羽孙。”《姓觿》：“羽，《姓考》云，《左传》，郑大夫羽颉乃穆公之胤，公子羽之孙也，以王父字为氏。”《寻源》：“羽氏，《左传》郑穆公之子挥字子羽，其孙颉为马师，一曰马师颉，奔晋，为任大夫，以王父字为氏。”

五、以名为氏者

裨氏。郑大夫裨谌之后，以名为氏。《通志》：“裨氏，郑大夫裨谌、裨灶。《姓苑》云，今宣州有裨氏。”《辩证》：“裨，《左传》，郑大夫裨谌谋于野，则获；谋于邑，则否。又裨灶能知天道。晋宣城内史桓彝有长史裨惠，自此宣城郡有裨氏。"《类稿》："裨氏，《姓纂》曰，郑大夫裨谌、裨灶。宣城，《姓苑》云今宣州有裨氏。"《急就篇》："裨氏，郑有裨灶、裨谌。晋宣城长史裨惠。"《姓觿》："裨，一作谇。《路史》云，郑公族。"《寻源》："裨氏，《姓苑》云，今宣州有裨氏。澍按：裨出裨谌之后也。"

谇氏。谇与裨，故又有谇氏。《辩证》："谇，谌、灶之氏亦通作谇。"《寻源》："谇氏，《辨证》云，谌、灶之氏亦作谇。《路史》云：郑有谇氏。澍按：裨谌字灶，郑元亚似以为二人也。盖沿误于杜预之《世族谱》。"

卑氏。郑大夫裨谌之后有卑氏。《后汉书》"议郎卑整上言"，李贤注引《风俗通》曰："卑氏，郑大夫卑谌之后。汉有卑躬，为北平太守。"《辩证》："卑，《风俗通》曰，卑氏，郑大夫裨谌之后。"《急就篇》："卑氏，《风俗通》，郑卑谌之后。"卑谌，即裨谌。《寻源》："卑氏，《风俗通》云，卑氏，郑大夫卑谌之后。"卑谌，当作裨谌。

参氏。郑大夫国参之后，以名为氏。《姓觿》："参，《路史》云，郑大夫国参之后。"《寻源》："参氏，《路史》云，郑后有参氏。澍按：罗泌以郑有参氏者，以侨之子国参也。"

虿氏。郑公孙虿之后，以名为氏。《姓觿》："虿，《姓源》云，郑公孙虿之后。"

歂氏。郑大夫驷歂之后，以名为氏。《姓觿》："歂，《姓考》云，郑大夫驷歂之后。"《寻源》："歂氏，《氏族略》云，歂氏即颛氏。《路史》云，舜后有歂氏，郑国有歂氏。"

段氏。郑共叔段之后，以名为氏。《世本》："段氏，郑武公子共叔段之后。"《广韵》："段，姓，出武威，本自郑共叔段之后者。"《姓纂》："段，郑武公子共叔段之后，以王父字为氏。"《姓解》："段，武威段氏，共叔段之后。"《通志》："段氏，姬姓，郑武公子共叔段之后，以王父字为氏……臣谨按共叔段者，共谥，叔字，段名也，此以名为氏者。《春秋》郑伯克段于鄢，段名也，封于京，故谓京城太叔，亦谓之太叔氏。"《急就篇》："段氏，郑武公子共叔段之后。"《类稿》："段，《姓纂》，郑武公子共叔段之后，以王父字为氏。"《统谱》："段，郑公子少子共叔段之后。”《姓觿》：“段，《姓源》，郑叔段之后。”《寻源》：“段氏，《世系表》云，段氏，姬姓，郑武公少子共叔段，其孙以王父字为氏。”

公父氏。郑公父定叔之后，以名为氏。《潜夫论·志士姓》《路史》《续文献通考》皆云郑后有公文氏。《姓觿》亦曰：“公文氏，《路史》云，郑公族。”《寻源》：“公文氏，《世本·姓氏篇》有公文氏，王符《潜夫论》曰，郑共叔后有公文氏，卫之公族有公文氏。澍按：吕东莱云公文氏出于郑，盖本王节信之说，以太叔段后有公文定叔也。”共叔段后有公父定叔，非公文定叔，故公文氏当作公父氏。《左传·庄十六年》“公父定叔出奔卫”杜预注曰：“共叔段之孙。定，谥也。”《世本》：“公父氏，郑武公子共叔段生公孙滑，滑生公父定叔，为公父氏。”《寻源》：“公父氏，韦昭《国语》注，郑亦有公父氏。”

浑氏。郑大夫浑罕字子宽，别为浑氏。《世本》：“浑氏，郑游氏之孙罕子宽，又别为浑氏。”《广韵》：“浑，姓。《左传》郑大夫浑空（宽之误）。”《通志》：“浑氏，《左传》，郑大夫浑罕、卫浑良夫。”《辩证》：“浑，出自姬姓，周宣王母弟郑桓公友，友孙穆公之子偃，字子游，其孙为游氏。游氏之孙罕子宽，又别为浑氏。”《姓觿》：“浑，《姓源》云，郑大夫浑罕之后。”《统谱》：“浑，郑大夫浑罕、浑良夫之后。”《寻源》：“浑氏，《辩证》云，《左传》浑罕，郑大夫，即罕虎，罕子宽，别为浑氏。”

颉氏。郑大夫羽颉之后，以名为氏。《姓觿》：“颉，《姓考》云，郑大夫羽颉之后。”《寻源》：“颉氏，《路史》云，颉氏，仓颉之后。又云：郑公族后有颉氏。澍按：晋文公从者颠颉，郑大夫皇颉、马师颉，后或有为氏者。”

髡氏。郑成公太子髡顽之后，以名为氏。《姓觿》：“髡，《姓源》，郑成公太子髡顽之后。”

兰氏。郑穆公名兰，其后以名为氏。《世本》：“兰氏，郑穆公本因梦兰而生，故号公子兰，其后支庶为兰氏。”《姓纂》：“兰，郑穆公本因梦兰而生，故号公子兰，其后支庶为兰氏。”《通志》：“兰氏，姬姓，郑穆公裔也。穆公名兰，其支庶以王父名为氏。”《辩证》：“兰，旧云出自姬姓，郑穆公方娠，其母梦天使与之兰，既生，名之曰兰。及有疾，刈兰而卒，子孙神之，因以为氏。”《急就篇》：“兰氏，郑穆公因梦兰而生，名兰，其后支庶以为氏。”《统谱》：“兰，郑穆公名兰，其支庶以王父名为氏。”《姓觽》：“兰，《姓谱》云，郑穆公名兰，支庶以为氏。”《寻源》：“兰氏，《姓谱》云，郑穆公名兰，支庶以为氏。”

眅氏。郑大夫游眅之后，以名为氏。《姓觽》：“眅，《姓源》云，郑大夫游眅之后。”《寻源》：“眅氏，《路史》云，郑公族后有眅氏。澍按：郑游眅字子明，眅氏当为游子明之后，以名为氏。”

侨氏。子产又名公孙侨，其后以名为氏。《寻源》：“侨氏，《路史》云，侨氏，郑公族国侨之后。”

去疾氏。郑公子去疾之后以名为氏。《世本》：“去疾氏，郑穆公子去疾之后。”《通志》：“去疾氏，姬姓，《世本》，郑穆公子去疾之后，去疾字子良，又有良氏，所以别族。”《辩证》：“去疾，郑穆公子去疾之后。”《姓觽》：“去疾，《姓源》云，郑公子去疾之后。”《寻源》：“去疾氏，《世本》云，郑穆公子去疾之后有去疾氏。去疾字子良，又为良氏，所以别族也。杜预《左传》注：去疾，穆公庶子，此七穆之姓。”

去氏。去疾氏之后。《寻源》：“去氏，去姓宜出于去疾之后。”

子然氏。郑公子然之后，以名为氏。《世本》：“子然氏，郑穆公子子然之后。”《通志》：“子然氏，姬姓，郑公子然之后也，又为然氏。”《辩证》：“子然氏，郑穆公子子然之后。谨按，《春秋》，郑穆然氏，无子字，他姓亦然。”《统谱》：“子然，姬姓，郑公子然之后。”《姓觽》：“子然，《姓苑》云，郑驷歂之后。”《寻源》：“子然氏，《世本》云，郑穆公子子然之后也，又为然氏。《路史》云，郑后有子然氏。澍按：郑七穆然氏，无子字。”

然氏。郑公子然之后，以名为氏。《通志》：“然氏，姬姓，郑穆公子然之后也。”《辩证》：“然氏，出自姬姓，郑穆公兰十一子，其一曰子然，子然之孙丹，字子革，奔楚为右尹，以王父字为氏。”《统谱》：“然，郑穆公子然之后。”《姓觽》：“然，《姓谱》云，郑大夫然明（然丹之误）之后。《急就篇》云：郑穆公子然之后。”《寻源》：“然氏，《世本》云，郑穆公子子然之后有子然氏，又有然氏，而姓书皆云出郑穆公子子然，子然之孙丹，字子革，襄十九年奔楚，为右尹，城州来，以王父字为氏。其说偏矣。”

繻氏。郑公子繻之后，以名为氏。《姓觿》：“繻，《姓纂》云，郑公子繻之后。”《寻源》：“繻氏，《路史》云，郑公族有繻氏。澍按：郑之繻姓，当系郑成公兄繻之后。”

司氏。郑大夫司臣之后，以名为氏。《通志》：“司氏，郑司臣之后。”《急就篇》：“司氏，郑有司臣、司齐。”《统谱》：“司，郑司臣之后。”《姓觿》：“司氏，《姓谱》云，《左传》郑大夫司成之后。”

熙氏。郑公子熙之后，以名为氏。《集韵》：“熙，《春秋传》，郑有公子熙。”《寻源》：“熙氏，《集韵》云，为郑公子熙之后。”

泄氏（洩氏）。郑大夫洩驾之后，以名为氏。《通志》：“泄氏，亦作洩。《左传》，郑大夫洩驾，陈大夫洩冶。”《辩证》：“泄氏，春秋时，郑大夫洩驾，洩伯之后，有洩堵寇。”《姓觿》：“洩，《姓源》云，郑公孙洩之后。”《寻源》：“洩氏，郑有洩驾，陈有洩冶，后为氏，字一作泄。”

语氏。郑公子语之后，以名为氏。《姓觿》：“语，《姓源》云，郑公子语之后有语氏。”《寻源》：“语氏，见《姓苑》。语氏出郑穆公弟语子人氏。”

俞氏。郑公子俞弥之后，以名为氏。又作渝、喻、谕。《姓觿》：“俞，《路史》云，郑、楚公族并有俞氏。”《寻源》：“俞氏，《路史》云，郑后有俞氏。澍按：郑有大夫俞弥，故罗说云。”

渝氏。郑公子俞弥之后。《寻源》：“渝氏，《路史》云，郑后有渝氏。通作喻。”

喻氏。郑公子俞弥之后。《通志》：“喻氏，又音树，望出南昌。《姓苑》云，南昌有喻氏，东晋有喻归，撰《西河记》三卷。又有谕氏，今喻氏多作谕氏。”《辩证》：“喻氏，出自姬姓，郑公子渝弥，周桓王时为郑司徒（按：《左传》郑有堵俞弥，无渝弥名。然俞弥乃堵氏，此疑误）。后立别族为渝氏。历秦汉，至景帝皇后讳志字阿渝，中元二年，避讳改水为喻，因为喻氏。”《续通志·氏族典》：“喻氏，郑樵列入四声，不详所出。邓名世《姓氏辨证》颇有论据，故录以补樵志之未及。然《左傅》，郑有俞弥，无名渝弥者。名世此言未知何本？或堵氏至俞弥之后，复别为渝氏。俞与渝转相误也。

谕氏。郑公子俞弥之后。《辩证》："谕氏，《姓书》云：谕与喻同，皆音树。"《姓觿》："谕，《路史》云，郑公族之后。"

六、以次为氏者

大季氏。郑公子志为大子孔，人称大季氏，其后以次为氏。《世本》："大季氏，郑穆公生大季子孔志父之后。"《姓纂》："大季，《世本》，郑穆公生大季子孔志父之后。案，杜预《世谱》，士子孔生大季，士子孔穆公子也，此误。"《通志》："大季氏，姬姓，郑穆公之子有二子孔，此大子孔，谓之大季氏，即公子志之后也。"《姓觿》："大季氏，《路史》云，郑公族之后。"《寻源》："太季氏，《氏族略》云，郑穆公之子有二子孔，此子孔，谓之太季氏，即公子志之后。澍按：《路史》作大季。"

太叔氏。郑共叔号京城太叔，其后以为氏。《路史》《续文献通考》皆云郑公族之后有大叔氏。古"大"与"太"通。《资治通鉴》"太叔广"胡三省注曰："太叔，复姓。郑庄公之弟段封于京，谓之京城太叔，其后以为氏。"《通志》："《春秋》，郑伯克段于鄢。段名也，封于京，故谓京城太叔，亦谓之太叔氏。"

世叔氏。古"太"与"世"通，故太叔氏亦称世叔氏。《姓觿》："世叔，《路史》云，郑、卫公族并有世叔氏。《左传》卫太叔仪，郑太叔游吉，均称世叔，故子孙以为氏。"《寻源》："太叔氏，胡三省曰：郑庄公之弟段封于京，谓之京城太叔，其后以为氏。澍按：古太字与世通，故太叔亦作世叔。"

七、以官为氏者

褚师氏。郑褚师之后以官为氏。《世本》："褚师氏，郑有褚师之官，因以为氏。"《寻源》："褚师氏，《氏族略》云，宋共公子子石为褚师，因氏焉。澍按：《左》杜注：褚师，市官也……宋、卫、郑皆有此官，必以官为氏。"

马师氏。郑马师之后以官为氏。《世本》："马师氏，郑穆公有马师之官。"《姓纂》："马师，郑穆公有马师之官。马师颉、马师朔、马师黥。"《通志》："马师氏，姬姓，郑穆公之孙公孙钼为马师氏，因以为氏。子羽之孙羽颉为马师，亦氏焉。”《辩证》：“马师，出自姬姓，郑穆公曾孙羽颉为郑马师，始以官为氏，谓之马师颉。”《姓觿》：“马师，《姓源》云，《左传》郑羽颉为马师，因氏。”《统谱》：“马师，姬姓，郑穆公之孙公孙钼为马师，因以为氏。”《寻源》：“马师氏，诸姓书皆云，郑穆公曾孙羽颉为郑马师，始以官命氏，谓之马师颉。”

尉氏。郑有尉氏之官，其后以官为氏。《通志》：“尉氏，郑大夫尉翩之后。”《辩证》：“尉，出自古讨奸之官曰尉氏。郑尉氏独以其官为族。春秋时郑有尉止生翩。《汉书·地理志》，陈留尉氏县。应劭曰：古狱官曰尉氏，郑之别狱也。瓒曰：郑大夫尉氏之邑，故遂以为邑。师古曰：郑大夫尉氏亦以掌狱之官，故为族耳。应说是也。”《急就篇》：“尉氏，以官为氏。郑大夫尉止，秦尉错、尉缭。”《统谱》：“尉，郑大夫尉翩之后。”《姓觿》：“尉，《姓谱》云，郑大夫尉止之后。”《寻源》：“尉氏，《汉书·地理志》陈留尉氏县。应劭云：古狱官曰尉氏，郑之别狱。《陈留风俗传》云：尉氏，郑国之东鄙狱弊官名。郑大夫尉氏之邑。故栾盈曰：臣将扫死于尉氏。瓒曰：郑大夫尉氏之邑。师古云：郑大夫尉氏亦以掌狱之官故为族耳。应说是也。”

蔚氏。尉氏又作蔚氏。《古今图书集成·氏族典》：“蔚氏，《尚友录》，郑大夫蔚翩之后。一云尉姓。”《寻源》：“蔚氏，《姓谱》云，一作尉，郑大夫尉翩之后。”

行人氏。郑行人之后以官为氏。《辩证》：“行人，《元和姓纂》曰：《左传》有行人仪之后。卫有行人烛过，皆以官为氏。谨按《春秋》，陈行人干征师，晋行人子贡，行人子朱，卫、郑皆有行人子羽，未尝为氏。今以仪、烛过后为氏者，林宝之误。”《姓觿》：“行人氏，《姓考》云：郑子羽之后。《国语》吴有行人仪。”《寻源》：“行人氏，《氏族略》云，陈有行人之仪，卫有行人烛过。《广韵》云，吴有行人仪。澍按：行人，以官为氏。烛过，姓烛，名过。官行人，非姓。《路史》云：郑有行人氏。盖以官有行人子羽也。”

八、赐姓冒姓者

侯氏。郑国大夫郑共仲被赐姓为侯氏。欧阳修《集古录·后汉金乡守长侯君碑》："君讳成，字伯盛，山阳防东人也。其先出自豳岐，周文王之后，封于郑，郑共仲赐氏曰侯。"《路史》"侯氏"罗苹注曰："自春秋而下，诸国皆有侯氏。故《姓纂》以为晋后，而《侯成碑》谓，郑共仲赐氏曰侯，厥后宣多以功佐国，因以为氏。"

俟伏氏。魏孝武帝赐侯植为俟伏氏。《北史·侯植传》："（侯植）从孝武西迁，赐姓侯伏氏。"《新唐书·宰相世系表》："（侯）植从魏孝武西迁，赐姓侯伏氏，又赐姓贺吐氏。"《通志》："后魏有侯植从孝武西迁，赐姓侯伏氏，又赐姓贺屯氏。"《辩证》："（侯）植从魏孝武西迁，赐姓侯伏氏，又赐姓贺吐氏。"《周书》作俟伏侯氏，"（侯）植从魏孝武西迁，大统元年授骠骑将军、都督，赐姓侯伏侯氏"。张澍认为："宜作俟伏侯氏，史文作俟伏氏，省字呼耳。"《寻源》："俟伏侯氏，《官氏志》云：俟伏侯氏后改为侯氏。澍按：作俟伏者省文，作侯伏俟氏者，误。宜作俟伏侯氏。魏赐侯植为俟伏侯氏。见《周书·侯植传》。又赐姓贺屯。"

贺吐氏。魏孝武帝赐侯植为俟伏氏。《新唐书·宰相世系表》："（侯）植从魏孝武西迁，赐姓侯伏氏，又赐姓贺吐氏。"《通志》："后魏有侯植从孝武西迁，赐姓侯伏氏，又赐姓贺屯氏。"《辩证》："（侯）植从魏孝武西迁，赐姓侯伏氏，又赐姓贺吐氏。"《路史》罗苹注："侯植从魏孝武西迁，赐俟伏氏，又赐贺吐氏。"《寻源》："贺吐氏，澍按：魏孝武赐侯植为贺吐氏，一作赐贺屯氏。"

卫氏。卫青本姓郑，冒姓卫氏。《路史》罗苹注曰："卫青，乃郑季孽子。"《史记·卫将军骠骑列传》："大将军卫青者，平阳人也。其父郑季，为吏，给事平阳侯家，与侯妾卫媪通，生青。青同母兄卫长子，而卫子夫自平阳公主家得幸天子，故冒姓为卫氏。"《资治通鉴》"青冒姓卫氏"，胡三省注曰："冒姓者，青本郑氏子，而冒卫姓也。"《统谱》："卫青父郑季给事平阳公主家奴，与卫媪通，生青，故冒姓卫氏。"《寻源》："卫青父郑季给事平阳侯主家，与侯妾卫媪通，生青，故冒姓卫氏。"

九、来源不明者

姜氏。《路史》《续文献通考》皆云郑公族之后有姜氏。《姓觿》："姜，《路史》云，郑伯支庶之后。”《寻源》：“姜氏，《路史》云，姜氏，郑公族后。”

剩氏。《路史》《续文献通考》皆云郑公族之后有剩氏。《姓觿》：“剩，《路史》云，郑公族之后。”《寻源》：“剩氏，《路史》云，郑公族后有剩氏。”

上述93个郑国公族后裔姓氏，虽然有的今天已不再使用，但也有像段氏、丰氏、国氏、侯氏、孔氏、兰氏、司氏、尉氏、印氏、游氏、俞氏、喻氏、郑氏等按当今人口排序在四百大姓之内的姓氏，加强这些姓氏之间的联系与交流，对于增强中华民族的凝聚力，促进郑国故地经济发展有着积极的促进作用。

（本文作者为河南省社会科学院中原文化研究所研究员）

汉唐间荥阳郑氏的兴盛

⊙陈建魁

荥阳郑氏是中国历史上著名的大家族，唐代诗人白居易云：“天下有五甲姓，荥阳郑氏居其一。”①

一

荥阳郑氏之兴，有专家认为始于西汉大司农郑当时。郑当时之父名郑君，陈（今河南淮阳）人，《史记》《汉书》上均有简略记载，不过，有些郑姓家谱上说他名“荣，号郑君”，未知孰是。郑君曾做项羽手下的将领，项羽死后不久就归汉朝。郑君死于孝文帝时。

郑当时，《史记》有传，称其“字庄，陈人也”。②《河南通志》也说：“郑当时，陈人，汝南太守。”③ 然《新唐书·宰相世系表》说郑当时已经“居荥阳开封”，应该不太准确，因为此时荥阳郡尚没有设立。

郑当时，“少以任侠自喜”，景帝时为太子舍人。武帝时“官大司农，诫门下：‘客至，无贵贱，无留门者。’庄廉，又不治其产业。”他善于结交天下名士，“每见上，未尝不推毂贤士，人以此翕然称之”④。

通过郑君、郑当时等数代人的努力，此支郑氏逐渐为世人所知。郑当时的后代

---

①《白氏长庆集》卷四二，文渊阁四库全书本。
②《史记》卷一二〇《汲黯郑当时列传》。
③《河南通志》卷三〇，文渊阁四库全书本。
④《河南通志》卷六〇，文渊阁四库全书本。

在西汉末年徙居开封，而当时开封属河南郡管辖。魏晋以后开封又归属荥阳郡，所以徙居开封的这支郑氏开始被称为荥阳郑氏。

《史记》所载最早从陈徙居开封的郑氏先祖为郑稺，其具体居地，一些郑姓家谱说是在清远乡棘进里，据专家考证，其地在今开封市南之开封老城一带，兹不赘述。

二

郑稺徙居开封后，其子郑宾在东汉时官至御史中丞；郑宾子郑兴，任太中大夫；郑兴子郑众，官至大司农。此后累世显宦，成为名族世家。

郑兴，字少赣，东汉初著名的儒学大师。郑兴擅长历算，喜好古学，尤其对《左传》《周官》有研究，东汉研究《左传》的人多半出自郑兴的流派，与当时另一个经学家贾逵合称郑贾，他们的学术流派被称为郑贾之学。《后汉书》谓："建武初，元与桓谭、杜林、郑兴俱为学者所宗。"①

郑兴以才学显，其子郑众传承家学，累官大司农。郑众之子郑安世，亦传家学，曾任未央令等职。郑兴、郑众、郑安世祖孙三代传承家学，以经学入仕，成为当时著名家族。郑安世之孙郑太，"少有才略……交结豪杰，家富于财，有田四百顷……名闻山东"②。然郑太寿命不长，在被袁术任命为扬州刺史任官途中病逝，年仅41岁。其弟郑浑也是东汉末年知名人物，在东汉末年及曹魏政权中任职，维系了郑氏家族的地位。

三

曹魏正始三年（242），河南郡分析出荥阳郡，而开封县为荥阳郡属县之一。因此，从此时起，居于开封的郑氏家族被正式冠以荥阳郑氏之名。

郑浑在郑泰去世后，弃袁术而转投曹操，使郑氏一族保存了实力。郑泰的儿子

①《后汉书》卷六六，文渊阁四库全书本。

②《后汉书》卷一〇〇，文渊阁四库全书本。

郑袤，力助司马氏篡夺曹魏政权，颇受信任，官任太常，并封安城乡侯。更为重要的是，郑氏族人郑冲异军突起，在司马氏政权中累任司空、司徒、太保等职，“位在三司之上”①。郑袤的六个儿子，除长子郑默在其父去世后继承爵位并官至光禄勋外，其他五子也都位至列卿。特别是郑默，先后五次任九卿之职，为当时名臣。其子郑球，在“八王之乱”中立有大功，被封为平寿公，后又任尚书左仆射等职。

东晋时期，郑氏家族还出过一位皇后，即晋元帝皇后阿春。

四

到了北魏，开封郑氏更是声势显赫，文臣武将，绵延不绝，称得上是荥阳开封郑氏的第一个鼎盛期。北魏众多高门大姓当中，荥阳郑氏称得上是典型的汉魏旧族，向以根基雄厚、冠冕不绝著称。北魏孝文帝放弃了本民族的文化传统，积极学习汉族先进文化，促进了民族大融合。

为了争取汉族地主——特别是世家大族的支持，他借鉴南朝盛行的士族门阀制度，也在北魏强力推行士族制度，在对鲜卑贵族的地位明确作出规定的同时，对汉族地主的地位也重新予以厘定。史称孝文帝“雅重门族，以范阳卢敏、清河崔宗伯、荥阳郑羲、太原王琼四姓，衣冠所推，咸纳其女以充后宫”②。自孝文帝至北魏末，史书上所载的北魏宗室男性与郑氏女通婚即有七例：高祖与郑羲女、高祖与郑胤伯女、太子询与郑懿女、广陵王羽与郑平城女、北海王详与郑羲女、广平王怀与郑严祖妹、元范与郑令妃。荥阳郑氏海内一流望族的地位得到国家政权的承认。

北魏时期，对荥阳郑氏贡献最大者首推郑羲。郑羲（？~492），字幼麟，为郑氏北祖之一，荥阳开封（今河南开封南）人，史称其“机识明悟，为时所许”。年轻时“文学为优，弱冠举秀才”③。孝文帝初，镇压田智度起义，时李冲受宠于冯太后，他与李冲联姻，得任中书令，冯太后又令孝文帝纳其女为妃。太和十六年（492），郑羲去世，谥号文灵。

①《晋书》卷三三，文渊阁四库全书本。

②《资治通鉴》卷一四〇，文渊阁四库全书本。

③《魏书·郑羲传》，中华书局，1974年版。

荥阳郑氏完成了与拓跋政权的合流后，不可避免的卷入到上层政治斗争当中，由于北魏末年社会动荡不安，政治突发事件时常发生，这些都给荥阳郑氏带来了不可忽视的消极影响，甚至是灾难。如景明二年咸阳王禧谋反，郑思和任太尉中兵参军，郑洪建、郑祖育任太尉祭酒，皆受牵连被杀。在尔朱荣叛乱中，荥阳郑氏家族中又有郑俨、郑先护、郑大倪、郑小倪、郑仲明等遇害。

五

经过东魏、西魏及北齐、北周之后，到了唐代，荥阳郑氏发展至顶峰。家族中先后有12人为相，如北祖的郑瑜和郑馀庆（均相德宗）、郑覃（相文宗）、郑朗（相宣宗）、郑涯（相宣宗）、郑从谠（相僖宗）、郑昌图（相僖宗）、郑延昌（相昭宗），郑少邻一支的郑畋（相僖宗），房支不详的郑肃（相武宗）等。

史学大师陈寅恪曾说："盖唐代社会承南北朝之旧俗，通以二事评量人之高下。此二事，一曰婚，二曰宦。凡婚而不娶名家女，与仕而不由清望官，俱为社会所不齿。"①

唐高宗时，出身寒族的李义府官居宰相，想为儿子在七大望姓中娶个媳妇，竟到处碰壁。李为此怀怨，便劝说皇帝下诏，禁止七姓子女互相通婚。从此七大高门自为婚姻以保持"血统"纯正的门路断绝了。然而这些望族人家不甘受此束缚，照样偷偷地议婚论娶，只因不敢公然冒犯天子诏令，便取消了车马送亲、执扇吹奏等一应公开热闹的排场，改为天黑后弄一乘花纱遮蔽的"檐子"（肩舆），把新娘抬到男家结婚。对此，唐高宗和唐文宗又追颁禁止乘坐"檐子"的诏令，以免这些人家瞒天过海，但都有效一时，风头过后，又卷土重来。中唐以后，"檐子"迎亲居然成了一种身份的标志，连七姓之外的人家亦有贪慕虚荣而学样的。迄宋朝，前朝禁令一概废除，"檐子"送嫁转为公开，又嫌其简陋，遂刻意装饰，俗称"花檐子"，以后再流变为花轿。这就是大姑娘出嫁坐花轿的来历。由此看来，女子出嫁乘坐花轿与姓氏之间不无瓜葛，而纳妾收房、寡妇再嫁等婚姻活动不得乘坐花轿的

①刘桂生、张步洲编：《陈寅恪学术文化随笔》，中国青年出版社1996年，第217页。

禁忌，也由此衍生。史载："高宗朝以太原王氏、范阳卢氏、荥阳郑氏、清河博陵二崔氏、赵郡陇西二李氏七姓其族望，耻与诸姓为婚，乃禁其自相姻娶，于是不敢复行婚礼，密装饰其女以送夫家。"①

元代王实甫杂剧《西厢记》，取材于唐代诗人元稹的传奇小说《会真记》（一名《莺莺传》）。剧中女主角崔莺莺的父亲崔相国、母亲郑氏都出自高门，而男主角张珙（张生）虽说父亲曾任礼部尚书，但以门第来说还是低了一截。因此张生向崔莺莺求婚，崔母自矜博陵望族而瞧不起对方门第。元稹安排的这两个姓氏成为小说情节的发展基础。门第，如一道难以逾越的藩篱，横在张生、莺莺之间。

然唐代荥阳郑氏之盛非唯与皇族和其他大族联姻而至，荥阳郑氏也是一个文化底蕴非常厚重的家族。《河南通志》谓："自隋置进士科，唐人因之，岁一举行，获隽者不过二三十士耳，而荥阳郑氏科名独盛，盖当时门第与科名并重也。"②

经过五代乱世之后，北宋时期，郡望的地位下降，以郡望为门第取仕及通婚的习俗淡化，荥阳郑氏亦随之逐渐衰弱。

综上，荥阳郑氏，自西汉至唐末，在长达七百年的时间中，荥阳郑氏虽然也有比较大的迁徙，但其主干一直是以中原地区为其活动中心。史书称："四姓唯郑氏不离荥阳，有冈头卢，泽底李，土门崔，家为鼎甲。"③

（本文作者为河南省社会科学院河洛文化研究中心副主任、副研究员）

①《钦定日下旧闻考》卷一五八，文渊阁四库全书本。

②《河南通志》卷四五，文渊阁四库全书本。

③《唐五代笔记小说大观》，上海古籍出版社2000年，第166页。

魏晋南北朝时期荥阳郑氏家族群像

⊙薛瑞泽

关于郑姓的起源与散播过程，林宝《元和姓纂》卷九《郑》云：

周厉王少子受封于郑，是为桓公，在畿内，今华州郑县是也。威公生武公，与晋文公夹辅平王，东迁于洛。郑徙溱、洧之间，谓之新郑。传封十三代，至幽公，为韩所灭。子孙播于陈、宋，以国为氏。幽公六世孙荣，号郑君，生当时，汉大司农。①

在谈到“荥阳开封”郑氏时，林宝云：

当时六代孙稺，汉末自陈徙河南开封，晋置荥阳郡，开封隶焉，遂为郡人。稺孙兴。兴生众，后汉大司农；曾孙熙，生泰、浑。浑，魏少府，生崇，晋荆州刺史；曾孙略，前赵侍中，生豁、楚。楚生温，燕太子詹事，生三子，晔、恬、兰。晔号北祖，恬号中祖，兰号南祖。晔七子，白麟、小白、叔夜、洞林、归藏、连山、幼麟，因号七房郑氏。小白名茂，生胤伯，大鸿胪卿。②

从林宝的考述可以看出，郑氏家族经历了由关中地区到荥阳散播的过程，且在东汉末年繁衍壮大。魏晋南北朝时期是家族迅速兴起和兴盛的时代，许多家族以其独特的文化贡献在中国家族史上留下了辉煌的一页。荥阳郑氏家族作为这一时期的名门望族，自汉魏以来开始进入政坛，历经十六国动荡之后，这一家族并没有彻底南迁，而是有部分留在了北方，并且在魏晋南北朝政治上发挥了重要的作用。

---

①林宝撰、岑仲勉校记：《元和姓纂》，中华书局，1994 年，第 1346 页。

②林宝撰、岑仲勉校记：《元和姓纂》，中华书局，1994 年，第 1347 页。

魏晋时期郑氏家族开始登上历史舞台，家族代表人物是郑冲。《晋书》卷三十三《郑冲传》记载：郑冲，字文和，东汉末年从籍籍无名的乡野之人，凭借自己的实力进入政坛。郑冲早年居于乡间，颇获声誉，“起自寒微，卓尔立操，清恬寡欲，耽玩经史，遂博究儒术及百家之言。有姿望，动必循礼，任真自守，不要乡曲之誉，由是州郡久不加礼”①。可以说早年所受儒家经典的熏陶，使其具备了真正的儒士风骨，不求名利，长期屈居乡野，“州郡久不加礼”。建安二十二年（217），曹丕被立为太子后，注意培植自己的势力，“搜扬侧陋”，郑冲被选为太子文学，经过多年的努力，“累迁尚书郎，出补陈留太守”。在此任上，郑冲依然保持着士人的习惯，“以儒雅为德，莅职无干局之誉，箪食缊袍，不营资产，世以此重之”。魏文帝和魏明帝在位期间，郑冲履职地方，以儒家指导思想行动，清静无为，洁身自好，赢得了世人的尊重。青龙五年（237），卢毓向魏明帝举荐常侍郑冲，魏明帝曰：“文和，吾自知之，更举吾所未闻者。”② 可见郑冲在当时已经享有盛名。齐王曹芳在位期间，大将军曹爽以其为从事中郎，先后转任散骑常侍、光禄勋。嘉平三年（251）十二月由光禄勋转任司空。高贵乡公正元二年（255），“讲《尚书》业终，赐执经亲授者司空郑冲、侍中郑小同等各有差”③。郑冲本人对《尚书》情有独钟，相传《古文尚书》于孔宅中发现后，经孔安国厘定，因巫蛊之难而未流行，“至魏晋之际，荥阳郑冲私于人间得而传之，独未施行”④。甘露元年（256）十月转司徒。常道乡公（陈留王）曹奂即位后，郑冲参与了魏晋禅代的政治。景元二年（261）八月，陈留王使太尉高柔授司马昭相国印绶，司空郑冲“致晋公茅土九锡”，司马昭“固辞”⑤。景元四年（263）十月，常道乡公（陈留王）被迫再次表

①《太平御览》卷二百三十八《职官部三十六·大将军》引《晋书》曰：“郑冲字文和，以儒雅为业，箪食瓢饮，布衾缊袍，不以为忧。大将军曹爽以为从事中郎。”中华书局，1960年，第1125页。

②陈寿：《三国志》卷二十二《魏书·卢毓传》，中华书局，1982年，第651页。

③陈寿：《三国志》卷四《魏书·三少帝纪》，中华书局，1982年，第113页。《晋书》卷三十三《郑冲传》云：“及高贵乡公讲《尚书》，冲执经亲授，与侍中郑小同俱被赏赐。”中华书局，1974年，第992页。

④徐坚等：《初学记》卷二十一《文部·经典》，中华书局，1962年，第498页。《文献通考》卷一百七十七《经籍考四·经》云：“《晋书》又云郑冲以古文授苏愉，愉授梁柳，柳之内兄皇甫谧又从柳得之，而柳又以授臧曹，曹始授梅赜，赜乃於前晋奏上其书而施行焉。”

⑤房玄龄等：《晋书》卷二《文帝纪》，中华书局，1974年，第37页。

达让晋国建国之意，当时追随司马昭的“公卿将校皆诣府喻旨”，司马昭又装模作样推让一番，“司空郑冲率群官劝进”。对于这次封司马昭为公的劝进，《世说新语·文学》云：“魏朝封晋文王为公，备礼九锡，文王固让不受。公卿将校当诣府敦喻。司空郑冲驰遣信就阮籍求文。籍时在袁孝尼家，宿醉扶起，书札为之，无所点定，乃写付使。时人以为神笔。”① 郑冲所持的劝进文出自阮籍之手，也表明当时郑冲对此事的重视。十二月，郑冲由司徒转为太保，位在三司上，封寿光侯。这时郑冲已经成为徒有虚名的官员，“虽位阶台辅，而不预世事”。然而，因为他熟稔儒家礼仪，司马昭辅政期间以及平蜀之后，咸熙元年（264）七月，“命贾充、羊祜等分定礼仪、律令，皆先谘于冲，然后施行”②。关于西晋初年礼仪、律令的制定，后人评价曰：“晋始则有荀颉、郑冲裁成国典。”③ 充分肯定了郑冲的作用。郑冲制定礼仪、律令的情况，在《世说新语》中也有反映，《政事》云：“贾充初定律令，与羊祜共咨太傅郑冲，冲曰：‘皋陶严明之旨，非仆闇懦所探。’羊曰：‘上意欲令小加弘润。’冲乃粗下意。”郑冲表达了对先贤的敬畏之情。到了次年八月，司马昭病死，司马炎掌握政权，曹奂看到大势已去，十一月，“于是天子知历数有在，乃使太保郑冲奉策”，将帝位传给司马炎。西晋建立后，泰始元年（265）十二月，晋武帝奖赏建立晋朝过程中立下功劳的文臣武将，其中“太保郑冲为太傅、寿光公”。不仅如此，即使他致仕之后也享受颇为优渥的待遇，“泰始初，郑冲、王祥、何曾、荀颉、裴秀等各以老疾归第”④。《晋书》曰：“郑冲致仕，诏赐安车、驷马、床帐、簟蓐。”⑤ 到了泰始十年（274）闰正月，“太傅、寿光公郑冲薨”。郑冲去世后，仍然享有殊荣，咸宁元年（275）八月壬寅，沛王子文薨，“以故太傅郑冲”

①李昉等：《太平御览》卷七百一十《服用部十二·几》引戴胜《竹林七贤论》曰：“魏朝封文王，固让公卿，皆当喻旨。司空郑冲等驰使从阮籍求其文，立待之。籍时在袁孝尼家宿，扶醉而起书，几板为文，无所治定，乃写付信。”中华书局，1960年，第3165页。李兆洛《骈体文钞》卷十三《劝进类》收录有《阮嗣宗为郑冲劝晋王笺》。

②房玄龄等：《晋书》卷三十三《郑冲传》，中华书局，1974年，第992页。《晋书》卷二《文帝纪》云：“（咸熙元年）秋七月，帝奏司空荀颉定礼仪，中护军贾充正法律，尚书仆射裴秀议官制，太保郑冲总而裁焉。”，中华书局，1974年，第44页。

③房玄龄等：《晋书》卷十九《礼志上》，中华书局，1974年，第580页。

④房玄龄等：《晋书》卷四十五《任恺传》，中华书局，1974年，第1285页。

⑤李昉等：《太平御览》卷二百四十三《职官部四十一·致仕官》引，中华书局，1960年，第1154页。

等12人，“皆列于铭飨”①。

与郑冲齐名的还有荥阳人郑袤。东汉大司农郑众是郑袤的高祖，郑袤的父亲郑泰官至扬州刺史，“有高名”②。郑袤“少孤，早有识鉴”。荀攸见到他后称赞曰：“郑公业为不亡矣。”东汉末年，社会动荡不安，郑袤随叔父郑浑避难江东。当时华歆为豫章太守，与郑泰私交很好，郑浑携带侄子郑袤投奔华歆后，华歆“抚养袤如己子”。董卓之乱平息后，经过官渡之战，曹操稳定了黄河流域，17岁的郑袤“乃还乡里”。郑袤“性清正”，他的同郡任览与相国掾魏讽结交，当时魏讽“名重当世”。郑袤“以讽奸雄，终必为祸，劝览远之”。后来魏讽果然败亡，郑袤受到“论者称焉”的赞誉。

建安十六年（211），曹操初封诸子为侯，并为他们“精选宾友”，郑袤与徐干被选为临淄侯（曹植）文学，转任司隶功曹从事。魏文帝时期，司空王朗征辟郑袤为掾，郑袤向王朗举荐了许允、鲁芝、王基等，都得到重用并至高位。郑袤被迁为尚书郎。不久，出任黎阳县令，吏民悦服，受到太守嘉奖，迁任尚书右丞，转任济阴太守。在太守任上颇有作为，“下车旌表孝悌，敬礼贤能，兴立庠序，开诱后进”。又“调补大将军从事中郎，拜散骑常侍”。当广平太守空缺时，郑袤又被调任。在广平期间，郑袤“以德化为先，善作条教，郡中爱之”。不久，又调任侍中，迁少府。高贵乡公曹髦即位时，郑袤与河南尹王肃到元城迎驾。高贵乡公曾经准备建明堂辟雍，精选博士，郑袤举荐了刘毅、刘寔、程咸、庾峻等人，他们都分别官至公辅大位。常道乡公即位后，郑袤因“与议定策”，被“进封安城乡侯，邑千户”。景元初年（260），郑袤因疾病失明，乞求退休，没有被允准。拜为光禄大夫。五等爵位施行后，被封密陵伯。司马炎即位后，晋爵为侯。泰始七年（271）十二月，晋武帝“以光禄大夫郑袤为司空”，泰始九年（273）正月，司空、密陵侯郑袤薨。郑袤的儿子郑默凭借父亲的威望，颇受重用，从秘书郎起家，先后担任尚书考功郎、司徒左长史、东郡太守，并得以陪同晋武帝祭祀南郊。虽然因为在齐

①房玄龄等：《晋书》卷三《武帝纪》，中华书局，1974年，第65页。
②房玄龄等：《晋书》卷四十四《郑袤传》，中华书局，1974年，第1249页。

王司马攸“当之国”问题上赞同博士祭酒曹志等人的异议，被免职，但不久即拜大鸿胪。在为母服丧后，转任大司农，转任光禄勋。郑袤其他五个儿子，“位并列卿”。[①]

西晋末年的社会动荡，迫使大批民众南迁到江南地区，荥阳郑氏家族也不例外，逃亡江南的大有人在。太元十年（385）三月，“荥阳人郑燮以郡来降”[②]。已经到了东晋后期郑燮仍然逃奔南方，足见黄河流域环境的恶劣。简文帝的母亲郑太后，讳阿春，家族门第颇高，“世为冠族。祖合，临济令。父恺，字祖元，安丰太守”，早年嫁于渤海人田氏，生一子后寡居，依附于其舅舅吴氏生活，当有人看到游园的郑阿春与吴氏女后，就对司马睿说：“郑氏女虽嫠，贤于吴氏远矣。”建武元年（317），司马睿纳阿春为琅琊王夫人。她向晋元帝求情，将自己的两个妹妹都嫁于当时的世族。[③] 司马睿之所以未娶吴氏女而纳寡居的郑阿春，其中重要的原因在于郑氏家族的门第颇高。刘宋时期又有荥阳人郑演，在宋明帝时为琅琊太守。适逢刘宋的徐州刺史薛安都图谋归附北魏，郑演赞同此事，在献文帝初年入朝，“以功除冠军将军、彭城太守、洛阳侯。后拜太中大夫，改爵云阳伯”，郑演死后被赠幽州刺史，谥曰懿。他的子孙因此定居于彭、泗之间。[④] 郑浑的曾孙郑献之在晋宋之间再次显示了郑氏家族顺应时势的政治品格。郑鲜之的高祖为郑浑，祖父郑袭，官至大司农，父亲郑遵，为尚书郎。郑袭在任江乘令时，全家“因居县境”。初为桓温之子桓伟辅国主簿，显现出独特的政治见解。在担任御史中丞期间，“性刚直，不阿强贵，明宪直绳，甚得司直之体”。即使对于自己的外甥刘毅也予以弹劾。刘裕即位后，郑献之迁太常、都官尚书。永初二年（421），出任丹阳尹，又入朝为都官尚书，加散骑常侍。又为豫章太守，元嘉三年（426），丞相王弘举荐郑鲜之为尚书右仆射。他的儿子郑愔官至尚书郎，始兴太守。[⑤] 齐梁之际，荥阳郑氏又有郑绍叔在政坛显露。郑绍叔在南齐末年，出任安丰县令，“居县有能名”，被本州召补主

①房玄龄等：《晋书》卷四十四《郑袤传》，中华书局，1974年，第1251页。
②房玄龄等：《晋书》卷九《孝武帝纪》，中华书局，1974年，第234页。
③房玄龄等：《晋书》卷三十二《后妃下·简文宣郑太后传》，中华书局，1974年，第979页。
④魏收：《魏书》卷五十五《刘芳传》，中华书局，1974年，第1232页。
⑤沈约：《宋书》卷六十四《郑鲋之传》，中华书局，1974年，第1698页。

簿，转治中从事史。刺史萧诞因为弟弟谋反被诛后，众人都远离而去，唯有郑绍叔护送灵柩到京师，司空徐孝嗣赞扬他是“祖逖之流也”。在他依附于萧衍后，先后任中兵参军、宁蛮长史、扶风太守。萧衍起兵后，郑绍叔为冠军将军，改骁骑将军。当大军东下江州时，萧衍“留绍叔监州事，督江、湘二州粮运，事无阙乏”。梁朝建立后，郑绍叔任卫尉卿，封营道县侯。天监四年（505），郑绍叔为司州刺史，“绍叔创立城隍，缮修兵器，广田积谷，招纳流民，百姓安之”。虽然他“性颇矜躁，以权势自居”，但在对待士人方面，“能倾心接物，多所荐举，士类亦以此归之”。天监六年（507），征为左将军，加通直散骑常侍，领司、豫二州大中正。次年，病亡。[①] 郑绍叔的族子郑万顷，其父郑旻，梁末入北魏。郑万顷“通达有材干，周武帝时为司城大夫，出为温州刺史”。陈后主至德年间，与司马消难投奔陈朝，“拜散骑常侍、昭武将军、丰州刺史”。在任丰州刺史时，“在州甚有惠政，吏民表请立碑，诏许焉”。当他闻知隋文帝即位后，又“遣使由间道降于隋军”[②]。由此可见，迁居江南的郑氏族人，有如郑演、郑万顷者仍然难忘北方故土。

后赵时期，石勒和石虎俘虏西晋“公卿人士多杀之”，但也有提拔使用的，“终至大官者，唯有河东裴宪，渤海石璞，荥阳郑系，颍川荀绰，北地傅畅及群、悦、谌等十余人而已”[③]。在石虎末年，任用中谒者令申扁等人，石虎“既不省奏案，宣荒酒内游，石韬沈湎好猎，生杀除拜皆扁所决。于是权倾内外，刺史二千石多出其门，九卿已下望尘而拜，唯侍中郑系、王谟、常侍卢谌、崔约等十余人与之抗礼”[④]。荥阳郑系在血与火的民族争战中能够生存下来，足以显现出这一家族适应性之强。

孝文帝迁都洛阳后，由于元禧娶任城王隶户为妻，违反了“王国舍人应取八族及清修之门”的原则，故而“深为高祖所责”。因而，孝文帝下诏严厉批评了这种现象，并且准备“将以此年为六弟聘室”，他的六个弟弟，“长弟咸阳王禧可聘故

①姚思廉：《梁书》卷十一《郑绍叔传》，中华书局，1973年，第210页。
②姚思廉：《陈书》卷十四《郑万顷传》，中华书局，1972年，第214。
③房玄龄等：《晋书》卷六十二《刘琨传》，中华书局，1974年，第1691页。
④房玄龄等：《晋书》卷一百六《石季龙载记上》，中华书局，1974年，第2774页。

颍川太守陇西李辅女，次弟河南王干可聘故中散代郡穆明乐女，次弟广陵王羽可聘骠骑谘议参军荥阳郑平城女，次弟颍川王雍可聘故中书博士范阳卢神宝女，次弟始平王勰可聘廷尉卿陇西李冲女，季弟北海王详可聘吏部郎中荥阳郑懿女”①。这六个王子所聘娶的女子均为当时高门士族之女，其中荥阳郑氏家族就有两个女子嫁给王子，分别为广陵王元羽、北海王元详。不仅如此，孝文帝原本准备为太子元恂娶司徒冯诞长女，因为冯诞的女儿年龄尚幼，想等待年长之后再行办理，就“先为聘彭城刘长文、荥阳郑懿女为左右孺子”②。

荥阳郑氏家族在北魏时期前代延续下来的还有不少。郑羲为郑浑的八世孙，曾祖郑豁曾在后燕慕容垂时期任太常卿，其父郑晔不仕，郑羲兄弟六人，他排行第六，娶李孝伯女为妻。天安初年（466），郑羲作为殿中尚书元石的辅佐，在上蔡收降了刘宋的降将常珍奇。③ 次年，又跟随元石进攻刘宋的汝阴守军，虽然因为元石不听从他的建议无功而返，但最终占有了汝阴。延兴元年（471），郑羲平定了阳武人田智度在京索之间（以今荥阳市为中心、成皋山与广武山环抱的地区）发动的叛乱。孝文帝初年，郑羲为中山王元叡师傅，因长期处于此位，家境贫寒，有赖姻亲李冲的关照，被任命为中书令。李冲曾针对北魏宗主督护制的实行，造成了大量隐匿人口，提出了实行三长制，得到了冯太后的赞许，但是郑羲则持反对意见，他与秘书令高祐认为：“冲求立三长者，乃欲混天下一法。言似可用，事实难行。”他还危言耸听说：“不信臣言，但试行之。事败之后，当知愚言之不谬。”④ 结果三长制推行之后，人口得到了真实登记，隐匿人口成为政府的编户齐民，增加了政府的税收。太和二年（478）冬十月壬辰，孝文帝“诏员外散骑常侍郑羲使于刘準”⑤。因

①魏收：《魏书》卷二十一上《献文六王·咸阳王列传》，中华书局，1974 年，第 534 页。

②魏收：《魏书》卷二十二《孝文五王元恂传》，中华书局，1974 年，第 589 页。魏收：《魏书》卷五十五《刘芳传》云：“太子恂之在东宫，高祖欲为纳芳女，芳辞以年貌非宜。高祖叹其谦慎，更敕芳举其宗女，芳乃称其族子长文之女。高祖乃为恂聘之，与郑懿女对为左右孺子焉。”中华书局，1974 年，第 1227 页。

③魏收：《魏书》卷六十一《毕众敬传》云：“常珍奇者，汝南人也。为刘骏司州刺史，亦与薛安都等推立刘子勋。子勋败，遣使驰告长社镇请降，显祖遣殿中尚书元石为都将，率众赴之，中书博士郑羲参右军事。进至上蔡，珍奇率文武来迎，羲说石令径入城，语在《羲传》。”中华书局，1974 年，第 1365 页。

④魏收：《魏书》卷五十三《李冲传》，中华书局，1974 年，第 1180 页。

⑤魏收：《魏书》卷七《高祖纪上》，中华书局，1974 年，第 146 页。

为冯太后为父亲在长安立庙，郑羲被派遣拜庙有功，出任西兖州刺史。在刺史任上，郑羲“多所受纳，政以贿成。性又吝啬，民有礼饷者，皆不与杯酒脔肉，西门受羊酒，东门酤卖之”，名誉因此受损。但对于“在任廉贞，勤恤百姓”的酸枣令郑伯孙、鄄城令董腾、别驾贾德、治中申灵度等人，郑羲“皆申表称荐”，赢得了社会舆论的赞扬，“时论多之”即其谓也。冯太后为孝文帝纳其女为嫔，并征为秘书监。正因为郑羲在朝中有较高的地位，他逃往江南的妹妹也辗转依附于他，韦崇十岁时父卒，“母郑氏以入国，因寓居河洛。少为舅兖州刺史郑羲所器赏”①。

太和十六年（492），郑羲亡后，考虑到多方的原因，孝文帝对他的操行“虽宿有文业，而治阙廉清”加以批评，并谥号“文灵”，对其为政“不勤”予以评价。郑羲的长子郑懿袭其爵位荥阳伯后，为孝文帝所器重。宣武帝初年，因为从弟郑思和参与咸阳王元禧的叛乱，与其弟郑道昭一同“坐緦亲出禁”。后任齐州刺史，郑懿“好劝课，善断决，虽不洁清，义然后取，百姓犹思之”。永平三年（510），郑懿死后，其子郑恭业继承其爵位。郑懿的弟弟郑道昭，“少而好学，综览群言”。从中书学生，迁秘书郎，拜主文中散，徙员外散骑侍郎、秘书丞、兼中书侍郎。在孝文帝征伐沔汉时，在悬瓠（今河南省汝南县）与群臣饮酒作歌，郑懿、郑道昭与彭城王元勰、邢峦、宋弁一同应和孝文帝的歌唱，留下了千古佳话。郑道昭曾经多次上表请求朝廷重视学校建设，但没有引起重视。他曾担任荥阳邑中正、光州刺史、青州刺史等职，在两州任职期间，“政务宽厚，不任威刑，为吏民所爱”。正始初年（504），宣武帝“诏尚书门下于金墉中书外省考论律令”，郑道昭曾参与讨论事务，显示出对他的重视。② 又有“秘书监郑道昭才学优赡，识览该密”之说。熙平元年卒。郑懿之子郑严祖缺乏其父的政治胸怀，“轻躁薄行，不修士业，倾侧势家，乾没荣利，闺门秽乱，声满天下。出帝时，御史中尉綦俊劾严祖与宗氏从姊奸通。人士咸耻言之，而严祖聊无愧色”。郑严祖家族门第较高，故而多名官员欲与其结亲，“（李）神儁丧二妻，又欲娶郑严祖妹。神儁之从甥也，卢元明亦将为婚，

①魏收：《魏书》卷四十五《韦阆附崇传》，中华书局，1974年，第1012页。
②魏收：《魏书》卷六十九《袁翻传》，中华书局，1974年，第1536页。

遂至纷竞，二家阋于严祖之门。郑卒，归元明，神儁惆怅不已，时人谓神儁凤德之衰。神儁无子，从弟延度以第三子容儿后之。”① 郑严祖的兄弟有郑敬祖、郑述祖、郑遵祖等。郑羲有兄长五人，即郑白驎、郑小白、郑洞林、郑叔夜、郑连山，他们“并恃豪门，多行无礼，乡党之内，疾之若仇”。郑小白的儿子郑胤伯，“高祖纳其女为嫔”。其子郑幼儒因“好学修谨，时望甚优”，高阳王元雍“以女妻之”。然而在郑幼儒死后，其妻“淫荡凶悖，肆行无礼”。因此，郑幼儒从兄郑伯猷每谓所亲曰：“从弟人才，足为令德，不幸得如此妇，今死复重死，可为悲叹。”郑胤伯弟郑平城因“广陵王羽纳其女为妃”，出任东平原太守，但他却“性清狂使酒，为政贪残”。郑伯猷虽然倍受重视，但到东魏时期，郑伯猷在任南青州刺史期间，“在州贪惏，妻安丰王元延明女，专为聚敛，货贿公行，润及亲戚。户口逃散，邑落空虚。乃诬良民，云欲反叛，籍其资财，尽以入己，诛其丈夫，妇女配没。百姓怨苦，声闻四方”。虽然被御史弹劾，但最后遇赦免罪。郑琼在任范阳太守时，“治颇有声”。郑琼治家有方，“兄弟雍睦，其诸娣姒亦咸相亲爱，闺门之内有无相通，为时人所称美”。郑琼弟郑俨因灵太后的宠幸，“郑俨宠孝昌之季，主幼于前，君稚于后，乘间宣淫，殆无忌畏，树列朋党，蔽塞天聪。”② 郑先护在讨伐尔朱荣的行动中多次出兵，最终逃往江南。郑羲的叔父郑简在任济州刺史期间，“为政宽简，百姓安之”。其子郑贵宾异母弟大倪、小倪，“皆粗险薄行，好为劫盗，侵暴乡里，百姓毒患之”。郑云在“历雁门、濮阳二郡，贪秽狼藉”。针对郑氏家族为所欲为的情况，也有官员加以整治。《魏书》卷八十八《良吏·宋世景传》云：“（宋世景）行荥阳太守。郑氏豪横，号为难治。济州刺史郑尚弟远庆先为苑陵令，多所受纳，百姓患之。世景下车，召而谓之曰：‘与卿亲，宜假借。吾未至之前，一不相问，今日之后，终不相舍。’而远庆行意自若。世景绳之以法，远庆惧，弃官亡走。于是僚属畏威，莫不改肃。”其他郑氏家族的后代事迹简略，略而不述。

荥阳郑氏家族在北魏时期还有不少人在历史上留下了坏的名声。孝明帝初年，

①魏收：《魏书》卷三十九《李宝传附神儁传》，中华书局，1974 年，第 897 页。

②魏收：《魏书》卷九十三《恩幸传》，中华书局，1974 年，第 1987 页。

荥阳人郑云“谄事长秋卿刘腾，货腾紫缬四百匹，得为安州刺史”。当任命书下达后，郑云趁夜色拜访封回，尚未坐定，就对封回说：“我为安州，卿知之否？彼土治生，何事为便？”封回看到郑云为官动机不纯，非常严肃地回答说：“卿荷国宠灵，位至方伯，虽不能拔园葵，去织妇，宜思方略以济百姓，如何见造而问治生乎？封回不为商贾，何以相示？”面对封回言辞坚定的回答，郑云“惭愧失色”。[①] 孝明帝时期，荥阳郑氏家族还出了一个人物，这就是深得胡太后宠幸的郑俨。郑俨起初为胡太后（灵太后）父亲胡国珍行参军，“因缘为灵太后所幸，时人未之知也”。灵太后被废后，郑俨跟随萧宝夤西征，孝昌初年（525），灵太后再次掌权后，郑俨“请使还朝，复见宠待”。他每日与胡太后“昼夜禁中，宠爱尤甚”。因为官拜谏议大夫、中书舍人，兼任尝食典御，与中书舍人徐纥狼狈为奸，“共相表里，势动内外”。据说孝明帝的死亡就是郑俨等人进谗言被胡太后鸩杀，故而有“肃宗崩，事出仓卒，天下咸言俨计也”[②] 的说法。尔朱荣兴兵攻入洛阳后，郑俨逃回故里依附于从兄荥阳太守郑仲明，二人“欲据郡起众”，不久为部下所杀，传首洛阳。

到了北齐、北周时期，郑氏家族仍然活跃在政坛。郑述祖的祖父为郑羲，父亲为郑道昭。

天保初年（550），郑述祖迁太子少师、仪同三司、光州刺史。在任光州刺史期间，郑述祖廉洁行政，受到当时担任巡省使穆子容的称赞，叹曰：“古人有言：‘闻伯夷之风，贪夫廉，懦夫有立志。’今于郑光州见之矣。”郑述祖在职期间，还通过采取各种方式淳化社会风气。曾有一人入市盗窃，其父怒曰：“何负吾君？”将其扭送官府，郑述祖“特原之”，正是这种看似宽大的策略，“自是境内无盗”。郑述祖也因此赢得了百姓的称颂，百姓歌曰：“大郑公，小郑公，相去五十载，风教犹尚同。”在各地任职期间，“多有惠政”。[③]

---

①魏收：《魏书》卷三十二《封懿传附磨奴族子回传》，中华书局，1974年，第761页。

②魏收：《魏书》卷一百五之四《天象一之四》云：“其后太后淫昏，天下大坏，上春秋方壮，诛诸佞臣。由是郑俨等竦惧，遂说太后鸩帝。”中华书局，1974年，第2439页。

③李延寿：《北史》卷三十五《郑羲传附严祖弟述祖传》，中华书局，1974年，第1307页。

北周时期也有郑氏家族活动的踪迹。郑孝穆为郑浑之十一世孙，其祖父郑敬叔，为北魏颍川、濮阳郡守，本邑中正。其父郑琼，范阳郡守，赠安东将军、青州刺史。西魏大统五年（539），郑敬叔在兼任岐州刺史之职时，“在任未几，有能名”。他到任伊始，“所部百姓，久遭离乱，饥馑相仍，逃散殆尽。孝穆下车之日，户止三千”。经过数年的恢复，“留情绥抚，远近咸至，数年之内，有四万家。每岁考绩，为天下最”，并因此受到宇文泰的嘉奖，被提拔为京兆尹。是后，郑敬叔倍受重视，在多个刺史任上，“皆有政绩”。[①] 郑浑十一世孙还有郑伟，其父为郑思明，在北魏官至直阁将军，赠济州刺史。其父郑先护“亦以武勇闻”，孝庄帝在藩，郑先护因“早自结托”，所以在孝庄帝即位后，历任通直散骑常侍、平南将军、广州刺史，赐爵平昌县侯。永安二年（529），元颢投奔梁朝，欲借梁朝的力量入洛称帝，郑先护“以御捍之功，累迁都督二豫郢雍四州诸军、征东将军、豫州刺史，兼尚书右仆射，晋爵郡公。寻入为车骑将军、左卫将军”。河阴之变后，尔朱仲远入洛阳，郑先护逃奔梁朝，后来返回被尔朱仲远所害。郑伟在尔朱氏灭后，自梁归魏，任通直散骑侍郎。孝武帝西迁后，郑伟返回故乡。大统三年（537），河内公独孤信收复洛阳后，郑伟、郑荣业等集结乡邻，攻占梁州，擒获东魏刺史鹿永吉及镇城令狐德，并俘获陈留郡守赵季和，随之率众归附宇文泰。郑伟归附宇文泰之后，先后参与过多次战争，魏恭帝二年（555），进位大将军，除江陵防主、都督十五州诸军事。保定元年（561），任宜州刺史。天和六年（571），转任华州刺史，“前后莅职，皆以威猛为治，吏民莫敢犯禁，盗贼亦为之休止。虽无仁政，然颇以此见称”。郑伟的族人郑顶随其入朝后，先后担任扶风郡守、太府少卿、卫尉少卿等职，“并有恪勤之称”。其子郑常“颇涉学，有当官誉”。后历官抚军将军、通直散骑常侍、司皮下大夫，迁信东徐南兖三州刺史。“以立义及累战功”，授上开府、仪同大将军，赐爵饶阳侯。[②]

荥阳郑氏家族作为从汉代以来有名的家族，在魏晋南北朝时期多个政权中发挥

---

①令狐德棻：《周书》卷三十五《郑孝穆传》，中华书局，1974 年，第 610 页。

②令狐德棻：《周书》卷三十六《郑伟传》，中华书局，1974 年，第 635 页。

重要的作用，用群星璀璨来描述其家族的兴盛尚不为过。虽然在这一历史时期，因为南北分裂，东西对峙导致郑氏家族散播于东西南北各个地区，但家族的传统仍然发挥着作用，许多人在政治领域显露出自己的才华，昭显了郑氏家族代代相传的文化精神。

（本文作者为河南科技大学人文学院教授）

唐五代时期敦煌的郑姓研究

⊙杜文涛

“怀山之水，必有其源；参天之木，必有其根；人之有祖，亦犹是焉。”姓氏作为代表每个人及其家族的一种特殊符号，亦是华夏文化的重要组成部分。到了今天尽管“姓”和“氏”已经合二为一，不再具有显性的区别，但其关涉范围依旧十分广泛。姓氏作为人类文明进程中标志人群血缘系统的遗传性符号，举凡避讳、婚姻、郡望、家族、大族等都与其有着千丝万缕的联系。博大精深的姓氏文化，不仅在解读中国古代社会结构、标记中国人口历史迁移、反映时代文化特征等方面有着重要价值，同时也是增强国家文化软实力，提高中华民族凝聚力，弘扬中华优秀传统文化的有效手段。郑姓作为我国姓氏之一，不仅在百家姓中排名比较靠前，位于第 23 位，而且人口数量也比较多，约有 1014 万，占全国总人口数的 0.78%，同时还是我国较为古老的姓氏之一，以荥阳为其最著名的郡望，有着悠久的发展演变史。

郑姓起源主要与西周晚期周宣王分封的姬姓诸侯国郑国有关。据《新唐书·宰相世系表》记载：“郑氏出自姬姓，周厉王少子友封于郑，是为桓公，其地华州郑县（今陕西华县）是也。生武公，与晋文侯夹辅平王，东迁于洛阳，徙溱、洧之间，谓之新郑（今河南新郑），其地河南新郑是也。十三世孙幽公为韩所灭，子孙播迁陈（今河南淮阳）、宋（今河南商丘）之间，以国为氏。”也就是说，郑姓主要源于姬姓，受姓的始祖为郑桓公，郑国被韩国灭亡以后，郑国王室的后裔及其贵族为了躲避灾祸而背井离乡，散居在陈、宋之间，出于对故国的纪念，不少人开始“以国为氏”,郑姓也由此开始形成。郑姓形成以后，在其后世子孙的努力下，逐渐成为中华望族之一，在漫长的历史岁月中，出现了郑玄、郑樵、郑成功、郑板桥等诸多历史名人，他们在各自不同的领域为中华民族的繁荣昌盛做出了杰出的贡献。

关于郑姓研究，此前学者们利用各种材料，从各个角度对其进行了分析与研究，取得了丰硕的成果，但是敦煌地区郑姓的情况却鲜有提及。敦煌自古就是历史文化名城，作为古代丝绸之路上的重镇，它扼守玉门和阳关两关隘，沟通着西域和中原，是中西交通的重要枢纽，也是中西文化交流的重要窗口。1900 年在敦煌莫高窟发现了数万件的写卷，这些写卷内容庞杂，涵盖广泛，几乎涉及社会的方方面面。其中人名是一种很突出的现象，这些写卷集中、大量地保存了唐五代时期当时敦煌地区人民的姓名。并且很难得的是这些写卷不仅保留了一些处于上层的达官贵人的姓名，也保留了很多当时社会下层人物的姓名，构成了一幅色彩斑斓的敦煌社会各色人等的全景图。正是因为在浩如烟海的敦煌文献中也包含了大量有关姓氏的记载，因此在对姓氏进行探源与研究时，就不能不提及和利用敦煌文献中所存留的姓氏资料。有鉴于此，我们认为对郑姓进行研究以及分析，敦煌文书中有关郑姓的资料也应该成为我们所关涉的对象。

据高启安先生在《唐宋时期敦煌人名探析》一文中的研究，敦煌姓氏资料主要集中出现在这些材料中：（1）户籍、僧尼名牒残卷，这是记载人名最多最集中的文书；（2）契约、社邑文书中记录的姓名；（3）敦煌 496 个石窟中 5 万多平方米壁画的题记中供养人的题名；（4）敦煌碑铭赞、祈愿文等所载的人名。而这几种类型的材料在唐耕耦和陆宏基两位先生主编的《敦煌社会经济文献真迹释录》（5 册）①都涉及了，而且又比较全面，因此我们以《敦煌社会经济文献真迹释录》中出现的姓氏资料作为主要材料。采用定性和定量相结合的方法，对书中出现的姓氏资料进行了统计，得到的敦煌姓氏资料具体如下表所示：

---

①《敦煌社会经济文献真迹释录》共五辑，其中第一辑由书目出版社 1986 年出版，后四辑由全国图书馆文献缩微复制中心 1990 年出版。该文献是目前关于敦煌文书资料的综合性汇编以及敦煌社会经济文献第一部比较系统的、全面的录文资料，涵盖十分广泛。

表 1 唐宋时期敦煌姓氏表

姓氏人数									
1 张	1079	2 王	557	3 李	437	4 索	433	5 氾	339
6 安	316	7 曹	302	8 阴	295	9 宋	267	10 令狐	223
11 康	207	12 赵	195	13 杨	181	14 刘	179	15 石	174
16 马	154	17 阎	153	18 程	139	19 吴	138	20 邓	130
21 翟	119	22 董	117	23 唐	110	24 郭	115	25 高	113
26 梁	102	27 史	99	28 杜	97	29 何	87	30 贺	86
31 罗	84	32 陈	81	33 孔	80	34 平	73	35 吕	66
36 薛	60	37 白	60	38 田	59	39 米	56	40 贾	49
41 孙	48	42 孟	44	43 郑	41	44 龙	40	45 武	38
46 彭	36	47 范	34	48 任	32	49 袁	31	50 尹	30
51 冯	30	52 裴	29	53 朱	28	54 韩	28	55 左	27
56 窦	27	57 苏	27	58 常	26	59 樊	25	60 段	25
61 胡	25	62 齐	25	63 就	25	64 候	24	65 姚	24
66 辛	23	67 周	22	68 荆	20	69 画	20	70 郝	20
71 傅	20	72 卑	19	73 卢	17	74 崔	15	75 穆	14
76 竹	14	77 麹	14	78 解	13	79 雷	12	80 谭	12
81 屈	12	82 黑	11	83 成	11	84 菜	10	85 蔡	9
86 岳	9	87 目	9	88 邯	9	89 游	8	90 浑	8
91 阚	8	92 烧	7	93 黄	7	94 丁	7	95 公孙	7
96 严	6	97 将	6	98 姜	6	99 申	6	100 慕容	6
101 权	5	102 霍	5	103 和	5	104 毛	5	105 祝	5
106 支	5	107 权	5	108 翟	5	109 和	5	110 沈	5
111 仍	4	112 车	4	113 随	4	114 淳于	4	115 叩延	4
116 尉	4	117 牛	4	118 于	4	119 秦	4	120 其天	4
121 元	4	122 吉	4	123 景	4	124 宫	3	125 美	3

续表

姓氏人数									
126 卫	3	127 洛	3	128 叶	3	129 星	3	130 宇文	3
131 汉	3	132 鄯	3	133 柴	3	134 琛	3	135 尊	3
136 苻	3	137 泊	2	138 然	2	139 阮	2	140 邦	2
141 茹	2	142 费	2	143 相	2	144 许	2	145 沮渠	2
146 仪	2	147 沈	2	148 宁	2	149 苑	2	150 余	2
151 酒	2	152 乔	2	153 潘	2	154 荀	2	155 广	2
156 关	2	157 汤	2	158 朗	2	159 似	2	160 长孙	2
161 温	2	162 乌	2	163 骆	2	164 双	2	165 司马	2
166 庄	2	167 曾	2	168 兆	2	169 金	2	170 斛斯	2
171 滑	1	172 席	1	173 愿	1	174 浩	1	175 鲜于	1
176 易	1	177 钳	1	178 影	1	179 乾	1	180 贺拔	1
181 耿	1	182 茅	1	183 甘	1	184 磨	1	185 皇甫	1
186 华	1	187 南	1	188 庞	1	189 易	1	190 泣陵	1
191 葛	1	192 夏	1	193 谷	1	194 玄	1	195 兴	1
196 旋	1	197 苗	1	198 方	1	199 落	1	200 夫蒙	1
201 阇	1	202 原	1	203 陈	1	204 束	1	205 那雷	1
206 柳	1	207 浪	1	208 典	1	209 都	1	210 戎	1
211 林	1	212 文	1	213 丰	1	214 来	1	215 章	1
216 里	1	217 伍	1	218 封	1	219 党	1	220 上官	1
221 鲁	1	222 牢	1	223 万	1	224 叨	1	225 金井	1
226 兀	1	227 佛	1	228 房	1	229 宗	1	230 赤	1
231 君	1	232 界	1	233 节	1	234 焦	1	235 不	1
236 鲍	1	237 步	1	238 江	1	239 闰	1	240 尉迟	1
241 寇	1	242 葵	1	243 钟	1				

这样统计下来，我们大致得出了《敦煌社会经济真迹文献释录》中记载的敦煌姓氏，总共有 243 个。可以看出首先这 243 个姓氏分布并不均匀，有的姓氏只能找

到一两个人名，有的则很多，像现在的姓氏分布状况一样，某些大姓集中了整个人口中的大多数，而小姓则人口相对稀少。其次这些姓氏体现出民族交替融合的特点，有一些是敦煌一带传统的汉姓，如上表中的“张”姓、“王”姓、“索”姓等；有些则是源于周边和西域民族的胡姓，如“康”姓、“白”姓、“安”姓、“米”姓等。郑作为传统汉姓中的一个，虽不像“张”“王”“李”“索”“安”“曹”“令狐”等敦煌地区的一些大族那样人口众多，但是从它在整个姓氏排名中位居前43位，还是可以看出，在这个时期敦煌地区的郑姓居民也是比较多的。另外，由于敦煌碑铭以及敦煌邈真赞所存留的众多姓氏中，没有郑姓人物，我们无从具体考察敦煌地区的郑姓人到底由何处迁移而来。但是北图位字79号《天下姓望氏族谱残卷》中提到：“荣（荥）阳郡四姓，郑、毛、潘、阳”①，斯2052号《新集天下姓望氏族谱一卷并序》中也提到：“第七河南道廿二郡，郑州荥阳郡出六姓，郑、潘、毛、杨、羊、颊子（干）”②，两者都提到了荥阳郡的第一姓为郑氏。那么从这些记载中我们似乎也可以推断出敦煌汉人中的郑姓人物，也有可能来自荥阳。我们知道在张骞通西域之前，敦煌的居住群体主要以少数民族为主，至少在正史的记载中是没有汉人的。张骞通西域之后，汉武帝时期，西汉政权出于经营西域的需要开发河西走廊，于公元前111年到公元前88年前后开始移民充边，并设置了敦煌郡。这些由于种种原因来到敦煌地区的汉人当中，郑姓的居民就是其中之一。同时，据杨际平先生与郭锋、张和平先生合著的《五一十世纪敦煌的家庭与家族》一书中，对自汉简到敦煌文书中所见姓氏资料所做的调查，亦可以看出郑姓在敦煌地区出现的是比较早的。

表2　汉唐敦煌姓氏分布简表③

姓氏	两汉汉简	晋十六国（西凉）	北朝西魏	唐武周 开元·大力	吐蕃	唐末五代
郑	○			○	○	○

①唐耕耦、陆宏基：《敦煌社会经济文献真迹释录》，第一辑，书目文献出版社，1986年，第85页。
②唐耕耦、陆宏基：《敦煌社会经济文献真迹释录》，第一辑，书目文献出版社，1986年，第95页。
③杨际平、郭锋、张和平：《五一十世纪敦煌的家庭与家族关系》，岳麓书社，1997年，第8页。

以上对郑姓在整个敦煌地区的姓氏中的情况进行了统计分析，下面我们再来看一下这41个郑姓人物的具体出处。关于郑姓人物的记载主要集中出现在以下文书中，我们摘录如下：

1. 斯6343号《唐七世纪后期沙洲敦煌县龙勒乡籍》①

六十九亩未受……永业城西七里平渠，东郑祥，西竹女……里平渠，东郑阿通，西道，南舍。

2. 伯2595号《唐天宝六载敦煌郡敦煌县龙勒乡都乡里籍》②

（1）户主郑恩养，载43岁，白丁（下中户空），课户见输；母程，载67岁，老寡；妻氾，载39岁，丁妻；男嗣方，载壹拾捌岁，中男；女王王，载壹拾壹岁，小女；女罗娘，载壹拾壹岁，小女；女罗娘，载壹拾，小女；女妃娘，载陆岁，小女；女罗娘，载贰岁，黄女；妹胡娘，载叁肆拾捌岁，中女，妹娘娘，载叁拾捌岁，中女；妹妙尚，载叁拾壹岁，中女。

（2）一段肆亩□分，城西十里平渠，东郑怀谏，西渠，南王祐兴，北渠。

（3）一段拾亩□分，城西七里平渠，东渠、西渠、南渠、北郑阿头。

（4）一段叁亩永业，城西十里平渠，东程宽，西路，南路，北郑君。

（5）一段五亩永业，城西十里平渠，东阴怀智，西郑怀斌，南郑阿表。

（6）一段七亩永业，城西十里平渠，东郑怀则，西郑怀斌，南郑君。

（7）一段陆亩永业，城西十里平渠，东路，西郑通，北郑阿通。

（8）一段拾肆亩□分，城西七里平渠，东李钦，西车成光，南渠，北郑则。

（9）一段伍亩□分，城西十里平渠，东刘贞，西王贞，南郑表，北郑表。

（10）一段陆亩买田，城西七里平渠，东郑怀则，西张保养，男郑君福。

（11）一段拾亩永业，城西七里平渠，东郑桃符，西渠，南舍，北渠。

（12）一段捌亩□分，城西七里平渠，东郑表，西渠，北郑养。

①唐耕耦、陆宏基：《敦煌社会经济文献真迹释录》，第一辑，书目文献出版社，1986年。

②唐耕耦、陆宏基：《敦煌社会经济文献真迹释录》，第一辑，书目文献出版社，1986年。

3. 伯3559号《唐天宝年代（750）敦煌郡敦煌县差科簿》①

（1）郑蕃客男思诠载卅八，品子终服，弟奉贞载廿九，上柱国子，土镇。

（2）郑加会弟奉璋载廿五，上柱国子，纳资。

（3）郑永住载五十九，翊卫，侄神龙载卅五，上柱国。

（4）郑月子男绍龙载卅六，卫士。

（5）郑元元载廿四，白丁，土镇，弟俱罗载廿三，白丁，长患。

4. 伯4093号《庚寅年（990或930）敦煌乡百姓郑继温贷绢契》②

丁亥年四月庚寅年四月六日立契，敦煌乡百姓郑继温伏缘家中欠少匹白（帛），遂于洪润乡百姓樊钵略面上贷帛练壹匹，长叁仗捌尺，福阙（阔）贰尺一寸，其绢利头现还麦粟肆硕，其绢限至来年于月数填还。

5. 斯964号《唐天宝九载十载（506～751）兵士衣服支给簿》③

郑处怀，襖子贰一白绝一紫绝，长袖贰一白练一生绢，半臂贰一白练一褐绫。

6. 俄1408号《敦煌县效谷乡百姓康满奴邓地亩数》④

效谷乡百姓康满奴多农地肆拾亩，户郑苟子多农地贰拾亩，户史惠惠多农拾伍亩，户支海晟多农地贰拾亩，户陈粪粪拾伍亩，户王张六多农贰拾亩，户孙骨仑南沙地拾伍亩，都计地贰倾伍亩。

7. 北图生字25号《宋开宝（975）三月一日郑丑挞出卖宅舍地基与沈都和契》⑤

莫高乡百姓郑丑挞，伏缘家内贫乏，债乏深计，无许方求，今遂将口分地舍出卖与慈惠乡百姓沈都和。断作舍物，每尺两硕贰斗五升。

---

①唐耕耦、陆宏基：《敦煌社会经济文献真迹释录》，第一辑，书目文献出版社，1986年。

②唐耕耦、陆宏基：《敦煌社会经济文献真迹释录》，第二辑，全国图书馆文献缩微复制中心，1991年。

③唐耕耦、陆宏基：《敦煌社会经济文献真迹释录》，第四辑，全国图书馆文献缩微复制中心，1991年。

④唐耕耦、陆宏基：《敦煌社会经济文献真迹释录》，第二辑，全国图书馆文献缩微复制中心，1991年。

⑤唐耕耦、陆宏基：《敦煌社会经济文献真迹释录》，第二辑，全国图书馆文献缩微复制中心，1991年。

8. 亥年修城夫丁使役簿①

六月十一日修城所，丝绵……右十，十一日李通顺、米屯屯、郑兴光。

9. 2669 号《年代不详（865 ~874）沙州诸寺尼籍》②

贤觉，沙洲敦煌县洪池乡，姓郑，俗名银子，年三十九。

从这些记录翔实的材料中，我们可以了解到关于郑姓在敦煌地区的一些相关情况：

第一，郑姓居民在敦煌诸乡的分布情况。了解乡一级郑姓居民的分布状况，可以帮助我们进一步了解郑姓在敦煌乡里社会中家族的存在、分布实态以及家族组织可能发展的程度。唐代敦煌社会，在行政建置上通常被分为敦煌和寿昌两县，两县又辖治洪池、平康、效谷、敦煌、莫高、慈惠、从化、洪润、龙勒、神沙、从化、悬泉、玉关、寿昌十三乡。从上述的户籍、差科簿等有明确标志行政归属的记载中，我们可以看到郑姓居民在敦煌的分布情况大致如此：洪池乡、莫高乡、效谷乡、慈惠乡以及龙勒乡都有分布，其中洪池乡 1 人、莫高乡 1 人、效谷乡 1 人、敦煌乡 1 人、慈惠乡 11 人、龙勒乡 24 人，不明确的 2 人。龙勒乡和慈惠乡居住的郑姓人数最多，在这两个乡中郑姓居民都在 10 户以上。依据此数据，我们可以推断出龙勒乡和慈惠乡这两个乡是郑姓居民在敦煌的主要聚集区。

表 3　敦煌郑姓分布表

洪池乡	莫高乡	效谷乡	敦煌乡	慈惠乡	龙勒乡	不明确
1	1	1	1	11	24	2

第二，郑姓居民在敦煌的家庭结构情况。通常，社会学家一般将家庭结构分为四种，即核心家庭、主干家庭（或曰直系家庭）、联合家庭、其他家庭。杨际平等人在《五—十世纪敦煌的家庭与家族关系》一书中以社会学的分类为基础，又将家庭结构进一步细分成 12 类，分别为：典型的核心家庭、破损的核心家庭、扩大的

①唐耕耦、陆宏基：《敦煌社会经济文献真迹释录》，第二辑，全国图书馆文献缩微复制中心，1991 年。

②唐耕耦、陆宏基：《敦煌社会经济文献真迹释录》，第四辑，全国图书馆文献缩微复制中心，1991 年。

核心家庭、破损的扩大的核心家庭、典型的主干家庭、破损的主干家庭、扩大的主干家庭、破损的扩大的主干家庭、联合家庭、主干—联合家庭、单身家庭、其他家庭。[①] 从敦煌文书中对郑姓的记载情况来看，只有伯2595号《唐天宝六载敦煌郡敦煌县龙勒乡都乡里籍》中关于“郑恩养”一家的人口情况的记载是完整的，其他家庭的人口情况都不完整。那么“郑恩养”这个完整的住户，在家庭结构上属于什么类型呢？从户籍记载来看，除了户主“郑恩养”之外，这个家庭还有母亲和妻子，据此可以看出，这个家庭首先应该是“主干家庭”，即“父母和一个已婚的子女一起生活”；但是从“郑恩养”只有母亲没有父亲，这个“主干家庭”又是一个“破损的主干家庭”，即“两对配偶中有一人（或各有一人）死亡或离去”。另外，除了母亲、妻子和儿女外，“郑恩养”的三个妹妹也和他生活在一起，从三个妹妹的年龄上看，她们应该均为丧偶。除破损的主干家庭成员外，又增添了其他丧偶的成员，因此“郑恩养”这户人家的家庭结构最终应该是“破损的扩大的主干家庭”。

表4　敦煌郑姓居民的家庭结构

户主年龄	母年龄	妻妾年龄	儿子年龄	女儿年龄	兄弟姐妹年龄	其他	口数	家庭结构
郑恩养 43	程 67	氾 39	1人 18	5人 11、11、10、6、6	妹3人 48、38、31		12	破损的扩大的主干的家庭

第三，郑姓居民的经济情况。根据材料我们还可以看出，这些郑姓居民大都处于社会底层，他们有的是平民百姓，有的是僧人尼姑，还有的是兵士。从伯4093号《庚寅年（990或930）敦煌乡百姓郑继温贷绢契》中的“郑继温”需要借贷以及图生字25号《宋开宝（975）三月一日郑丑挞出卖宅舍地基与沈都和契》中的“郑丑挞”需要卖地才能维持日常的生活，可以看出他们的经济情况应该都不富裕。另外，莫高窟供养人题记中有关郑姓的人物也非常少。我们知道敦煌自开窟以来，

①杨际平、郭锋、张和平：《五—十世纪敦煌的家庭与家族关系》，岳麓书社，1997年，第12～13页。

家族势力就在洞窟的营造中发挥了巨大的作用，这些家族或出于家族利益，或者为了祈福，出资修建了众多供养佛像的洞窟，而这些洞窟又往往以窟主的姓氏而命名，如“阴家窟”“李家窟”“吴家窟”等。郑姓在这些洞窟中出现的比较少，也从一个侧面反映出郑姓在敦煌当地势力不是很强大，他们大多是一些寒门小户。

（本文作者为郑州航空工业管理学院人文社会科学系文学博士）

郑国文化综合研究

殷代郑国考

⊙曹定云

一、问题的提出

郑氏是我国姓氏中一支非常重要的族系。出自宋朝的《百家姓》首言:“赵钱孙李，周吴郑王”，郑氏名列前茅。2009 年，中国科学院遗传研究所的研究人员，根据各姓氏在全国拥有人口数量的多少，以社会流行的《百家姓》中选出 100 个姓氏，重新排定座次，郑氏位于第 23 位①，由此可见郑氏数量之多。这只是大陆范围内的粗略统计，尚不包括台湾和海外。

关于“郑氏”族源的研究中，几乎绝大多数的姓氏资料都会有这样的记载:“郑”，出于姬姓。周厉王封少子友于郑（今陕西华县东），建郑国。友的后代以“郑”为姓氏。周厉王的少子“友”就是郑桓公“姬友”，他是周厉王的幼子，周宣王的弟弟。公元前 806 年，被周宣王封于华县东，建立郑国。在郑桓公后期，郑国的统治中心又南移到今华县县城一带。这些看法，在一般的姓氏研究者眼中，都是“常识”了。

郑桓公所建立的“郑国”，我们称之为“姬郑”，它的建立是在西周晚期。而在此之前，即殷代的甲骨文中，就有“郑国”。殷代“郑国”，人们知之甚少。殷“郑”的后裔和子民自然也会“以国为氏”，称“郑氏”，那岂不与“姬郑”之后裔汇合了？由此，在关于“郑氏”源流的研究中，还有我们不知道的领域，还有许

①这是从互联网上看到的材料，仅作参考。

多的工作要做。“殷代郑国考”，就是我们欲做的工作之一。本文试做之，不妥之处，请方家指正。

二、殷代郑国存在的根据

“殷代郑国”这一问题的提出，可能有些研究者感到意外。其实，研究过甲骨文的学者都知道，在殷墟甲骨文中确有“郑国”。例如《甲》3404记载：“丙子卜，𡆥贞：奠姪不氏?”屈万里云：“奠，此当为地名，即郑。盖殷时已有郑国。周时之姬郑，并承袭其名也。”[①]“奠”（郑）又称“子奠”（郑）。《乙》8417记载：“庚寅卜，争贞：子奠佳令?”[②]。“子奠佳令”是卜问“子奠是否听令也”。“子奠”之“子”是表示“身份”，并非“子姓”。以上两辞都是武丁时代的卜辞。可见“郑国”在殷代早期就已经存在了。1991年，殷墟花园庄东地H3出土了一坑完整的“子卜辞”，内容极为丰富，其中就有关于“奠”（郑）的记载。现引述如下：

《花东》162（H3：515），其卜辞云[③]：

（1）戊卜：叀奠钔往妣己？一

（2）「戊」卜：叀奠钔往妣己？二

（3）岁妣庚豼？三

（4）己卜：自又二祖钔「雨」？一

述第（1）、第（2）辞均是“奠”（郑），为攘除灾祸而欲祭祀“妣己”；第（3）辞是卜问，是否欲祭祀“妣庚”？第（4）辞中的“二祖”可能是指祖乙、祖甲，“又”为祭名，是“求雨”之辞。该版的核心人物是“奠”，亦即“子奠”，是他欲祭祀“妣己”、“妣庚”和“二祖”，可见“子奠”与殷王族有非常密切的血缘关系，应该是同宗同族。

---

①屈万里：《甲编考释》，“台湾中央研究院”历史语言研究所，1961年，第433页；又见《甲古文字诂林》第三册第2690～2691所引。于省吾主编，中华书局1996年。

②《乙》，指《殷墟文字乙编》，董作宾编著，中央研究院历史语言研究所。上册，1948年10月；中册，1949年3月；下册，1956年3月。

③《花东》，指《殷墟花园庄东地甲骨》，中国社会科学院考古研究所编著，云南人民出版社，2003年。

《花东》28（H3：101＋168＋1549），其辞云：

（1）丙卜：隹亚奠乍子齿？

（2）丙卜：隹小臣乍子齿？一

（3）丙卜：隹妇好乍子齿？一

……（见右图）

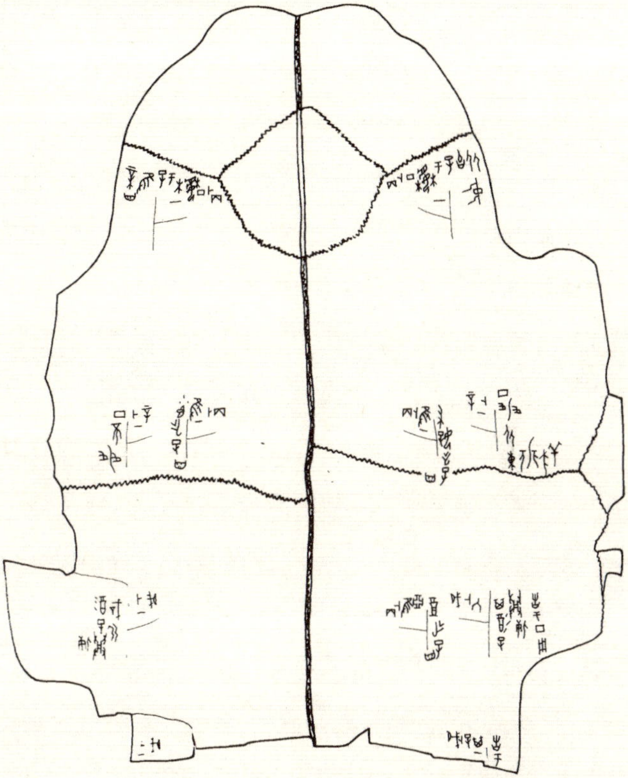

《花东》28（H3：101＋168＋1549）摹本（约为原件0.7）

此版是花东占卜主体“子”牙齿患病，卜问“奠”“小臣”“妇好”，是哪一个为他祈祷治疗？三者选其一。“妇好”是武丁之妻，这是学者所熟悉的。第（1）辞中的“奠”称“亚奠”，说明“奠”员武将。

我曾经指出：“亚既为武职官名，职官的诸侯往往在自己的私名或国名前加‘亚’字或框以亚形，以显示自己的身份。”① “亚奠”能与“妇好”一起为H3占卜主体“子”祈祷治病，可见其地位相当高。

《花东》284（H3：855＋1612），其辞云：

……

（3）戊卜：侯奠其乍子齿？一二

（4）侯奠不乍子齿？一二

①曹定云：《殷墟妇好墓铭文研究》，台湾文津出版社，1993年；又云南人民出版社再版，2003年。

该版卜辞是"奠"继续为占卜主体"子"治牙病，所不同的是，"奠"（郑）的身份是"侯"。殷周时代，爵位通常分为五等，即公、侯、伯、子、男。此版中，"奠"称"侯奠"，说明其爵位是"侯"，这与其武职身份是"亚"是相符的。

《花东》295（H3：882），其辞云：

……

（4）壬戌，奠卜：毕？子占曰：其「毕」，用。二。

该版是"奠"与占卜主体"子"一起进行"占卜"活动的卜辞，卜问狩猎活动能否有所守收获。在这里，"奠"是以卜官的身份出现的。卜官就是史官，是殷王身边的重要人物，是上天与人间相通的使者。

通过以上论述，我们看到的"子奠"（郑）是这样一位人物：他是侯，当然有自己的封地；他是一员武将，身份是"亚"；他又是一位卜官，殷王身边的通天使者。这样的人物，称之为殷王身边的重臣毫不过分。

关于《花东》卜辞时代，在《花东·前言》中定为"武丁前期"①，后来，我根据《花东》420和《花东》480中，"王"与"丁"同版、同辞之事实，既然"丁"是"武丁"，那与之同版同辞的"王"只能是"小乙"，因此，我推断花东甲骨的主体应当是小乙时代的卜辞②。我深信，这个结论能够经受起历史的检验。

由于"奠"（郑）是诸侯国，因此"奠"又作为"地名"在卜辞中出现：

……卜，㱿贞：我在奠从龚受年？	《合集》9770③
癸丑卜：王在十一月，在师奠？	《合集》24259
奠来十。	《合集》152反
奠来四，在雀。	《合集》5439反
奠来三十。	《合集》9613反

上引卜辞中，除《合集》24259为甲骨第二期卜辞外，其余均属于第一期武丁

①《花东·前言》，指《殷墟花园庄东地甲骨·前言》，中国社会科学院考古研究所编著，云南人民出版社，2003年。

②曹定云：《殷墟花东H3卜辞中的"王"是小乙——从卜辞中的人名"丁"谈起》，载《古文字研究》第二十六辑，第8页，中华书局，2006年11月。

③《合集》，指《甲骨文合集》，郭沫若主编，胡厚宣总编辑。中华书局，1982年10月。

时期卜辞。所引“在奠”“在师奠”之“奠”均为“地名”，亦即“奠国”之“奠”（郑）。“奠来十”“奠来三十”等，是“奠”（郑）国向殷王朝进贡龟板之记录。这是诸侯国向殷王朝应尽的义务。以上事实证明：“奠”（郑）是殷代实际存在的诸侯国，且在王朝任职，担任卜官，是殷王身边的重臣，不可小觑。

三、论“奠”（郑）国的族属与地望

“奠”（郑）国族属，卜辞中并无明确记载，但我们可以从相关记载中进行分析。“奠”称“子奠”，此“子”不是“姓”。有人据此认为“奠”是“子姓”，非也。殷人也不是“子姓”，而是“妃姓”，后来文献所记殷人“子姓”完全是一种“误记”，我已有文章作过详细分析①，此不重述。“奠”称“子奠”，此“子”有两个含义：一、“子”是有身份的贵族子弟的通称；二、可能是殷王之“子”。但殷墟卜辞中，每一时期卜辞称“子”者甚多，这些“子”不一定都是“殷王”之子，是否是“殷王”之子，还须进行具体分析，提供更多的证据，不能一概而论。

上举“奠”国称“子奠”，地位相当高，称“亚奠”“侯奠”，又是卜官，决非等闲之辈。最重要的是，他参与祭祀。《花东》162 辞明确记载：“叀奠卲往妣己”“岁妣庚”等，证明“奠”与殷王是同宗同族，他才有资格祭祀殷王的先祖。“神不歆非类，民不祀非族”，这在古代是非常严格的。因此，“子奠”（郑）与殷王同姓，亦即“妃姓”。

关于殷代“奠”（郑）国地望，并无直接的卜辞记载能够确指，我们只能根据文献和相关记载作一些分析。“奠”既是“国名”，又是“地名”，它不会在历史的长河中突然消失，而是保存并流传下来，成为我们寻找的依据。古有“郑城”，即今陕西华县境。屈万里先生在《甲编·考释》（第 3404 片）中云：“奠，已见 3007 片。此当为地名，即郑。盖殷时已有郑国，周时之姬郑，盖承袭其名也。日本白川

---

①曹定云：《殷人“妃”姓辩——兼论文献“子”姓来由及相关问题》，载《花园庄东地甲骨论丛》，台湾圣环图书股份有限公司出版，2006 年 7 月。

静氏《殷代雄族考》（甲骨金文学论丛五集）文中，曾详论之。”①

屈氏之论很有道理。姬郑之封的“奠”（郑），应是承袭殷代的“地名”而封。周宣王即位后的第22年，即公元前806年，分封少弟友于槿林（今陕西华县东）为郑伯，建立郑国。姬友就是郑国首位国君郑桓公。郑国首封之地，应该是殷时之地名，可见殷时之“奠”（郑），应在今陕西华县一带。这不足为奇。考古资料证实：在商代晚期，陕西关中

东部存在着“老牛坡类型商文化”，其代表性遗存是西安老牛坡和袁家崖遗址。此外还有渭南姜河村遗址和南堡遗址、蓝田黄沟遗址等。……从文化面貌看，老牛坡类型是殷墟类型晚商文化相距最远的一个地方类型②。因此，在商代晚期，殷人的实力已经深入到关中地区，这有充分的考古材料作依据。殷王朝将“奠”（郑）国封于此，显然是为了巩固殷王朝西边边陲，此乃“亚奠”之重任也。至于姬郑后来东迁“新郑”，那是以后的事，与殷时之“奠”（郑）无涉。

四、殷时“奠”（郑）国去向

殷时“奠”（郑）存在的时间很早，从《花东》卜辞中可以看出，至少在小乙时代就已经存在了。在武丁时期，更是王朝重臣。在整个殷王朝时期内，“奠”（郑）国都是殷王朝西境重要的防御力量，守护着西陲的安宁。下面卜辞可以作为证明：

癸丑卜：王在十一月，在师奠？　　《合集》24259

……，在奠卜。　　《合集》29812

甲寅卜，在𢀛贞：今……王步于奠，无災？　　《合集》36752

上引卜辞分别属于甲骨文的第2、3、5期。可见，在整个殷王朝时期内，“奠”（郑）国都是殷王朝的重要诸侯国，是殷王朝的中坚力量。但随着周武王伐纣，殷王朝大厦倾覆，殷人大多变成了“种族奴隶”，被分别赐予西周各王公贵族及有功

①屈万里：《甲编考释》，台湾“中央研究院”历史语言研究所，1961年，第433页，又见《甲古文字诂林》第三册第2690~2691所引。于省吾主编，中华书局出版，1996年5月。

②中国社会科学院考古研究所：《中国考古学·夏商卷》，中国社会科学出版社，2003年，第219页。

之臣。例如武王弟康叔建立卫国，分到殷民七族，即陶氏、施氏、繁氏、锜氏、樊氏、饥氏、终葵氏。周公长子伯禽封到“奄国”之地，建立“鲁国”，分到殷民六族，即徐氏、条氏、萧氏、索氏、长勺氏、尾勺氏等①。商朝灭亡后，“奠”国（郑氏）被赐予姜太公少子井叔，并将“郑氏”从华县迁往陕西凤翔，史称“西郑”。这部分殷遗“郑氏”先民，亡国后，附于“奠井叔”（姜郑）之下，实际上保留了“郑氏”，这是殷遗“郑氏”之大幸。后来周穆王夺西郑为下都，“姜郑”灭亡。国人以“国”为“氏”，称“奠井氏”，亦称“郑氏”。由此可知，在这部分“郑氏”中，既有“姜郑”，也有殷遗之“郑”。殷遗之“郑”融入了“姜郑”之中。历史就是如此“复杂”，我们不可不察。有关“姜奠（郑）”情况，笔者将会另文阐述。

（本文作者为北京师范大学历史文化学院特聘教授、中国社会科学院考古研究所研究员）

①郭沫若主编：《中国史稿》（第一册），人民出版社，1976年7月，第224页。

郑地与郑国考原

⊙李立新

郑姓是中华大姓，系以国为姓，然而最早的郑地因何而来？最早的郑国到底建于何时何地，由于甲骨文的发现，传统文献的记载被颠覆了。

一、郑国与新郑

关于郑姓由来，文献一般认为，西周末年，公元前806年，周宣王封其弟友于郑（今陕西华县东），是为郑桓公，建立了西周最后一个诸侯国。周幽王时，郑桓公任周朝司徒，他看到朝政日非，大厦将倾，就听从太史伯的建议，于公元前772年把家眷和财物安置在虢、郐之间，史称“虢郐寄孥”。后桓公死于“犬戎之乱”，其子掘突袭位，是为郑武公。武公护送平王东迁洛阳，趁机灭虢、郐，建立新的郑国，是为新郑。郑国在春秋初年曾为强国，公元前375年为韩所灭，子孙分散，以国为氏。郑姓到南北朝隋唐时，形成北方“崔、卢、李、郑”四大望族之一。后来由于中原战乱而不断南迁，成为中国南方八大姓之一，在台湾、暹罗（今泰国）、交趾（今越南）、南诏等地都建立过政权。

据《国语·郑语》载：“桓公为司徒，甚得周众与东土之人，问于史伯曰：‘王室多故，余惧及焉，其何所可以逃死？’史伯对曰：‘王室将卑，戎、狄必昌，不可偪也。当成周者，南有荆蛮、申、吕、应、邓、陈、蔡、随、唐；北有卫、燕、狄、鲜虞、潞、洛、泉、徐、蒲；西有虞、虢、晋、隗、霍、杨、魏、芮；东有齐、鲁、曹、宋、滕、薛、邹、莒。是非王之支子母弟甥舅也，则皆蛮、荆、戎、狄之人也。非亲则顽，不可入也。其济、洛、河、颍之间乎！是其子男之国，虢、郐为大，虢叔恃势，郐仲恃险，是皆有骄侈怠慢之心，而加之以贪冒。君若以周难之故，寄孥与贿焉，不敢不许。周乱而弊，是骄而贪，必将背君，君若以成周之众，奉辞伐罪，无不克矣。若克二邑，邬、弊、补、舟、依、?、历、华，君之土也。若前华后河，右洛左济，主芣、騩而食溱、洧，修典刑以守之，是可以少固。'……公说，乃东寄孥与贿，虢、郐受之，十邑皆有寄地。"此后，文献中关于郑国、郑地、郑姓的来龙去脉均本于此条文献。

《左传·隐公十一年》载郑庄公语："吾先君新邑于此。"杜预注："此，今河南新郑。"《国语·郑语》韦昭注曰："后桓公之子武公，竟取十邑之地而居之，今河南新郑是也。"《春秋氏族谱》："郑，姬姓，周厉王子宣王母弟桓公友之后也。宣王封友于郑，今京兆郑县。及幽王无道，友迁其民于虢、郐，虢、郐之君分其地，遂国焉。今河南新郑县是也。"《元和郡县图志》载："新郑县，本有熊之墟，又为祝融之墟。于周为郑武公之国都，韩哀侯灭郑，自平阳徙都之。"《读书方舆纪要》曰："新郑，故有熊地，黄帝都焉。周封黄帝后于此，为郐国。春秋时为郑国，曰新郑，以别于京兆之郑也。"《汉书·地理志》京兆尹郑县条下，颜师古注引应劭曰："宣王母弟友所封也。其子与平王东迁，更称新郑。"朱熹《诗集传》亦云："郑本在西周咸林之地，武公得虢、郐之地，始徙其封而施旧号于新邑，故曰新郑。"

《元和姓纂》卷九"郑氏"："周厉王少子受封于郑，是为桓公，在畿内，今华州郑县是也。威公生武公，与晋文侯夹辅周室。平王东迁于洛，郑徙溱、洧之间，谓之新郑。传十三代，至幽公，为韩所灭。子孙播迁陈、宋，以国为氏。"《新唐书·宰相世系表》："郑氏出自姬姓，周厉王少子友封于郑，是为桓公，其地华州郑县是也。生武公，与晋文侯夹辅平王，东迁于洛，徙溱、洧之间，谓之新郑，其地河南新郑是也。十三世孙幽公为韩所灭，子孙播迁陈、宋之间，以国为氏。"《通志·氏族略·以国为氏》："郑氏，周厉王之少子，宣王之母弟桓公友之后也。桓公初受封于郑，在周之畿内，今华州郑县是也。封三十三岁，为周大司徒。当幽王时，桓公问于太史伯曰：'王室多故，吾安逃死乎？'对曰：'独洛之东土，河、济之南可居，地近虢、郐，其君贪而好利。今君为司徒，民皆爱公，公诚居之，虢、郐之民，皆君之民也。’桓公从之。后幽王有犬戎之祸，桓公死难。其子武公从平王东迁，卒有虢、郐之地，号为新郑，今之郑州也。至幽公，韩武子伐郑，杀幽公。子孙播迁陈、宋之间，以国为氏。”

上述文献论及郑国与郑姓渊源，几乎众口一词：郑武公随平王东迁，兼并虢、郐之地而建新邑，为了区别于关中郑桓公所建旧都而称新郑，郑姓因新郑为韩所灭而以国为氏。然而，根据古本《竹书纪年》记载，在西周末年郑桓公被封国之前，早有“郑父之丘”存在，而且甲骨文中早有郑地、郑国的记载，传统文献的记载值得怀疑。

何光岳认为：郑国原为商王武丁之子子奠的封国，是为“北郑”；周封姜姓井叔于郑，是为“西郑”；周宣王封弟友于“南郑”，是为郑桓公；郑桓公从南郑东迁虢、郐之间，是为“东郑”，“新郑”之名非因郑桓公东迁而得名，而是因韩而起：“因韩曾迁都于郑，又叫新郑。”① 而马世之则认为“新郑”之名起于秦：“‘新郑’一名，最早见于《史记·秦始皇本纪》，秦王政二十一年，‘新郑反’。由此可知，自郑国东迁至韩国灭亡，郑韩故城仅只称郑。公元前230年，秦灭韩后，为了有别于秦在京兆所设的郑县，才把此地改为‘新郑’。”② 马世之的观点值得信从。

二、“郑”字溯源

“郑”字最早出现于春秋晚期。1966年河南洛阳市西工区出土的《哀成叔鼎》（见图一），现存洛阳市博物馆，腹内壁有铭文8行54字。作器者名嘉，自称为郑国人，自幼离开父母之邦，铸此鼎为祭祀哀成叔，并表示忠于康公。③ 有学者认为此器属于战国中期，④ 而李学勤和蔡运章根据哀成叔墓出土物与《洛阳中州路》（考古研究所编，1959年）所刊文物比类研究并结合铭文考证，认定此鼎属于春秋

---

① 何光岳：《周源流史》之第四十二章《郑国的来源和迁徙》，江西教育出版社，1997年，第894页。

② 马世之：《中原古国历史与文化》之第二十三节《郑》，大象出版社，1998年，第231页。

③ 洛阳市博物馆：《洛阳哀成叔墓清理简报》，《文物》1981年第7期。

④ 赵振华：《哀成叔鼎的铭文与年代》，《文物》1981年第7期。

晚期。[1] 此郑字作“”，从“𩫏”、从“奠”，清段玉裁《说文解字注》说：𩫏，即今之“郭”字，亦即“廓”字。从“回”，像城郭之重。内城外郭，两亭相对也。“𩫏”与“邑”意思相近，均为城邑之意，所以“郑”字从“𩫏”和从邑可以相通。

真正从奠、从邑的“鄭”字出现于战国时期，迄今发现的铜器铭文中仅两见，一是1959年出土于湖南长沙柳家大山11号墓的“郑左库戈”，另一件是1971年出土于河南新郑县白庙范村窖藏的“郑右库戈”。[2]

图一　哀成叔鼎铭文

然而在两周的金文中，已有大量作为国名、地名的“郑”字出现，只是大多是以“奠”字的形态存在着。如西周晚期的《奠（鄭）井叔钟》[3]，春秋早期的《奠（鄭）叔擭父鬲》《奠（郑）井叔擭父鬲》，春秋早期的《奠（鄭）登伯鬲》，春秋早期《奠（鄭）羌伯鬲》，西周晚期《奠（鄭）铸友父鬲》，西周晚期《奠（鄭）伯荀父鬲》，春秋早期的《奠（鄭）师原父鬲》[4]，西周晚期的《奠（鄭）荀父甗》《奠（鄭）井叔甗》、西周晚期的《奠（鄭）大师小子甗》、春秋早期的《奠（鄭）氏伯高父甗》[5]，春秋早期的《奠（鄭）子石鼎》《奠（鄭）虢仲鼎》、西周晚期的《奠

① 李学勤：《考古发现与东周王都》，先秦历史学会第一届年会论文，油印本；蔡运章：《哀成叔铭文考释》，《中原文物》1985年第4期。

② 中国社会科学院考古研究所编：《殷周金文集成释文》第10994、10995号，香港中文大学出版社，2001年，第360页。

③ 中国社会科学院考古研究所编：《殷周金文集成释文》第21、22号，香港中文大学出版社，2001年，第10页。

④ 中国社会科学院考古研究所编：《殷周金文集成释文》第579、580、581、597、598、599、660、684、730、731、742号，香港中文大学出版社，2001年，第一卷，第494、498、516、527、551页。

⑤ 中国社会科学院考古研究所编：《殷周金文集成释文》第925、926、937、938号，香港中文大学出版社，2001年，第一卷，第587、591页。

（鄭）姜伯鼎》[1]，战国时期的《奠（鄭）武库戈》[2]。内含作为国名、氏名的“奠（鄭）”字铭文的青铜器有钟、鬲、鼎、甗、簋、盨、壶、盘、匜、戈等器形，时代大都集中于西周晚期和春秋初期。

在殷商甲骨卜辞中，同样有作为地名、国名的“奠（鄭）”字。“奠”字，《说文解字》云：“奠，置祭也。从酋；酋，酒也。下其丌也。《礼》有奠祭者。”许慎释解“奠”字是置酒食而祭，上像酒器，下像置放酒食的几案。甲骨文中“奠”字从“酋”、从“一”，许慎的解释是正确的。“奠”在卜辞中有三种意思：一为地名，如：“在奠卜……”；（《合集》29812）二为人名，如：“庚寅卜，争贞：子奠隹令。”（《合集》3195甲）三为祭名，如：“贞：奠于丘断。”（《合集》780）

作为地名的“奠”字，王襄最早“疑即《周礼·地官》‘四丘为甸’甸之假字”[3]。董作宾对此予以进一步申论，称（奠）“卜辞中亦多假为郊外之甸”[4]。陈梦家在《殷墟卜辞综述》第八章《方国地理》中更有详尽论述：根据卜辞“邛方征于我奠”，“方征于我示”与“邛方征于我东鄙”是同文例的，所以奠、示、鄙都指区域，卜辞有“我奠受年”，则奠当在殷王国范围之内，疑即郊甸之甸。《周语》上祭公谋文曰：“先王之制，邦内甸服”，《左传·襄十五年》襄王曰：“昔我先王之有天下也，规方千里以为甸服。”《王制》：“千里之内为奠。”他还认为卜辞中的西奠、南奠、北奠指各方之甸，“我奠受年”指殷王国的郊甸之受年。[5]裘锡圭则比勘《周礼·夏礼·职方》的九服说和《国语·周语上》与《尚书·禹贡》的五服说，认为文献中“甸”字应该有所区分，不能一概而论：“有的学者认为甲骨、金文里的有些‘奠’字应该读为畿甸之‘甸’。那么，五服说的‘甸’跟九服

---

① 中国社会科学院考古研究所编：《殷周金文集成释文》第2421、2598、2467号，香港中文大学出版社，2001年，第二卷，第225、281、239页。

② 中国社会科学院考古研究所编：《殷周金文集成释文》第10990、10991号，香港中文大学出版社，2001年，第六卷，第359页。

③ 王襄：《簠室殷契征文（附考释）》之《地望》，天津河北第一博物院出版，1925年，第5页下。

④ 董作宾：《殷历谱》下编卷九，中央研究院历史语言研究所，1943年，第38页下。

⑤ 陈梦家：《殷墟卜辞综述》，科学出版社，1957年，第324页。

说的‘甸’，也许本来并不是一个词。”[①] 他在另一篇专门讨论“奠”字的文章中，通过分析大量卜辞辞例，认为甲骨文“奠”字的意思为放置酒尊以致祭，引申为“对人的安置”。并被进一步引申为被奠者和奠人之地。“商王往往将被商人战败的国族或其他臣服国族的一部或全部，奠置在他所控制的地区内。这种人便称为奠，奠置他们的地方也可以称为奠。奠的分布是分散的，并不存在一个围绕在商都四郊之外的称为奠的地带。被奠者一般居于鄙野，其居邑没有可资防守的城墙。被奠者内部一般仍保持原来的组织。他们要在被奠之地为商王耕作、畜牧，有时还要外出执行军事方面的任务，此外似乎还要满足商王对臣妾等的需求。”[②] 韦心滢[③]赞同并引述此说，孙亚冰等进一步认为：“置‘奠’是一种实力扩张的手段，在势力比较稳固的征服地进行垦田，形成一定基础之后进行置奠，置奠之后，土地所属权名义上仍归诸侯所有，但实质的治理已转为商人，因此奠又有‘定’的意思。置奠之后该处形成一个向周围辐射、扩展势力的基地。因此置奠也有一个由近及远的过程。”“‘奠’的性质主要是王畿扩展的初级阶段，置奠必须有足够的军事实力作为保障，商人的置奠基本上是由近及远逐步进行的。置奠之后在这个区域范围内由商王朝派人直接管理，这是它和单纯的附属国族最大的区别。”[④] 郑杰祥认为：“奠与郑原本当为一字，以后主祭奠神祖者以职官为氏就成为奠氏族，奠氏所居住的地方就称作为奠地，为和正常的奠祭神祖的奠字相区别，奠族、奠地就又称作为郑氏、郑地。”[⑤]

总之，甲骨文“奠”字本义为放置酒尊以祭祀，引申为“对人的安置”，是商人处置归附者的一种方法，并被进一步引申为安置人的地方，从而出现了很多以奠

---

① 裘锡圭：《甲骨卜辞中所见的“田”“牧”“卫”等职官的研究——兼论“侯”“甸”“男”“卫”等几种诸侯的起源》，载《裘锡圭学术文集·第五卷·古代历史、思想、民俗卷》，复旦大学出版社，第153～168页。原载《文史》第十九辑，中华书局，1983年。

② 裘锡圭：《说卜辞中的“奠”——试论商人处置服属者的一种方法》，载《裘锡圭学术文集·第五卷·古代历史、思想、民俗卷》，复旦大学出版社，第169～192页。原载《历史语言研究所集刊》六十四本三分，1993年。

③ 韦心滢：《殷代商王国政治地理结构研究》，上海古籍出版社，2013年，第159、279页。

④ 孙亚冰、林欢：《商代地理与方国》，中国社会科学出版社，2010年，第55～57页。

⑤ 郑杰祥：《商代地理概论》，中州古籍出版社，1994年，第256页。

为名的地方，最早的“郑”地便由此而生。然而，甲骨文中奠（即郑）地的具体地望在哪里呢？

三、最早的郑地与郑国

《水经·洧水注》引《竹书纪年》曰：“晋文公二年，周惠王子多父伐郐，克之，乃居郑父之丘，名之曰郑，是曰桓公。”郦道元《水经注》引《汉书》薛瓒注：“周自穆王以下都于西郑，不得以封桓公也。幽王既败，国于郑父之丘，是为郑桓公。”① 丁山对这两条资料相当重视，他说：“薛瓒所谓‘穆王以下都西郑’是根据《竹书纪年》立说，绝非无本之谈。就史料本身价值看，《纪年》是不曾经过秦火和汉儒粉饰的原料，其所纪两周事迹比较《史》《汉》所传述者可信的程度多得多。”② 说明早在周宣王封弟友于今陕西华县之前，就有郑父之丘，郑桓公最初的封地在“郑父之丘”，春秋郑国的得名，可上溯于郑父之丘。

丁山最早对甲骨文中“奠”字予以考证，出版于1956年的《甲骨文所见氏族及其制度》一书，其中包含《殷商氏族方国志》，是其作于1947年，修订于1948年的遗著，书中专列《郑氏·眉·微子国》一节，对甲骨文中的郑氏、郑侯、郑地进行了精深的考证，他认为：甲骨文中的“奠”即为“郑”，“奠氏”当即后世所称的郑氏。侯奠即亚奠，奠盖是畿内的诸侯，故有时称为子奠。子奠即王子奠的省称，其为武丁之子，抑小乙之子。郑桓公初封之地不在关中而在《竹书纪年》所说的“郑父之丘”，正因为商朝的王子居此得名，在商一称南郑，在周则称东郑，地近鄘地。③ 鄘，周朝国名，在今河南汲县北、新乡西北一带。

屈万里认为甲骨文中的“奠”即“郑”，并认为商代已有郑国，周代的姬姓郑国承袭其名。《殷墟文字甲编》3404记载：“丙子卜，㱿贞：奠娅不氏？”屈万里释

---

① 薛瓒或称傅瓒，为西晋学者。他在汉末以来服虔、应劭、晋灼等十余家《汉书》研究成果的基础上，集前人之大成，多据《汲冢古文》以驳前说之误，附以己见，撰成《汉书集解音义》二十四卷。为后人研读《汉书》的重要参考资料，唐初颜师古为《汉书》作注，即大量以臣瓒《集解音义》为据。《集解音义》原书今已不传。

② 丁山：《甲骨文所见氏族及其制度》，科学出版社，1956年，第88页。

③ 丁山：《甲骨文所见氏族及其制度》，科学出版社，1956年，第87～89页。

云："奠，此当为地名，即郑。盖殷时已有郑国。周时之姬郑，并承袭其名也。"① 并旁引《殷墟文字乙编》4736："辛卯卜，曳：勿乎取奠女子?"又云："辛卯卜，曳：乎取奠女子?"又4737片亦云："有乎取奠女子"等辞例以证其说。

李雪山根据卜辞辞例，提出甲骨文中的"奠"有四方面内容：一是郑有自己的封域；二是商和郑之间有婚姻关系；三是卜辞有郑纳贡的纪录；四是卜辞有郑向商王报告敌情的占问。认为郑确系商王的册封之国，爵称为"子"。"子郑"之境土应即春秋时期郑国所在地，也就是今天河南省的新郑，乃商本土的南部诸侯。② 这一观点应该可以成立。

郑杰祥根据甲骨文"奠"字和雀、香、擒、羌、京等地的同版联系关系，又参考历年在新郑市境内发现的望京楼、小庄王、二里岗、下申河、郭砦、马垌等多处商代文化遗址和新郑市南发现的西周贵族墓地，认为"远在商周时期，今新郑县境已有独立的方国存在，这些方国当与《竹书纪年》所记'郑父之丘'有着密切的关系。"③

综上所述：郑地、郑国、郑姓之"郑"来源于甲骨文中的"奠"字，其本义是置酒以祭，后引申为安置被商王战败并臣服的国族，被安置的国族被称为奠（郑）人，被安置的地方称为奠（郑）地。这些被安置的国族在商代形成子爵郑国，其地望位于今河南新郑，即《竹书纪年》所记载的"郑父之丘"，亦为郑桓公的初封之地，这是郑地和郑国的由来。"新郑"非得名于春秋初年郑武公所建新邑，而是秦为了有别于在京兆所设的郑县而另名新郑。"郑"字最早出现在春秋末年，最初的"郑"字从"奠"、从"䢼"，从"奠"、从"邑"的"鄭"字出现于战国时期。而且在整个先秦时期，"郑"多是以"奠"的形态大量存在着的。

（本文作者为河南省社会科学院中原文化研究所副所长、研究员）

① 屈万里：《殷墟文字甲编考释》，台湾"中央研究院"历史语言研究所，1961年，第433页。
② 李雪山：《商代分封制度研究》，中国社会科学出版社，2004年，第163～164页。
③ 郑杰祥：《商代地理概论》，中州古籍出版社，1994年，第225～260页。

商周时期的郑国

⊙徐义华

一、商代的郑国

甲骨文中有“奠”字，有时用作地名，即是郑。

在甲骨文中“奠”字有多种用法，其中最常见的用法有两种，一种用来表示安置族群①，意思是将某个族群迁于某地并安置下来：

其奠危方，其祝至于大乙，于之若。　《屯南》3001

……奠望人于并。　《合集》4551

辛丑，贞，王令□奠子方于并。　《合集》32107

奠是商代处置外来人口或重新配置内部资源的重要方式，用这种方式安置的族群很多，既包括俘虏或归附的外族，也包括商本族的人民，所以许多地方都有奠，某奠也演化为代指某地的地名：

癸卯卜，宾，贞令𦎫𥿋在京奠。

贞勿令𦎫𥿋才（在）京奠。六月。　《合集》6

贞勿于宜奠。　《合集》2137

贞于冉奠。　《合集》24409

癸丑卜，王。在）十一月。在𠂤奠。　《合集》24459

①裘锡圭：《说殷墟卜辞的“奠”》，《中央研究院历史语言研究所集刊》第六十四本三分，1993年版。

上文中的京奠、宜奠、宜奠、冉奠、𠂤奠即是分别在京、宜、冉、𠂤设立的安置迁来族群的奠，有的奠则以方位称呼：

贞勿在南奠。　　《合集》7884

辛亥卜，争，贞共众人立大史，于西奠叟…月。　　《东大》124

乙卯，贞[illegible]以人（于）北奠。　　《合集》32275

由于有许多奠，所以这些奠有时候会合称为多奠：

□申卜，□，贞呼往多奠…　　《补编》13259 正

丙午卜，宾，贞呼省牛于多奠。

贞勿呼省牛于多奠。　　《合集》11177

癸酉卜，㱿，贞令多奠庇迩𦎫。　　《合集》6493

也有时候称为我奠：

贞我奠受年。　　《合集》9767

癸未卜，永贞旬亡尤。七日己丑长友化呼告曰：“工方围于我奠、丰。”七月。《合集》6068 正

我们看到，奠为商王朝安置族群的方法，有些安置之地也以某奠相称，某奠随之成为地名。

奠字的另一种重要用法是用作人名或地名。我们首先看作用人名的例子：

庚寅卜，争，贞子奠隹令。　　《合集》3195 甲

癸卯卜，亚奠贞。子占曰：“叺用。”

癸卯卜，亚奠贞。子占曰：“终卜用。”　　《花东》61

戊戌：叀亚奠戠，弜告。　　《花东》260

甲寅卜…王呼…以侯奠来。六月。　　《合集》3351

贞勿曰侯奠。　　《合集》3352

贞勿曰侯奠。　　《东大》191

我们看到上述文中有子奠、亚奠和侯奠，学者认为用作地名或人名的奠通郑，即上述三名也就是子郑、亚郑和侯郑。三人是否是同一人很难确定，但同属于郑族当是正确的。从甲骨文可以看到，郑与王朝关系比较密切，经常参与王朝的活动：

奠入十。 《合集》150 反

奠入二。 《合集》1531 乙反

奠入五十。 《合集》9177 反

奠入二十。 《合集》9287 反

奠来二十。 《合集》9613 反

即是奠（郑）进贡占卜用的甲骨。有时商王会向郑地征收财富：

共奠臣。 《合集》635 反

贞共牛于奠。 《合集》8936

贞奠以。 《合集》9080

上述卜辞是奠（郑）向商王进贡臣、牛或其他物品的记录。商王有时会向郑征取女子：

辛卯卜，争，勿呼取奠女子。

辛卯卜，争，呼取奠女子。

呼取奠女子。 《合集》536

在本条卜辞中，“取”字的意义非常关键。有学者认为其意为“娶”，即是商王娶郑女，古代同姓不婚，那么郑即不可能属于商王的宗族。但“取”也可能只是征取人口，并无娶之意，卜辞中大量取字都是自取之意，能够确定为娶意的基本没有。另外，从郑参加的祭祀活动看，郑与商王应该有着血缘关系：

戊卜：叀奠御往匕妣己。

戊卜：叀奠御往匕妣己。 《花东》162

此条卜辞记载郑御祭妣己，是郑参与祭祀花东甲骨的主人子的祖先，则郑与子必然有紧密的血缘关系。另外，我们还看到亚郑、侯郑死后还可以致祸于子：

丙卜：隹亚奠乍子齿。 《花东》28

戊卜：侯奠其乍子齿。

戊卜：侯奠不乍子齿。 《花东》284

从相关研究看，商人认为祖先有作祸于生人的权能，而作祸于生人的一般是被祸者的祖先，这也说明郑与子应该是同族。

我们看到郑受到商王朝的重用，曾参与多种王朝事务，郑曾作为卜人参加占卜：

癸卯卜，亚奠，贞子占曰："叺用。"

癸卯卜，亚奠贞。子占曰："终卜用。" 《花东》61

壬戌，奠卜，擒。子占曰：其一鹿。用。 《花东》295

是亚郑以卜人的身份参与了这次占卜，占断的工作则由子完成，体现了两者之间有不一般的关系。郑参与征收甲骨的工作：

奠气（乞）自… 《合集》40234

是郑到某地征收甲骨的记录。郑还参与甲骨的整治工作：

奠示十屯一。永。 《合集》6527 臼

奠示…屯。争。 《合集》6446 臼

奠示十屯一。 《合集》18654 臼

参与甲骨整治的大多为妇、子等王朝宫廷人员，这也说明郑与商王的关系不会太远。郑也参与其他政务：

贞呼比奠取钮、逶、鄙三邑？ 《合集》7074

是命郑征取钮、逶、鄙三个邑。郑还参与追捕逃犯的事务：

贞奠不其得。

贞奠得。 《合集》4838

贞奠不其得。 《合集》4839

是卜问郑是否能够抓获逃跑的犯人。郑受到商朝朝廷和贵族的关注：

贞奠不死。 《花东》186

是卜问的健康和生死。

由上可见郑族很可能是商王的同族，在朝廷中担任重要的职务。

同时，我们也看到郑族首领很可能也因为犯错受到处罚：

乙酉卜，㱿，贞刖奠。 《合集》6002 正

郑作为商王朝重要的一族，一定会有自己的封地。但是，由于用作地名的奠（郑）很容易与安置迁族的奠混淆，所以甲骨文中许多名奠的地方，很难确定到底

是奠（郑）族之地，还是安置移民的奠地。因此，我们只能略作引用：

贞今日勿步于奠。　　《合集》7876

□丑卜，行，贞……在奠。　　《合集》24258

在奠卜。　　《合集》29812

辛亥卜，在铜，贞今日王步于阠，亡灾。

甲寅卜，在阠，贞今日王步于奠，无灾。　　《合集》36752

丙辰卜，在奠，贞今日王步郲，无灾。　　《合集》36772

以上述卜辞中的地名单称奠，很可能即是指商代的郑地。至于郑的具体地望，学界有三种观点。一种观点认为郑在今郑州一带①，商代郑族原居于此。另一种观点认为在今陕西华县西北②，是郑桓公的始封地，《汉书·地理志》："郑，周宣王弟郑桓公邑。"《括地志》谓："郑故城在华州郑县西北三里。"还有一种观点认为，商代郑地在今河南新郑③，是春秋时期的郑国所在地。

从卜辞中郑的身份和活动看，郑与商王朝联系紧密，商王也常到郑地活动，郑地应该与安阳相去不远，所以商代郑国在今郑州或新郑一带最为合理。由于新郑是春秋郑国迁都于此之后才得名，所以新郑之郑不是原地的故称，而是郑人迁来后带过来的名称。因此，商代郑国应该在今郑州一带。至于华县郑地的名称，很可能是商之郑族有一部分迁到此，所以命名其地为郑，也可能是周人灭商后迁徙一部分郑族人口到此而得名为郑。

综上所述，商代存在一个与商王同族的子姓郑国，在今郑州一带。在商代或西周初年郑族全体或一部分迁徙到今陕西华县一带，华县也出现了郑的地名。

二、周代的郑国

周代的情况比较复杂，周代至少曾经存在过三个郑地，一个是陕西华县一带的

---

①陈槃：《春秋大事表列国爵姓及存灭表譔异》，上海古籍出版社2009年，第80页。

②胡厚宣：《殷代封建制度考》，《甲骨学商史论丛初集》，河北教育出版社2002年版；彭邦炯《甲骨文农业资料考辨与研究》，吉林文史出版社1997年，第583页。

③李雪山：《商代分封制度研究》，中国社会科学出版社2004年，第165页。

殷遗民的子姓郑地，一个是关中西北部的姜姓郑地，还有一个是西周末年宣王分封的姬姓郑地。

周灭商后，迁徙大殷遗民至周王畿地区，白川静认为“殷之遗民，亦不在洛阳一地，盖移往宗周者亦伙”。[①] 被迁置于西周畿的殷遗是经过精心挑选的，关中大量殷遗都有高规格的铜器，说明他们的地位很高。许倬云认为“大约庶殷之西移……不外乎以东方旧殷儁彦放在周人王室耳目可见处，一则强干弱枝，安东方的反侧；二则也借重殷文化孕育的人材，为新王朝服务”[②]。迁置于西周王畿的殷遗就有商王亲族的郑（奠）族，许倬云认为这是因为“克殷之后，郑人中有一部分当在西迁之列，地名随着迁徙的人群而在陕西有名为奠的地点”。[③] 郑族被迁置于关中地区，其中一部分人很可能被安置在今华县。关于这一点，西周穆王时期的铜器宜侯夨簋可以提供一些旁证：

隹四月。辰在丁未。〔王〕省珷王。成王伐商图。徃省东或图。王立于宜。入土。南乡。王令虞侯夨曰。迁于宜。易豊鬯一卣。商瓒一〔𢦏。〕彤弓一。彤矢百。旅弓十。旅矢千。易土。厥川三百□。厥□〔百又〕□。厥宅邑卅又五。□百又四十。易才宜王人十又七生。易奠七白。厥卢□又五十夫。易宜庶人六百又□六夫宜侯夨扬王休。乍虞公父丁尊彝。　　《集成》4320

铭文中称“赐郑七伯”，即把郑氏七族赐给宜侯夨（原为虞侯夨）。宜侯原封地在虞，虞地在今晋南夏县和平陆一带，与华县相去不远，所以周王才可以把郑氏七族赐给邻近的虞侯夨并随之迁徙到宜。

另外，关中还存在一个姜姓的郑国。西周金文中有盘，其铭文为：

隹廿又八年五月既望庚寅，王才周康穆宫。旦，王各大室，即立。宰頵右入门，立中廷，北乡。史黹受王令书。王乎史減册易玄衣黹屯、赤市、朱黄、旗、攸勒、戈：琱戒歓必彤沙。拜稽首，敢对扬天子不显叚休命。用乍朕皇考奠（郑）白、奠姬（郑）宝般。其万年子子孙孙永宝用。　　《集成》10172

①白川静：《甲骨文金文学论丛五·殷代雄族考》油印本。
②许倬云：《西周史》，第117页，三联书店1994年。
③许倬云：《西周史》，第117页，三联书店，1994年。

（《集成》2819鼎同铭）

铭文中称自己的父母为郑伯、郑姬，这说明郑伯的妻子来自姬姓。西周执行的同姓不婚制度，郑伯娶的妻子为姬姓，那么郑伯肯定不是姬姓。时代相近的铜器还有夨王簋，其铭文为：

夨王作奠（郑）姜奠彝。子子孙孙其万年永宝用。　《集成》3871

此铭文中夨王作郑姜彝器，说明西周时期存在一个姜姓的郑国[1]。姜姓的郑国为了区别于另外的郑国，有时会注明自己的姓：

奠姜白乍宝鼎。子子孙其永宝用。　《集成》2467

奠姜白乍季姜宝也。用。　《集成》10204

李峰即认为这是姜姓郑伯为了表明与其他郑国的区别而加称郑姜伯[2]。

第三个即周宣王所封的姬姓郑国，《史记·郑世家》："宣王立二十二年，友初封于郑。封三十三岁，百姓皆便爱之，幽王以为司徒。"《毛诗·郑谱》："宣王封母弟友于宗畿内咸林之地，是为郑桓公，今京兆县是其都也。"即周宣王将其弟弟王子友封在了原为安置殷遗民的郑地，即今陕西华县。

从金文文献看，华县的郑地一带是多种势力交汇的地区，我们看到除殷遗民外，还有其他族居住于此：

奠井叔康乍旅盨。子子孙孙其永宝用。　《集成》4400

奠井叔乍龠钟。用妥宾。　《集成》21

奠虢仲悆戕用乍皇且文考宝鼎。子子孙永宝用。　《集成》2599

隹十又一月。既生霸庚戌。奠虢仲乍宝彝。子子孙孙彶永用。《集成》4024

井氏、虢氏在郑地也有分布，这说明郑地族群比较复杂，这使得郑桓公必须采取灵活的方式处理其与各族的关系。史实证明郑桓公与郑殷遗民相处得十分融洽，"封三十三岁，百姓皆便爱之。幽王以为司徒。各集周民，周民皆悦，河洛之间，

---

①陈槃：《春秋大事表列国爵姓及存灭譔表》，上海古籍出版社2009年，第88页；李峰：《西周金文中的郑地和郑国东迁》，《文物》2006年第9期。

②李峰：《西周金文中的郑地和郑国东迁》，《文物》2006年第9期。

人使思之”[①]。

郑地的得名是从殷遗民而来，所以当地所居之民应该以殷遗民为多，所以郑桓公特别注重处理与殷遗民的关系，尤其是处理好与殷遗民中的富有阶层的关系，“桓公与商人皆出自周，庸次比耦以艾杀此地，斩之蓬、蒿、藜、藋而共之。世有盟誓，以相信也，曰：‘尔无我叛；我无强或匄夺，尔有利市宝贿，我勿与知。”[②]文中的商人既指经商之人，也指殷遗民，因为殷遗民中有相当一部分转化为经商者，所以商人在一定程度上也是殷遗民的代称[③]，因此这个盟誓实际是郑桓公与殷遗民之间的一个契约。

郑桓公与华县郑地殷遗民有紧密的关系，而华县郑地殷遗民的旧居又在今郑州一带，他们与故土及留在故土的居民之间也会有割舍不断的联系。借助于这种联系，郑桓公不仅与关中地区的各族相处得很好，而且得到远在东方的各族的拥戴，“桓公为司徒，甚得周众与东土之人”[④]，这其中殷遗民之间联系应该是重要的因素。正因为如此，当郑桓公发现周王朝的统治面临危机而寻找退路时，首先选择了处于虢、郐之间的原郑人的故地：

问于史伯曰：“王室多故，余惧及焉，其何所可以逃死？”史伯对曰：“王室将卑，戎、狄必昌，不可逼也。当成周者，南有荆蛮、申、吕、应、邓、陈、蔡、随、唐；北有卫、燕、狄、鲜虞、潞、洛、泉、徐、蒲；西有虞、虢、晋、隗、霍、杨、魏、芮；东有齐、鲁、曹、宋、滕、薛、邹、莒；是非王之支子母弟甥舅也，则皆蛮、荆、戎、狄之人也。非亲则顽，不可入也。其济、洛、河、颍之间乎！是其子男之国，虢、郐为大，虢叔恃势，郐仲恃险，是皆有骄侈怠慢之心，而加之以贪冒。君若以周难役之故，寄孥与贿焉，不敢不许。周乱而弊，是骄而贪，必将背君，君若以成周之众，奉辞伐罪，无不克矣。若克二邑，邬、弊、补、舟、依、𫐐、历、华，君之土也。若前华后河，

①《史记·郑世家》。

②《左传·昭公十六年》。

③徐中舒：《从古书中推测之殷周民族》，《徐中舒历史论文选辑》，中华书局1998年版，第29～30页。

④《国语·郑语》。

右洛左济，主芣、騩而食溱、洧，修典刑以守之，是可以少固。”……公说，乃东寄孥与贿，虢、郐受之，十邑皆有寄地。

我们看到，虢在今三门峡、灵宝、荥阳一带，郐在今密县，郑桓公选择寄孥与贿的“虢、郐之间”，正是商代郑国的故地即今郑州一带。在决定国族生死的时刻，郑桓公的选择不会是随机的和完全听从别人分析的，而是会根据原有条件选择和扩大已有的优势，而定居于其部属中最多的殷遗民的故土无疑是最佳选择。所以，郑桓公“东寄孥与贿，虢、郐之间”，并不是临时听从建议，而应该是一个谋划已久的选择。

三、小结

商代的郑国是商王的同族，其地在今郑州一带。商代或有郑氏族众迁到华县一带，更可能的是在周灭商后，周人把全部或一部分郑族人口迁徙安置在华县，郑人到后把这一地区也命名为郑。

周代有三个郑国，除了上述华县的子姓郑国，在关中西北还有一个姜姓郑国。周宣王时封建了姬姓郑国，即封其弟友于华县的郑，其所管理的主要是郑姓的殷遗民。

郑桓公与殷遗民建立起良好的关系，借助这种关系扩大了其在郑姓殷遗民故地的影响力，并在周王朝面临危机时，选择把殷遗民的故地选择为立国的新邑。

郑州一带与商代郑族的故土，而邻近的成周一带也是安置殷遗民的集中地区，与殷遗民关系密切的郑国获得这些人的支持是可能的。郑国东迁之后能够迅速强大成为势力强大的地方诸侯，应该也与此有关。

（本文作者为中国社会科学院历史研究所研究员）

郑国东迁与娘娘寨城址

⊙马世之

郑是周代姬姓诸侯国。公元前806年（周宣王二十二年），周厉王少子姬友被封于棫林，在今陕西凤翔南，郑始立国。友即历史上著名的郑桓公。后又迁拾，在今陕西华县西北。西周末年，王室衰微，周幽王昏庸腐败，政治十分黑暗，引起诸侯与广大民众的强烈反对，各种社会矛盾都已表面化，西周王朝面临着大厦将倾的危险。公元前774年（周幽王八年），郑桓公任周朝司徒时，形势已经十分严峻。次年（公元前773），他预感到西周行将灭亡，便与太史伯在一起共谋东迁之计，这便是著名的“史伯为桓公论兴衰”。据《国语·郑语》载：

> 桓公为司徒，甚得周众与东土之人，问于史伯曰：“王室多故，余惧及焉，其何所可以逃死？”史伯对曰：“王室将卑，戎、狄必昌，不可逼也。当成周者，南有荆蛮、申、吕、应、邓、陈、蔡、随、唐；北有卫、燕、狄、鲜虞、潞、洛、泉、徐、蒲；西有虞、虢、晋、隗、霍、杨、魏、芮；东有齐、鲁、曹、宋、滕、薛、邹、莒。是非王之支子母弟甥舅也，则皆蛮、荆、戎、狄之人也。非亲则顽，不可入也。其济、洛、河、颍之间乎！是其子男之国，虢，郐为大，虢叔恃势，郐仲恃险，是皆有骄侈怠慢之心，而加之以贪冒。君若以周难役之故，寄孥与贿焉，不敢不许。周乱而弊，是骄而贪，必将背君，君若以成周之众，奉辞伐罪，无不克矣。若克二邑，邬、弊、补、舟、依、黑柔、历、华，君之土也。若前华后河，右洛左济，主芣、騩而食溱、洧，修典刑以守之，是可以少固。”……公说，乃东寄孥贿，虢、郐受之，十邑皆有寄地。

《史记·郑世家》有内容大体相同的记载：

> 郑桓公友者，周厉王少子而宣王庶弟也。宣王立二十二年，友初封于郑。封三十三岁，百姓皆便爱之。幽王以为司徒。和集周民，周民皆说，河雒之间，人便思之。为司徒一岁，幽王以褒后故，王室治多邪，诸侯或畔之。于是桓公问太史伯曰："王室多故，予安逃死乎？"太史伯曰："独雒之东土，河济之南可居。"公曰："何以？"对曰："地近虢、郐，虢、郐之君贪而好利，百姓不附。今公为司徒，民皆爱公，公诚请居之，虢、郐之君见公方用事，轻分公地。公诚居之，虢、郐之民皆公之民也。"……桓公曰："善"。于是卒言王，东徙其民雒东，而虢、郐果献十邑，竟国之。

郑桓公采纳了史伯的建议，并向周幽王请示后，才将自己的家属、部族、财产和国内的商人迁居到洛水以东的虢、郐一带，虢、郐慑于郑桓公的权势和贪图其利诱，只好献出一些地盘，其中心之地应为某个城邑。《汉书·地理志》颜师古注引《春秋外传》说："幽王既败，郑桓公死之。其子武公掘突，从平王东迁。"《绎史》曰："骊山之败，桓公死之。其子武公与平王东迁，卒灭虢、郐以为己国。"周幽王十一年（公元前771），郑桓公死于骊山之役，郑人共立其子掘突为武公。郑武公随平王东迁，秉承父业，在虢、郐境内重新建国。

"史伯为桓公论兴衰"，所谋的是东迁大计。整个东迁的过程，似应包括桓公寄孥与武公徙都两个阶段。桓公寄孥或称"东徙其民雒东"，武公徙都又称"武公之略"。史云"武公东迁"，或谓"桓公东迁"，均指郑国从关中向雒东的战略大转移。桓公寄孥之地与武公东徙之都究竟在何处？按照传统的说法，郑国都城是从陕西华县直接迁至河南新郑的。东汉许慎《说文·邑部》云："郑，京兆县，周厉王子友所封，从邑，奠声。宗周之灭，郑徙溍、洧之上，今新郑是也。"溍、洧或作溱、洧，均为水名，溱水即今黄水河，洧水即今双洎河，二水交汇于新郑市城区东南。这里是郑国都城所在，古曰郑城，今称郑韩故城。史念海先生指出："虢、郐被灭虽早在郑国东迁之初，东迁的郑国还得自择立国的地方。郑自武公东迁，下迄春秋之世，未闻迁都之事，可见郑韩故城早在武公东迁之初即已定为都城。"[①] 考

①史念海：《郑韩故城溯源》，《中国古都研究》（第十五辑），三秦出版社，2004年。

古发现的郑国都城，城址平面略呈不规则的长方形。东西长约5000米，南北宽约4500米，中部有一道被称为“分国岭”的南北向隔墙，把郑城分为东西两大城区。西城也称“内城”，东城或称“外廓城”，在西城内的北中部一带，发现多处夯土建筑基址，郑国的宫殿区分布在这一带。在这片建筑区的偏西部，有一座高出现今地面约8米的夯土台基，台基底部南北长约135米，东西宽约80米，名曰梳妆台，可能是一处重要的宫殿建筑。郑国的宗庙与社稷分布在东城西部。东城也是作坊区所在，主要有制造玉器、骨器、陶器和铜器的手工业作坊。著名的储备物资的石仓城，其故址就在东城西南部的仓城村一带。东西两城内，还分布着一些著名的里市和街道，如南里、中分、逵市、羊肆、周氏之衢与大逵等。[①] 郑城始建于春秋早期。西周末年，这里原是一片荒芜之地。《左传·昭公十六年》载郑子产的话说：“昔我先君桓公与商人皆出自周，庸次比耦以艾杀此地，斩之蓬、蒿、藜、藿，而共处之，世有盟誓，以相信也。”经过桓公、武公的两代整治修理，方才建成新的郑城。因而当年郑国虽然看上这块地方，却不可能从华县之拾直接迁都至此。

清代学者张龙甲《古郑城考》认为，古郑城“在新郑县西北二十五里，与密县接界”，将它定位于新密市曲梁乡交流寨，还提出郑城已经不复存在的说法：“然古郑城之漠然无存者，何也？盖郑为韩灭，遂迁此为韩国。秦统一‘六国’之后，始皇三十二年（公元前215年）毁城郭，决通堤防。《史记·正义注》谓：‘毁拆关东诸侯旧城郭。’今考六国旧都俱堕为平原，何独疑于韩乎？故不得古郑城所在，而妄援春秋古迹于今县者，多见其刺谬而不合也”。[②] 尽管这种说法并不符合当时的历史真实情况，但此后仍有不少学者援引此说主张这里有一座早于郑韩故城的古郑城，它便是郑国东迁第一都。交流寨遗址位于今溱水与双洎河交汇处的内三角台地上，1997年前，这里发现一处春秋中期的建筑基址，经考古勘察，未发现周代城址。杨育彬先生曾经指出，有人认为“古郑城在新密曲梁乡交流寨一带，郑国在此立国一百多年，到郑文公时，才又东迁至新郑。而且《诗经》中《郑风》《郐风》

---

①河南省博物馆新郑工作站等：《河南新郑郑韩故城的钻探和试掘》，《文物资料丛刊》第3辑，文物出版社，1980年。

②张龙甲：《古郑城考》，清乾隆四十一年（1776）《新郑县志》。

涉及溱洧的二十五篇均发生在这里，这一带倒是今溱水和双洎河的交流之处，但在这里经过两次文物大普查，并没有发现有周代的城址。对于河南文物点记述最多的《中国文物地图集·河南分册》和《河南文物》两部书内，都没有关于新密曲梁乡交流寨一带有古郑城遗址的反映。目前，正在大规模开展的河南第三次全国文物大普查已进入第三年，全省各地已新发现和复查了大量的文物点，也没有听到有关新密曲梁乡交流寨一带发现古郑城的信息。在古文献中，也找不到有关郑国先在密县建古郑城，一百多年后再迁至新郑的确凿记载。"① 由此看来，交流寨不是郑国东迁的都城。

也有一些学者主张郑国东迁后，建首邑于京城，并以此为都邑。郑群《捧读〈荥阳郑氏研究丛书〉感言》说："周宣王静封其弟友（周厉王少子）于郑国，是为郑桓公。桓公之后，郑武公佐平王东迁（公元前770），建首邑于京城（今荥阳京襄城村），合虢、郐十国，在中原建立起东方强大的郑国。"宋国桢、张明中在《京城简介》中也说："京城是一座历史古城。公元前772年（周幽王十年），郑桓公'寄孥'于此。后二年（周平王元年），郑武公以此为都城，建立东方郑国。有虢、郐等十邑之地，是为'武公之略'。"② 京城城址位于荥阳市东南约10公里的京襄城村四周，平面呈长方形，南北长1722米，东西宽1418米，周长约6300米。今地面尚存城垣8段，长约1000多米，高5~10米，墙基宽约25米，夯土层一般厚5~12厘米，圆形夯窝，直径约8厘米。南城墙与东城墙外保留有城壕。城内地面上广泛散布着春秋至汉代的陶片等遗物。《水经·济水注》云："济水又东，索水注之，水出京县西南……又北径京县故城西，入于旃然之水。城故郑邑也，庄公以居弟段，号京城大叔。"《括地志》曰："京县城在郑州荥阳县东南二十里，郑之京邑也。"《开封府志》载："京城在荥阳县东南二十里，郑庄公封弟段于此，《左传》所谓京城大叔是也。"京城是春秋时期郑国的要邑，郑庄公封其弟叔段居此，文献既没有说是桓公"寄孥"之地，也没有说是武公东迁之都。显然桓公东迁京城

①杨育彬：《郑韩故城与溱洧水几个相关问题的探讨》，《华夏考古》2008年第5期。
②宋国桢主编：《天下郑氏出荥阳》，中州古籍出版社，1994年。

说是难以成立的。

既然新郑、交流寨与京城均非郑国最初东迁之地，则其寄孥与徙都便成了一个未解的史谜。不过，21 世纪之初在荥阳发现的娘娘寨城址，则为解决这一难题提供了新的考古学信息。

娘娘寨遗址位于荥阳市豫龙镇寨杨村西北，西南距荥阳市 4 公里，东南距郑州市 18 公里。其地理坐标为北纬 34°9. 908′，东经 113°25. 830′，海拔 122 米。索河自西向东从遗址北、东两面环流而行。该遗址是郑州市文物考古研究所于 2004 年配合南水北调工程文物点调查时发现的。2005 ~ 2008 年间，发掘面积 15000 多平方米。2008 年 6 月以来又进行全面勘探，在遗址上发现了一座两周时期的古城。

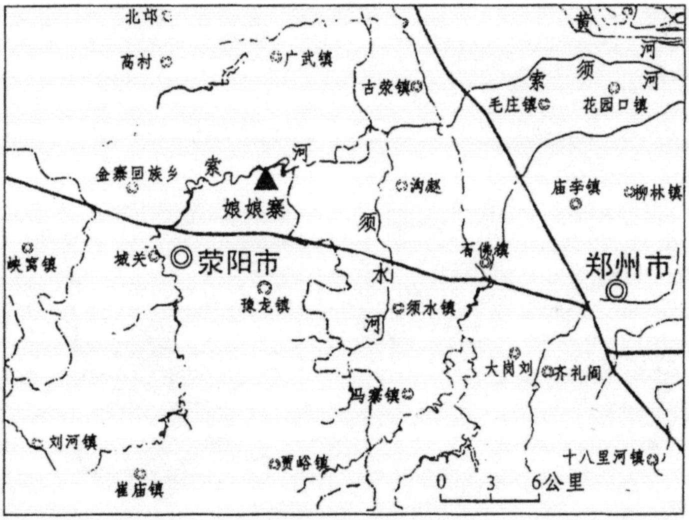

娘娘寨遗址位置图

娘娘寨城址地处索河之滨，东西长 1200 米，南北宽 850 多米，总面积 100 多万平方米，由外城和内城组成。外城城墙分布于内城的东部和南部，东城墙现存宽 7 ~9 米，南城墙现存宽 2 ~ 8 米，南城墙往西进入龙泉寺冲沟和索河，东城墙北与索河相接，这样，外城东面、南面城墙和龙泉寺冲沟、索河一起形成封闭的城圈。南城墙外发现的外城壕，宽约 20 米，残深 6 米。因东城墙外有一条宽 40 米的近代冲沟，城壕应被该冲沟破坏殆尽。经过对外城东城墙和南城墙解剖，发现城墙结构相同，均是先挖基槽再筑墙，基槽宽 5 米，墙体出现地表加宽。根据解剖，发现外城墙分 2 次修建，第二次修建是在第一次建筑的基础上进行加宽，解剖确认外城墙始建年代为春秋时期，战国时期对城墙进行了扩建。

内城在外城城内西北部，西面和北面为索河，城址处于高出周围约 4 米的土台之上，平面略呈方形，东西宽 208 米，南北长 290 米，面积约 16 万平方米（含城壕）。东西两面城墙破坏严重，南北两面城墙保存稍好。城墙残存宽度 2～5 米，残存高度 1～3 米。夯层明显，厚 8～10 厘米，圆形圜底夯窝非常清晰。北城墙下部被春秋早期灰坑打破，下部城墙内的包含物不晚于西周晚期，同时叠压有西周中晚期的遗迹。北城墙上部为东周时期扩建的城墙。因而内城城墙年代上限为西周晚期，下限为春秋早期，其始建年代应为西周晚期。

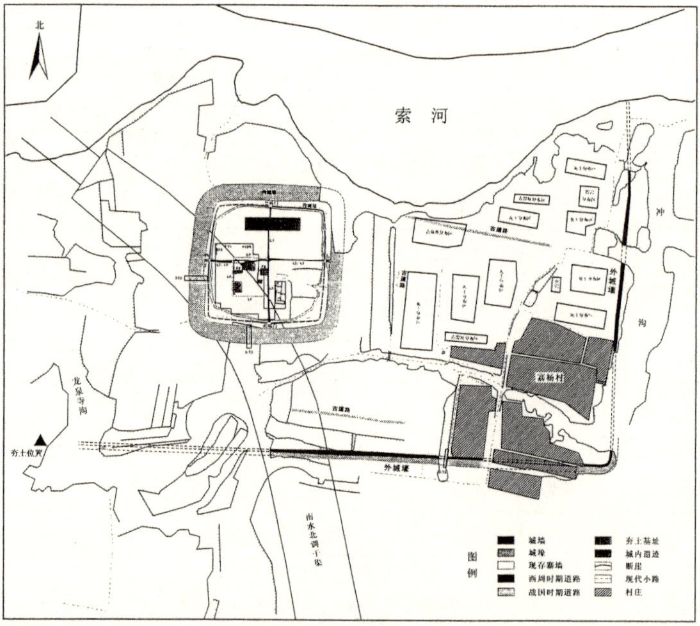

娘娘寨城址平面图

内城城墙四面中部均发现有缺口，这些缺口为城门所在。

内城外面有城壕围绕一周。城壕宽 48 米，深 12 米。城壕上部坡度较缓，下部为一宽约 4 米、深约 3 米的陡直河底。城壕内上部淤土中可见东周时期遗物，底部淤土中包含有西周晚期器物残片及动物骨骼等。该城壕在两周时期均使用。

城内发现道路 3 条，南北向道路 1 条（L1），宽 3～4 米，通向南北城门；东西向道路2条（L2和L3），宽3～5米，L2部分叠压L3，均通向东西城门。其中L1和L3为西周晚期至春秋早期的道路，L2为战国时期城内道路。

内城城内以通向城门的“十字形”主干道（L1和L3）为轴线，将城内分割为四个小区域。夯土建筑基址位于城内中南部南北向主干道的东西两侧，均破坏严重，其中有一座夯土建筑基址（F12），东西宽12米，南北长45米，面积540平方米，是一座大型建筑遗存。城内北半部主要是手工业作坊和一般平民居住区。此外，还发现有灰坑1500多个，墓葬33座，以及一些水井、陶窑遗迹。出土遗物非常丰富，陶器有鬲、罐、豆、盆、碗、甑、簋等，石器有铲、刀等，骨器有针、簪、凿、镞等，蚌器有刀、镰、锯等，还有卜骨、鹿角和用鹿角加工的角锤。①

关于娘娘寨城址的性质，张松林、张家强与黄富成先生云：“考两周之际发生于郑洛地区最为著名的事件就是郑桓公东迁，该城址可能与郑桓公东迁有很大关系。目前，遗址在地理位置和时代上与郑桓公东迁其民合，如推测无误，城址当为郑桓公东迁其民的重要都邑。城址在东周时期仍然沿用，这对探讨郑武公灭东虢国也具有重要研究意义。”② 司治晓先生也说：“荥阳娘娘寨周代城址是新发现的西周时期城址，目前，国内西周城址发现较少，西周城址的研究材料还比较匮乏，娘娘寨城址的发掘，为西周时期筑城方法、城墙结构、设防措施、功能布局等研究提供了重要材料。娘娘寨城址在地理位置和时代上与郑桓公东迁其民之事相合，当为郑桓公东迁其民之地，同时对探讨郑武公灭东虢国也具有重要的研究意义。”③ 这种说法有一定道理。

自桓公“寄孥”于虢、郐之间始，从某种意义上讲，华县之“拾”已经失去郑国都城的地位，随着政治中心的东移，洛东地区必然形成一个新都，娘娘寨城址地处虢、郐之间，为西周晚期至春秋战国时代的古城，从时空概念上来看，同郑国“寄孥”与东徙相合，因而很可能是郑国东迁之地。

①张松林、张家强、黄富成：《河南荥阳娘娘寨遗址发掘出两周重要城址》，《中国文物报》2009年2月18日。

②张松林、张家强、黄富成：《河南荥阳娘娘寨遗址发掘出两周重要城址》，《中国文物报》2009年2月18日。

③司治晓：《首届“河南省五大考古新发现”评选揭晓》，《河南文物工作》2009年第2期。

娘娘寨城址不是一个普通的遗址，而是一座重要的城址。关于城的概念，《说文》云：“城，以盛民也。”段玉裁注：“言盛者，如黍稷之在器中也。”应劭《风俗通》谓：“城，盛也，从土，盛声。”刘熙《释名·释宫室》曰：“城，盛也，盛受国都也。”崔豹《古今注》云：“城者盛也，所以盛受民物也。”《墨子·七患》谓：“城者所以自守也。”《谷梁传·隐公七年》载：“城为保民为之也。”《礼记·礼运》道：“城郭沟池以为固。”《吴越春秋》说：“筑城以卫君，造郭以守民。”这些记载表明，城是一种防御设施，人们住在城内，犹如黍稷放在器中一样，这是一种十分生动而形象的比喻。城是指带有城墙的聚落中心，因而娘娘寨城址既可以用来“寄孥”，也可当作郑国军政府所在地，亦即东迁的都城。

娘娘寨城址布局谨严，濒临索水，由内城与外城组成，城高池深，形成双重的防御体系。郑武公随平王东迁后，以此为基地，势力不断发展壮大，于公元前769年（周平王二年）灭掉郐国。《逸周书·史记解》说：“昔有郐君啬俭，灭爵损禄，群臣卑让，上下不临。后［君］小弱，禁罚不行，重氏伐之，郐君以亡。”郐国灭亡后，郑武公又于公元前767年（周平王四年）从娘娘寨出兵，首先占领虢城，接着乘胜进军，攻克制邑这个最后军事据点，虢叔战死，从此宣告东虢灭亡。《左传·隐公元年》云：“制，岩邑也，虢叔死焉。”说的就是郑灭东虢之事。

郑在翦灭郐与东虢的同时，在溱、洧之滨加紧营造新都。今本《竹书纪年》载，周平王六年，“郑迁于溱、洧”。公元前765年（周平王六年），新都建成，郑武公又将都邑迁至郑城。从桓公寄孥，到郑迁溱、洧，在这将近十年的时间里，娘娘寨城址作为东迁之都，在郑国历史上写下了极其辉煌灿烂的篇章。

（本文作者为河南省社会科学院研究员）

郑国："和合"实践的首善之区

⊙杨海中

一、和合理念产生于中国文化的"轴心时代"

德国存在主义哲学家K·T·雅斯贝尔斯在他的《历史的起源与目标》一书中说：公元前七世纪到公元前四世纪，中国、印度、波斯、希腊等几大文明地区，几乎同时进入了理性思维时期，一批思想家的著述及其所阐解的精神文化，极大地影响了后世民族文化的发展与走向。"在公元前800年到公元前200年间所发生的精神过程，似乎建立了这样一个轴心。在这时候，我们今日生活中的人开始出现。让我们把这个时期称为'轴心的时代'。"其间，在亚欧大陆同时出现了有关人类精神基础中的各种学说，由于其光芒四射，这些学说的思想理念和文化内涵深深地影响着其后社会的发展，直到今天，人们的许多思想、观念、意识、思维方式等还附着在这个基础上。因此，他强调指出："人类一直靠轴心时代所产生的思考和创造的一切而生存，每一次新的飞跃都回顾这一时期，并被它重新燃起火焰。"①

雅斯贝尔斯所称的"轴心时代"，在我国，大约相当春秋战国时期。

春秋战国时期是我国学术最为繁荣的黄金时代。

通过比较中国、印度、巴勒斯坦和希腊诞生的人类精神文明可知，以河洛文化为代表的华夏文化与其他三者之间的差别是极大的。就时间而论，古希腊、古罗马文明不是最早的；就持续影响与生命力而论，埃及、两河流域的古代文明已经中

---

①[德] 雅斯贝尔斯：《历史的起源与目标》，华夏出版社1989年，第14页。

断，古希腊、古罗马文明也曾中断一千多年，只有华夏文明不仅开化最早，而且绵延不绝，最为持久，最具创新，最为强盛，以至汉唐之后成为东方人的思想文化核心。

以孔子、老子、墨子、韩非为代表的诸子百家，以其深博的学识与机敏的睿智完成了中国政治与学术的建构，在政治、哲学、道德、法治等领域创建了系统的范畴与完备的体系。

然而，一个不争的事实是，在老子、孔子之前，华夏民族在河洛地区的文化就已经有了一个十分成熟的文化体系。从目前所看到的历史文献与考古资料可知，早在五帝传说时代、夏代和商代，中国传统文化形成的原始文化核心内涵就已具备。周承殷制——周公在商礼的基础上规范了周代的礼，由他所创立的周代礼乐文化完备而周延。研究表明，华夏先人崇高之理想、严整之政治、纯朴之教化等，在周公之时已灿然大备，说周代文化奠定了中国人的精神基础和价值准则，并成为后世诸学之源，洵为名副其实。梁启超在《春秋载记小序》中认为，周代文化直接影响了“中国之国民性”，且“传二千年颠扑不破者也”。谭嗣同在《论今日西学与中国古学》中指出，不但古代的政治、思想源于周代，“盖举近来所谓新学、新理者，无不萌于是”。

周代产生的前无古人的政治思想、学术思想和文化思想，由于内容博大、内涵深邃、覆盖全面，深深地影响了中国近三千年的历史发展。学者们不仅将这些文化成果称为河洛文化的元典精神，而且称此一时期为中国的“轴心时代”。

河洛文化元典精神之内涵十分丰富，涉及中华民族文化的各个方面和各个领域，尤其在人类最基本的经济生活、政治生活和精神生活三大领域，具有明显的原创意义，其中最突出的是“德”与“法”。表现在政治、哲学、意识形态及社会治理的方面，则是天道与人事、礼制与纲纪、人伦与宗法、德治与王化、法治与术势、贵和与尚中、内圣与外王等观念的形成与发展等。其中贯彻始终的核心思想则是“和合”与“以民为本”。

夏朝在河洛地区立国，标志着我国古代社会正式跨入了文明的门槛。之后殷承夏祚，周承商制，虽几经迁都，但均未出河洛；及周克商，文化更加昌明，洛阳也从此崛起，成为中国政治、经济与文化中心。研究表明，殷商及周朝国祚久长之因，与其善于借鉴历史经验与勇于创新有关，而在稽古与创新上，皆十分重"和"。殷商时，武丁的辅弼大臣傅说就明确指出："事不师古，以克永世，匪说攸闻。"（《尚书·说命下》）傅说所说的"师古"就是学习"明王奉若天道"的经验，具体地说，就是在任用官吏时要"惟其能""惟其贤"，以使"政事惟醇"（《尚书·说命中》）。"醇"即"醇和"，纯正平和，指社会和谐。周成王在告诫百官时，也要求他们师法"唐、虞稽古"。他说："学古入官，议事以制，政乃不迷。"认为"明王立政，不惟其官，惟其人"，强调任人唯贤，以达到"庶政惟和，万国咸宁"之目的。他对诸人说，自登天子位以来，自己"只勤于德，夙夜不逮，仰惟前代时若，训迪厥官"；还每天与大臣们"论道经邦"，其用意全在于"燮理阴阳"（《尚书·周官》），使天下祥和兴旺。"和"在成王心目中非常重要，因而在其临终前还再次嘱咐太子钊和顾命大臣们要牢牢记住，做到"率循大卞，燮和天下"——按照成制，遵循祖宗大法，谐和天下万邦，以报答和不辜负文王、武王的教诲。和成王一样，周公也常常告诫群公要以贤为政，以和为上："宽而有制，从容以和"，并强调"有容，德乃大"（《尚书·君陈》）。

由此可知，产生于河洛地区的"和""和谐"之理念，不仅历史久远，而且内容十分丰富。

二、和谐理念的政治实践最早发生在郑国

在我国传统文化的发展历程中，"和谐"理念与思想有一个孕育、形成和发展的过程。

"和谐"一词原指音乐，指音律的协调与无相凌越，即曲调十分优美、悦耳动听。故汉郑玄笺、唐孔颖达疏《毛诗正义》说："乐之音既以和谐，复齐平，不相夺伦，又依倚我玉磬之声，与之和谐。"

"和谐"一词作为哲学概念或政治概念，最早为"和"或"和合"。"和"的这一理念的产生，源于河洛地区。

西周末年，周幽王的叔父郑桓公被封于郑，国都在今天陕西的华县。据《国语

·郑语》记载，当时，由于周幽王无道，诸侯国与周天子离心离德，社会处于大变革的动荡时期。郑桓公预感到天下要发生动乱，就请周太史史伯帮助分析形势。史伯首先说，“夫成天下之大功者，其子孙未尝不章”，之后以虞舜、夏禹、商汤、周文王为例加以说明。在论及商朝时，他说：“商契能和合五数，以保于百姓者也。”周朝之所以出现衰落，原因很多，但现在的周幽王亲小人、远贤臣，背离百姓意愿，独断专行，“去和而取同”是一重要原因。史伯进而指出：“和实生物，同则不继。”意思说是，社会和事物发展无不包含着多样性和差异性，存在着各种矛盾与冲突，只有“和”才能使社会或事物在一个新的层面达到统一与协调，向前发展；如果一味地求同，只允许一种事物或思想存在，社会或事物就不可能发展和进步，这就是“同而不继”。史伯还以做饭要用多种调料才能做出美味，不同韵律结合才会有动听的音乐，多种色彩才能构成绚丽图案做比喻，说明只有社会和谐才会稳定和发展的道理。

听了史伯的分析之后，郑桓公就进而问自己如何全身远害，史伯对他说，你现在的封地距离天子太近，应赶快远离，只有把国都迁到洛阳以东才能得到较快较好的发展。于是，郑桓公就决定将国都东迁，并让长子掘突即后来的郑武公带着亲属和财产到那里去执政。郑国东迁后的都城就是今天的河南新郑。

郑国迁都之后，郑武公在河洛地区实行许多和谐亲民的政策，如扩大农业、发展商业、兴办学校、听从民意等一系列有利于国家发展的大政方略，郑国很快就强大了起来，成了中原地区社会和谐、民风淳朴、文化繁盛的首善之区。郑庄公也成了春秋战国时期中原地区的第一位霸主。

“和合”思想的基础是“天人合一”。天人关系实际上就是人与人、人与自然、人与社会的关系。“合一”“和合”就是合一于至诚、至善。“唯天下至诚，为能尽其性。能尽其性则能尽人之性；能尽人之性，则能尽物之性；能尽物之性，则可以赞天地之化育；可以赞天地之化育，则可以与天地参矣。”（《中庸》）“和”的最高境界是“中和”，即不偏不倚之“和”。“喜怒哀乐之未发谓之‘中’，发而各中节谓之‘和’，中也者，天下之大本也；和也者，天下之大道也。致中和，天地位焉，万物育焉。”“中”是天下万物存在的根本，“和”是天下运行的法则；如果能达到

"中"与"和"的境界，天与人便能真正合于一，社会便在有序中发展，万物便在优境中成长。

三、和合理念的哲学基础是矛盾转化

如何使社会得到有效的治理和发展，就中华民族而言，自远古到今天，一直是人们不断关注和探讨的一个主题。从伏羲画八卦、先秦百家争鸣、汉代独尊儒术，到今天的科学社会主义，人们毫无例外的都在探讨社会如何进步，如何发展。尽管不同时期，不同阶级、不同阶层的人们各有主张，但共识之一，就是社会、人际、人与自然必须和谐。古往今来的自然灾祸、民族与国家之间的征战厮杀、灭绝人性的阶级压迫、政治隔阂造成的人间愤怨、人际间的利益冲突、文化观念的龃龉摩擦等，使无数先贤认识到世间无不存在着差别、存在着矛盾、存在着斗争，只有相互承认差别、承认多元，尊重与包容、对话与协商、求同与存异，才能使天人和谐、社会和谐、人际和谐，从而共赢共荣，不断进步与发展。在这里，古人十分清晰地区分了两个概念，一个是"和"，一个是"同"。"和"就是承认差异，允许差异；"同"则是专一和消灭差异。由此可知，和合思想的基础就是在哲学观念上承认差异、允许差异的存在和包容差异，进而缩小差别，从而达到平衡和谐。新的平衡被打破之后，社会与人际间就会出现新的矛盾，但人们只要敢于正视它并以恰当的方法处置它，以积极礼让与协调的态度寻找新的平衡点，就会在新的基础上求得新的和谐。

四、和合理念的核心是人文关怀

中华民族的和谐思想一向是博大的。《尚书·尧典》载，尧作为圣人，九族既睦，和协万邦。孟子对尧无比称赞，他认为，一个人活在世上，就要做到"修身齐家治国平天下"。也就是说，人人都要从自身做起，以关爱天下、和谐万邦为己任。

首先，思想上必须树立"和为贵"的观念。

孔子及其弟子们认为："礼之用，和为贵"（《论语·学而》）。意思是说，在"礼"指导下达到"和"，不仅是社会治理的目的，也是传统道德之所以被称为美德的道理所在。孔子认为，凡是有道德、有修养的人都是明白事理的人，他很严肃也很幽默地地说：“君子和而不同，小人同而不和。”（《论语·子路》）在孔子这里，是否主张与实践和谐，成了区别“君子”“小人”道德水准高低的分水岭。孔子所讲的“和”含义很深，大概有三层意思，一是在生活中要勇于坚持自己主张，二是必须同时尊重他人的主张与人格，三是在相互友好中求同存异。联合国成立60周年首脑会议上，国家主席胡锦涛在讲话中提出了“坚持包容精神，共建和谐世界”的主张。他说：“文明的多样性是人类社会的基本特征，也是人类文明进步的重要动力。在人类历史上，各种文明都是以自己的方式为人类文明做出了积极贡献。存在差异，各种文明才能互相借鉴、共同提高；强求一律，只会导致人类文明失去动力，僵化衰落。”这表明，“和而不同”不仅适用于每个个人，每个群体，也适于国际关系、民族关系和宗教关系。关于“和”的重要性，《论语·学而》中还提出了一个令人振聋发聩的命题，就是“礼之用，和为贵”。孔子一生崇尚周礼，对“礼”的内容、功能等进行过很多论述，但“礼”的实质到底是什么，他的学生有子非常精炼地将其概括为“和为贵”。从此，这一思想2500年来深深地扎根于中国人的心中，成了人们处理社会、人际间关系必须遵循的一条非常重要的原则。

其次，行动上必须遵循“己所不欲，勿施于人”的伦理原则。

要建立和谐社会，必须从每个人做起，从每一件具体的事情做起。这就需要每个人都要树立为自己、为他人、为社会负责的观念。也就是说，要树立严格的法制观念和道德观念，尤其是要重视个人品德的修养，养成道德的自觉。也就是说，在日常工作和生活中，既要知“理”——依章办事，又要懂“礼”——以礼待人，严于律己，宽以待人。

关于知理做事、循礼做人，中国传统文化有过很多论述，其中最为经典的就是孔子所主张的“己所不欲，勿施于人”（《论语·颜渊》）。“己所不欲，勿施于人”，就是要求人们用自己的心去推及别人：自己不愿意别人怎样对待自己，自己也就不要那样对待别人。这是中国传统文化中的精华，是对人类文明的高度总结与概括，道出了做人的真正意义。因此，这句名言不仅为历代中国人所称道，也被世界所称道。如一生致力于“世界伦理”建设的瑞士天主教神学家孔汉思（也有译为汉思昆）教授，1993 年 8 月曾主持了世界宗教第二次大会，他起草的《走向全球伦理宣言》认为，人类的许多宗教和伦理传统都具有并一直维系着这样一条"黄金为人准则"："己所不欲，勿施于人"。这说明，"己所不欲，勿施于人"作为人生格言，在建设人类和谐社会中，具有无比重要的作用。

总之，和谐理念的人文核心是关爱——关爱社会，关爱他人。

五、和谐理念的要求是不断创新

创新是一个民族进步的灵魂，是一个国家兴旺发达的不竭动力，也是一个人永葆青春的源泉。中国传统文化十分重视和推崇创新精神，《易·系辞下》曰："天行健，君子以自强不息。"又说："日新之谓盛德。"（《易·系辞上》）意思是说，有作为的人要奋发向上，不断创新才是最高尚的品德。世界是发展的，社会是变化的，要构建和谐社会，人们的思想、行为，社会的舆论引导等也必须与时俱进，不断创新，这样才能适应变化了的新情况，才能使社会在前进中不断吐故纳新，在变革中求得新的稳定与和谐。《礼记·大学》引《盘铭》说："苟日新，日日新，又日新。"意思是说，人们要不断以新的姿态、新的精神面貌向前，以弃旧图新，而不要故步自封。因此，我们要构建和谐社会，弘扬和谐精神，不但在具体工作上要有创新意识，还要在制度建设、机制运行、学风改造等方面进行不断的创新，在创新中求得新发展与进步。

2014 年 5 月 4 日，习近平同志在与北京大学青年学生座谈时，反复强调继承和弘扬优秀传统文化的重要性。他说："中华文明绵延数千年，有其独特的价值体系。中华优秀传统文化已经成为中华民族的基因，植根在中国人内心，潜移默化影响着中国人的思想方式和行为方式。今天，我们提倡和弘扬社会主义核心价值观，必须从中汲取丰富营养，否则就不会有生命力和影响力。比如，中华文化强调"民为邦本""天人合一""和而不同"……"9 月 25 日，在纪念孔子诞辰 2565 周年国际学术研讨会暨国际儒学联合会第五届会员大会开幕式的讲话时又说："世界上一些有识之士认为，包括儒家思想在内的中国优秀传统文化中蕴藏着解决当代人类面临的难题的重要启示，比如，关于道法自然、天人合一的思想，……关于中和、泰和、求同存异、和而不同、和谐相处的思想……中国优秀传统文化的丰富哲学思想、人文精神、教化思想、道德理念等，可以为人们认识和改造世界提供有益启迪，可以为治国理政提供有益启示，也可以为道德建设提供有益启发。对传统文化中适合于调理社会关系和鼓励人们向上向善的内容，我们要结合时代条件加以继承和发扬，赋予其新的含义。”他还说，文化创新离不开交流与借鉴。文明因交流而多彩，文明因互鉴而丰富。历史上，“丝绸之路的开辟，遣隋遣唐使大批来华，法显、玄奘西行取经，郑和七下远洋，等等，都是中外文明交流互鉴的生动事例。”“和合”思想是我国传统文化中的精华，不仅早已成了儒、释、道三家的精神财富，而且也早已成为百姓日用而不觉的价值观。只要我们坚持古为今用、以古鉴今原则，将其融入社会主义的核心价值观之中努力践行，就一定可以实现在新形势下的创造性转化、创新性发展，使之与现实文化相融相通，因缘殊胜，共同服务于实现“中国梦”的时代任务。

（本文作者为河南省社会科学院副研究员）

春秋郑国社会风气述论

⊙李玉洁

春秋郑国地处中原，九州通衢之地，交通非常便利。优越的地理环境促进了郑国经济的繁荣，文化的进步，民智的发展。春秋时期的郑国相对于其他诸侯国，社会风气非常开放。这种开放表现在商业文化的发达，并且出现了我国最早的成文法，出现了中国最早的律师制度，开春秋社会之先，表现出郑国民众思想水平和素质之高；同时郑国的音乐歌舞也在春秋社会中达到最高水平，成为春秋社会最为瑰丽的奇葩。今就春秋郑国的社会风气进行探讨，以正于学术界的同仁。

一、郑国商业的繁荣与发展

郑国的始封君桓公友是周厉王的少子、周宣王的庶弟，是周王室的司徒，初封在郑（今陕西华县一带）。西周末年，王室混乱，政局不稳。桓公友请教周太史，认为河洛之东是可居之地；于是桓公友乃寄孥于虢、郐（今河南新郑、密县一带）。桓公友又以王室司徒的身份强占了虢、郐的十邑之地。西周幽王废嫡立庶，发生动乱。申侯勾结犬戎杀幽王于骊山之下，桓公友死于国难。周平王东迁雒邑，桓公友之子郑武公也随之东迁到虢、郐十邑之地，建立郑国，国都为新郑（相对原来在今陕西华县的郑为新郑）。

春秋时期，周王室封在东部的诸侯国皆是西周所封，与王室亲缘渐远。关系渐疏的郑国始封君桓公友利用王室司徒的身份强占了虢、郐的十邑之地，使自己有了新的立足之地，从而使郑的封国得以延续。郑桓公死于周幽王的骊山之难，郑桓公的儿子郑武公与周王室一起东迁。周王室实行“亲亲尊尊”制度，郑是周王室亲缘最近的诸侯国。因此春秋初年，周平王任用郑武公为王室卿士。

春秋时期的郑国东迁以后，地处天下之中，西临周秦，东连宋鲁，北接卫燕，南达楚邓，交通发达，人文荟萃，商业贸易十分繁荣。优越的地理环境和政治上的优势，使郑国经济、文化迅速发展。

郑桓公、郑武公两代国君都看到建都在中原的郑国将是一个商业贸易的中心，应该保护商人的利益。《史记·货殖列传》引《周书》曰："农不出则乏其食，工不出则乏其事，商不出则三宝绝，虞不出则财匮少，财匮少而山泽不辟矣。此四者，民所衣食之原也。原大则饶，原小则鲜；上则富国，下则富家；贫富之道，莫之夺予。"其实我国先民早就知道工农商虞是国家生存发展的基础，是缺一不可的。

桓公友在占领了虢、郐之地后，就动员周王室境内的商人与他的族人一起来到这里，建立新的郑国，并且共同开发这片"蓬蒿藜藋"之地。郑国的统治者还答应商人，不利用权力强贾强夺商人的财贿宝物；商人也不背叛郑国政府。商人是为郑国的发展做出了贡献的，也由此看出郑以工商立国的初衷。郑国东迁带了许多商人一起来到中原，并与商人们定下了盟誓。《左传·昭公十六年》记载：子产说："昔我先君桓公与商人皆出自周，庸次比耦以艾杀此地，斩之蓬蒿藜藋，而共处之。世有盟誓，以相信也，曰：'尔无我叛，我无强贾，毋或匄夺。尔有利市宝贿，我勿与知。'恃此质誓，故能相保以至于今。"国家政府与商人盟誓，郑国是春秋第一国。

郑国的商人已经认为君臣之间有一种盟约，这种盟约无论对君对臣都应有一种约束力，实际上这种国家与商人的盟约，或者说是君臣盟约在战国以后的社会上很是响亮，如《墨子·经上》云："君臣萌，通约也。"萌，乃盟之谐音，即"盟"意。所谓"通约"，孙诒让释云："谓尊卑上下等差不一，通而约之。"这句话，也有人解释为"君所以约民"，而以全句之意考之，孙氏之说为是。也就是说，君臣之间亦应有约，谁也不能违犯盟约。这种盟约对君臣皆有约束力，是一种通约。这种观点和理论，表现了小生产者迫切地要求统治者信守诺言的思想。商人希望君王也不要胡作非为，要信守盟誓，这样就使得小生产者和小商人在政治上和经济上获得一定的地位，从而保证他们的利益，不因君主的失信而受到损失。

在春秋时期，郑国与商人有“世有盟誓，以相信也”，商人不可背叛国家，国家也不可抢占商人的利益：“恃此质誓，故能相保。”

郑国也确实保护了商人的利益。如晋当时是霸主国，晋国的执政卿韩宣子想要郑国商人的一个玉环，请郑国国君帮忙。郑国执政卿子产说：“非官府之器也，寡君不知。”子产还说郑国与商人是有盟誓的，“今吾子以好来辱，而谓敝邑强夺商人，是教敝邑背盟誓也，毋乃不可乎”？郑国子产认为韩宣子不应因一个人所好破坏郑国与商人定的盟约，于是不顾霸主国执政卿的要求，而保护商人的利益。从子产对晋国韩宣子的态度中可以看出，郑国后来的统治者也是遵循桓公的祖训，并且遵守盟誓。

郑国对商人的优惠政策和地理位置的优势，使郑国的商人阶层迅速发展起来。公元前627年，秦国偷袭郑国，遇见商人弦高正往周（今河南洛阳）的经商途中。弦高得知秦国此行是为了偷袭郑国，立刻以郑国国君的名义犒劳秦国军队，“以乘韦先，牛十二犒师，曰：‘寡君闻吾子将步师出于敝邑，敢犒从者。不腆敝邑，为从者之淹，居则具一日之积，行则备一夕之卫。’且使遽告于郑。”① 即弦高以郑国国君的名义向秦献上12匹马和四张熟牛皮，并立即派人到郑国报告秦国偷袭郑国的消息。郑国得到消息，立刻铲除内奸，做好防御和战争的准备。秦国见此，放弃了这次偷袭郑国的军事行动。弦高是一个爱国商人，在敌国的进攻面前，他不计个人得失保护了郑国的利益，也表现出郑国商人对郑国的热爱与维护。这是郑国与商人相互支持的证明。弦高向秦国献上马匹和熟牛皮，也说明郑国商人是有非常强的经济实力的。

《左传·成公三年》记载：“荀罃之在楚也，郑贾人有将置诸褚中以出，既谋之未行，而楚人归之。贾人如晋，荀罃善视之，如实出己。贾人曰：‘吾无其功，敢有其实乎？吾小人不可以厚诬君子。’遂适齐。”郑国商人能够计划将战俘从楚国偷运出来，也说明他们雄厚的经济实力以及他们对政治的积极参与。春秋时期，郑国商人往来于天下诸国，见多识广，弦高不惜牺牲利益以救郑国，郑贾人不惜危险

①杨伯峻：《春秋左传注·僖公三十三年》，中华书局，1983年。

与财力以救荀罃，都表现出他们有极高的思想水平和精神境界。

二、郑国的音乐

春秋时期的郑国是一个灯红酒绿的世界，郑国的音乐具有当时第一流的水平。1996 年至 1998 年，郑韩故城东城的西南部发掘出一处属于春秋中期的郑国祭祀遗址，出土青铜乐器坑 11 座，共出土编钟 206 枚和一批钟架，是我国考古发掘工作中出土乐器最多的一处遗址，为研究我国古代音乐史提供了珍贵的实物资料。在这些乐器坑中，其中八个青铜乐器坑各出土一架编钟，每架都是由镈钟一套 4 枚、纽钟 2 套 20 枚（每套 10 枚）组成。如 K1 乐器坑为长方形竖穴土坑。坑内放置编钟一组 24 枚，其中镈钟一套 4 枚，纽钟 20 枚，分为 A、B 两组，每组 10 枚。两组纽钟，皆大小递减，形制、纹饰近同。① K16 乐器坑出土镈钟 4 枚，形制近同，大小递减。纽钟 20 枚，分为 A、B 两组；各有纽钟 10 枚，形制近同，大小递减。② 郑国地区出土如此多的编钟乐器，说明郑国音乐的发达和进步。

《礼记·乐记》云："魏文侯问于子夏曰：'吾端冕而听古乐，则唯恐卧；听郑卫之音，则不知倦，敢问古乐之如彼，何也？新乐之如此，何也？'……子夏对曰：'郑音好，滥淫志；宋音燕，女溺志；卫音趋，数烦志；齐音敖，辟乔志。此四者，皆淫于色，而害于德，是以祭祀弗用也。'"孔子曾说："放郑声，远佞人；郑声淫，佞人殆。"③ 又说："恶紫之夺朱也，恶郑声之乱雅乐也。"④ 道学家的孔子反对"郑声"，是害怕其"乱雅乐"，是"恶紫之夺朱也"，是害怕统治者沉溺在郑国音乐的魅力之中，丧失意志；故"郑声"又被称为"亡国之音"。但魏文侯"听郑卫之音，则不知倦"，可见郑国音乐的魅力。孔子的学生子夏也不得不承认"郑音好"。"孔子所谓郑声淫，季札所谓其细已甚，率羽音多，即此所谓比于慢也。"⑤ 郑国轻漫优美的音乐和旋律得到人们的喜爱，并且使人陶醉神迷，压倒了所谓的

---

①河南省文物考古研究所：《河南新郑郑韩故城东周祭祀遗址》，《文物》2005 年第 10 期。
②河南省文物考古研究所：《河南新郑郑韩故城东周祭祀遗址》，《文物》2005 年第 10 期。
③杨伯峻：《论语·卫灵公》，中华书局，1984 年。
④杨伯峻：《论语·阳货》，中华书局，1984 年。
⑤[清] 鄂尔泰等撰：《钦定礼记义疏》卷五十，清光绪间江南书局刻本。

“雅乐”，这是可以肯定的。

直至战国时期，郑国一带的风俗也是比较开放的。司马迁说：“赵女郑姬，设形容，揳鸣琴，揄长袂，蹑利屣，目挑心招，出不远千里，不择老少者，奔富厚也。”①《战国策》卷五记载：张仪说：“彼郑周之女粉白墨黑，立于衢闾，非知而见之者，以为神。”周郑一带风俗的开放，与其春秋时期经济文化的繁荣有密切的关系。

三、春秋郑国出现的我国第一部成文法

春秋时期的郑国出现了中国最早的成文法。所谓的成文法就是把法律条文公布出来，让民众皆知，违者有罪。公元前536年，郑国子产“铸刑书”，就是我国最早的成文法。

中国在夏商周时期，就出现了法；但是当时的法还不能称为法律，它只是一种刑罚。《说文》云：“灋，刑也。平之如水，从水；廌，所以触不直者去之。”又云：“廌，兽也，似山牛，一角。古者决讼，令触不直。”“触不直者去之”，其实就是用刑罚而触有罪。

《左传·昭公六年》云：“郑人铸刑书。”杜预注曰：“铸刑书于鼎，以为国之常法。”是时郑国子产为执政卿，故“郑人铸刑书”，当为子产铸刑书。鼎，中国古代认为是祭祀祖先和神灵所用的神器。子产把法律条文铸在鼎上，表现了法律条文不可亵渎的性质。子产铸刑书，向国人公示法律的内容，使所有的郑国人以为常法，奉行遵守。春秋郑国子产所“铸刑书”有法律与制度的含义。

子产“铸刑书”，与《周礼》所记的夏商周三代的刑罚有根本的不同。这从晋国叔向给子产的信中可以看出，叔向曰：“始吾有虞于子，今则已矣。昔先王议事以制，不为刑辟，惧民之有争心也。犹不可禁御，是故闲之以义，纠之以政，行之以礼，守之以信，奉之以仁，制为禄位，以劝其从，严断刑罚，以威其淫，惧其未也，故诲之以忠，耸之以行，教之以务，使之以和，临之以敬，莅之以强，断之以

①司马迁：《史记·货殖列传》，中华书局，1982年。

刚，犹求圣哲之上、明察之官、忠信之长、慈惠之师，民于是乎可任使也，而不生祸乱。民知有辟，则不忌于上。并有争心，以征于书，而徼幸以成之，弗可为矣。夏有乱政而作禹刑，商有乱政而作汤刑，周有乱政而作九刑，三辟之兴，皆叔世也。今吾子相郑国，作封洫，立谤政，制参辟，铸刑书，将以靖民，不亦难乎？《诗》曰：'仪式刑文王之德，日靖四方。'又曰：'仪刑文王，万邦作孚。'如是何辟之有？民知争端矣，将弃礼而征于书，锥刀之末，将尽争之。贿赂并行，终子之世，郑其败乎！肸闻之，国将亡，必多制。其此之谓乎。"①

从晋国叔向对子产"铸刑书"的评价中可以看出，子产所铸的刑书是不同于夏商周时期的刑罚的。夏商周时期，以义、政、礼、信、禄位、刑罚，以威民众；换言之，就是以"不为刑辟，惧民之有争心也"，以政代替法。而子产所制的刑书，则是"民知有辟，则不忌于上，并有争心"。其实说到底，就是使民众有法可依，争取自己的合法权利。子产把法律条文铸在鼎上，公布于众，使百姓们遵守。如果有狱讼案件，百姓可以根据法律条文为自己辩护，即"将弃礼而征于书，锥刀之末，将尽争之"。这对统治者的等级制度是一个沉重的打击。《三传折诸—左传折诸》卷十九："子产则以遗爱为孔子所许，孰知其撍拄弱国之难，作丘赋，铸刑书，先则浑罕讥之，后则叔向责之，竟为商鞅、孔悝刑名征榷两家之先路。"子产所铸的刑书实际是开法家思想之先河。叔向认为子产铸刑书是破坏了礼，肯定会给国家带来败亡。子产复书曰："若吾子之言，侨不才，不能及子孙，吾以救世也。既不承命，敢忘大惠。"② 子产认为自己是救世的，因此他不能接受叔向的建议。子产所说的"救世"，就是郑国已经到了不制定成文法就不能维护郑国的统治的时候，只有公平的成文法才能救郑国之蔽。

子产铸刑鼎，是我国出现的第一部成文法。在此之前，夏商周三代及其诸侯国在刑罚的使用方面，皆有随意性。贵族们可以高下由心，根据自己的意志，对百姓任意施行各种制裁和刑罚。子产把刑罚的条文镌刻鼎上，颁布于国中，公布于百

①杨伯峻：《春秋左传注·昭公六年》，中华书局，1983年。
②杨伯峻：《春秋左传注·昭公六年》，中华书局，1983年。

姓。子产所铸的刑书条文今已不知具体内容了，但这是中国第一部成文法律，在我国的法制史上有重大的意义。

四、郑国的“悬书”

春秋时期，子产所铸的刑书是中国第一部成文法律。子产的“刑书”是为郑国的专制统治服务的，是为了维护郑国大贵族的利益而制定的，与郑国民众肯定有许多利益的冲突。他们很快发现子产所铸的刑书并不符合他们的利益。政治家邓析子首先对子产所“铸刑书”的法律条文提出质疑，并且又作《竹刑》，修改子产所铸的“刑书”，在郑国出现了反对诸侯国政府的“悬书”。

邓析子因对子产“铸刑书”，即郑国的成文法进行修改，而遭到杀害。《左传·定公九年》云：“郑驷歂杀邓析，而用其《竹刑》。”杜预注：“邓析，郑大夫，欲改郑所铸旧制，不受君命，而私造刑法，书之于竹简，故云《竹刑》。”孔颖达正义云：“昭六年，子产铸刑书于鼎，今邓析另造《竹刑》，明是改郑所铸旧制，若用君命遣造则是国家法制，邓析不得专其名；知其不受君命，而私造刑书，书之于竹，谓之竹刑。驷歂用其刑书，则其法可取，杀之不为作此书也。”

邓析子所做的《竹刑》，是为了修改郑国的旧制（当是子产所铸的“刑书”）。但邓析子不是受国君的指令而作的刑书，当然有与统治者利益相悖的地方；然而邓析子的《竹刑》肯定有超过子产所铸的“刑书”之处。因此“郑驷歂杀邓析，而用其《竹刑》。”对于驷歂的行为，自古就有微词。《左传·定公九年》云：“君子谓：子然（即驷歂）于是不忠，苟有可以加于国家者，弃其邪可也。《静女》之三章，取彤管焉。《竿旄》‘何以告之’，取其忠也。故用其道，不弃其人。《诗》云：‘蔽芾甘棠，勿翦勿伐，召伯所茇。’思其人，犹爱其树，况用其道，而不恤其人乎！子然无以劝能矣。”在这里《左传》的作者，只说了部分的情况；其实郑驷歂杀邓析子的原因绝不是妒贤嫉能，用其道而杀其人，而是由于更深层的原因。那就是邓析子的《竹刑》破坏了诸侯国政府的封建秩序，所以邓析子才招至杀身之祸。

关于杀邓析子的人，《左传》认为是郑国大夫驷歂，而在一些文献中都记载是子产杀邓析。如《荀子·宥坐篇》云：“子产诛邓析、史付。”《吕氏春秋·离谓篇》《淮南子·汜论训》《说苑·指武篇》《列子·力命篇》亦记载为子产杀邓析子。但考之史籍，《左传》记载：鲁昭公二十年（公元前522），子产就已经死去，而邓析被杀是在鲁定公九年（公元前501），此时子产已经死去20年了。因此，诛杀邓析的人可能是郑国大夫驷歂，驷歂当是为了维护子产的刑书而杀邓析的。邓析子的死与攻击子产的刑法有关系，这是肯定的。

《吕氏春秋·离谓篇》较详细地记载了邓析子以“悬书”反对子产所铸“刑书”的情况：“郑国多相悬以书者。子产令无悬书，邓析致之。子产令无致书，邓析倚之。令无穷，则邓析亦应之无穷矣。是可与不可无辩也。可与不可无辩，而以赏罚，其罚愈疾，其乱愈疾，此为国之禁也。”

邓析子的“悬书”与夏商周三代的“布法象魏”在方式上有共同之处，皆是将文书悬挂在城阕、门楼之上，或张贴在通衢、闹市之中，公示于民。但是邓析子的“悬书”与三代的“布法象魏”又有本质的不同。夏商周三代的“布法象魏”是颁布刑罚，使民畏惧。而邓析子的“悬书”，就是以悬挂文书的形式来对抗官府。《广雅·释言》云：“悬，抗也。”从《吕氏春秋·离谓篇》的记载来看，子产的刑书颁布以后，对郑国社会产生非常大的震动。“郑国多相悬以书者”，说明在郑国“悬书”者绝不是只有邓析子一人，反对子产的刑书，而是有许多人反对。范耕研说：“书者，文字。悬书者，张之通衢，俾众周知之也。郑国有此俗，不仅邓析也。子产既禁之，人皆不敢悬，而邓析犹致之。致书者，投递之也。倚者，依也；倚书者，依倚他物杂而寄之，避讥检也。”① 此说甚是，也就是说邓析子对子产的“刑书”，反对最强烈，对抗的手段也最多。子产下令国中不准“悬书”反对政府；邓析子就改用“致书”；“致书”不行，又改为“倚书”，以反对子产。陈奇猷先生说：“悬书者，以书相对抗也，即今所谓‘答辩’。……致书，谓文饰法律。《后汉书·陈宠传》‘除文致之请’，注：‘文致，谓前人无罪，文饰致于法中也’，即文饰法律致人于罪之例。倚，偏也。倚书者，谓曲解法律条文，即所谓‘谲辞乱法’

①范耕研：《吕氏春秋补注》，《江苏国学图书馆年刊》第六期，1933年。

也。是悬书、致书、倚书皆足以歪曲法律本义，故曰可与不可无辩也。”① 范耕研、陈奇猷等人皆认为，邓析子的“悬书”“致书”“倚书”都是为了反对子产的“刑书”，对子产所做的刑法予以质疑问难，提出反对的意见。《吕氏春秋·离谓篇》记载：“子产治政，邓析务难之，与民之有狱者约，大狱一衣，小狱襦袴。民之献衣襦袴而学讼者，不可胜数。以是为非，以非为是，是非无度，而可与不可日变。所欲胜因胜，所欲罪因罪。郑国大乱，民口讙哗。子产患之，于是杀邓析而戮之，民心乃服，是非乃定，法律乃行。”从这段的记载来看，子产在郑国用刑法治理国家政务，而邓析子对子产的刑法不满，挑起民众与之争辩。邓析子与有狱讼者相约，为之辩护，当事人要予以报酬。大的狱讼，当事人要送一件长衣服（即长袍）；小的狱讼，当事人要送一套襦袴（短衣短裤）。这当是中国最早的律师辩护制度。

邓析子的狱讼辩护，得到郑国民众的热烈拥护和支持。郑国民众向邓析子学习狱讼辩护的人，不可胜数。从古史记载可以看出郑国学习狱讼辩护的人之多。郑国民众用向邓析子学习的法律知识去反对郑国统治者制定的维护各级贵族利益的“刑法”；郑国统治者认为对的，民众以自己的理由指出这是不对的；郑国统治者认为不对的、有罪的，民众以自己的理由指出这是对的、是无罪的。一时间，郑国一片大哗，民众纷纷出来发表意见，郑国统治者无以应付。这种现象当然表现了郑国民众民主意识的觉醒，放射着民主思想的灿烂的光芒，对郑国的专制统治是一次沉重的打击，在中国司法诉讼史上有着重要的地位。

中国最早的成文法以及悬书都出现在郑国，这些都不是偶然的，与郑国经济的发展，商业贸易的繁荣有密切的关系。

春秋郑国经济文化的发展必然引起人员的流动，市场的繁荣，当然也会引起人们对利益的争夺和对市场的竞争，从而引起人们之间的各种矛盾。这是经济发展的必然现象。

春秋时期，郑国的矛盾是非常尖锐的。郑国民众有较高的思想意识和水平，他们对某些事情往往有自己的看法。有矛盾，就应该有相应的解决矛盾的法律。郑国

---

①陈奇猷：《吕氏春秋校释》卷十八，学林出版社，1984 年。

已经到了必须出现公平的法律来处理人们之间矛盾的时候了。

春秋时期郑国的商业非常繁荣，而郑国民众的思想比较进步。郑国是最早公布刑罚条文的诸侯国，这与郑国经济的发展、文化的进步有着密切的关系。

（本文作者为河南大学历史文化学院教授）

郑庄公母子心结的文化学解析

⊙常耀华

《郑伯克段于鄢》是古文里的经典名篇。经典之所以为经典，意味着值得反复玩味。是篇首段文字为："初，郑武公娶于申，曰武姜，生庄公及共叔段。庄公寤生，惊姜氏，故名曰'寤生'，遂恶之。"这区区 32 字就有很大的文化含量，它牵涉到上古命爵之制、同姓不婚之制以及避忌文化俗信等，本文不打算讨论命爵和上古婚制问题，只是想就"庄公寤生，惊姜氏，故名曰'寤生'，遂恶之"这 12 字中所蕴含的避忌文化俗信试作重点剖析。

"庄公寤生"4 字的训释，是训诂学久讼不决的一桩疑案。何谓"寤生"？《春秋左传注疏》晋杜预注："寐寤而庄公已生，故惊而恶之。"唐孔颖达疏："正义曰：谓武姜寐时生庄公，至寤始觉其生，故杜云寐寤而庄公已生。"姜氏寐寤生庄公，寐，睡也。寤，醒也。依杜注孔疏意思，姜氏在寐寤之间就把庄公生了下来，其生产过程极为顺畅，若如此，接下来的"惊姜氏，遂恶之"就没了着落。所以，清顾炎武《左传杜解补正》云："隐元年，庄公寤生，惊姜氏，解寐寤而庄公已生，恐无此事。应劭《风俗通》曰：儿堕地能开目视者为寤生。"不过，《太平御览》所引东汉应劭《风俗通》与顾炎武文略有出入："不举寤生子俗说，儿堕地未能开目视者谓之寤生。举寤生子，妨父母。"此与顾炎武引文的差别，一是"能开目视"，即一落生就睁开眼睛看，一是未能开目视，即落生之后不能睁开眼睛看。两处引文不同，不晓孰是。"能开目视"与"未能开目视"孰是孰非姑且不论，极可注意的是，应劭《风俗通》中记载有“不举寤生子俗”，且云“举寤生子，妨父母”。[①] 这样，姜氏滋生“恶之”心理就容易理解了。

所谓“妨父母”之说在中国避忌文化上十分常见，“妨”又称“克”，有并称“妨克”。旧时有星命之说，古人相信，人生有命，富贵在天。东汉著名思想家、无神论者王充对此也深信不疑，在其名著《论衡》中引子夏的话说：“‘死生有命，富贵在天。’而不曰死生在天，富贵有命者何？则死生者，无象在天，以性为主，禀得坚强之性，则气渥厚而体坚强，坚强则寿命长，寿命长则不夭死。禀性软弱者，气少泊而性羸窳，羸窳则寿命短，短则蚤死，故言有命，命则性也。至于富贵所禀，犹性所禀之气，得众星之精，众星在天，天有其象，得富贵象则富贵，得贫贱象则贫贱，故曰在天。在天如何？天有百官，有众星，天施气而众星布精，天所施气，众星之气在其中矣。人禀气而生，含气而长，得贵则贵，得贱则贱，贵或秩有高下，富或赀有多少，皆星位尊卑小大之所授也。”[②] 由是知，是汉末已以星位言禄命，术数家认为人的祸福寿夭，与天星的位置、运行有关，因据人的生年时辰，配以天干地支，来推算命运，附会人事，称为“星命”。亦指人命八字。宋叶绍翁《四朝闻见录》曰：“高宗知命。高宗自能推步星命，或臣下不能始终仰副圣眷，则曰吾奴仆宫星陷故也。”[③] 唐著名文学家韩愈、杜牧皆信星命之占，韩愈有《三星行》诗云：“我生之辰，月宿南斗。牛奋其角，箕张其口。牛不见服箱，斗不挹酒浆。箕独有神灵，无时停簸扬。无善名已闻，无恶声已讙。名声相乘除，得少失有余。三星各在天，什伍东西陈。”杜牧《自作墓志铭》云：“予生于角，星昴毕于角为第八宫，曰病厄宫，亦曰八杀宫，土星在焉，火星继木。星工杨晞曰：‘木在张于角为第十一福德宫，木为福德大君子，救于其旁，无虞也。’予曰：‘自湖守不周岁，迁舍人，木还福于角足矣，土火还死于角，宜哉！’复自视其形，视流而疾，鼻折山根，年五十，斯寿矣。某月某日，终于安仁里。”[④]

---

①举，即抚养，“不举”即不抚养。晋干宝《搜神记》卷六中有类似的用法：“哀帝建平四年四月，山阳方与女子田无啬生子，未生二月前，儿啼腹中，及生，不举，葬之陌上。”

②王充：《论衡》卷二。

③叶绍翁：《四朝闻见录》卷二。

④杜牧：《樊川文集》卷六。

无名氏《星命溯源》关于克父母之星命这样说："凡诸星入垣克度者，合大格局必贵，遇限不好，与诸煞并此处大凶，凡吉星陷退者，减力一半，煞会阴阳者，煞化为吉，不妨大体，只有灾火罗计孛，只宜独行，若交会，大凶。随宫忌之，或相生得用有力。为富不仁，对冲三方四正，或相遇主，克父母，气守命。三方对照者必孤。为僧为道相得者吉，克入者凶，或行限之必好善，出家遇此，后限如旧。"① 旧本题南唐何溥撰《灵城精义》李家龙经云："息星克母子荣昌，母星克子死绝亡。盖下可克上，上不可克下也。"②

明池本理之《禽星易见》中专有"占生产"条云："凡占生产，皆以我禽为母，他禽为子。母克子易生，子克母难生。日禽克他禽亦易生，若我禽得地，他禽不得地，则母安子危。他禽得地，我禽不得地，子安母危。如日禽弱又不得地，来克我禽者，主母有病，若时禽克日禽主快。又云：阳禽泊阳宫，生男。阴禽泊阴宫，生女。亢牛壁虚危室奎娄张毕星觜属阳，角氐鬼柳参危女斗心房井箕属阴。阳禽泊阴宫，亦生男，阴禽泊阳宫，亦生女。禽书云：识得落禽直万金。"③ 池氏所谓"禽星"亦术数家语。术数家用五行及各禽与二十八宿相配，以占吉凶，称翻禽演宿。禽星即角金蛟、亢火龙、氐土貉、房木兔、心火狐、尾水虎、箕金豹、斗木獬、牛土牛、女水蝠、虚水鼠、危土燕、室木猪、壁土貐、奎金狼、娄土狗、胃金雉、昴水鸡、毕木乌、觜金猴、参金猿、井水犴、鬼土羊、柳火獐、星火马、张火鹿、翼土蛇、轸水蚓。我国神话小说，以各禽为诸宿之神。旧时历书亦载之，以定日辰方位的吉凶。清胡煦撰《卜法详考》中有"子克母"之卜，"身上所生之枝反大于身为子克母，主下凌上，成亦难成，散亦难散"④。"子克母，枝大如身也。"⑤ 明万民英《星学大成》曰："土火同宫，妨父母，兄弟多疾病，不宜先代产业。"⑥

①无名氏：《星命溯源》卷五。
②何溥：《灵城精义》卷上。
③迟本理：《禽星易见》。
④胡煦：《卜法详考》卷七。
⑤胡煦：《卜法详考》卷八。
⑥万民英：《星学大成》卷十六。

《三命通会》云："凡命生时辰戌丑未，主妨父母。"① 有趣的是，理学家亦云"季冬行春令，命之曰逆者，子克母也。"②

妨克父母之说每见于以星命术数论著本不足为奇，然孙思邈所著的《备急千金要方》中竟也有这样的内容："额上有旋毛者，早贵，妨父母。"③ 无独有偶，无名氏所编《外台秘要方》中亦云"儿初生额上有旋毛早贵，妨父母。"④ 明陈桷《石山医案》中还记载这样一则故事："一女与母相爱，既嫁，母丧。女因思母成疾，精神短少，怠倦嗜卧，胸膈烦闷，日常恹恹，诸药不应。予视之曰：此病因思，非药可愈。彼俗酷信女巫，巫托神降言祸福，谓之卜童。因令其夫贿嘱之，托母降言，女与我前世有冤，汝故托生于我以害我也。是以汝之生命克母，我死因汝，今在阴司欲报汝仇，汝病淹淹，实我所为，我生则与之母子，死则与之寇仇。"夫回谑其妇曰："汝病如此，我他往可请童婆卜之何如？妇应曰：'诺。'遂请卜，一如夫所言。女闻大怒，诟曰：'我因母病，母反我害，我何思之有耶！'遂不思。病果愈，此以怒胜思也。"⑤ 反用妨克之说为人治病，此可谓化腐朽为神奇的正能量了。

星命术数之术，在春秋时代颇为盛行，《左传·昭公十七年》载：

冬，有星孛于大辰，西及汉。申须曰："彗所以除旧布新也。天事恒象，今除于火，火出必布焉，诸侯其有火灾乎！梓慎曰："往年吾见之，是其征也。火出而见，今兹火而章，必火入而伏。其居火也久矣，其与不然乎！火出，于夏为三月，于商为四月，于周为五月。夏数得天，若火作，其四国当之，在宋卫郑陈乎！宋，大辰之虚也；陈，大皞之虚也；郑，祝融之虚也。皆火房也。星孛及汉，汉，水祥也。卫，颛顼之虚也，故为帝丘，其星为大水。水，火之牡也，其以丙子若壬午作乎！水火所以合也。若火入而伏，必以壬午，不过其见之月。"郑裨灶言于子产曰："宋、卫、陈、郑，将同日火。若我用瓘斝玉

①万民英：《三命通会》卷七。
②程颢、程颐：《二程遗书》卷十一。
③孙思邈：《备急千金要方》卷九，四库全书本。
④《外台秘要方》卷三十五，四库全书本。
⑤汪机：《石山医案》卷下。

瓒，郑必不火。”子产弗与。①

上引《左传》关于星占的内容虽非关生产，然其与星命术数的原为一理，因此，可以说，郑庄公之母姜氏不喜欢其长子寤生，应与不举寤生子俗，担心其子妨克自己的命运不无关系。至于应劭所云“儿堕地能开目视为寤生”的说法是不是合理，则有一定的探讨空间。太史公司马迁似乎并不这样理解，他在《史记·郑世家》中说：“武公十年，娶申侯女，为夫人，曰武姜，生太子寤生，生之难，及生，夫人弗爱。后生少子叔段，段生易，夫人爱之。”太史公虽从训诂学的角度将“寤生”解释为“生之难”，但其已将事实表述得很清楚了，所以后人以此为据，将“寤生”解释为“牾生”，明方以智撰《通雅》：“‘逢俉’犹‘逢遌’也。‘寤生’犹‘遌生’也。‘鄂谢’即‘晤谢’，‘朗寤’即‘朗悟’，‘俉’音‘晤’，相逢而惊也。《史记》‘逢俉化言’，‘化’为‘讹’。叙传：‘遌神’即此意。《韵会》作‘迕’，与‘俉’、‘遌’同。《尔雅》：‘遌’，遇也。注‘遌’，今为‘晤’，《左传》：‘庄公寤生，惊姜氏。’言寐觉而生则非矣。言遌生也，遌，逆也。如今之倒生，此《笔乘》载敬甫解也。按史灌夫传：‘武安鄂谢。’《汉书》作‘晤谢’。晋温羡以朗寤见称，即与王戎颖悟之悟同。《项羽传》赞‘尚不觉寤’，亦‘觉悟’也。相证益知古人之借。”② 这一论断与太史公所言合若符节，得到后世学者的推阐。清黄生在《义府》中说：“‘庄公寤生，惊姜氏，故名曰寤生，遂恶之。’杜云：‘寤寐而庄公已生’，此说非也。寤而已生，此正产之极易者，何为反惊而恶之？予谓寤当与牾通，牾，逆也。凡生子首出为顺，足出为逆，至有手及臂先出者，此等皆不利于父母，或其子不祥，故世俗恶之。庄公寤生，是逆生也，逆生则产必难，其母之惊且恶也，宜矣。按《风俗通》云：‘儿生而能开目视者，曰寤生。’此亦一说，又世亦有睡中生子者。《南燕录》载慕容皝夫人，昼寝生德，左右以告，方寤而起。皝曰：此儿易生似郑庄公，长必有大德，遂以德为名。观此可见，宇宙之大，何所不有。然皝以易生为喜，益证姜氏之恶，必以难产为惊矣。杜

①杨伯峻：《春秋左传注》中华书局，1981 年，第 1390～1393 页。

②方以智：《通雅》卷七。

预之注，予终不谓然。”① 杨伯峻先生在《春秋左传注》中也说：“杜注以为寤寐而生，误。寤字当属庄公言，乃牾之借字，寤生犹言逆生，现代谓之足先出。明焦竑《笔乘》早已言之，即《史记·郑世家》所谓‘生之难’。应劭谓生而开目能视曰寤生。则读寤为悟，亦误。其他异说尚多，皆不足信。”②

清儒阎若璩谓“庄公寤生者，乃梦中所生。”③ 此说与杜注唐疏差近，虽晚出，并未转精，殊不足取。

（本文作者为北京第二外国语学院语言学与应用语言学研究中心教授）

①黄生：《义府》卷上。

②杨伯峻：《春秋左传注》，中华书局，1981 年，第 10 页。

③阎若璩在对宋王应麟《困学纪闻》所加按语中云：“《周书·寤儆解》‘王曰‘今朕寤，有商惊予。’注云‘言梦为纣所伐，故惊。’《史记》解王召左史戎夫曰‘今夕朕寤，遂事惊予。’参以《说文》：‘寤，昼见而夜梦也。’则庄公寤生者，乃梦中所生，解较直捷。”详《困学纪闻》卷六。

从郑国音乐看春秋时期的礼

⊙李玲玲

周公制礼作乐，使礼乐成为“辨贵贱明等级”的国家制度，加重了乐在礼制中的地位，从而促进了音乐的迅速发展。从商代的简单乐器到春秋战国 8 枚以上的大型编钟充分体现了早期音乐的发展历程。因为礼乐制度中礼乐并行，乐是礼的一个重要载体和体现，其本身也是一种等级的产物，不同的等级有严格的礼乐规范和要求，所以考察音乐的发展、使用场合、音乐的内容、乐器的种类和使用等有关内容，同样可以看出其中所蕴含的礼。

郑国的音乐长期以来备受争议，反对者有之，赞成者亦有之，梳理辨识郑国音乐的发展变化，可以从一个侧面了解郑国所处时代即春秋时期礼的特征和变化。郑国的音乐因为年代久远，早已湮没不清，目前仅可以从两个方面略窥一二：一是传世文献中记载的有关郑声的内容和评价，以及《诗经·郑风》中郑国民间歌谣的文本内容；二是郑国不同遗址出土的乐的实物载体，即各种青铜乐器。从这两方面考察郑国音乐及其所蕴含的当时的礼制，可以起到窥一斑而知全豹的作用，对春秋时期的礼的特点与变化也有所认识。

一、郑声、郑风及其反映的春秋礼制特点

郑国的音乐主要体现在文献记载中的郑声和《诗经·郑风》中的民歌诗词，二者概念不同，反映的礼也不同。郑声的形成与流传直接体现着春秋时期的礼乐崩坏，是对传统礼乐制度的挑战和突破。而郑风则是郑国代表性民间歌谣的摘录，反映的是下层普通民众的真挚情感和社会风俗，反映的是传统礼乐制度的普及。

传统礼制的突破：郑声本身的发展和流行就是对传统礼制的突破，这种突破直接反映了春秋时期的礼崩乐坏。

郑声是春秋时期兴起的一种新的音乐形式，与西周礼制中传统的雅乐有很大区别，但其具体的音乐形式、蕴含内容、音乐特色等，因时代久远，记载缺失，难以进行全面考证，只能从传世文献尤其是春秋战国时期的记载来略窥一二。

对于郑声的看法在同时代的春秋战国时期已经有了两种截然不同的观点，以孔子为代表的尊崇西周传统礼制的知识分子对其持反对态度，认为郑声有违雅乐的中和思想，不利于修身治国，违背传统礼制；另一种则是以当时的一些诸侯和贵族为主，他们好听郑卫之音，认为郑声令人兴奋，不知疲倦。仔细梳理先秦文献中记载的有关郑声的内容，可以大致窥知郑声的一些特点，以及为什么在当时就有了不同的认知，并能通过郑声的现象看到当时社会传统礼制的变化。

首先提出“郑声淫”，反对郑声的是孔子。在《论语・卫灵公》中：颜渊问为邦。子曰：“行夏之时，乘殷之辂，服周之冕，乐则韶舞。放郑声，远佞人。郑声淫，佞人殆。”① 在《论语・阳货》中孔子表达了不赞成郑声的原因，即：“恶紫之夺朱也，恶郑声之乱雅乐也，恶利口之覆邦家者。”② 在孔子这两则简短的涉及郑声的记载中我们仅可以看出，孔子认为“郑声”不符合传统礼制，不利于治理国家，因此主张“放郑声”。而后世对孔子所说的“郑声淫”却产生了大量的分歧和意见，长期争讼不休，汉儒和宋代理学家更是仅从情色这一角度解释“淫”，忽略了“淫”这一词在早期语言中的“过分、过渡、迷惑”等含义，混淆郑声和诗经中的郑风，认为郑风多为淫秽之诗，郑声为淫惑音乐，完全曲解了孔子“郑声淫”的含义。

从先秦文献其他有关郑声的记载中，我们可以对当时郑声的具体内容和形式进行一个大概探知，并推测孔子反对郑声的真正原因。《左传・襄公二十九年》里记载吴公子季札在鲁国观乐，对周王室及各诸侯国的音乐都进行了评价，其中对郑国

①杨伯峻：《论语译注》，中华书局，2004年，第164页。
②杨伯峻：《论语译注》，中华书局，2004年，第187页。

音乐的评价为："…为之歌《郑》，曰：'美哉！其细已甚，民弗堪也，是其先亡乎！'"杨伯峻先生的《论语译注》中对季札评价的解释为："郑国的音乐很美，但是诗词所言多为男女琐碎之事，有关政治的极少，风化如此，政情可见，故民不能忍受，所以就会先灭亡。"① 笔者认为杨先生的解释说明了郑国音乐的一个内容"其细已甚"，即音乐过于"细"，这里的"细"杨先生解释为词多为男女之事，但也有可能指其音乐形式与传统雅乐的钟鼓之音相比过于细致琐碎，过于娱乐化，失去了传统礼乐的宗教内涵和政治教化作用，而且这种烦琐细致已达到了百姓不能忍受的地步，不利于治民治国，所以才是亡国之音的写照。正是基于治邦治国、修身齐家的基础上，孔子才会不赞成过度细腻烦琐、过于注重娱乐声色，而不是重视礼乐教化的郑声，认为应该放弃郑声。郑声的烦琐细腻在其他文献记载中也有体现，并且郑声在当时并不是所有人都反对的，与此相反，反而极为流行，尤其是受到新兴贵族阶层的喜爱和吹捧，如《礼记·乐记》中，魏文侯曾问于子夏曰："吾端冕而听古乐，则唯恐卧；听郑卫之音，则不知倦。敢问古乐之如彼，何也？新乐之如此，何也？"子夏对曰："今夫古乐，进旅退旅，和正以广，弦匏笙簧，会守拊鼓，始奏以文，复乱以武，治乱以相，讯疾与雅，君子于是语，于是道古，修身及家，平均天下，以古乐之发也。今夫新乐，进俯退俯，奸声以滥，溺而不止。及优侏儒优杂子女，不知父子，乐终不可以语，不可以道古，此新乐之发也。"② 从这一记载可以看出传统礼乐与新乐的差别，郑声的性质及细腻烦琐的程度。在当时人看来，郑卫之音是与传统雅乐相对的新乐，音乐表达形式烦琐复杂，内容庞杂，难分主次，与传统雅乐的浑厚简朴庄严肃穆完全不同。因此孔子认为这种新兴音乐破坏了传统礼乐制度，使人沉迷过度，所以需要放弃。

基于上述文献中对郑声的相关记载，笔者赞同今人修海林先生、罗小平先生、蒋笛先生等学者关于郑声概念的观点，③ 认为春秋时期的郑声，即孔子反对的"郑

①杨伯峻：《春秋左传注》，中华书局，2000 年，第 1162 页。

②刘树胜：《再论"郑声淫"——回到孔子的时代去》，《沧州师范专科学校学报》，2001 年第 3 期。

③参见修海林、罗小平著：《音乐美学通论》，上海音乐出版社，2002 年，第 64 页；陈宗花：《"郑卫之音"问题研究综述》，《人民音乐》2003 年第 11 期。

声”，是以郑国为代表的各诸侯国的民间音乐为原型，经过加工改造，使其满足新型统治阶级享乐生活的需要，打破传统雅乐的宗教气息和教化功能，注重音乐娱乐化和享乐化功能的新兴音乐。这种音乐来源于郑地长期流行的民间音乐和小调，被不断加以改造，加重了民间音乐中本来存在的少数不健康因素甚至使其畸形过度发展，以满足贵族阶级的享乐需求，流行于都市娱乐圈，主要供贵族富豪声色娱乐，音乐形式复杂，韵律繁复，完全突破了传统礼乐克制、节制的中心思想，形成了一种靡靡之音和奢靡之风的音乐风潮。所以“郑卫之音”给后世留下的是一种靡丽婉转的深刻印象。到战国末期，包括“郑卫之音”在内的新乐走向侈靡，是统治阶级片面、极端地强调音乐娱乐性的必然结果。他们把音乐的娱乐性变成了享乐性，从而使部分“郑风”发生了变质和腐化，演变成专供统治阶级享乐的靡靡之音——“郑声”。①

可以说郑声现象本身就直接反映了春秋时期的礼崩乐坏，传统礼制对人的思想约束和行为约束在音乐形式上率先被打破，其音乐违背传统雅乐的“中和”、“平和”、“乐而不淫、哀而不伤”的原则，过于繁杂和放纵，但得到新兴贵族阶层的喜爱和推崇，成为传统礼乐制度崩溃的先声。

传统礼乐教化的普及：《诗经·郑风》反映出西周传统礼制在普通民众间的普及及春秋以后礼乐教化功能的延续。

郑声之外，郑国的音乐还表现于儒家经典之一《诗经》中的《郑风》。《郑风》是郑国民间歌谣的词本节选，反映着郑国下层民众的风俗习惯、日常生活和感情世界，与郑声有很大不同。郑风仅仅是郑声最初的音乐源头，郑声反映的是贵族阶层的喜好，而郑风反映的则是普通民众的生活情感，因此郑声受到了孔子的反对和遗弃，郑风却被孔子收入《诗经》，得到极大的推崇，原因就在于郑风反映的是人类最真实的情感世界，也反映着传统礼乐教化在普通民众中的影响力和普及度。

因为孔子的一句“郑声淫”，后世便等同了郑声和郑风，对郑风大加批判者众多，尤其是汉儒和宋以后的理学家，他们从“灭天理，禁人欲”的后世禁欲礼制角

---

①蒋笛：《孔子“郑声淫”之今辨》，《求索》2011 年第 11 期。

度出发，认为郑风“多为女惑男之语，大多为淫奔之诗”，是对古代男尊女卑制度的大不敬。但反观孔子对郑风的看法，却完全不是这样。如果郑风等同于郑声，孔子是不会将其收入《诗经》，并对其大加赞扬的。孔子认为：“《诗》三百，一言以蔽之，曰‘思无邪’。”[①]《诗经》十五国风收录了160首民歌，是《诗经》中的核心内容，且其中郑风数目最多，有21首。孔子对《诗经》“思无邪”的评价说明，孔子对《诗经》是万般推崇的。而且孔子曾删订古诗，并且“三百五篇皆弦歌之，以求合韶武雅颂之音。礼乐自此可得而述，以备王道，成六艺”[②]。说明孔子节选删订古诗形成《诗经》的目的在于使其合雅乐，以供统治者治理国家作参考。另外，孔子对《诗经》的功能和作用也有高度的评价，《论语·季氏篇》有一段记录陈亢与孔子儿子伯鱼的问答充分体现了这一点：“不学诗，无以言。”这些都说明孔子对《诗经》是高度赞扬的，自然不会排斥其中的《郑风》，可以说《诗经》在当时是有着重要作用的，可以启发思想，激发情感，有移化人的思想感情的作用；可以互相沟通情感，用于社会交往和出使专对、赋《诗》见志；可以通过《诗》认识社会现实，考见政治得失和民俗风情；可以用以讽刺不良政治和批评社会现实。虽然其中的《郑风》多为情诗，但也有观风俗、知民情和开阔视野、增长见识的作用。从孔子对《诗经》的高度评价来看，孔子所说的“放郑声”绝对不是指“放《郑风》”。[③]

有学者认为郑风多为爱情诗，反映了郑地民风开化，受传统礼制约束少。笔者却不这样认为。笔者认为郑风能够入选《诗经》，除了其所表达的是人类最真挚的感情，反映郑地民风民俗之外，也从另一个方面反映了传统礼乐制度在民间的普及和延续。其中最典型的是“将仲子”，虽然表面看是女子思念情郎的规劝之语，但另一方面也反映出，要情郎尽量循礼而行，否则父母之言可畏、兄弟之言可畏、人之多言可畏，这难道不是说明传统礼乐教化在普通人家家里也是要遵循的么？当然郑风大部分是体现不了礼制内容的，更多的是一种男女之间的思慕之情或是反映郑

①杨伯峻：《论语译注》，中华书局，2004年，第11页。
②司马迁：《史记·孔子世家》，中华书局，2003年。
③刘树胜：《再论“郑声淫”——回到孔子的时代去》，《沧州师范专科学校学报》，2001年第3期。

地民风民俗。但孔子将郑风收入《诗经》的目的，一方面是为了帮助统治者体察民情，查证得失；另一方面也是为了合礼作乐，使最底层的民俗融入礼制规范，以便更好地实行礼乐教化之功能，实现礼乐制度的普及。

至于为什么说在先秦时期礼乐制度是普及于普通民众间的，还要从礼乐制度的起源说起。西周时期形成的传统礼制是以宗法制和家族制为基础的，春秋战国以前，我国的古代国家都是一种以家族制为基础的政治结构，春秋战国以后，随着新兴贵族势力的崛起，地缘政治才逐渐打破血缘家族的政治结构，秦汉王朝才真正建立了后世意义上的地缘国家。即便如此，通观我国古代的各个王朝，宗族制、家族制在历朝历代国家统治中的影响一直存在，各个朝代世家大族对国家政治的影响力都不可小觑。而在先秦时期的血缘国家政治时期，更是以家族、宗族为统治基础，家族之内、宗族之内虽有等级高低、贫富差别，知识技能掌握于上层人员之中，但以家族制为基础的礼制应该是普及到每个人的，除了没有身份自由的奴隶。基于这种血缘国家政治特点，笔者认为对于《周礼・礼记》中“礼不下庶人，刑不上大夫”的解释最能体现这一国家结构特点。自秦汉以来的解释，多是“庶人没有资格受礼遇，大夫拥有特权不受刑”，把“下”作“下到”，“上”作“上到”解。笔者认为这种解释与当时的国家性质和国家结构是有所违背的，笔者赞同复旦大学钱文忠教授对此的解释即：“礼不卑庶人，刑不尊大夫。”钱教授认为从血缘宗亲社会的刑礼观上看，远古时代，社会的所有成员，为了本血缘宗亲的兴旺发达，子孙繁衍，都要严守人所共循的礼制刑法，谁也不能特殊。尧舜时，舜让鲧治理水患，鲧没有治好，鲧就受到了死刑处分。舜让位于禹后，禹对于执法刑父的皋陶不但重用，而且友情胜旧。当时刑礼保持公正与威严，即便是首领也不例外。所以这句话，应为“礼不卑庶人，刑不尊大夫”。当然，这句话到了封建社会变成了因人论罪，礼成了尊上卑下、刑变为宥贵残贫的封建特权阶层的私器。但这句话是与后世的“王子犯法与庶民同罪”“法律面前，人人平等”是一脉相承的。钱先生的这种解释更符合当时以家族、宗族为基础的血缘政治结构特点，也更能解释孔子为何要“克己复礼”，推崇周礼的真实意图。因此，笔者认为，既然西周时期的各种社会制度是建立在家族制、宗族制基础之上，所以礼制当然也是如此，应是覆盖于整个家族和宗族，普及于宗族、家族之内的所有成员，所有家族、宗族成员都要遵守和参与的，并不是普通民众贫穷就不受礼制教化的制约，不参与各类礼制活动。

由以上礼制的产生基础和起源来看，传统礼制的礼乐教化功能是普及于奴隶之外的由贵族至平民的所有阶层，虽然《诗经·郑风》中体现不多，但郑风入选《诗经》也是实现孔子克己复礼思想，普及礼乐教化，推行礼乐教化之功的重要方式。《诗经·郑风》反映的是人类之间最真挚的情感，《诗经》中各诸侯国国风入选的目的是为让统治者了解民情，了解普通民众的思想、情感和日常生活，以便于更好的治理国家，因此郑风与郑声是完全不同的，其体现的是礼乐教化功能的普及和延续。

二、郑国青铜乐器现象反映的春秋时期的礼

除了文献记载的郑声、郑风之外，能够直观反映郑国音乐形式的便是当时的各种乐器，其中尤以青铜乐器为主。商代就有了青铜乐器，但种类很少，只有小型的铃和铙；西周时期的青铜乐器已经以钟为主，而且出现了三枚或五枚为组的编钟，西周晚期编钟数量大大增加，出现了多达 8 枚的编钟组合，说明了音乐的新发展；到春秋时期，音乐进入了一个新的发展阶段，除了传统的钟鼓雅乐外，丝竹管弦的新乐开始日益流行，其中以郑国和卫国的音乐为代表，史称“郑卫之音”。从乐器来看，丝竹管弦乐器因材质问题难以保留，所以春秋时期目前能够看到的乐器主要为 8 枚至 13 枚的大型青铜编钟，而且这些成组的编钟还可以同时组成多组，共同演奏，音域更宽，音调的变化更多，体现了当时音乐的辉煌。因为乐也是当时礼的具体载体，起着重要的区分等级作用，乐器的使用也是有严格的等级要求的，所以郑国遗址出土的乐器可以更直接地看出当时礼制的发展情况。郑国既发现有王室大墓和普通墓葬，也发现有专门的祭祀遗址，不同遗址中青铜礼乐器的组合、种类等有所差异，反映了当时不同的礼制变化。从郑国遗址出土的青铜乐器情况可以看出春秋时期的礼在两方面的变化：其一，礼乐相辅相成，音乐得到了迅速发展；其二，西周时期形成的传统礼制在春秋时期有所改变，有些方面被僭越和打破，有些方面依然保持着传统。

礼乐的相辅相成：西周时期礼仪制度的确立，使得乐在礼制中占据了重要的一席之地，因为祭祀、宴飨、征伐等各方面的礼仪活动举行时，都少不了乐的伴奏，尤其是春秋时期乐器的发展使得乐不仅成为礼仪制度的一部分，更成为日常生活中的重要内涵，乐在礼仪制度中所占的比重加重。

从两周时期的文献资料来看，周文化中“礼”和“乐”是同时出现，互为补充的，如《通志·乐略》记载“礼乐相须为用，礼非乐不行，乐非礼不举”。从礼乐器使用制度观察，礼与乐更是不可分割的，周人宴必有酒，酒必伴乐。礼与乐共同构筑了东周文明，但又各具特性。《礼记·乐记》记载：“故乐也者动于内者也，礼也者动于外者也，乐极和，礼极顺，内和而外顺，则民瞻其颜色，而弗与争也。望其容貌，而民不生易慢焉，故德辉动于内，而民莫不承听，理发诸外而民莫不承顺，故曰致礼乐之道举而错之，天下无难矣。”① 对礼和乐的关系进行了生动的描述。

从考古材料中更能看出春秋时期礼乐并行的状况。不管是郑国的墓葬遗址还是祭祀遗址，其青铜礼器的组合必有青铜乐器的配合，尤其是祭祀坑中更显示出乐器在青铜礼乐器中的重要地位。以郑韩故城发掘的青铜礼乐器坑为例，可以清楚地看到礼乐器坑的组合方式，即：礼器坑和乐器坑秩序排列，有一定的配合：两礼器坑配三乐器坑、一礼器坑配三乐器坑、一乐器坑和一礼器坑单一对应。从礼乐器坑地层资料的分析结果看，其时代应该是春秋中期即郑国礼乐器坑遗址。② 从上述的礼乐器的组合来看，在礼仪活动中，乐器的比重甚至要远大于礼器的比重。

礼制的保留与僭越：从郑国遗址出土的青铜礼乐器不仅可以看出当时的礼仪制度中的礼乐并行情况，还可以看出春秋时期传统礼制的变化。这种变化是由当时的社会政治所决定的，即王室地位下降，诸侯和卿士权力日重，传统礼制在大的国家祭祀等方面虽然还有所保留，但在墓葬或日常礼仪中却被逐渐僭越和打破。以礼器

---

①杨文胜、李晓莉、韩越：《郑国青铜礼乐器祭祀坑相关问题讨论》，《华夏考古》2008 年第 2 期，第 116 页。

②杨文胜、李晓莉、韩越：《郑国青铜礼乐器祭祀坑相关问题讨论》，《华夏考古》2008 年第 2 期，第 116 页。

的使用为例，《周礼》中对不同级别礼器的使用有严格规定，即“天子九鼎八簋，诸侯七鼎六簋，大夫五鼎四簋，元士三鼎一簋”，春秋时期这种规定在大的祭祀礼仪中依然被保留，墓葬中却已经被打破。因为墓葬随葬的青铜礼乐器更倾向于生活礼仪用器，反映的是人的一面，随着王室力量的减弱，公卿个人权力的增强，自然会被打破和僭越；但祭祀遗址中有所保留，因为祭祀神灵时，陈设性的礼仪重器占据着重要位置，祭神不管是天子还是诸侯必须是严格按照自己的身份来进行，不能轻易欺骗和愚弄神灵，因此在祭祀遗址中依然能看到传统礼制的保留。这些在郑国遗址中都有着非常明显的体现。

郑国发现的祭祀坑遗址有非常明显的身份和等级显示，“作为祭器的祭祀遗址出土器物在春秋中期仍然极为严格地遵循着传统礼乐器使用制度”。① 从郑国金城路遗址和中行遗址这两个祭祀坑遗址的器物使用者的身份来看，中行遗址出土器物为九鼎八簋，一套符合礼书记述的天子用器；金城路出土七鼎六簋，与礼书诸侯用器等级相符。金城路遗址和中行遗址在出土器物等级方面显然有着等级差异。② 就郑国本国来说，郑国君主可以说为天子，使用”九鼎八簋”，符合传统礼制；但就周王室来说，郑国君主作为诸侯，应使用“七鼎六簋”，这种现象既是一种保留，更多的却是一种礼制的僭越。

但是郑国两遗址祭祀坑器物组合的等级差异仅限于鼎簋数量的不同，而其他方面却未有区别，均使用乐器编钟，食器鼎、簋、鬲、铺，酒器圆壶、方壶及水器鉴，而且器物形制基本相同。在乐器编钟数量、组合方面二者也没有区别。青铜礼乐器组合的不同表示使用者身份的差异、掌握权力的大小。这说明春秋中期在郑国卿大夫拥有和诸侯接近的地位和权力。传统礼制已经被严重僭越。③

另外，从春秋时期最流行的乐器编钟来看，郑国祭祀坑遗址共发现编钟 206

①杨文胜、李晓莉、韩越：《郑国青铜礼乐器祭祀坑相关问题讨论》，《华夏考古》2008 年第 2 期，第 118 页。

②杨文胜、李晓莉、韩越：《郑国青铜礼乐器祭祀坑相关问题讨论》，《华夏考古》2008 年第 2 期，第 115 页。

③杨文胜、李晓莉、韩越：《郑国青铜礼乐器祭祀坑相关问题讨论》，《华夏考古》2008 年第 2 期，第 115 页。

件，多件编钟架，5件陶埙；而且编钟的组合也是符合当时传统礼制的。当时规定天子作乐要四面挂钟，称宫悬；诸侯三面挂钟，称轩悬；卿大夫两面挂钟，称判悬；士大夫一面挂钟，称特悬。郑国祭祀遗址出土的11坑编钟，除两坑被盗外，其中6座坑为3坑1组的组合关系。每坑为一架编钟，3坑即三架钟，正合“三面悬钟”之数，也与郑国的诸侯国身份相当。

从上述有关郑国青铜乐器的考古材料来看，祭祀坑里的200多个编钟，既彰显了使用者的高贵身份，对传统礼制虽有所保留和遵循，但更多的是一种僭越和打破；同时又凸显了当时音乐的发达，彰显着郑卫之音的强大影响力。

（本文作者为河南省社会科学院历史与考古研究所助理研究员）

郑国兴衰成败给后人的启示

⊙徐玉清

郑国诞生的时间虽短，却在春秋初期扮演了至关重要的角色，其表现可圈可点。郑国的早期国君桓公、武公、庄公都在周朝担任卿士，执掌国政，郑庄公开启了诸侯争霸的先河，郑国俨然成为春秋小霸。正当人们引领相望，期待郑国有更大作为时，郑国却急剧衰落，沦落为诸侯霸主的附庸，最终亡国，“其兴也勃焉”“其亡也忽焉”。[①]“家国兴亡自有时”[②]，郑国的兴衰成败值得后人反思。本文依据相关史料，因循郑国发展轨迹，进行探讨，试图得出一些规律性的结论。

一、危机并不可怕，从危机中找到转机，才是大智慧

郑国，周代姬姓国，建国于周宣王二十二年（前806），“郑桓公友者，周厉王少子而宣王庶弟也。宣王立二十二年，友初封于郑”[③]。《世本》又云：“桓公居棫林，徙拾。”[④] 棫林又作“咸林”，在今陕西凤翔南。拾，今陕西华县西北。

郑国初封时，当时属于周朝五等爵位中的第三等，即伯爵。因此，郑桓公初称为郑伯。郑桓公做了33年的国君，将国家治理得井井有条，获得举国百姓的爱戴，“百姓皆便爱之”。[⑤] 周幽王八年（前774），任用郑桓公为司徒。

据《周礼》记述，“司徒”职责在于“帅其属而掌邦政，以佐王安抚邦国”，

①1945年夏，黄炎培与毛泽东在延安的谈话。
②罗隐：《罗昭谏集》卷四《西施》。
③司马迁：《史记·郑世家》。
④惠士奇：《礼说》卷四引《世本》。
⑤司马迁：《史记·郑世家》。

或者“掌建邦土地之图，与其人民之数”，其性质类似后世的宰相。郑桓公受任之后，以怀柔周民为己民，“和集周民，周民皆说，河雒之间，人便思之”，获得较好的声誉。

自“国人暴动”和“共和执政”以后，周王朝的统治危机日益严重，内外矛盾交织在一起，几乎到了崩溃的边沿。周幽王继位第二年，以宗周为中心的三川（渭、泾、洛）地区又连续发生强烈的地震，当时就有人惊呼“周将亡矣”①。然而，周幽王却对此视而不见，仍然过着醉生梦死的生活，宠信“为人佞巧，善谀好利”② 的虢石父，昵爱褒姒，废申后和太子宜臼，改立褒姒为王后，以褒姒所生子伯服为太子。幽王随意废立王后和太子，不但引起申国的不满，国人也极其愤慨。幽王为了博得褒姒一笑，不惜调动军队随意点报警的烽火，结果又失信于诸侯，最终上下离心，周朝的灭亡也就为期不远了。

郑桓公世事洞明，人情练达，对周朝的危机自然了若指掌。他深知周朝这座大厦将倾，一已之力难以挽回周朝灭亡的命运。但是，他不甘心郑国与周朝同归于尽，就向当时足智多谋的史官太史伯请教自全之策。太史伯纵论天下大势，最后向郑桓公指明，颍、河、洛、济之间为郑国将来立身发展之地。对此，《国语·郑语》《史记·郑世家》都有记载，但有所侧重：

> 桓公问太史伯曰：“王室多故，予安逃死乎？”太史伯对曰：“独洛之东土，河济之南可居。”公曰：“何以？”对曰：“地近虢、郐，虢、郐之君而好利，百姓不附。今公为司徒，民皆爱公，公诚请居之，虢、郐之君见公方用事，轻分公地。公诚居之，虢、郐之民皆公之民也。”③

当时，郑桓公还有向南方和向西方发展的打算，却遭到太史伯的否决。太史伯认为，南方有强大的楚国，“昔祝融为高辛火正，其功大矣，而其于周未有兴者，楚其后也。周衰，楚必兴。兴，非郑之利也。”而周朝西部“其民贪而好利，难久居”。权衡再三，郑桓公采纳史伯之言，决策东进。他向周幽王禀报以后，将自己

①左丘明：《国语·周语》。
②司马迁：《史记·周本纪》。
③司马迁：《史记·郑世家》。

的家眷、财产、部族、奴隶和国内商人迁居洛水以东的虢、郐两国一带，“东徙其民雒东，而虢、郐果献十邑，竟国之”①。

郑国东迁的事业由其子郑武公完成。《汉书·地理志》颜师古注引《春秋外传》说：“幽王既败，郑桓公死之，其子武公与平王东迁。”《绎史》曰：“骊山之败，桓公死之。其子武公掘突，从平王东迁，卒灭虢、郐以为己国。”郑武公二年（前769），郑灭郐；郑武公四年（前767），又灭东虢。郑武公秉承父志，在原虢、郐境内重建郑国，并将国都迁至郑父之丘，即今郑新市城区附近。

周幽王十一年（前771），为保护逃难到申国的废后申后和废太子宜臼，申侯联合缯与犬戎等部，发兵进攻宗周。郑桓公为保护周幽王战死，周幽王和太子伯服被杀于骊山之下。宗周被戎人摧毁，西周灭亡。

事实证明，郑桓公决策东迁，掌握了战略先机。变危机为转机，棋高一着，郑桓公的远见卓识受到后世的称赞。

二、一个国家、一个团体在发展过程中会有过失，应尽力避免发生重大战略失误

郑桓公是周王室近支，被周幽王任命为司徒，佐理朝政，后来又在申侯联络犬戎进攻宗周时为卫护周王室死难，有大勋于周室。郑桓公子武公继续辅政周室，鉴于周朝都城镐京（今陕西西安西北）残破，又处于犬戎威胁下，郑、秦、晋等诸侯国护卫周平王，迁都洛邑，建立了东周王朝。对此，周王室铭记于心，曾有“我周之东迁，晋、郑焉依”之语②。郑庄公担任东周的卿士后，在王室衰微，周天子没有力量继续维持统治秩序的情况下，庄公打起“以王命讨不庭”的旗帜，③联合齐、鲁，攻打宋、卫，制服陈、蔡，并打败了北戎，稳定了东周的局势。

郑桓公、郑武公翼戴周室，不仅在诸侯中赢得声誉，获得的实际利益也着实不少。郑桓公举国东迁，虢、郐两国欣然同意，有利可图固然是根本原因，同时也是

---

①司马迁：《史记·郑世家》。
②左丘明：《左传·隐公六年》。
③左丘明：《左传·隐公十年》。

看中他的周朝司徒身份。有了郑桓公的奠基，郑武公后来得以在中原大地重建郑国。

郑国与周王室合则两利，斗则两伤。郑庄公企图独霸王室权力，自然引起周天子的不满。双方由矛盾而起冲突，由冲突上升为战争。公元前707年，周桓王被郑军一箭射中肩膀，周天子的威严扫地，从此一蹶不振。郑国的地位空前显赫，俨然成了春秋初期的霸主。然而，郑国也失去了“挟天子以令诸侯”的资本，更被诸侯目为叛逆，郑国的损失更大。

东迁洛邑后的周王室，直辖的“王畿”仅剩下成周方一二百里，即今河南西南一隅的地盘；同时，天子控制诸侯的权力下放和直接拥有的军事力量，也日益丧失。但百尺之虫，死而不僵，周天子以“共主”的名义，仍然具有号召力。郑国利用周王室这个金字招牌，“挟天子以令诸侯”，积极发展自己势力，获得很多实际利益。与周王室失和，丢掉金字招牌，是郑国重大战略失误。

郑国与周王室失和后，齐桓公举起“尊王攘夷”大旗，“九合诸侯，一匡天下”①，获得极大的国际声望，被周王室正式册封为霸主。

三、机遇可遇而不可求，稍纵即逝

郑桓公问史伯：“周衰，何国兴者？”史伯预言，齐、秦、晋、楚这四个国家即将兴盛。他还阐述这些国家兴盛的理由：“夫齐，姜姓，伯夷之后也，伯夷佐尧典礼。秦，嬴姓，伯翳之后也，伯翳佐舜怀柔百物。及楚之先，皆尝有功于天下。而周武王克纣后，成王封叔虞于唐，其地阻险，以此有德与周衰并，亦必兴矣。”②

然而，在东周初期，自西部东迁中原的小国郑国却横空出世，扮演了春秋初霸的角色，齐、晋、秦、楚这些幅员辽阔的大国却相形失色。对先秦史颇有研究的童书业认为郑国在春秋初期有上乘表现有特殊原因：“当春秋之初，周室已衰，齐、晋、秦、楚未兴，郑庄雄桀，处挟天子以令诸侯之地位，又结交大齐、强鲁，近攻

---

①司马迁：《史记·齐太公世家》。

②司马迁：《史记·郑世家》。

宋、卫、陈、蔡，甚至击败周王所率之联军，纵横一时，几于霸主。”①

郑国在诸侯争霸中只是偶露峥嵘。诸侯争霸，是大国之事。郑国幅员不广，国力有限，是中等强国，其霸业难以维持。郑庄公逝世后二十余年的内乱，使郑武公、庄公开创的全盛郑国迅速走向衰落，而且还迫使郑国从国际大舞台转回到国内，失去了在天下诸侯中争霸的竞争力。从此以后，郑国在春秋的地位几乎完全改变了，原来在郑庄公时期“挟天子以令诸侯“的时代一去不复返了。与此形成鲜明对比的是，齐国、晋国、秦国、楚国整军经武，相继进军中原，充当诸侯霸主。

四、审时度势，随机应变，方能立于不败之地

由于国力强盛，春秋初期的郑国是非常强横的，根本听不进“亲仁善邻，国之宝也”② 这个大道理。

郑庄公二十二年（前 722 年），庄公镇压了同母弟京城大叔段的叛乱。第二年，郑庄公就发兵攻打卫国，以报卫国接纳叔段之仇。郑军一直进攻到卫国的首都（今滑县城）郊外，后因卫国的国君卫桓公求和才撤兵。随后，郑又相继与卫、陈、宋、许等国发生战争。郑庄公三十八年（前 706 年），齐国被北戎侵扰，向郑国讨救兵。郑太子忽带兵马救齐，大败戎兵。齐僖公想把女儿嫁给郑太子忽，以为姻援，却被太子忽辞绝了。这次战争，诸侯的大夫多有带兵替齐国守御的。齐国答谢诸侯的好意，馈送粮饩给各国大夫，请鲁国按班次代为分派，鲁国怠慢郑国，郑太子忽很不高兴。后来郑国竟联结齐、卫两国伐鲁。这也可见郑国在当时的强横了。

郑庄公之后，随着国力的衰落，郑国收敛起锋芒，周旋于齐、楚、晋、秦四个大国之间，为了生存，左右逢源，表现出了灵活多变的应变策略。这种策略是：以郑国利益为核心，不过分依赖于某个大国，不始终倾向于任何一个大国，“常首鼠两大国之间，视其强弱以为向背”③。这种务实的策略运用得当，郑国竟然能在大国争霸中得以保全下来。

---

①童书业：《春秋左传研究》，上海人民出版社，1980 年。

②左丘明：《左传·隐公六年》。

③[清] 顾栋高：《春秋大事年表·春秋郑执政表》。

五、和平发展，是人民的真诚愿望和不懈追求

郑国的兴盛和衰亡都与战争有不解之缘。正是郑武公施用计策，攻灭虢和郐，才有新的郑国的建立。没有郑庄公的四处出击，郑国的版图也不会扩大，郑国的国力也不会扩充，也就没有郑国春秋初期霸主地位。

郑地处中原腹地，历来为兵家必争之地。五千年前，以黄帝为首的有熊氏部落(在今河南新郑)，逐鹿中原，最后，黄帝统一天下。春秋战国时期，先后有郑、齐、宋、晋、楚、秦等国争霸中原。郑国地处交通要冲，向为兵家必争之地，因处中原腹地，各国霸主都以郑为掠夺目标，诸侯不断用兵。从郑穆公二十年至郑简公十一年（前608～前555）的五十多年间，郑国一直被战争包围着，其中遭到楚国征伐21次，晋国征伐15次，齐、宋、秦等国征伐8次，几乎年年被征伐。据不完全资料统计，郑国在新郑建国历时395年，对外战争和外国入侵战争就达116次，平均每3.3年一次。战争的特点是，初期多为对外扩张，中后期多为反侵略或追随大国而战。因此，史家认为，“春秋战争之多者莫如郑”①。

地处四战之地，依违于大国之间，是郑国覆亡根本原因。客观上讲，由于郑国在当时所处特殊的地理位置和历史条件，郑人在对外战争和反入侵战争中创立了许多先进的军事科学思想和战略战术，在军事史上占有重要的地位和作用。然而，郑国屡遭战争洗劫，让郑国君臣和百姓饱受战乱之苦，版图日益缩小，国将不国。最终，郑国无力抵御韩国的进攻，被韩吞并。

六、团结就是力量，内争没有一个胜利者

郑庄公（前757～前701）是郑国历史上划时代的人物，他13岁即位，成为郑国国君和周王朝卿士，公元前743年至公元前701年在位，统治郑国43年。春秋初期，郑虽为小国，郑庄公雄才大略，发展经济，强兵富国，曾在中原称盛一时，史称“春秋初霸”。根据有关资料记载，当时的郑国疆域大致以今新郑市为中心，

①[南宋] 王应麟:《诗地理考》卷三，“郑条”。

东至河南兰考，南达禹州、鄢陵，西至虎牢，北至黄河，基本上尽有了虢、郐十邑之地，实现了太史伯为郑桓公规划的立国规模。这一区域土地肥沃，交通发达，商业繁盛。特别是在公元前707年，周桓王以天子之尊率诸侯之师伐郑，以失败告终，郑国在天下的霸主地位得以确立。郑庄公还恢复了在周王室的地位，从此得以“挟天子以令诸侯”，拉开了春秋战国时期天下诸侯争霸的序幕。

史家评述：“郑庄公，春秋诸侯中枭雄之姿也。其阴谋忮忍，先自剪弟始，而后及于四邻与国。修廪延之郄，则伐卫；报东门之役，则侵卫；为邾人释取田之憾，则伐宋；忿请成之弗许，则侵陈；假王命以兴师，则伐宋；并三国之师，则取戴；托违命以虐小，则入郕；饰鬼神之不逞，则入许；怒周班之见后，则战郎。其他连衡植党，相从牲歃，难一二数，庄公亦一世之雄哉。”①

以往史家往往引用上述史料，称颂郑庄公开春秋时期郑国极盛，史称一代枭雄。却忽略了高士奇评价郑庄公时还有这样一段话：“然而不能崇固国本”。

崇固国本，国家方能长治久安。这一点，郑庄公确实没有意识到，也没有做到。

郑国桓公、武公政由己出，如臂使指。自郑庄公时，其权威就受到挑战，在郑武公夫人姜氏的怂恿和鼓励下，郑庄公的同母弟弟公子段（京城大叔段）试图篡权，夺取国君之位。最终，郑庄公一举粉碎了公子段的叛乱。《左传》中“郑伯克段于鄢”是人们熟悉的脍炙人口的历史故事，然而却是血淋淋的郑国公室内争。最终，公子段被迫亡命国外，郑国实力受损，郑庄公的声望受到打击。

殷鉴不远，郑庄公却没有吸取教训。他在继嗣问题上的优柔寡断，给郑国带来了长达二十余年的祸乱。

原来，郑庄公有子11人，都有一定才能。早年，他娶邓国国君之女，名为邓曼，生子忽；后又娶宋国贵族雍氏女，生次子突。此外还有子亹、子仪等。郑庄公按照宗法制度，立长子忽为太子。然而，他却没有赋予太子更多的权势和地位。对此，郑庄公信赖的大夫祭仲有些忧心忡忡，他劝太子忽与齐国公室联姻，以寻求后

---

①[清] 高士奇：《左传记事本末》。

援，“君多内宠，太子无大援将不立，三公子（指公子突、子亹、子仪）皆君也”①。

郑庄公去世以后，祭仲的预言变成了现实，郑庄公的四个儿子太子忽、公子突、子亹、子仪相继担任国君，郑国陷入了长期的内乱当中：昭公、厉公争权，郑国公室动荡；卿大夫专权，迫主外奔；新立的国君子亹、子仪（郑子）相继被杀。公元前679年，郑厉公复位，方才结束了长达二十多年的内乱。

郑庄公以后，郑国君弱臣强的局面始终没有改变，国君的废立由权臣根据意愿改易，好几位国君都丧生于大夫之手。春秋列国实行世卿世禄制，公族大夫势力强大，郑的公族势力也极大，有良、游、国、罕、驷、印、丰等七穆之族。各国干涉郑内政，郑国被迫数次改易国君。这些因素注定郑国内争不断。郑国的内争包括，国君与公族大夫之间的争斗：公族大夫之间的内讧；权臣随意改易国君等。这也昭示，一个团体、一个国家，要想事业兴旺发达，必须有一个坚定的领导核心。

郑国内争，致使国力衰微，郑庄公去世以后，郑国风光不再。争斗的双方，没有一个胜利者。

七、“十室之邑，必有忠信，”② 人才是一个国家，一个地方发展的核心竞争力

《墨子·亲士》有云：“是故江河之水，非一源之水也；千镒之裘，非一狐之白也。”众人助，而事业兴。郑国虽小，却不乏忠烈之士。孝子颍考叔设计，帮助郑庄公与母亲武姜重逢相见，捐弃前嫌；面对晋文公的威胁，叔詹为救郑国，毅然自尽；烛之武智退秦师，瓦解秦、晋同盟；商人弦高假借国君之命犒赏千里袭郑的秦国军队，使其无功而返。这四位贤士都对郑国的发展做出了突出贡献，彪炳史册。相比较而言，贤相子产的出现，使江河日下的郑国出现了中兴之象。

子产，郑桓公7世孙，郑穆公的孙子。郑简公十二年（前554），子产代替子

①司马迁：《史记·郑世家》

②孔子：《论语·公冶长》

驷担任卿士，从此开始执掌郑国国政。子产与当时天下的著名人物吴国人延陵季子、晋国人叔向、鲁国人孔子保持着良好关系。郑简公二十二年（前544），“吴使延陵季子于郑，见子产如旧交，谓子产曰：‘郑之执政多侈，难将至，政将及子。子为政，必以礼；不然，郑将败。”’郑简公二十五年，子产出使晋国，问询晋平公的病情，他的一番宏论，使晋平公深为折服，称赞子产为“博物君子”。

子产在郑国执政三十余年，先后辅佐了简、定、献、声四位君主，因政绩卓著而获得了上下一致的赞誉。孔子得知子产去世的消息，发出“古之遗爱也”的悲叹。

韩席筹《左传分国集注·子产相郑》评述道：“陆氏麟曰：《左传》大抵前半出色写一管仲，后半出色写一子产。吾尝求列国卿大夫如二人者，不复可得，则信乎陆氏之说为笃论也。虽然左氏于管仲多微词，且以其书世多有，故记载从略。而于子产事独详，精理名言，美不胜收，是左氏写出色者，惟子产一人而已。”①

①韩席筹：《左传分国集注》，江苏人民出版社，1963年。

荥阳郡与荥阳堂研究

荥阳郡与郑姓考论

⊙卫绍生

荥阳为古虢国，又称东虢，是郑姓的发源地之一，也是郑姓的郡望。秦始皇统一天下，实行郡县制，在东虢置敖仓县，属三川郡。西汉初年改三川郡为河南郡，敖仓更名荥阳，此为荥阳县之所始。后来又设置荥阳郡，但荥阳开始设郡的时间，一直有不同的说法。据今所见文献记载，有三种说法较有影响：一是郦道元《水经注》的魏正始三年说，二是《晋书》的西晋泰始二年说，三是唐杜佑《通典》的后汉说。三种说法都是出自很有影响的权威性文献，似乎都难以怀疑。但三说之中毕竟只有一种说法属实。那么，究竟哪一种说法更合乎史实呢？且容逐一辨之。

一、魏正始三年说

郦道元《水经注》卷七载：“魏正始三年，岁在甲子，被癸丑诏书，割河南郡县，自巩阙以东创建荥阳郡，并户二万五千，以南乡筑阳乡亭侯李胜字公昭为郡守。故原武典农校尉政有遗惠，民为立祠于城北五里，号曰李君祠。”魏齐王正始三年为公元242年。李胜是三国魏人，字公昭。少年时期游于京师，以雅有才智而为曹爽所赏识，却因好浮华而遭魏明帝曹叡禁锢。曹爽辅政后，李胜受到重用。《三国志·魏志·曹爽传》裴松之注引鱼豢《魏略》载其事云：“胜少游京师，雅有才智，与曹爽善。明帝禁浮华，而人白胜堂有四窗八达，各有主名，用是被收。以其所连引者多，故得原，禁锢。数岁，帝崩，曹爽辅政，胜为洛阳令。夏侯玄为征西将军，以胜为长史。玄亦宿与胜厚，骆谷之役，议论从胜出。由是司马宣王不悦于胜。累迁荥阳太守、河南尹。胜前后所宰守，未尝不称职。为尹岁余，厅事前屠苏坏，令人更治之。小材一枚激堕，正挝受符吏石虎头，断之。后旬日，迁为荆州刺史，未及之官而败也。”既称李胜为荥阳太守，则荥阳当已为郡。但荥阳何时设郡，《魏略》未曾言及。

考诸文献，郦道元魏正始三年说颇多矛盾和讹误。其所言“割河南郡县，自巩阙以东创建荥阳郡”，仅见于《水经注》，不见于正史《地理志》或《郡国志》，只是孤证。且“正始三年，岁在甲子”，则系明显错误。魏正始三年为壬戌，后二年，即魏正始五年（244）为甲子。“正始三年，岁在甲子”，时间错误。此其一。李胜曾经为夏侯玄长史，不仅随夏侯玄参与骆谷之役，而且骆谷之役的提出，也是李胜的首谋。骆谷之役发生在正始五年，而此时李胜为征西将军夏侯玄长史，其迁荥阳太守，应在正始五年之后，而非正始三年。此其二。由于司马懿对李胜谋划骆谷之役甚是不满，曹爽专擅朝政之前，李胜升任荥阳太守或河南尹都不太可能，而只能在曹爽专擅朝政之后。据《三国志》和《晋书》有关记载，魏明帝曹叡临终前，司马懿与曹爽同受遗诏，辅佐齐王曹芳。《晋书·宣帝纪》载：“（司马懿）与大将军曹爽并受遗诏辅少主。及齐王即帝位，迁侍中，持节都督中外诸军，录尚书事。与爽各统兵三千人，共执朝政。”而曹爽专擅朝政，据《晋书·宣帝纪》则在正始八年（247）：“八年夏四月，夫人张氏薨。曹爽用何晏、邓飏、丁谧之谋，迁太后于永宁宫，专擅朝政。”所以，李胜为荥阳太守，应在正始八年曹爽专擅朝政之后。此其三。郦道元的“魏正始三年”说，虽然没有说明出处，但从上述考论中可以看出，其依据当是西晋史学家鱼豢《魏略》有关李胜的记载。遗憾的是，郦道元之说既与鱼豢《魏略》相关记载相矛盾，又与陈寿《三国志》及房玄龄等《晋书》的有关记载相抵牾。如此一来，郦道元“魏正始三年”之说的可信度就大打折扣了。一些学者采信郦道元魏正始三年说，或系习焉不察，致使以讹传讹。

二、西晋泰始二年说

此说见载于《晋书》卷十四《地理志》：“荥阳郡，秦（泰）始二年置，统县八，户三万四千。”公元265年，司马炎废魏元帝曹奂而称帝，改元泰始。泰始二年（266），割原属河南郡的荥阳、京、密、卷、阳武、苑陵、中牟、开封八县，设置荥阳郡，郡治为敖仓，乃秦故县所在地。自晋武帝泰始二年始设荥阳郡，此后地名区划时有变更。唐人李吉甫《元和郡县图志》对唐宪宗元和之前荥阳郡的历史沿革作了系统的勾勒：“《禹贡》豫州之域，春秋时为郑国，本高辛氏火正祝融之墟也。周宣王母弟友为周司徒，食采于郑，是为郑桓公。后幽王为犬戎所杀，桓公死之。其子武公与平王东迁，平定虢郐之地，故《左传》曰‘我周之东迁，晋郑焉依’是也。自武公后二十二公，至六国时，郑为韩哀侯所灭。哀侯二年，韩自平阳徙都郑。秦并天下，属三川郡。汉高祖改三川为河南郡，荥阳属焉。晋武帝分河南，置荥阳郡。东魏孝静帝分荥阳，置成皋郡。高齐文宣帝又改为荥阳郡。周改为荥州。隋开皇三年改荥州为郑州，十六年分置管州，大业二年废郑州，改管州为郑州。隋末陷贼，武德四年五月擒建德、王世充，东都平，其月置郑州，理虎牢。其年又于今郑州理置管州。贞观元年废管州，七年自虎牢移郑州于今理。”（《元和郡县图志》卷九）李吉甫虽然明言“晋武帝分河南，置荥阳郡”，但是没有说明分置的时间。宋人乐史《太平寰宇记》言及郑州荥阳郡，则从《晋书》之说：

郑州荥阳郡，今理管城县。《禹贡》为豫州之域，星分氐宿，古轩辕所都之地，高辛氏火正祝融之墟。周初封管叔于此，故《周礼注》寿星为郑州之分，实豫州之北境也。《国语》：郑桓公为平王司徒，问于史伯，寄孥与贿于虢郐十邑。注云：十邑谓虢、郐、鄢、蔽、补、丹、依、畴、历、莘也。此即莘地。后郑为韩所灭，韩又徙都之。其东境又属魏。秦并天下，属三川郡。汉属河南郡。后汉至魏因之。晋泰始二年，分河南郡地，置荥阳郡，理古荥阳城。

从以上所引文献来看，晋武帝泰始二年分河南郡地置荥阳郡之说，是较为可信的。理由有三。其一，此说出于《晋书·地理志》，而《晋书》是较为可信的正史。其二，改朝换代之后，定正朔、易国名、改年号、明区划是常有的事。晋武帝即位之后，曾经对京畿及其他地方的区划进行过较大规模的调整。从《晋书·地理志》的记载来看，泰始二年同时设郡的有荥阳郡、上洛郡、汲郡、顿丘郡、襄城郡等。而三国魏设置的郡，《晋书·地理志》也有记载，如广平郡、阳平郡、谯郡、弋阳郡、汝阴郡等。其三，《元和郡县图志》和《太平寰宇记》等广有影响的舆地文献，都从《晋书·地理志》之说，支持晋武帝分河南郡地置荥阳郡的说法。其四，晋武帝分河南郡地置荥阳郡，后世几成定论。如林宝《元和姓纂》有“晋置荥阳郡，开封隶焉”之说。(《元和姓纂》卷九)《新唐书·宰相世系表》述及郑姓宰相源系时亦云“晋置荥阳郡”。(《新唐书》卷七十五上《宰相世系表》)唐人颜师古为《汉书》作注，其于“攻开封未拔”下注云“开封县名属荥阳”，四库馆臣《汉书考证》则明言：“注非也。汉时开封县属河南郡，其荥阳郡至晋始置。”(《前汉书》卷一上考证)纠正了颜师古的错误，坚持晋置荥阳郡之说。

三、后汉分置荥阳郡说

此说仅见于杜佑《通典》。其述郑州沿革时称“秦属三川郡，汉属河南郡，后汉因之，分置荥阳郡”(《通典》卷一百七十七)。杜佑《通典》一向深受推崇，评价很高。但这段话却很有问题。首先，“后汉因之”是承前而言还是启后而言，难以分别。其次，若是承前而言，则“后汉因之”，仍为河南郡，何来的“分置荥阳郡”？再次，若是启后而言，则语义自相矛盾。既是“因之”，为何“分置”？若是“分置”，就不是“因之”。所以，如果是启后而言，“分置荥阳郡”前虽然缺失了是谁分置、何时分置这样的词语，但仍不免给人后汉分置荥阳郡的印象。

杜佑所说“后汉”，即通常所说的东汉，起于光武帝刘秀建武元年(25)，止于汉献帝建安二十五年(220)。东汉是否曾经分置荥阳郡呢？最权威的证据是范晔《后汉书》。披检《后汉书·郡国志》，其“司隶”下有“河南尹”，而无荥阳郡。荥阳仅在“河南尹”下述及。范晔撰写《后汉书·郡国志》的标准，是“但录中兴以来郡县改异，及《春秋》三史会同征伐地名”(《后汉书》卷二十九《郡国志》)。比照这一标准可以发现，东汉时期，仅建武十五年(39)改河南郡为河南尹，而没有荥阳郡。当时的荥阳仅是河南尹的一个属县，属于河南尹二十一城之一。

杜佑所说“后汉因之”，是承前还是启后，语义不明，容易引起歧义。但如前所说，不论承前而言，还是启后而言，都容易给人后汉分置荥阳郡的印象。还有一种可能，是“后汉因之”后，在传抄中或有脱文。对比一下乐史《太平寰宇记》的相关记载，便一目了然：

秦属三川郡，汉属河南郡，后汉因之，分置荥阳郡。（《通典》卷一百七十七）

秦并天下，属三川郡。汉属河南郡。后汉至魏因之。晋泰始二年，分河南郡地，置荥阳郡。（《太平寰宇记》卷九）

从对比中不难发现，“后汉因之”属于承前之语的可能性非常大。如此一来，“分置荥阳郡”之前就缺少了时间主语。由于这两段话的近似度非常大，所以，有可能是缺少了“晋泰始二年”几字。理由之一，是《太平寰宇记》多是据前代文献而成，且“采摭繁复，惟取赅博”（《太平寰宇记提要》），其采于杜佑《通典》之文颇多。上述文字采于《通典》的可能性很大。理由之二，杜佑是中唐人，《晋书》成书于初唐，以杜佑之渊博，对《晋书》有关荥阳郡的记载应该熟悉，所以，其上述文字脱落“晋泰始二年”的可能性非常大。当然，这仅是推测之词，尚需可靠的证据来证明之。

综上所述，晋武帝泰始二年分河南郡地置荥阳郡之说，最为可信。有了荥阳郡，才可能有荥阳郡望。所以，荥阳郡作为郑姓的郡望，应是西晋以后的事情。西晋之前，荥阳只是一个县，尚未设郡，若把荥阳作为郑姓的郡望，是不合适的。至于荥阳堂的出现，则是远在荥阳郡望出现之后。此为另一话题，姑置不论。

四、荥阳郡与郑姓

郡望是门阀士族时代的产物，具体些说是魏晋时期实行九品中正制以后的事情。魏晋时期举荐官员，要先由被举荐人所在地的大中正对被举荐人的家世、门第及个人操守、品行、能力等给予品鉴，然后始得备选。所谓“州郡皆置中正，以定其选。择州郡之贤有识鉴者，为之区别人物，第其高下”。（杜佑《通典》卷十四“选举”）这样选择的结果是，在州郡无家族背景者，则几乎没有备选的机会；而出身世家大族，或出身某地望族者，晋身仕途的机会就会很多。所以，魏晋时期名门望族世代为高官者颇多。正如马端临所言：“自魏晋以来，始以九品中正为取人之法。而九品所取，大概多以世家为主，所谓‘上品无寒门，下品无世族’。故自魏晋以来，仕者多世家。逮南北分裂凡三百年，而用人之法多取之，世族如南之王谢，北之崔卢。虽朝代推移，鼎迁物改，犹印然以门地自负。”（《文献通考》卷三十四“选举”）而所谓“郡望”，实际上就是郡中望族。魏晋南北朝时期，一些望族绵延十数代，如南之王谢，北之崔卢。甚至到了隋唐，仍有很大的影响力。正是因此，天宝八载（749），宰相李林甫受唐玄宗命编纂的《天下郡望氏族谱》，就把“郡望”作为氏族谱的重要内容之一。元和年间，林宝编纂《元和姓纂》，起因就是唐宪宗封赏边帅，有司把朔方别帅阎者的郡望弄错了。如此庄重的事情，因一件小事惹得边帅不高兴。所以，唐宪宗令宰相李吉甫编纂姓纂，以免再出类似的错误。于是，李吉甫令林宝编纂《元和姓纂》，“综修姓纂，署之省阁，始使条其源系，考其郡望，子孙职位，并宜总辑。每加爵邑，则令阅视，庶无遗谬者矣”（《元和姓纂》之《自序》）。“考其郡望”与“条其源系”一样，成了《元和姓纂》的重要内容之一。由此可见，在唐代，郡望已经成了人们非常看重的事情，尤其是世家大族，更不能把他们的郡望搞错了，否则会被视为有意冒犯。

《元和姓纂》叙郑姓，遵循的就是“条其源系，考其郡望，子孙职位，并宜总辑”之原则。其叙郑姓源系云：“郑。周厉王少子友封于郑，是为桓公，在畿内，今华州郑县是也。威公生武公，与晋文公夹辅平王，东迁于洛，郑徙溱渭之间，谓之新郑。传封十三代至幽公，为韩所灭。子孙播于陈宋，以国为氏。”自郑桓公封于郑（今陕西华县），到郑武公迁于新郑，再到郑国至幽公时被韩哀侯所灭，源系十分清晰。其叙郑姓郡望，则称“荥阳开封”：

> 荥阳开封。当时六代孙稺，汉末自陈徙河南开封。晋置荥阳郡，开封隶焉，遂为郡人。稺生兴，兴生众，后汉大司农。曾孙熙生泰、浑。浑魏少府，生崇，晋荆州刺史。曾孙略，前赵侍中，生豁、楚。楚生温，燕太子詹事。生三子晔、恬、简。晔号北祖，恬号中祖，简号南祖。晔七子白麟、小白、叔夜、洞林、归藏、连山、幼麟，因号七房郑氏。

林宝述郑姓郡望从郑稺自陈移居荥阳郡开封县始。由于荥阳郑氏自郑稺开始世居荥阳，魏晋南北朝时期世代为官，名人辈出，故林宝以荥阳郡为郑姓郡望。迄于唐代，荥阳郑氏依然很显赫。据《新唐书》卷七十五《宰相世系表》，郑姓北祖和南祖共有宰相九人：“郑氏定著二房，一曰北祖，二曰南祖，宰相九人。北祖有珣瑜、覃、朗、余庆、从谠、延昌、南祖有絪，荥阳郑氏有畋，沧州郑氏有愔。”唐代郑姓虽然由于各种原因广为播迁，许多人已经不在荥阳郡居住，但其远祖皆是由陈地迁居开封的郑穉，近祖则是北祖郑晔和南祖郑简。唐代以还，郑姓播迁更为广泛，甚至远播东南亚，但荥阳依然是郑姓心目中的“圣地”，荥阳郡在郑姓中依然有着非常重要的地位。

荥阳郡的设立在西晋初年，郑姓荥阳郡望的形成在魏晋南北朝时期。从时间关系上来看，荥阳郡设立在前，荥阳郡望形成在后，有其内在的因果关系。从荥阳郡的区划变动来看，荥阳郡从西晋的荥阳、京、密、卷、阳武、苑陵、中牟、开封八县，到隋唐的管城、汜水、荥泽、原武、阳武、圃田、浚仪、酸枣、新郑、荥阳、开封十一县，其间荥阳郡虽然有过短暂的名称变化，区划也不断变化，但荥阳郡一直存在，这就为郑姓荥阳郡望的形成提供了必要条件。据杜佑《通典》记载，唐朝荥阳郡，东至陈留郡一百四十四里，南至颍川郡二百八十里，西至河南府二百七十里，北至河内郡获嘉县界黄河中流九十六里，东南到陈留郡尉氏县一百三十二里，西南到河南府密县一百零七里，西北到河内郡一百五十六里，东北到灵昌郡二百八十四里。去西京一千一百零五里，去东京二百六十里，面积比现在的郑州还要大，近一万平方公里。再从荥阳郡的人口变化来看，西晋时期荥阳郡共有三万四千户，隋朝十六万九百六十四户，唐朝贞观年间七万六千六百九十四户，开元年间六万四千六百一十九户。后经“安史之乱”的洗劫，作为四战之地的荥阳郡人口锐减至元和时的一万三千九百四十四户。从魏晋至隋唐，荥阳郡户口最多的是隋朝，最少的是唐朝元和年间。如果与户口最多的隋朝相比，元和年间尚不及隋朝的十分之一，减少幅度超过90%。即使是与贞观年间相比，也减少了六万二千七百五十户，减少幅度接近82%。“安史之乱”对荥阳郡造成的灾难，于此可见一斑。即便如此，自魏晋至隋唐，荥阳郡还是产生了一批享有盛誉的郑姓历史文化名人。而荥阳之所以能够成为天下郑姓的景仰之地，很大程度上是荥阳给了在这里出生或从这里走出去的众多郑姓以深刻的记忆和无限的荣光。

结合上述有关文献，对荥阳与郑姓的关系，大抵可以做出这样的判断：其一，西汉初年设立的荥阳县，西周时期属东虢国，周宣王时与郐等地曾经是郑桓公的

"寄孥"之地。郑桓公死难之前，其子郑武公应已经在包括今荥阳在内的"寄孥"十邑生活。郑武公辅佐平王东迁后，在今新郑建立了新的郑国，其辖境包括今荥阳市。从这个意义上说，荥阳市与郑姓三公有着非常密切的联系。后世郑姓把"荥阳堂"作为堂号，则寄托着怀念先祖的深厚感情。其二，西晋武帝泰始二年，分河南郡地置荥阳郡。在魏晋南北朝和隋唐时期，荥阳郡产生了许多在中国历史上有重要影响的文化名人，他们不仅光大了荥阳郡郑姓，使郑姓成为荥阳郡的望族，而且也让其后的郑姓人引为自豪，把荥阳郡作为郡望。隋唐及以后以迄于今，荥阳郡作为郑姓的郡望，已经为谱牒学家和分枝散叶到各地的郑姓所认可。

（本文作者为河南省社会科学院中原文化研究所研究员）

荥阳堂：中华姓氏的重要徽记

⊙李　乔

中国传统社会里，各家各户的厅堂之上都悬挂有“××堂”的匾额，每逢年节喜庆之日，还在门前悬挂有“××堂”字样的大红灯笼。这里的“××堂”，就是中国人所说的姓氏堂号。

堂号，顾名思义就是祠堂、厅堂的名号。中国宗法社会里，同一宗族的人往往居住在一起，少则十数、数十家，多则上百家。每个聚族而居的家族，必有一个或几个祠堂，作为家族的象征和中心。为达到彰显本族的辉煌历史及敦宗睦族的目的，每个家族都会为自己的祠堂取一个有意义的名号，作为凝聚族人的徽记，这就是堂号。

堂号命名大都具有明显的家族特征，有以郡望为堂号者，如我们熟知的李氏“陇西堂”“赵郡堂”、王氏“太原堂”“琅琊堂”、张氏“清河堂”“范阳堂”、刘氏“彭城堂”“中山堂”、陈氏“颍川堂”、杨氏“弘农堂”、黄氏“江夏堂”、赵氏“天水堂”、周氏“汝南堂”、吴氏“延陵堂”、徐氏“东海堂”、孙氏“乐安堂”等；有以祖先封爵、官名、名号、室名、谥号为名者，如廉氏“信平堂”（廉颇封信平侯）、马氏“伏波堂”（马援官伏波将军）、贺氏“四明堂”（贺知章自号四明狂客）、汤氏“玉茗堂”（汤显祖室名）、于氏“忠肃堂”（于谦谥号忠肃）等；有以先祖的嘉行懿事为堂号者，如王氏“三槐堂”、张氏“百忍堂”、刘氏“藜照堂”、杨姓的“四知堂”、赵姓的“半部堂”等。

在所有堂号中，以郡望为名最为普遍，几乎所有郡望都是各个姓氏最有影响的堂号。那么，什么是郡望呢？郡望，又称姓望或地望，是“郡”与“望”的合称，郡是中国古代行政区划，望是指望族世家，郡望连用，即表示某一地域范围内的名门望族或该望族的发源地。

郡望始于魏晋时期，由于门阀制度的盛行，各个州郡都形成了一批公认的高门大姓，当时称为“士族”“右姓”等，无论是选官还是婚嫁最重门第郡望，朝中最为显赫的官位也只能由最著名门第的人来担任；门第较低的人无论才能多高，都是无法占有这些位置的。为标榜自己是某地的望族，他们特意在姓的前面标出自己家族所在的地域，显示贵族身份，显示与同姓其他人的区别，清钱大昕《十驾斋养新录・郡望》：“自魏晋以门第取士，单寒之家，屏弃不齿，而士大夫始以郡望自矜。”① 在门阀制度下，不仅士庶界限十分严格，而且不同姓氏也有高低贵贱之分，甚至在同一姓氏的士族集团中不同郡望的宗族也有贵贱、尊卑之分。

隋唐尽管开始实行开科取士制度，但士族仍然矜夸门第，崔、卢、李、郑、王等旧时大族彼此互结婚姻，自矜高贵。唐太宗对此深为不满，诏吏部尚书高士廉、御史大夫韦挺、中书侍郎岑文本、礼部侍郎令狐德棻，以及各地谙练族姓的文人，在全国普遍搜求谱牒，参照史传辨别真伪，评定各姓等第。书成以进，唐太宗不满意将山东士族崔幹等列入第一等，认为应当重唐朝冠冕，根据当朝官职的高下确定等第。高士廉等依照皇帝的旨意重修，于贞观十二年（638）编成《贞观氏族志》，将崔幹降为第三等。② 但由于崇尚旧族望的习惯势力根深蒂固，太宗朝的功臣新贵房玄龄、魏征及李勣等人，仍然力求与山东氏族联姻，《贞观氏族志》起到的实际作用是有限的。不管是唐太宗的以唐朝功臣为核心的门阀体系，还是南北朝时期的旧门阀体系，强调的都是门第观念。因此，人们习惯于以姓氏、郡望标明出身门第的影响和社会地位。清代王士禛《池北偶谈》云：“唐人好称族望，如王则太原，郑则荥阳，李则陇西、赞皇，杜则京兆，梁则安定，张则河东、清河，崔则博陵之类，虽传志之文亦然，迄今考之，竟不知为何郡县人。”③

①[清] 钱大昕著，陈文和主编：《嘉定钱大昕全集・十驾斋养新录附余录》，江苏古籍出版社，1997年，第313页。

②[后晋] 刘昫等：《旧唐书》卷六五《高士廉传》，中华书局，1975年，第2443～2444页。

③[清] 王士禛著，文益人点校：《池北偶谈》，齐鲁书社，2007年，第442页。

到了宋代，郡的行政区划已经取消，但由于长期形成的以姓氏、郡望标明出身门第和社会地位的影响，以及追宗认祖、不忘根本的需要，以郡望标注姓氏的习俗仍然十分盛行。宋代《百家姓》于每一姓氏之后均标注魏晋至隋唐时期所形成的姓氏郡望。明清时期，以郡望标注姓氏的习俗仍然很普遍，编修族谱时，往往都冠以郡望，如清道光二十四年（1844）浙江浦江、光绪二年（1876）江西上饶、光绪四年湖南平江、光绪十八年浙江汤溪等郑姓虽然不居于荥阳当地，却仍以荥阳冠于所修族谱谱名之前，均名曰《荥阳郑氏宗谱》。文人雅士也以郡望标于自己作品名称之前，如明代浙江鄞县人郑真的别集就题作《荥阳外史集》。

当今社会，传统宗法社会基础已经不复存在，但郡望和以郡望为名的堂号由于在敦宗睦族，弘扬孝道，启迪后人，催人向上，维护家庭、宗族和整个社会的稳定，以及方便海外寻根问祖等方面发挥着重要作用，而被广泛使用。

在所有郡望堂号中，荥阳堂是非常重要的一个。荥阳郡始置于曹魏时期，正始三年（242）割河南郡巩县自阙以东置荥阳郡，治所在今郑州市惠济区古荥镇，领荥阳、京、密、苑陵、卷、阳武、中牟、开封等 8 县。不久废。西晋泰始二年（266）分河南郡复置，治所、领县如故，辖境相当于今郑州、荥阳、新密、新郑、中牟、原阳等市、县和开封市祥符区部分地区。北魏太和十七年（493）郡治迁至大索城（今荥阳市）。之后辖县屡有变化。东魏辖荥阳、成皋、京、密、卷等 5 县。北齐改名成皋郡。隋大业三年（607）改郑州为荥阳郡，治所在管城（今郑州管城区），领管城、汜水、荥泽、原武、阳武、圃田、浚仪、酸枣、新郑、荥阳、开封等 11 县，辖境相当于今郑州、新郑、荥阳、中牟、原阳、延津等市县及开封市祥符区。唐武德二年（619），荥阳郡废。唐天宝元年（742），改郑州为荥阳郡，仍治管城，领管城、荥阳、荥泽、原武、阳武、新郑、中牟等 7 县，辖境相当于今郑州、新郑、荥阳、原阳、中牟等市县。唐至德三载（758），复改荥阳郡为郑州。

魏晋隋唐时期，荥阳郡这块土地上养育了包括郑、潘、毛、阳、牟、郏等多个姓氏望族，他们都以荥阳堂为堂号。敦煌遗书斯 2052 号《新集天下姓望氏族谱一卷并序》载：“郑州荥阳郡，出六姓：郑、潘、毛、阳、牟、郏。”① 敦煌遗书北8418号《姓氏录》则云：“荥阳郡四姓（郑州）：郑、毛、潘、阳。”② 敦煌遗书伯3191号《郡望姓望》曰：“郑州，荥阳郡四姓：郑、毛、潘、阳。”③《太平寰宇记·河南道九·郑州·姓氏》亦谓：“荥阳郡四姓：郑、毛、潘、阳。”④ 除郑、潘、毛、阳、牟、郏等姓之外，荥阳望族还有皇甫、干、张等姓氏，他们也都以荥阳堂为堂号。下面分别予以简略考证辨析。

一、郑氏

郑氏郡望荥阳史籍多有记载，《广韵》曰：“郑姓，荥阳、彭城、安陆、寿春、东阳五望。本自周宣王封母弟友于郑，及韩灭郑，子孙以国为氏，今之望多荥阳。”⑤《元和姓纂》载：“荥阳开封：当时六代孙稺汉末自陈徙河南开封，晋置荥阳郡，开封隶焉，遂为郡人。稺生兴，兴生众，后汉大司农；曾孙熙，生秦、浑。浑，魏少府，生崇，晋荆州刺史；曾孙略，前赵侍中，生豁、楚。楚生温，燕太子詹事，生三子：晔、恬、简。晔号北祖，恬号中祖，简号南祖。晔七子，白麟、小白、叔夜、洞林、归藏、连山、幼麟，因号七房郑氏。”⑥ 明王世贞《宛委余编》曰：“郑五望，荥阳为贵。”⑦ 明廖用贤《尚友录》：“郑，荥阳，徵音。周历王少子友封郑为郑桓公，今华州郑县是也。至幽公为韩所灭，子孙播迁于陈宋，以国为氏。”⑧ 明陈士元《姓觿》引《千家姓》云，郑，“荥阳族”⑨。明凌廸知《万姓统谱》：“郑，荥阳，徵音。周厉王少子友封郑为郑桓公，今华州郑县是也，至幽公为

①郑炳林校注：《敦煌地理文书汇辑校注》，甘肃教育出版社，1989年，第326页。

②郑炳林校注：《敦煌地理文书汇辑校注》，甘肃教育出版社，1989年，第345页。

③郑炳林校注：《敦煌地理文书汇辑校注》，甘肃教育出版社，1989年，第353页。

④[宋] 乐史：《太平寰宇记》卷九，“河南道九·郑州”，中华书局，2007年，第166页。

⑤[宋] 陈彭年等：《广韵》卷四，文渊阁《四库全书》本。

⑥[宋] 林宝撰，岑仲勉校记，郁贤皓、陶敏整理：《元和姓纂附四校记》，中华书局，1994年，第1347页。

⑦[明] 王世贞：《弇州四部稿》卷一六七，《说部·宛委余编十二》，文渊阁《四库全书》本。

⑧[明] 廖用贤辑：《尚友录》卷十九，齐鲁书社，1995年《四库全书存目丛书》影印明天启刻本。

⑨[明] 陈士元：《姓觿》卷八，“二十敬”，《四库全书存目丛书》影印明万历自刻归云别集本。

韩所灭，子孙播于陈宋，以国为氏。”[①]

荥阳郑氏的崛起是从西汉大司农郑当时开始的，至东汉末年，郑浑及郑袤、郑默父子官位显赫，名重当时，郑氏成功跻身于世家大族的行列，自此以后，荥阳郑氏“本枝硕茂，跗萼重晖，冠冕相仍，风流继及”[②]。北魏时，荥阳郑氏与范阳卢氏、清河崔氏、太原王氏并称为四大族，享有无上的特权，史载孝文帝“雅重门族，以范阳卢敏、清河崔宗伯、荥阳郑羲、太原王琼四姓，衣冠所推，咸纳其女以充后宫”[③]。唐朝，荥阳郑氏发展达到鼎盛时期。据统计，仅在唐代荥阳郑氏就有9宰相、6状元、8驸马、22进士、32位朝官，可谓是簪缨满门，时有上殿“半朝郑”，下殿“满床笏”的说法。[④]

魏晋隋唐时期，荥阳郑氏的辉煌成为郑氏族人的骄傲，他们以身为荥阳郑氏后人而自豪，纷纷称自己为荥阳郑氏人。“荥阳堂”作为郑氏家族的徽号已经被广大郑氏族人认可，凡是有郑姓人聚居的地方，名为“荥阳堂”的祠堂便随处可见，“荥阳衍派”“荥阳世泽”“荥阳家声”的匾额及含有“荥阳”字样的堂联比比皆是，“天下郑姓出荥阳”“荥阳郑氏遍天下”已经深入人心。

编修族谱时，往往将荥阳冠于谱名之前，王大良先生对国内外收藏的郑氏家谱统计显示，谱名带有“荥阳”一词的有明代编修的《荥阳郑氏宗谱》《荥阳郑氏统宗谱》、浙江兰溪《兰江荥阳郑氏宗谱》，清代编修的福建上杭《荥阳堂郑氏族谱》、浙江浦阳《荥阳郑氏宗谱》、汤溪《荥阳郑氏宗谱》，民国编修的浙江泰顺《荥阳郑氏宗谱》、兰溪《兰江荥阳郑氏宗谱》《后郑荥阳郑氏宗谱》、广东潮阳《荥阳郑氏家谱》，以及在明清及民国编修但地区不明的《荥阳郑氏统宗谱》《荥阳郑氏宗谱》《荥阳郑氏族谱》等，它们的所在地都非原来的荥阳郡内，但却无一例外地使用了“荥阳”这一具有专指性的名词。[⑤] 所修祠堂也以“荥阳堂”为名，匾额、堂联包含“荥阳”字样。如，安溪县金谷紫帽兜郑氏宗祠楹联有“荥阳衍派

①[明]凌迪知：《万姓统谱》卷一〇七，“二十四敬”，文渊阁《四库全书》本。

②赵超辑：《汉魏南北朝墓志汇编》，天津古籍出版社，1992年，第130页。

③[宋]司马光：《资治通鉴》卷一四〇，“齐纪六·明帝建武三年”，中华书局，1956年，第4393页。

④荥阳市志总编辑室编：《荥阳市志》，新华出版社，1996年，第140页。

⑤王大良：《郑姓人的认同现象与中华民族凝聚力》，http：//www. zhengshi. org/view/449. html。

家声远；紫帽宗支世泽长”“址紫帽膺丁财贵；源荥阳汇戬瑞宁”等；金谷镇金山村、金东村郑氏宗祠冠佩堂楹联有“冠裳济济，远绍荥阳祖绪；佩玉将将，丕振夹漈高风”；西坪赤水当格郑氏宗祠有“荥阳衍派”题匾，楹联有“太上三公，通德流芳辉万载；师官一品，荥阳世泽耀千秋”。[①] 南安县水头邦吟郑氏六甲二房宗祠的匾额题“荥阳衍派”，大门石勒对联“荥阳衍派家声远；通德流芳世泽长”。[②] 东山县东英村东郑郑姓宗祠灯号为“郑府荥阳”，东凌村郑姓宗祠堂联“莆田开枝，水木享荥阳而盛；礼乔衍派，春秋庆追远永思”。[③] 诏安县荥阳先春祖祠对联：“莆田开枝，水木享荥阳而盛；礼乔衍派，秋庆追远而思”[④]。

二、潘氏

荥阳堂也是潘氏的堂号。《尚友录》《万姓统谱》《姓觿》皆称潘氏郡望荥阳，《尚友录》：“潘，荥阳，羽音。周文王毕公之子孙食采于潘，因氏。”[⑤]《姓觿》谓：“潘，《姓源》云，周毕公之子食采于潘，因氏。《千家姓》云，荥阳族。”[⑥]《万姓统谱》云：“潘，荥阳，羽音。周文王毕公之子孙食采于潘，因氏。”[⑦] 清王相《百家姓考略》：“潘，羽音，荥阳郡。周毕公高之子食采于潘，以邑为氏。”[⑧]

潘氏荥阳郡望的形成与西晋文学家潘岳的祖父潘瑾有着密切关系。《元和姓纂》云：“（潘）瑾裔孙，居中牟，为著姓。”[⑨]《晋书·潘岳传》载：“潘岳，字安仁，荥阳中牟人也。祖瑾，安平太守。父芘，琅琊内史……尼字正叔。祖勖，为东海相。父满，平原内史。并以学行称。尼少有清才，与岳俱以文章见知。”[⑩] 东汉

---

①凌文斌主编：《安溪姓氏志》，方志出版社，2006 年，第 250 ~ 251 页。
②南安市地方志编纂委员会编，许永贤、刘安居主编：《南安姓氏志》，第 207 页。
③林殿阁主编：《漳州姓氏》（下册），中国文史出版社，2007 年，第 1714 页。
④林殿阁主编：《漳州姓氏》（下册），中国文史出版社，200 年，第 1723 页。
⑤[明] 廖用贤辑：《尚友录》卷五，齐鲁书社，1995 年《四库全书存目丛书》影印明天启刻本。
⑥[明] 陈士元：《姓觿》卷二，“十四寒”，《四库全书存目丛书》影印明万历自刻归云别集本。
⑦[明] 凌迪知：《万姓统谱》卷二五，“十四寒”，文渊阁《四库全书》本。
⑧[清] 王相著，黄曙辉点校：《百家姓考略》，华东师范大学出版社，2010 年，第 10 页。
⑨[唐] 林宝撰，岑仲勉校记，郁贤皓、陶敏整理：《元和姓纂附四校记》，中华书局，1994 年，第 514 页。
⑩[唐] 房玄龄等：《晋书》卷五五，《潘岳传》，中华书局，1974 年，第 1500、1507 页。

魏晋时期，荥阳中牟潘氏多人为官：潘岳的祖父潘瑾为东汉后期安平太守。潘岳之父潘芘为西晋武帝时期琅琊内史。潘岳曾任著作郎、给事黄门侍郎等职，擅长诗赋，特别善于写哀诔文章，辞藻华丽，与陆机齐名，两人合称“潘陆”。潘岳的从父潘勖在汉献帝时为右丞，《册魏公九锡文》即出自其手笔，后汉东海相，建安末为尚书右丞。潘勖之子潘满，武帝时为平原内史，以学行称。潘满之子、潘岳之侄潘尼历任著作郎、秘书监、中书令、太常卿，与潘岳俱以文章知名，二人并称“两潘”。

与郑氏一样，潘氏族人也以荥阳为傲，不仅以“荥阳堂”为堂号，而且“荥阳”入匾、入联者不胜枚举。南靖县祖祠家庙下潘祠堂名曰“荥阳堂”。[①] 漳浦县石桥潘姓祖祠静思堂的门匾有“荥阳衍派”。[②] 通用堂联有：“德传花县；馨衍荥阳。”客家人潘氏通用堂联：“荥阳新世第；花县旧家声。”专用堂联如，安徽郎溪县潘氏宗祠堂联：“石涧家声远；荥阳世泽长。”湖南中方县荆坪村潘氏宗祠堂联：“脉启荥阳，历朝文武忠良涌；职承光禄，世代子孙宏业兴。”湖南洞口县山门古镇岩塘潘氏荣公祠堂联：“文王血脉荥阳祖；华夏山河望族林。”“脉启荥阳枝繁叶茂中方始；堂开宝庆国富民强家业兴。”江西万载潘氏宗祠堂联：“荥阳远泽传千载；枫树盘根发四枝。”江苏江阴潘氏祠堂堂联：“脉启荥阳根深蒂固季孙裔；派衍江阴枝繁叶茂仲询苗。”福建霞浦潘氏宗祠堂联：“自汉室郡荥阳上下三千年姑识桃花荫远；由泉州迁霞浦纵横七百里喜看瓜瓞绵长。”福州仓山潘墩龙津山后潘氏老祠堂堂联：“荥阳追祖上豫谷文化传千里；闽海访裔苗南国衣冠誉五洲。”福州仓山潘墩龙津山前潘氏新祠堂堂联：“根发自荥阳一脉；枝荣于毬山千秋。”“自荥阳入南安县涉三溪仕金陵返闽都卜龙津境；由别驾升副指挥拜大夫封知府膺少将为子民官。”福建长乐三溪潘氏宗祠堂联：“荥阳宗祖家声远；南安分派世泽长。”福建闽侯瓜山潘氏宗祠堂联：“派衍荥阳；脉接瓜峰。”“荥阳衍派承继金紫银青两大夫联辉宋室；瓜山宏道脉接鹅湖鹿洞二先生蔚起闽疆”“源黄渭发周潘师楚郢将淮阳五世光

---

①林殿阁主编：《漳州姓氏》（上册），中国文史出版社，2007年，第940页。

②林殿阁主编：《漳州姓氏》（上册），中国文史出版社，2007年，第939页。

大荥阳；历二广经南安战燕蓟和建康千载呈祥瓜山。”“系由光禄接中牟承骑省迨两贤克绍鹅湖鹿洞名芳氏着统垂竹帛；迹肇燕州始上谷继荥阳历二广以迄泉兴江宁源远流长派衍宗功。”祚边潘氏宗祠堂联：“派衍荥阳绵世胄；支分龙泽振家声”，“荥阳衍派流芳光祖考；仙坂开支载誉育云初。”福建永春桃源潘氏家庙堂联：“祖始荥阳世泽长；衍繁溪源万家乐。”“韬略荥阳开一脉；谷华荀水足千秋。”桃源潘氏厚山祖宇堂联：“源溯荥阳承先绪泽绵有庆；世昭祖宇启后昆德劭维馨。”“荥阳受姓桃源溯本三千载；达理名区祖宇重光六百年。”桃源潘氏溪前六世六房支祠堂联：“荥阳肇启由光州固始而奋征闽省；漳鲤支分于永邑达埔则繁衍溪前。”炉内潘氏玉叶派六世宗祠堂联：“荥阳衍派渊源远；玉叶宗支世泽长。”福建龙海市海澄镇黎明村仁美社潘氏禄房祖祠堂联：“仁美家声振；荥阳世泽长。”①

编修家谱时，谱名也冠以荥阳之名，如安徽泾县《荥阳茂林潘氏重修统宗谱》（明万历六年刻本）、安徽泾县《荥阳潘氏统宗谱》（清光绪十一年木活字本）、江苏昆山《荥阳潘氏家谱》（清钞本）、浙江东阳《荥阳潘氏宗谱》（清宣统二年）、江西与湖南联修《荥阳潘氏族谱》（民国十八年木活字本）、湖南宁乡《荥阳潘氏重修族谱》（清木活字本）、湖南宁乡《荥阳潘氏五修族谱》（清木活字本）、湖南宁乡《荥阳潘氏重修族谱》（清道光二十五年木活字本）、湖北浠水《荥阳潘氏宗谱》（清光绪二年木活字本）等。

三、毛氏

荥阳堂是毛氏的一个重要堂号。《广韵》云：“毛，姓，本自周武王母弟毛公，后以为氏。本居巨鹿，避仇荥阳也。”②《古今姓氏书辩证》曰：“唐时，荥阳、合阳、北地毛氏，世系皆具《元和姓纂》。”③ 不过今本《元和姓纂》已不见此条。《尚友录》谓：“毛，西河，羽音。周文王第九子封毛，称毛伯，以国为氏。又望

①潘炳煌主编：《荥阳墨韵2·对联选集》，荥阳潘氏文化研究会，2012 年，第 110、134、111、112、113、116、118、119、121、122、125、126、127、132 页。

②[宋] 陈彭年等：《广韵》卷二，“六豪”，文渊阁《四库全书》本。

③[宋] 邓名世著，王力平点校：《古今姓氏书辩证》，江西人民出版社，2006 年，第 164 页。

出荥阳。”[①]《姓觿》载：“毛，《姓源》：周文王第八子郑，封于毛。《左传》周大夫毛伯是也。《千家姓》：荥阳族。”[②]

毛氏荥阳堂的得名与魏晋南北朝时期毛宝家族望居荥阳有关。据《晋书·毛宝传》载：“毛宝，字硕真，荥阳阳武人也……自宝至璩三叶，拥旄开国者四人，将帅之家，与寻阳周氏为辈。”毛宝家族何时居于荥阳，史书没有确载，但从毛氏得姓毛国来看，其居于荥阳或比较早。郑樵《通志·氏族略》：“毛氏，周文王之子毛伯明之所封。世为周卿士。食采于毛。子孙因以为氏。”[③] 北宋元丰六年（1083）付梓的《〈清漾毛氏族谱〉源流序》曰：“《顾命》载：毛公入佐天子，称三公也。《春秋》书：毛伯出使诸侯，称本爵也。周衰，诸侯相吞而毛国亡，子孙因以为氏。秦并天下，罢侯置守，其地入于荥阳。”[④]

毛宝家族以军事起家，族中多人在军中担任要职。毛宝，字硕真，避乱江左，仕东晋，官至庐江太守，历任辅国将军、征虏将军、南中郎将等职。后来参加庾亮北伐，监扬州之江西诸军事、豫州刺史，与西阳太守樊峻一起，以万人守卫邾城（今湖北黄冈西北），后赵石虎派遣重兵来攻，毛宝求救不成，邾城陷没，突围而死。

毛宝长子毛穆之有父风，为安西将军庾翼参军。从桓温平蜀，迁扬威将军、颍川太守。又随桓温北伐，累迁冠军将军、梁州刺史。苻坚攻彭城，转监江北军事，镇守广陵。后转受桓冲节度，为右将军、西蛮校尉、益州刺史领建平太守，镇守巴郡。毛穆之长子毛珍，位至天门太守。珍弟璩，初为右将军桓豁参军，代郭铨为建威将军、益州刺史。安帝时，桓玄篡位，从益州出兵拒玄。桓玄平，进征西将军，加散骑常侍，都督益、梁、秦、凉、宁五州军事，宜都、宁蜀二郡太守。璩弟球，曾梓潼太守，与父亲一起讨伐苻坚。球弟璠，宁州刺史。璠弟瑾，为梁、秦二州刺史，子修之，多次担任清贵显要之职，历任右卫将军、安西司马，曾随刘裕消灭后

①[明] 廖用贤辑：《尚友录》卷七，齐鲁书社，1995年《四库全书存目丛书》影印明天启刻本。
②[明] 陈士元：《姓觿》卷三，“十九豪”，《四库全书存目丛书》影印明万历自刻归云别集本。
③[宋] 郑樵：《通志》卷二七，“氏族略·以邑为氏·周邑”，文渊阁《四库全书》本。
④郑良安：《毛泽东祖籍溯源》，中央文献出版社，2000年，第48页。

秦。瑾弟瑗，官至宁州刺史。

毛宝次子毛安之亦有军事才能，为抚军参军，魏郡太守，简文时，拜游击将军。孝武即位，迁右卫将军。毛安之四子：潭、泰、邃、遁。潭嗣爵，官至江夏相，泰历太傅从事中郎、后军谘议参军、冠军将军、堂邑太山二郡太守；邃为游击将军；遁为太傅主簿、宜都太守，皆有名于时。

此一时期荥阳毛氏名人还有毛德祖、毛喜。毛德祖于晋末自乡里流徙至江南，初为冠军参军。随刘裕北伐，为王镇恶龙骧司马，率军为前锋，屡立战功。宋初迁司州刺史，戍虎牢。永初三年（422）北魏以大军南攻，围城二百余日，无日不战，虎牢守军战死殆尽，终以寡不敌众，城破被俘。毛喜，梁时为西昌侯记室参军，元帝时授尚书功论侍郎。江陵陷，被俘入关。陈文帝时南归。及陈顼即帝位，授中书舍人，掌军国机密，又以定策功，封东昌县侯。累迁至吏部尚书。后主时，出为永嘉内史。

正是由于魏晋南北朝时期名人辈出，在毛氏家族发展史上的重要地位，使得荥阳毛氏得到毛氏后人的普遍尊敬，“荥阳堂”也因此成为毛氏的著名堂号。毛氏族人在编修家谱时，将“荥阳堂”书于族谱之上，如湖南岳阳《毛氏重修族谱》（清咸丰二年荥阳堂木活字本）、湖南平江《毛氏族谱》（清毛琼纂修，清乾隆三十九年荥阳堂二修木活字本）、湖南平江《毛氏重修族谱》（清毛翔骏纂修，清嘉庆二十二年荥阳堂三修木活字本）等。

四、阳氏

《新集天下姓望氏族谱一卷并序》《姓氏录》《郡望姓望》《太平寰宇记》皆云荥阳郡姓有阳姓，而《广韵》载：“阳姓出右北平。本自周景王封少子于阳樊，后裔避周之乱适燕，家于无终，因邑命氏。秦置右北平，子孙仍属焉。”① 北平阳氏，北朝隋唐时期为当地望族。阳尼，为北魏大臣，历任秘书著作郎、国子祭酒、幽州平北府长史等职。阳尼之子阳介，官奉朝请、冀州默曹参军；从子阳鸣鹄、阳季

①[宋] 陈彭年等：《广韵》卷二，“十阳”，文渊阁《四库全书》本。

智，前后为幽州司马；从子阳荆，任范阳太守；从子阳延兴，任幽州刺史；从孙阳乘庆，官至太学博士；从孙阳固，历官北平太守、郎中令、前军将军；从孙阳藻，官宁远将军、领统军；从孙阳诠之，曾任司徒行参军；从孙阳璠，任通直散骑常侍；从重孙阳休之，历任东魏黄门侍郎、北齐吏部尚书、北周州刺史等职；从重孙阳弼，本州别驾加轻车将军；从重孙阳伯庆，汝南太守。十六国时期前燕重臣阳骛，历任平州别驾、辽东太守、左长史、司隶、郎中令、辅义将军、尚书令、司空、太保，封爵建宁公，与辅国将军慕容恪、辅弼将军慕容评，号称“三辅”；其父阳耽，慕容廆时官至东夷校尉；堂兄弟官至大将军、左司马。唐代北平人阳城，历任谏议大夫、道州刺史。又，《尚友录》曰：“阳，商音，蓝田。”① 《姓觿》引《千家姓》云：“（阳），玉田族。”②《万姓统谱》载：“阳，商音，蓝田。周景王少子封阳樊，子孙因邑为氏。”③ 魏晋南北朝时期，无终（今河北玉田）人阳尼家族名人辈出，阳氏郡望当以玉田为是。《古今姓氏书辩证》载：“唐贞观所定郑州荥阳四姓，一曰青阳。”④ 王仲荦先生据此认为：“荥阳阳氏，原为青阳氏，后去青字，单称阳氏也，遂与北平阳氏相混。”⑤

五、牟氏

牟氏郡望荥阳，史籍多有记载。《古今姓氏书辩证》曰：“牟，出自祝融之后，有牟子国，后以为氏，其地太山牟县是也……望出荥阳。”⑥ 《尚友录》云：“牟，平阳，宫音。祝融之后为牟子国，子孙以国为氏。又望出巨鹿、荥阳。”⑦ 《万姓统谱》载：“牟，平阳，宫音。祝融之后为牟子国，子孙以国为氏。又望出巨鹿、荥

①［明］廖用贤辑：《尚友录》卷十，齐鲁书社，1995 年《四库全书存目丛书》影印明天启刻本。

②［明］陈士元：《姓觿》卷三，“二十二阳”，《四库全书存目丛书》影印明万历自刻归云别集本。

③［明］凌迪知：《万姓统谱》卷四八，“七阳”，文渊阁《四库全书》本。

④［宋］邓名世著，王力平点校：《古今姓氏书辩证》，江西人民出版社，2006 年，第 243 页。

⑤王仲荦：《〈新集天下郡望氏族谱〉考释》，载北京大学中国中古史研究中心编《敦煌吐鲁番文献研究论集第二辑》，北京大学出版社，1983 年，第 71 页。

⑥［宋］邓名世著，王力平点校：《古今姓氏书辩证》，江西人民出版社，2006 年，第 269 页。

⑦［明］廖用贤辑：《尚友录》卷十二，齐鲁书社，1995 年《四库全书存目丛书》影印明天启刻本。

阳。”[①] 惜史籍不载荥阳牟氏人物。

六、郏氏

《通志·氏族略》载：“郏氏，《左传》：郑大夫郏张，其先封郏乡，因氏焉……望出荥阳、武陵。”[②]《尚友录》曰：“郏，周武王定鼎于郏，居此者以地为氏。又望出荥阳、武陵。”[③]《万姓统谱》云：“郏，周成王定鼎于郏，居此者以地为氏。又望出荥阳、武陵。”[④]《姓氏寻源》载：“郏氏，《姓纂》云：周成王定鼎于郏，居此者以为氏，望出荥阳、武陵。《姓苑》云：出自郑大夫郏张，其先以所封邑为氏。汝州郏城县即其地……按：襄阳有郏县，汝州有郏城，何氏谓以封地为氏者，是。”[⑤] 郏氏宗祠有通用堂联：“源自郏鄏；望出荥阳。”

七、皇甫氏

安定是皇甫氏最显赫的郡望，《元和姓纂》曰：“皇甫，子姓，宋戴公之子充石，字皇父，子孙以王父字为氏。汉兴，改‘父’为‘甫’。后汉安定都尉皇甫携，生棱，始居安定，棱子彪有八子，号‘八祖皇甫氏’，为著姓。”[⑥]《尚友录》：“皇甫，宋戴公之子名充若，字皇父，因氏。后改‘父’为‘甫’。居安定，为著姓。”[⑦]《万姓统谱》云：“皇甫，宋戴公之子名充若，字皇父，因氏，后改父为甫，居安定，为著姓。”[⑧] 安定皇甫后裔繁衍各地，其中荥阳一支人丁兴旺，发展成为当地望族，“（彪裔孙）聿道，代居荥阳，号郑州皇甫”[⑨]。《古今姓氏书辩证》亦

---

①[明] 凌迪知：《万姓统谱》卷六三，“十一尤”，文渊阁《四库全书》本。

②[宋] 郑樵：《通志》卷二七，“氏族略·以乡为氏”，文渊阁《四库全书》本。

③[明] 廖用贤辑：《尚友录》卷二十一，齐鲁书社，1995 年《四库全书存目丛书》影印明天启刻本。

④[明] 凌迪知：《万姓统谱》卷一二四，“十七洽”，文渊阁《四库全书》本。

⑤[清] 张澍编纂：《姓氏寻源》，岳麓书社，1992 年，第 579 页。

⑥[唐] 林宝撰，岑仲勉校记，郁贤皓、陶敏整理：《元和姓纂附四校记》，中华书局，1994 年，第 611 页。

⑦[明] 廖用贤辑：《尚友录》卷二二，齐鲁书社，1995 年《四库全书存目丛书》影印明天启刻本。

⑧[明] 凌迪知：《万姓统谱》卷一三〇，“七阳”，文渊阁《四库全书》本。

⑨[唐] 林宝撰，岑仲勉校记，郁贤皓、陶敏整理：《元和姓纂附四校记》，中华书局，1994 年，第 612 页。

曰："《太和姓族品》荥阳四姓：郑、皇甫、崔、毛。"① 又，"唐贞观所定泾州安定郡六姓，其一曰皇甫。贾执《姓氏谱》谓之安定五姓。魏定安定皇甫在乙门。又旧荥阳四姓"②。

八、干氏

《通志》："干氏，宋大夫干犨之后。陈有干征师。汉有蜀郡尉干献。吴有军师干吉。晋有将军干瓒。望出荥阳、颍川。"③ 宋张淏撰《云谷杂纪》卷二："干，古寒切。《千姓编》云，望出荥阳、颍川。"④《尚友录》："干，颍川，徵音，宋大夫干犨之后。又望出荥阳。"⑤《万姓统谱》云："干，颍川，徵音。宋大夫干犨之后。又望出荥阳。"⑥ 干宝五世孙干朴所作《灵泉乡真如寺碑亭记》："永嘉元年，荥阳高皇祖令升（干宝字）公，初仕晋为盐官州别驾。越明年，胡汉主刘渊起兵称帝。又五年，汉主聪将兵寇洛阳，而河南诸郡皆为分据。荥阳之故里，不可复问矣，遂家于盐之灵泉乡，卜宅于兹地宅之后园。"⑦ 干宝，新蔡（今属河南）人，干朴称干宝为"荥阳高皇祖令升公"，或与干氏郡望为荥阳有关。

九、张氏

张氏有多个郡望，其中有荥阳，《广韵》曰："张姓，出清河、南阳、吴郡、安定、敦煌、武威、范阳、犍为、沛国、梁国、中山、汲郡、河内、高平十四望。"⑧《古今姓氏书辩证》引《元和姓纂》曰："（张氏）唐有安定、范阳、太原、南阳、敦煌、修武、上谷、梁国、荥阳、平原、京兆等四十三望。"荥阳张氏的形成与太宗朝宰相张亮有关。《古今姓氏书辩证》载："郑州张氏：亮，相太宗，生

①［宋］邓名世著，王力平点校：《古今姓氏书辩证》，江西人民出版社，2006年，第78页。
②［宋］邓名世著，王力平点校：《古今姓氏书辩证》，江西人民出版社，2006年，第226页。
③［宋］郑樵：《通志》卷二八，"氏族略·名字未辨"，文渊阁《四库全书》本。
④［宋］张淏：《云谷杂纪》卷二，文渊阁《四库全书》本。
⑤［明］廖用贤辑：《尚友录》卷五，齐鲁书社，1995年《四库全书存目丛书》影印明天启刻本。
⑥［明］凌迪知：《万姓统谱》卷二五，"十四寒"，文渊阁《四库全书》本。
⑦王尽忠：《干宝生平略考——纪念干宝逝世1650周年》，《中州今古》2001年第6期。
⑧［宋］陈彭年等：《广韵》卷二，"十阳"，文渊阁《四库全书》本。

慎微。"[①] 张亮，郑州荥阳（今属河南）人。隋大业末参加瓦岗军，被李密授以骠骑将军。与徐勣一起投唐，授郑州刺史。房玄龄将其推荐给李世民，受到信任，参与发动玄武门之变。太宗即位，升右卫将军。历任豳、夏、鄜、洛等州都督。官至刑部尚书。随太宗出兵高丽，任平壤道行军大总管。

十、源于郑国的姓氏

一些郑国土地上诞生的姓氏，也以荥阳为郡望，如：

东里氏。《姓觿》："东里，《世本》云，郑子产居东里，因氏。《千家姓》云，荥阳族。"[②] 郑子产居东里，支庶以地为氏，有东里氏。《元和姓纂》："东里，郑大夫子产居东里，因氏焉。"[③]《古今姓氏书辩证》："东里，《列子》，郑之东里多才，盖七穆所居。《论语》言'东里子产'是也。其支庶或以为氏。"[④]

罕氏。《姓觿》："罕，《姓苑》云，郑穆公子喜字子罕，后以王父字为氏……《千家姓》云，荥阳族。"[⑤] 郑公子喜，字子罕，其后以字为氏，称罕氏。《通志》："罕氏，姬姓，郑穆公之子公子喜，字子罕，其孙罕虎、罕魋遂为罕氏。"[⑥]《古今姓氏书辩证》："罕氏，出自姬姓，郑穆公之子曰公子喜，字子罕，其孙以王父字为氏。"[⑦]

甲氏。《姓觿》："甲，《千家姓》云，荥阳族。"[⑧] 甲氏为郑大夫石甲父之后。《元和姓纂》："甲，《风俗通》：太甲之后。一云郑大夫石甲父之后。以王父字为氏。"[⑨]

---

①[宋] 邓名世著，王力平点校：《古今姓氏书辩证》，江西人民出版社，2006 年，第 195 页。
②[明] 陈士元：《姓觿》卷一，"一东"，《四库全书存目丛书》影印明万历自刻归云别集本。
③[唐] 林宝撰，岑仲勉校记，郁贤皓、陶敏整理：《元和姓纂附四校记》，中华书局，1994 年，第 28 页。
④[宋] 邓名世著，王力平点校：《古今姓氏书辩证》，江西人民出版社，2006 年，第 13 页。
⑤[明] 陈士元：《姓觿》卷五，"十四旱"，《四库全书存目丛书》影印明万历自刻归云别集本。
⑥[宋] 郑樵：《通志》卷二七，"氏族略·以字为氏·郑人字"，文渊阁《四库全书》本。
⑦[宋] 邓名世著，王力平点校：《古今姓氏书辩证》，江西人民出版社，2006 年，第 378 页。
⑧[明] 陈士元：《姓觿》卷十，"十七洽"，《四库全书存目丛书》影印明万历自刻归云别集本。
⑨[唐] 林宝撰，岑仲勉校记，郁贤皓、陶敏整理：《元和姓纂附四校记》，中华书局，1994 年，第 1630 页。

经氏。《万姓统谱》云："经，荥阳，征音。"① 经氏为共叔段之后。《百家姓考略》曰："经，征音，荥阳郡。系出京氏，郑公子京、叔段之后，有京氏。汉京房子孙，避仇改经氏。"② 经氏宗祠通用堂联有："源自经侯；望居荥阳。""荥阳世泽；水绘家声"。

良氏：《姓觿》："良，《姓考》云，郑穆公去疾字子良，后以王父字为氏。《左传》郑有良霄、良止是也。《千家姓》云，荥阳族。"③ 郑公子去疾，字子良，其后有良氏。《广韵》："良，姓。《左传》郑大夫良霄。郑穆公之子子良之后。"④《通志》："良氏，姬姓，郑穆公子子良之后。"⑤《古今姓氏书辩证》："良，出自姬姓，郑大夫，其族有良佐。"⑥

驷氏。《姓觿》："驷，《世本》云，郑公子騑，其孙乞与印，俱以王父字为氏。驷乞子带，带子偃，偃子丝。驷印子歂，歂子弘，弘子秦，皆姓驷。《千家姓》云，荥阳族。"⑦ 郑穆公子騑，字子驷，其后有驷氏。《元和姓纂》："驷，《左传》郑穆公子騑，字子驷之后，以王父字为姓。"⑧《古今姓氏书辩证》："驷，出自姬姓，郑穆公子騑，字子驷，生夏，字子西。夏生带及乞，带字子上，乞字子瑕，始以王父字为驷氏。"⑨

尉氏。《姓觿》："尉，《姓谱》云，郑大夫尉止之后。《千家姓》云，荥阳族。"⑩ 郑大夫尉止之后有尉氏。《古今姓氏书辩证》："尉，出自古讨奸之官曰尉氏。郑尉氏独以其官为族。春秋时，郑有尉止，生翩。《汉地理志》，陈留尉氏县。应劭曰，古狱官曰尉氏，郑之别狱也。瓒曰，郑大夫尉氏之邑，故遂以为邑。师古

---

①[明] 凌迪知撰：《万姓统谱》卷五五，"九青"，文渊阁《四库全书》本。

②[清] 王相著，黄曙辉点校：《百家姓考略》，华东师范大学出版社，2010 年，第 27 页。

③[明] 陈士元撰：《姓觿》卷三，"二十二阳"，《四库全书存目丛书》影印明万历自刻归云别集本。

④[宋] 陈彭年等撰：《广韵》卷二，"十阳"，文渊阁《四库全书》本。

⑤[宋] 郑樵撰：《通志》卷二七，"氏族略·以字为氏·郑人字"，文渊阁《四库全书》本。

⑥[宋] 邓名世著，王力平点校：《古今姓氏书辩证》，江西人民出版社，2006 年，第 189 页。

⑦[明] 陈士元撰：《姓觿》卷七，"四置"，《四库全书存目丛书》影印明万历自刻归云别集本。

⑧[唐] 林宝撰，岑仲勉校记，郁贤皓、陶敏整理：《元和姓纂附四校记》，中华书局，1994 年，第 1182 页。

⑨[宋] 邓名世著，王力平点校：《古今姓氏书辩证》，江西人民出版社，2006 年，第 437 页。

⑩[明] 陈士元撰：《姓觿》卷九，"五物"，《四库全书存目丛书》影印明万历自刻归云别集本。

曰，郑大夫尉氏亦以掌狱之官，故为族耳。应说是也。”①

佚氏。《姓觿》：“佚，《姓纂》云，郑大夫采邑，后以国为氏。《千家姓》云，荥阳族。”②《古今姓氏书辩证》：“佚，郑大夫佚之狐，始以氏。见《春秋》。”③《姓氏寻源》：“佚氏，《路史》云，郑公族后有佚氏。”④

子濯氏。《姓觿》：“子濯，《姓源》云，郑子濯孺子之后。《千家姓》云，荥阳族。”⑤

列氏。《姓觿》：“列，《路史》：烈山氏之后。《氏族大全》：列御寇之后。《姓源》：楚公族列宗之后。《千家姓》云，荥阳族。”⑥ 郑列御寇之后有列氏。《元和姓纂》：“列，《风俗通》：古帝王列山氏之后，子孙氏焉。郑有隐者列御寇，著书八篇，号列子。”⑦

壶邱氏。《姓觿》：“壶邱，《姓纂》云，陈大夫采邑。《春秋·文公九年》，楚侵陈，克壶邱是也。后因氏。或云即狐邱也。《千家姓》云，荥阳族。”⑧ 郑人壶邱子林之有壶邱氏。《元和姓纂》：“壶邱，列子师壶邱子林，郑人。《汉书》，壶邱子著书五篇。”⑨《万姓统谱》：“壶丘子林，周郑人，道德甚优，列御寇师事之。”⑩晋皇甫谧《高士传》：“壶丘子林者，郑人也。道德甚优，列御寇师事之。”⑪

圃氏。《姓觿》：“圃，《千家姓》云，荥阳族。”⑫ 圃或以地为氏，圃为郑地，在今河南中牟县境。《左传·僖公三十三年》“郑之有原圃”杜预注曰：“中牟县西

---

①[宋] 邓名世著，王力平点校：《古今姓氏书辩证》，江西人民出版社，2006 年，第 442 页。

②[明] 陈士元撰：《姓觿》卷九，“四质”，《四库全书存目丛书》影印明万历自刻归云别集本。

③[宋] 邓名世著，王力平点校：《古今姓氏书辩证》，江西人民出版社，2006 年，第 566 页。

④[清] 张澍编纂：《姓氏寻源》，岳麓书社，1992 年，第 510 页。

⑤[明] 陈士元撰：《姓觿》卷五，“四纸”，《四库全书存目丛书》影印明万历自刻归云别集本。

⑥[明] 陈士元撰：《姓觿》卷九，九屑，《四库全书存目丛书》影印明万历自刻归云别集本。

⑦[唐] 林宝撰，岑仲勉校记，郁贤皓、陶敏整理：《元和姓纂附四校记》，中华书局，1994 年，第 1539 页。

⑧[明] 陈士元撰：《姓觿》卷二，“七虞”，《四库全书存目丛书》影印明万历自刻归云别集本。

⑨[唐] 林宝撰，岑仲勉校记，郁贤皓、陶敏整理：《元和姓纂附四校记》，中华书局，1994 年，第 309 页。

⑩[明] 凌迪知撰：《万姓统谱》卷一二七，“七虞”，文渊阁《四库全书》本。

⑪[晋] 皇甫谧撰：《高士传》卷中，文渊阁《四库全书》本。

⑫[明] 陈士元撰：《姓觿》卷五，“七麌”，《四库全书存目丛书》影印明万历自刻归云别集本。

有圃田泽。”[①]《吕氏春秋》“梁之圃田”高诱注曰：“圃田在今河南中牟。”[②]《尔雅·释地》“郑有圃田”郭璞注曰：“今荥阳中牟县西圃田泽是也。”[③]《汉书·地理志》“河南郡中牟县”条云：“圃田泽在西，豫州薮。”[④]《后汉书·郡国志》：“中牟，有圃田泽。”[⑤]《元和郡县志》：“圃田泽，一名原圃，中牟县西北七里，其泽东西五十里，南北二十六里。”[⑥]

十一、其他姓氏

补氏。《姓觿》：“补，《姓考》云，古有补国，炎帝伐补侯是也，后因氏。《千家姓》云，荥阳族。”[⑦]《姓氏寻源》：“补氏，出自神农时补遂之后，以属为氏。”[⑧]

藩氏。《姓觿》：“藩，《千家姓》云，荥阳族。”[⑨]《姓氏寻源》引《路史》云：“毕公高之后有藩氏。”[⑩]

朗氏。《姓觿》：“朗，《姓源》云，鲁《千家姓》云，荥阳族。”[⑪]《姓氏寻源》：“朗氏当以朗州为氏，亦或郎姓所改。”[⑫]

冒氏。《姓觿》：“冒，《千家姓》：荥阳族。”[⑬]

邺氏。《古今姓氏书辩证》：“邺，《风俗通》，汉有邺凤，为梁令。今望出荥阳及武陵。”[⑭]《通志·以邑为氏》：“邺氏，魏邑名，今为相州治县。《风俗通》：汉

①［晋］杜预集解：《春秋左传集解》，上海人民出版社，1977年，第408页。
②［汉］高诱注，［清］毕沅校正，余翔标点：《吕氏春秋》，上海古籍出版社，1996年，第189页。
③郭郛注证：《尔雅注证——中国科学技术文化的历史纪录上》，商务印书馆，2013年，第377页。
④［汉］班固撰，颜师古注：《汉书》，中华书局，1962年，第1555页。
⑤［南朝宋］范晔撰，［唐］李贤注：《后汉书》，中华书局，1965年，第3389页。
⑥［唐］李吉甫撰，贺次君点校：《元和郡县图志》，中华书局，1985年，第206页。
⑦［明］陈士元撰：《姓觿》卷五，“七麌”，《四库全书存目丛书》影印明万历自刻归云别集本。
⑧［清］张澍编纂：《姓氏寻源》，岳麓书社，1992年，第332页。
⑨［明］陈士元撰：《姓觿》卷二，“十四寒”，《四库全书存目丛书》影印明万历自刻归云别集本。
⑩［清］张澍编纂：《姓氏寻源》，岳麓书社，1992年，第139页。
⑪［明］陈士元撰：《姓觿》卷三，“二十二阳”，《四库全书存目丛书》影印明万历自刻归云别集本。
⑫［清］张澍编纂：《姓氏寻源》，岳麓书社，1992年，第377页。
⑬［明］陈士元撰：《姓觿》卷八，“二十号”，《四库全书存目丛书》影印明万历自刻归云别集本。
⑭［宋］邓名世著，王力平点校：《古今姓氏书辩证》，江西人民出版社，2006年，第639页。

有梁令郰凤。"① 《姓氏寻源》曰："郰，以邑为氏，在相州，上甲微居，即桐也。"②

此外，《姓觿》引《千家姓》云，捕氏、枪氏、瑞氏、四氏郡望亦为荥阳。③

经过考证，望于荥阳的姓氏有30个之多，荥阳堂无疑是中华姓氏的重要徽记之一。

（本文作者为河南省社会科学院中原文化研究所研究员）

①［宋］郑樵撰：《通志》卷二七，"氏族略·以邑为氏·魏邑"，文渊阁《四库全书》本。

②［清］张澍编纂：《姓氏寻源》，岳麓书社，1992年，第580页。

③［明］陈士元撰：《姓觿》卷七，"七遇"；卷三，"二十二阳"，《四库全书存目丛书》影印明万历自刻归云别集本。

家族认同与郡望自负

⊙范富安

郡，作为行政机构出现于周代，一般一县统四郡，秦以后的郡则大于县。一郡之中的大姓望族即称为郡姓，郡望则是指郡中显贵的氏姓。某姓世居某郡形成了名门高姓而为当地人所仰望就是后世的郡望。如陈郡谢氏、江氏，鲁国孔氏，平陆孟氏，天水姜氏，太原王氏等。郡望的形成是在东汉、魏晋至隋、唐时期，因人口迁徙频繁，人们各以原籍之郡名作为标志。之所以又把姓氏作为区别，实际上是区别宗族的办法。魏晋时期“九品中正制”尊阀阅、重门第的社会风气促进了郡望的形成，因为年代久远，旧望中又生新望，所以即使是同一姓氏，郡望有多至三四十个的。由于科举制的推行，唐代中期以后，门阀制度的影响日趋降低，郡望逐渐失去了原有的社会作用。但作为一种文化现象，注重郡望的习俗仍然得以保留和继承。在谱牒学中，郡望更多的是被作为一种家族名誉尊显的象征而受到后裔的重视。所以我们必须注意，一是郡望不是起源地，而是发迹地；二是发迹有时间限制，即在东汉至隋唐时期以内，除此之外的时间，其家族的新老发迹地都不能算是某姓的郡望。

既然郡望不是姓氏的发源地，就允许同姓有不同的郡望，如琅琊王氏和太原王氏、陇西李氏和赵郡李氏、清河崔氏和博陵崔氏等。但荥阳郑氏则有其特殊性，即荥阳不仅是郑氏的郡望，更是其发源地。依此为出发点，就要区分二者的不同。如果研究郡望就要区别籍贯，因为有些人重郡望而轻籍贯，如韩愈自号昌黎，因为昌黎是韩氏的郡望；高适独称渤海，杜甫喜标杜陵，也是郡望，而不是他们的籍贯。还要区分冒姓和依附，攀附权贵依仗名门虽然不怎么高尚但也不见得卑鄙，但作为研究仍需慎重。我这篇文章的重点是谈郡望，和郑氏的起源及发展、迁徙关系较远。

一、传统文化的家族认同

世界四大文明唯有中华文明传承有序，上下五千年浑然一体而没有断裂。为什么？不同的学者有不同的回答，我认为有两大因素：唐代以前的族群认同和唐代以后的科举制。先唐的族群认同见于各类史书，例子不胜枚举。《史记》和《汉书》言及匈奴曰："匈奴，其先夏后氏之后裔，曰淳维。"[①]《魏书》言及北魏鲜卑曰："黄帝有子二十五人，或内列诸华，或外分荒服，昌意少子，受封北土国有大鲜卑山，因以为号。"[②] 这里面有两点，一是史书的修撰者认为"普天之下，莫非王土"；二是这些外族从不认为自己是"蛮夷番邦"，只不过因为某种原因迁离中原。这些异族不管以什么方式进入中原，首先标榜自己和中原同一血脉，然后迅速向中原文化靠拢。所以中原文化虽有自己的主要脉络，却也包含了大量的异族基因。这些异族基因也会被中原原居民认可，成为自己文化中的重要组成部分，使中原文化具有了巨大的张力。美国学者塞缪尔·亨廷顿在谈到佛教的中国化时说："中国人为自己的目的和需要吸收印度的佛教，这并没有使中国'印度化'，相反倒造成了'佛教的中国化'。西方一直千方百计想使中国人基督教化，但迄今为止中国人使它始终不能得逞。"[③] 隋唐以后的科举制起到了同样的作用。不管你居住于核心区域还是深山海滨，只要想参加科举步入仕途，就必须读儒家经典，学习汉语，写汉语文章。方言可以不通用，但文字始终一致。所以有学者谈到中国文化总要提到汉字的功劳。中原多灾多难，人祸多于天灾，族群的迁徙成为常态。除了极少的原居民之外，百分之九十的现居民为外来户，也就造成了中国独特的文化现象：家族的独特性不是祖居地族群明显，而是外迁族群明显；重视家族传统的不是祖居地的家族

---

①分见司马迁：《史记·匈奴列传》，中华书局，1982 年，2879 页；班固：《汉书·匈奴传》，中华书局，1960 年，第 3743 页。

②魏收：《魏书·序记》，中华书局，1974 年，第 1 页。

③塞缪尔·亨廷顿：《文明的冲突与重建世界秩序》，转引自《参考消息》1996 年 12 月 2 日第 6 版。

成员，而是外迁族群；保留祖居地方言特点的不是祖居地居民，而是外迁居民；具有强烈家族意识的不是祖居地家族成员，而是外迁成员。所以外迁的族群有郡望，有堂号，有家谱，历经千年而脉络清晰，反而祖居地的族群忽视这些家族的标志，说不清自己的世系来源。

外迁者强烈的祖居地意识形成了中国文化特有的家族认同，即使漂洋过海，千里万里，说起同族是血脉亲情，言及家族中的著名人物有着共同的荣耀，说及祖居地是无尽的怀念。没有条件就把这种心绪压在心底，传及后人；有条件则千里奔波，直奔故里。这里没有你认识的人，但有说得清楚的血脉；这里没有你熟悉的朋友，却有同族的伯叔兄弟。家族认同是在中原文化的背景下形成的，同时也成了中原文化的特点。中国文化在这样的文化背景下怎么断裂？怎么可能断裂。

二、荥阳郑氏郡望的脉络梳理

荥阳汉代属于河南郡。[①]《晋书·地理志》中有“荥阳郡”，后注：泰始二年置。统县八。其中中牟、开封隶属于荥阳郡。[②] 曹魏正始三年（242）始设荥阳郡，泰始是晋武帝司马炎的年号，泰始二年是公元266年，所以这里的“置”应该是复置，这是荥阳郡望形成的年代上限。北魏仍然设荥阳郡，隶属北豫州。据此我们可以基本认定，以荥阳为郡望应该始于魏晋时期。接下来就是讨论荥阳郑氏出了哪些人物使荥阳郑氏名满天下。年代久远、难以征稽的不谈，东汉有郑兴，《后汉书·郑范陈贾张列传》曰：“郑兴字少赣，河南开封人，少学《公羊春秋》，晚善《左氏传》。”郑兴有子郑众，“众字仲师，年十二，从父受《左氏春秋》”，“建初六年，代邓彪为大司农”。儒学界称为郑司农，或称“先郑”，[③] 以区别于另一儒学巨匠郑玄。郑玄，北海高密人，儒学界称之为郑康成，或称“后郑”。“郑太字公业，河南开封人，司农众之曾孙也。”[④] 他与郑玄同时，所生活的时代正值汉末黄巾起义，

①班固：《汉书·地理志》，中华书局，1960年，第1555页。
②房玄龄等：《晋书·地理志》，中华书局，1999年，第268页。
③范晔：《后汉书》，中华书局，1964年，第1217~1224页。
④范晔：《后汉书·郑孔荀列传》，中华书局，1964年，第2257页。

其游说董卓时明言郑玄为“东州郑玄”。在这里我们可以看到，从郑兴到郑太郑氏经历五世，立于朝堂百余年，世善儒学，为后汉儒学圭臬，应为当之无愧的豪门大族。郑太之所以明标司农之曾孙，是因为后汉还有一位郑众，名列《后汉书·宦者列传》，南阳人，其后曾封关内侯。检点史书就可以发现，党锢之祸以后，明标某地某氏者渐多。后世论者言及郡望恒称“九品中正”，其源头实际在于后汉豪强政治。魏晋以后所实行的九品中正制是汉末豪强政治的延续。当时以经学或事业起家的豪族有汝南袁氏、应氏，颍川荀氏、陈氏等。杨氏以弘农（河南灵宝）为郡望，其始祖正是东汉安帝时期的太尉杨震。再如郑太年四十一岁卒，政治上没有大的建树，其祖先立足的儒学也不擅长，但他“家富于财，有田四百顷”，是明显的豪强。曹魏是一个依赖豪强起家的政权，当政之后更没有理由去得罪、抑制豪强，九品中正制的实行既是对豪强的报答，也是对豪强的妥协。

但是检点《后汉书》，我们没有发现荥阳郑氏的踪迹。《三国志·魏志》中有《郑浑传》，谓“郑浑字文公，河南开封人也，高祖父众，浑兄泰”①。这里的郑泰其实就是《后汉书》里的郑太。郑浑依靠曹操，先为掾，复迁下蔡长、召阳令，后为丞相掾属，迁左冯翊，转上党太守。曹操征汉中，以郑浑为京兆尹。曹丕当政立魏，郑浑做侍御史、驸马都尉，再迁阳平、魏郡太守等。魏明帝即位，迁将作大匠。有子崇。裴松之注曰：“《晋阳秋》曰：泰子袤字林叔。泰与华歆、荀攸善，见袤曰：‘郑公业为不亡矣。’初为临淄侯文学，稍迁至光禄大夫。泰始七年，以袤为司空，固辞不受。终于家，其子默，字思玄。”裴松之还引《晋诸公赞》，说郑默位至太常，有三个弟弟，分别是质、舒、诩，皆为卿。郑默的儿子郑球，曾做到尚书右仆射；郑球的弟弟郑豫，官至尚书。其实郑袤《晋书》有传，不过籍贯发生了变化。《晋书·郑袤传》曰：“郑袤，字林叔，荥阳开封人也。”郑袤高寿，直到泰始九年（272）卒，年八十五。郑球的儿子郑瑜，“八王之乱”时自顿丘太守为平寿公，累迁侍中、常侍、中护军、尚书右仆射，领吏部。永嘉二年（308）卒。②

①陈寿：《三国志》，中华书局，1959 年，第 508 页。

②房玄龄等：《晋书·郑袤传》，中华书局，1999 年，第 823 页。

所可注意的是，从郑袤开始，郑氏开始和荥阳有了直接的关系，那就是在开封前面加上了郡名：荥阳。

从东汉安帝时郑众开始到晋末的永嘉大乱，安帝在位是公元107～125年，晋怀帝永嘉年号是公元307～312年，郑瑜卒于公元308年，前后200余年的历史，郑氏一族始终居于朝廷高位，这在同时期极为少见，也可以说绝无仅有。除了见于史书的功成名就者，更多的是未载于史册的低级官吏或者普通人。可以说任谁不想让郑氏一族成为显族都不可能。朝廷可以更迭，但郑氏经汉、魏、晋三朝，家族不衰，累世高官。从原来的经学起家，到后来的功勋卓著，中原郑氏的威望是任何家族难以比拟的。整部《南史》，王、谢满眼；《北史》终卷，崔、裴为尊。但郑氏并未消失于史家视野。《北史·郑羲传》，“郑羲字幼麟，荥阳开封人，魏将作大匠浑八世孙也。曾祖豁，慕容垂太常卿，父晔”。郑晔有六子，郑羲最幼。郑羲的儿子郑懿，字景伯，袭爵荥阳伯。之所以称“袭爵”，是因为郑羲曾假荥阳侯。[①] 郑懿的儿子名恭业。郑懿有一个弟弟叫郑道昭，字僖伯。在郑道昭的任职经历中，有一个官职值得注意，“广平王怀为司州牧，以道昭与宗正卿元匡为州都”，后迁秘书监，荥阳邑中正。这里的“州都”、中正其实性质相同，都是主管郡中人才的评定、举荐。郑道昭有子严祖，任北豫州刺史。严祖的弟弟叫仲礼，严祖无嗣，侄子绍元继嗣，绍元曾任赵郡太守。绍元有子子翻，字灵雀，北齐时曾任记室参军，齐亡历周隋而不仕，隐居荥阳三窟山。子翻有两个弟弟子腾、天寿。子孙世系清晰，其中有一人必须提到，就是前文提到的郑羲的五个兄长，三兄洞林有子敬叔，曾任荥阳邑中正、濮阳太守。《北史》关于郑氏一族的记载直到隋朝的郑译，言郑译与隋文帝有同学之旧，隋文帝为丞相，“拜译柱国，相府长史”，开皇十一年（591）卒。[②]

以上世系的追索，目的在于厘清开封郑氏和荥阳郑氏之关系，消弭口舌。如果算至隋末，郑氏家族的繁盛已经500余年，按正常的世系，即使从郑众算起，按照正常的世系更迭也有25代左右。其间虽有沉降，但宦脉不绝，个别史家虽有微词，

---

①李延寿：《北史·郑羲传》，中华书局，1974年，第1302页。

②李延寿：《北史·郑译传》，中华书局，1974年，第1315页。

但不影响郑氏的显赫。可以推断的是，晋朝以后，由于荥阳政治地位的提高，世代为官的开封郑氏从晋代开始基本上已经以郡为标志，称荥阳开封人。随着家族大批人口向荥阳转移，郑氏分地而居的可能成为必然。上文所可注意的有两点。

其一，郑子翻隐居荥阳三窟山。史载郑子翻“傲诞不自羁束”“远近钦其高名”“风神俊发，无贵贱并敬服之”。“纳言杨素闻其名，因使过荥阳，迎与相见，言谈弥日，深加礼重”。[①] 这是史书明言郑氏居于荥阳的开始。

其二，是郑道昭先任州都后任荥阳邑宗正和郑敬叔任荥阳邑中正。这是郑氏以荥阳为郡望的关键。州都、宗正、中正三个官职类似。其中州都和中正职责几乎完全相同，但和宗正稍有不同。北魏沿袭九品中正制，地方举荐人才的负责者就是中正。据《魏书·官氏志》，天赐年间“以八国姓族难分，故国立大师、小师，令辨举宗党，品举人才。自八国以外，郡各自立师，职分如八国，比今之中正也。宗室立宗师，亦如州郡八国之仪”[②]。而“宗正”则为六卿之一。中正负责编订的本地士人材料，一重“家世”，即个人父亲和祖父的姓名，官爵履历，任职情况，本人亲属官爵的大小等。二重“状”，即对本人道德状况、才能学识的评定。然后根据个人的“状”和“家世”评定品类。各郡、州设置中正。州、郡中正由本地人充当，多由现任中央官员兼任，且一般是九品中的二品即上品。郡中正初由各郡长官推选，晋时改由州中正荐举，中正的任命权掌握在司徒府。州、郡中正都设有属员。中正评议结果上交司徒府复核批准，然后送吏部作为选官的根据。中正评定的品第又称“乡品”，和被评者的仕途密切相关。任官者其官品必须与其乡品相适应，乡品高者做官的起点为“清官”，升迁较快，受人尊重；乡品卑者做官的起点称为“浊官”，升迁也慢，受人轻视。中正评议人物依例三年调整一次，中正也可随时对所评议人物予以升品或降品。一个人的乡品升降后，官品及居官之清浊也往往随之变动。为了保证中正的权威，政府还禁止被评者诉讼枉曲。但中正如定品违法，政府要追查其责任。从以上可以看出，中正的地位颇高，一般为二品以上；对地方家

---

①李延寿：《北史·郑羲传》，中华书局，1974 年，第 1306 页。
②魏收：《魏书·官氏志》，中华书局，1974 年，第 2974 页。

族熟悉，以保证“状”的权威。郑氏担任此职当然对郑氏本族有莫大的便利，所以天下郑氏言必称荥阳也就顺理成章了。只是北魏时期的九品中正制已经流于形式，难与魏晋时并论；随着士族地位的下降，隋朝时更已是名存实亡。

三、唐人的郡望观念和荥阳郡望的确立

由于李唐源自鲜卑，入主中原后对自己的出身讳莫如深，对言必称某地某氏的士族观念十分抵触，尤其对士族之间的通婚强烈不满。士族之女性不会下嫁于非士族，士族男性也不娶非士族之女，这种风气在唐初甚盛。这种现象产生的根源可以追溯到北魏，因为拓跋氏当政，民族杂处，山东士族不愿与异族通婚，以避免血统混乱。但随着时代的发展，至唐代不少高门已经名存实亡，相沿成习的风气发展为自高声价，买卖婚姻，唐高祖李渊就曾经对“关东人崔、卢为婚，犹自矜伐”的风气表示过异议。太宗时期，“贞观十二年正月乙未，吏部尚书高士廉等上《氏族志》一百三十卷”[①]，“是时，朝议以山东人士好自矜夸，虽复累叶陵迟犹恃其旧地，女适他族，必多求聘财。太宗恶之，以为甚伤教义”，于是令高士廉、韦挺等修《氏族志》。但这本《氏族志》把崔幹列为第一等，违背太宗的本意，“我与山东崔、卢、李、郑，旧既无嫌，为其世代衰微，全无冠盖，犹自云士大夫，婚姻之间，则多邀钱币，……我不解人间何为重之。只缘齐家唯据河北，梁陈僻在江南，当时虽有人物，偏僻小国，不足可贵，至今犹以崔卢王谢为重”，“见居三品以上，欲共衰代旧门为亲，纵多输钱帛，犹被偃仰，我今特定族姓者，欲崇重今朝冠冕，何因崔幹犹为第一等?”“不须论数世以前，止取今日官爵高下作等级”，遂以崔幹为第三等。[②] 贞观十六年，太宗再次明诏：“问名唯在于窃赀，结缡必归于富室，乃有新官之辈，丰财之家，慕其祖宗，競结婚媾，多纳货贿，有如贩鬻，或贬其家门，收屈辱于婚娅，或矜其旧族，行无礼于舅姑，……其自今年六月禁卖婚。”[③] 唐高宗时期，因为李义府不满意太宗时期高士廉等人所修《氏族志》，“耻其家代

①刘昫等：《旧唐书·太宗纪》，中华书局，1999年，第33页。

②刘昫等：《旧唐书·高士廉传》，中华书局，1999年，第1648~1649页。

③王溥：《唐会要》卷八十三，中华书局，1955年。

无名”，奏改此书，“皇朝得五品官者，皆升士流”，“于是兵卒以军功致五品者，尽入书限，更名为《姓氏录》”。还是这个李义府，其籍贯本为瀛洲饶阳，但在“既贵之后，又自言本出赵郡，始与诸李叙昭穆”。因为他的儿子向旧族求婚未得，他向高宗告状，高宗下诏：“后魏陇西李宝，太原王琼，荥阳郑温，范阳卢子迁、卢泽、卢辅，清河崔宗伯、崔元孙，前燕博陵崔懿，晋赵郡李楷，凡七姓十家，不得自为婚姻。”① 但这样做的结果不仅没有改变现状，反而“其后天下衰宗落谱，皆称‘禁婚家’，益自贵，凡男女皆潜相聘娶，天子不能禁。”②《旧唐书·李敬玄传》云“（李敬玄）久居选部，人多附之。前后三娶皆山东士族，又与赵郡李氏合谱”，“高宗知而不说，然犹不彰其过”。③ 直至中唐贞元年间，柳芳序四姓世族，仍列山东居前。开成初，文宗欲以真源、临真二公主降士族，谓宰相曰：“民间修婚姻，不计官品而上阀阅，我家二百年天子，不及崔卢耶?”④ 由此可见，终唐之世，朝廷始终在抑压士族，但效果适得其反。

上列史料是为了证明唐代旧族始终高高在上，并没有因为朝廷的刻意打压而地位下降。其原因一不在于他们的政治地位，如宰相郑覃的孙女只欲嫁给崔姓的九品官。二不在于他们的依附，赵郡李氏的地位一直高于陇西李氏，其所以得到朝野上下的仰慕，是因为家族世代相传的“礼”和“礼教”。在这里，传统超越了政治，族群超越了财富。在这样的时代氛围里，郑姓必称荥阳也就不足为怪了。唐代荥阳郑氏虽不是如日中天，但也并非默默无闻。玄宗、代宗时期的郑珣瑜因为任中书门下平章事，亦称郑相，其子郑覃文宗时以宰相兼判国子祭酒，曾封荥阳郡公。郑覃的弟弟郑朗曾任工部尚书、礼部尚书，后以礼部尚书同平章事，加中书侍郎。两代三位居中枢六七十年。⑤ 郑余庆大历时期举进士，后两度为相，直至宪宗元和十五年去世，诏称“荥阳开国公”。其子澣文宗时拜刑部尚书，兼判左丞事。郑澣有四个儿子，两唐书皆有传。其中郑从谠功勋卓著，袭荥阳郡开国公。即使从宪宗算

①刘昫等：《旧唐书·李义府传》，中华书局，1999 年，第 1873 页。
②欧阳修、宋祁等：《新唐书·高士廉传》，中华书局，1975 年，第 3842 页。
③刘昫等：《旧唐书·李敬玄传》，中华书局，1999 年，第 1862 页。
④欧阳修、宋祁等：《新唐书·杜兼传》，中华书局，1975 年，第 5206 页。
⑤刘昫等：《旧唐书·郑覃传》，中华书局，1999 年，第 3055～3059 页。

起，到郑从谠光启末年去世，郑余庆祖孙三代在朝称雄六十余年。[①] 既是士族高门，又位高权重，同姓攀附、言必称荥阳在唐代既是不争的事实，也是时代的反映。前文提到的李敬玄本来是谯郡人，但他却和赵郡李氏搅在一起，李义府也冒称赵郡李氏。“燕许大手笔”之一的张说祖籍河东（今山西永济），属于“近代新门”，却认祖籍为范阳，连唐玄宗也默认这种攀附，封其为燕国公。更为令人诧异的是王维的弟弟王缙，本属太原王氏，已是名门望族，但却自称琅琊王氏，而其兄长王维则称太原祁人。上述四人都是唐代的宰相。其实不仅是高官权贵，连朝廷李氏也冒姓陇西，其他人为了各自的目的妄称某地某氏实不足为怪。唐朝对郑氏的封爵往往以“荥阳”命名，虽然封号只是一种荣耀，被封者也不一定是荥阳人，如唐中宗时期宋州宋城（今河南商丘）人郑惟忠曾被封为荥阳县男。但无论其祖籍何处，既有此封号，他们的后代自称是荥阳郑氏，也应是当之无愧。但宪宗时期的郑注本姓鱼，也冒姓郑，这种现象在当时应该不是个别。

所以隋唐时期的荥阳郑姓遍天下并不都是魏晋时期荥阳郑氏的迁徙繁衍，而是一种姓氏荣耀和郡望依归，是特殊时期的文化现象。对此我们没有必要做过度的厘清，何况家族内部还有能够说得清楚的堂号传承。但是我们今天所说的“天下郑氏出荥阳”则和魏晋隋唐时期的荥阳郑氏有区别，郑氏祖根地荥阳是东周时期的郑国故地，而郡望荥阳则是郑姓某族的发迹地，二者产生的时代与含义均不相同。

（本文作者为河南教育学院学报主编、教授）

①刘昫等：《旧唐书·郑余庆传》，中华书局，1999年，第2833~2840页。

荥阳郡与天下郑姓的文化认同

⊙袁延胜　时军军

一、郑国与郑氏之缘起

郑氏的来源，属于以国为姓。郑樵在《通志·氏族略》中便将郑姓归于以国为姓之列。《新唐书·宰相世系表》更是明确指出："郑氏自姬姓……（郑桓公）十三世孙幽公为韩所灭，子孙播迁陈、宋之间，以国为氏。"[①] 这种以国为氏的现象，与郑国贵族在多次迁徙过程中独立意识觉醒与自我认同产生有关。

郑桓公本姓姬名友，为周宣王异母兄长，宣王二十二年（前 806）受封为"郑"，都于棫林（今陕西华县北）。周幽王八年（前 774）桓公担任周司徒一职。此时桓公无论是从血缘上还是从礼法上都是认同自己王室成员属性的。当时幽王沉溺于酒色，社会问题严峻。郑桓公也正是意识到这一点，才向太史伯求教脱离围墙之下的计策[②]。即便在这种情况下，周幽王十一年（前 771）犬戎攻入镐京时，桓公依然不惜身家性命而保卫天子，直至以身殉国[③]。这正是其对王室姬姓认同的表现。

桓公死后，郑武公继承父业，继续其父与太史伯所谋的"寄孥与贿于虢郐之间"的大业并最终完成。进而，凭借护卫平王东迁之功成为周之司徒，并用计先后

---

①[宋] 欧阳修，宋祁等：《新唐书》卷七十五上《宰相世系五上》，中华书局，1975 年 2 月，第 3258～3259 页。

②[汉] 司马迁：《史记》卷四十二《郑世家》，中华书局，1982 年 11 月，第 1757～1758 页。

③[汉] 司马迁：《史记》卷四十二《郑世家》，中华书局，1982 年 11 月，第 1759 页。

灭掉郐国、虢国，在此过程中将国都城向东迁移。史念海先生在其《郑韩故城溯源》一文中认为其东迁定都之地当在虢、郐之间的十邑之内，溱、洧合流之处。即今新郑市内的郑韩故城遗址。[①] 迁都之后武公着力提升国力，重视商人。郑国的商人和贵族共同开发从虢、郐等国掠夺来的土地。据《左传》记载，郑国曾与商人定下盟誓："尔无我叛，我无强贾，毋或匄夺，尔有利市宝贿，我勿与知。"[②] 即对商贾采取鼓励政策，只要你不叛变，我就不会强买强卖、掠夺你的财产。在这种思想指导下，郑国商人对郑国经济的发展起了重要的促进作用。

郑国迁都及其实力的增强，引起了周王室的猜忌。郑国与周出现对抗的态势，其自我意识与独立意识逐渐觉醒。据《左传》记载："郑武公、庄公为平王卿士。王贰于虢，郑伯怨王。王曰：'无之。'故周郑交质。王子狐为质于郑，郑公子忽为质于周。王崩，周人将畀虢公政。四月，郑祭足帅师取温之麦。秋，又取成周之禾。周郑交恶。"[③] 由此可见，作为周卿士的郑国国君，在春秋早期为了本国利益与周王室相互索取人质，甚至最终交恶。郑国国君的潜意识里认为郑国已经是与周平等的国家，而非分封下的附属国。

这种意识在此后的社会大环境中又得到进一步强化。我们知道郑国地处中原，是当时的交通要道，反过来也是战争频发之地。其对邻国的征讨、邻国对其的讨伐无不强化着郑国的主体意识。尤其是春秋时期的晋楚之争，郑国处于两大国之间，逢迎楚则晋怒，逢迎晋则楚怒，两面受敌，更增强了国人之"郑人"的意识。《史记·韩世家》载，韩哀侯二年，"灭郑，徙都于郑"[④]。郑国被韩国灭后，郑桓公之后裔只能率族人东逃陈、宋之间，散于他乡。因而取国名"郑"为姓氏，以缅怀先辈春秋初霸之功业。所以，郑氏之由来与郑国在建立、争霸、灭亡中形成的主体意识、自我认同感有着极为密切的关联。谈及郑氏而不追述郑国的历史，就不能真切感受郑氏凝聚力之所在。

---

①史念海：《郑韩故城溯源》，《中国历史地理论丛》1998 年第 4 期。

②[清] 洪亮吉：《春秋左传诂》，中华书局，1987 年 10 月，第 724 页。

③[清] 洪亮吉：《春秋左传诂》，中华书局，1987 年 10 月，第 190 ~ 191 页。

④[汉] 司马迁：《史记》卷四五《韩世家》，中华书局，1982 年，第 1868 页。

二、两汉时期的郑氏

郑氏在历史上参与政治的人才辈出，做一专题恐怕也难以尽数详解。故而本文仅列举前四史中记载的两汉时期的郑氏名人，意在大致把握这一时期郑氏人物分布状况。

姓名	人物关系	籍贯	文献资料	出处
河南地区所见郑氏				
郑　君	郑当时之父	陈	郑君尝为项籍将；籍死，已而属汉。高祖令诸故项籍臣名籍，郑君独不奉诏。诏尽拜名籍者为大夫，而逐郑君。郑君死孝文时。	《史记》卷一百二十《郑当时列传》
郑当时	郑君之子	陈	郑当时者，字庄，陈人也。……当时以任侠自喜，脱张羽于阸，声闻梁楚间。孝景时，为太子舍人。……武帝立，庄稍迁为鲁中尉、济南太守、江都相，至九卿为右内史。以武安侯魏其时议，贬秩为詹事，迁为大农令。……以庄为汝南太守。数岁，以官卒……卒后家无余赀财。庄兄弟子孙以庄故，至二千石六七人焉。	《史记》卷一百二十《郑当时列传》
郑　翁	傅太后养父	魏郡	孝元傅昭仪，哀帝祖母也。父河内温人，蚤卒，母更嫁为魏郡郑翁妻，生男恽……（哀帝即位后）追尊恽为阳信节侯。	《汉书》卷九十七下《外戚传下》
郑　恽	傅太后同母弟	魏郡	孝元傅昭仪，哀帝祖母也。父河内温人，蚤卒，母更嫁为魏郡郑翁妻，生男恽……（哀帝即位后）追尊恽为阳信节侯。	《汉书》卷九十七下《外戚传下》
郑　业	傅太后同母弟之子	魏郡	（建平四年）二月，封帝太太后从弟侍中傅商为汝昌侯，太后同母弟子侍中郑业为阳信侯。	《汉书》卷十一《哀帝纪》
郑　礼	傅太后同母妹	魏郡	王后姓张氏，其母郑礼，即傅太后同母弟也。	《汉书》卷九十七下《外戚传下》

续表

姓名	人物关系	籍贯	文献资料	出处
郑　兴	郑众之父	河南开封	郑兴字少赣，河南开封人也。少学《公羊春秋》。晚善《左氏传》，遂积精深思，通达其旨，同学者皆师之。……（建武六年，与妻子东归）侍御史杜林先与兴同寓陇右，（经其举荐）乃征为太中大夫。……坐左转莲勺令。……兴好古学，尤明《左氏》、《周官》，长于历数，自杜林、桓谭、卫宏之属，莫不斟酌焉。世言《左氏》者多祖于兴，而贾逵自传其父业，故有郑、贾之学。兴去莲勺，后遂不复仕，客授阌乡，三公连辟不肯应，卒于家。	《后汉书》卷三十六《郑兴传》
郑　众	郑兴之子	河南开封	众字仲师。年十二，从父受《左氏春秋》，精力于学，明《三统历》，作《春秋难记条例》，兼通《易》、《诗》，知名于世。……永平初，辟司空府，以明经给事中，再迁越骑司马，复留给事中……至敦煌，拜为中郎将，使护西域。会匈奴胁车师，围戊己校尉，众发兵救之。迁武威太守，谨修边备，虏不敢犯。迁左冯翊，政有名迹。建初六年，代邓彪为大司农。是时肃宗议复盐铁官，众谏以为不可。诏数切责，至被奏劾，众执之不移。帝不从。在位以清正称。其后受诏作《春秋删》十九篇。八年，卒官。	《后汉书》卷三十六《郑兴传》
郑安世	郑众之子	河南开封	（郑众）子安世，亦传家业，为长乐，未央厩令。延光中，安帝废太子为济阴王，安世与太常桓焉、太仆来历等共正议谏争。及顺带立，安世已卒，追赐钱帛，除子亮为郎。	《后汉书》卷三十六《郑兴传》
			帝不从，是日遂废太子为济阴王。……长乐、未央厩令郑安世等十余人，俱诣鸿都门证太子无过。	《后汉书》卷十五《来历传》

续表

姓名	人物关系	籍贯	文献资料	出处
郑　亮	郑安世之子	河南开封	及顺帝立，安世已卒，追赐钱、帛，除子亮为郎。众曾孙公业，自有传。	《后汉书》卷三十六《郑兴传》
郑　太（泰）	郑亮之子	河南开封	郑太字公业，河南开封人，司农众之曾孙也。灵帝末，知天下将乱，阴交结豪杰。家富于财，有田四百顷，而食常不足，名闻山东。初举孝廉，三府辟，公车征，皆不就。及大将军何进辅政，征用名士，以公业为尚书侍郎，迁侍御史。……（董卓）迁都长安，天下饥乱，士大夫多不得其命。而公业家有余资，日引宾客高会倡乐，所赡救者甚众。乃与何颙、荀攸共谋杀卓。事泄，颙等被执，公业脱身自武关走，东归袁术。术上以为扬州刺史。未至官，道卒，年四十一。	《后汉书》卷七十《郑太传》
			（郑浑）兄泰，与荀攸等谋诛董卓，为扬州刺史，卒。	《三国志》卷十六《魏书·郑浑传》
郑　浑	郑太之弟	河南开封	郑浑字文公，河南开封人也。高祖父众，众父兴，皆为名儒。……（后）为丞相掾属，迁左冯翊。……太祖征汉中，以浑为京兆尹。……文帝即位，为侍御史，加驸马都尉，迁阳平、沛郡二太守。郡界下湿，患水涝，百姓饥乏。浑于萧、相二县界，兴陂遏，开稻田。……民赖其利，刻石颂之，号曰郑陂。转为山阳、魏郡太守，其治放此……明帝闻之，下诏称述，布告天下。迁将作大匠。……及卒，以子崇为郎中。	《三国志》卷十六《魏书·郑浑传》
			郑浑之子郑崇，其子郑崇为郎中。	

续表

<table>
<tr><th>姓名</th><th>人物关系</th><th>籍贯</th><th colspan="3">文献资料</th><th>出处</th></tr>
<tr><td rowspan="6">郑　袤</td><td rowspan="6">郑泰之子</td><td rowspan="6">河南开封</td><td colspan="3">（郑泰）子袤，字林叔。……初为临淄侯文学，稍迁至光禄大夫。泰始七年，以袤为司空，固辞不受，终于家。子默，字思玄。</td><td>《三国志》卷十六《魏书·郑浑传》注引《晋阳秋》</td></tr>
<tr><td colspan="3">郑袤，字林叔，荥阳开封人也。高祖众，汉大司农。父泰，扬州刺史，有高名。……（官至司空）以侯就第，拜仪同三司，置舍人官骑，赐床帐簟褥、钱五十万。（泰始）以侯就第，拜仪同三司，置舍人官骑，赐床帐簟褥、钱五十万。九年薨，时年八十五。……谥曰元。有子六人，长子默嗣，次质、舒、诩、称、予，位并列卿。</td><td rowspan="5">《晋书》卷四四《郑袤传》</td></tr>
<tr><td rowspan="3">郑袤之子郑默</td><td colspan="2">字思元。起家秘书郎，历任廷尉、太常、大鸿胪、大司农、光禄勋。太康元年卒，时年六十八。谥曰成。尚书令卫瓘奏：“默才行名望，宜居论道，五升九卿，位未称德，宜赠三司。”</td></tr>
<tr><td>郑球</td><td>（郑默之子）字子瑜。少辟宰府，入侍二宫。成都王为大将军，起义讨赵王伦，球自顿丘太守为右长史，以功封平寿公。累迁侍中、尚书、散骑常侍、中护军、尚书右仆射，领吏部。永嘉二年卒，追赠金紫光禄大夫。谥曰元。</td></tr>
<tr><td>郑豫</td><td>（郑）球弟豫，永嘉末为尚书。</td></tr>
<tr><td colspan="3">郑默之弟：质、舒、诩、称、予，位并列卿。</td></tr>
</table>

续表

姓名	人物关系	籍贯	文献资料	出处
郑　众		南阳犨	郑众字季产，南阳犨人也。为人谨敏有心几。永平中，初给事太子家。肃宗即位，拜小黄门，迁中常侍。和帝初，加位钩盾令。……十四年，帝念众功美，封为鄛乡侯，食邑千五百户。……元初元年卒，养子闳嗣。闳卒，子安嗣。后国绝。	《后汉书》卷七十八《宦者列传》
山东地区所见郑氏				
郑　宾	郑崇之父	高密	（郑崇）父宾明法令，为御史，事贡公，名公直。	《汉书》卷七十七《郑崇传》
郑　崇	郑玄之先人	高密	郑崇字子游，本高密大族，世与王家相嫁娶。祖父以訾徙平陵。……哀帝擢为尚书仆射。数求见谏争，上初纳用之。每见曳革履，上笑曰："我识郑尚书履声。"	《汉书》卷七十七《郑崇传》
郑　立	郑崇之弟	高密	（郑崇）弟立与高武侯傅喜同门学，相友善。	《汉书》卷七十七《郑崇传》
郑　玄	八世祖郑崇	北海高密	郑玄字康成，北海高密人也。……玄少为乡啬夫，得休归，常诣学官，不乐为吏，……遂造太学受业，师事京兆第五元先……乃西入关，因涿郡庐植，事扶风马融。……及党事起，乃与同郡孙嵩等四十余人俱被禁锢，遂隐修经业，杜门不出。时任城何休《公羊》学，遂著《公羊墨守》《左氏膏肓》《谷梁废疾》；玄乃《发墨守》《针膏肓》《起废疾》。休见而叹曰："康成入吾室，操吾矛，以伐我乎！"……大将军袁绍总兵冀州公车征为大司农，给安车一乘，所过长吏送迎。玄乃以病自乞还家。（建安五年）六月卒，年七十四。遗令薄葬。自郡守以下尝受业者，缞绖赴会千余人。……郑玄括囊大典，网罗众家，删裁繁诬，刊改漏失，自是学者略知所归。	《后汉书》卷三十五《郑玄传》

续表

姓名	人物关系	籍贯	文献资料	出处
郑小同	郑玄之孙	北海高密	玄唯有一子益恩，孔融在北海举为孝廉；及融为黄巾所围，益恩赴难殒身。有遗腹子，玄以其手文似己，名之曰小同。	《后汉书》卷三十五《郑玄传》
			（甘露三年八月丙寅）诏曰："……关内侯王祥，履仁秉义，雅志淳固。关内侯郑小同，温恭孝友，帅礼不忒。其以祥为三老，小同为五更。"	《三国志》卷四《魏书·三少帝纪》
郑　均		东平任城	郑均字仲虞，东平任城人也。少好黄老书。……常称病家廷，不应州郡辟召。……建初三年，司徒鲍昱辟之，后举直言，并不诣。六年，公车特征，再迁尚书，数纳忠言，肃宗敬重之。后以病乞骸骨，拜议郎，告归，因称病笃，帝赐以衣冠。……（元和二年）帝东巡过任城，乃幸均舍，敕赐尚书禄以终其身，故时人号为"白衣尚书"。永元中，卒于家。	《后汉书》卷二十七《郑均传》
浙江地区所见郑氏				
郑　吉	郑弘之从祖	会稽	郑吉，会稽人也，以卒伍从军，数出西域，由是为郎。……吉既破车师，降日逐，威震西域，遂并护车师以西北道，故号都护。都护之置自吉始焉。上嘉其功效……其封吉为安远侯，食邑千户。……吉薨，谥曰缪侯。	《汉书》卷七十《郑吉传》
郑　光	郑吉子	会稽	吉薨，谥曰缪侯。子光嗣，薨，无子，国除。	《汉书》卷七十《郑吉传》
郑　弘	从祖郑吉	会稽山阴	郑弘字巨君，会稽山阴人也。弘少为乡啬夫，太守第五伦行春，见而深奇之，召署督邮，举孝廉。	《后汉书》卷三十三《郑弘传》
郑　永	郑吉曾孙	会稽	元始中，录功臣不以罪绝者，封吉曾孙永为安远侯。	《汉书》卷七十《郑吉传》

续表

姓名	人物关系	籍贯	文献资料	出处
郑　朋		会稽	（萧望之等人）数荐名儒茂才以备谏官。会稽郑朋阴欲附望之，上疏言车骑将军高遣客为奸利郡国，及言许、史子弟罪过。	《汉书》卷七十八《萧望之传》
四川地区所见郑氏				
郑　躬		广汉	广汉男子郑躬等六十余人攻官寺，篡囚徒，盗库兵，自称山君。	《汉书》卷十《成帝纪》
郑伯山		广汉新都	（杨）统感父遗言，服阕，辞家从犍为周循学习先法，又就同郡郑伯山受《河洛书》及天文推步之术。	《后汉书》卷三十《杨厚传》
郑　度		广汉	（郑）度，广汉人，为州从事。（曾向刘璋献御敌之计。）	《三国志》卷三十七《蜀书·法正传》注引《华阳国志》
江苏地区所见郑氏				
郑　布		取虑	陈王初立时，陵人秦嘉、铚人董緤、符离人朱鸡石、取虑人郑布、徐人丁疾等皆特起，将兵围东海守庆于郯。	《史记》卷三十一《陈涉世家》
陕西地区所见郑氏				
郑宽中		平陵	张山拊字长宾，平陵人也。事小夏侯建，为博士，论石渠，至少府。授同县李寻、郑宽中少君、山阳张无故子儒，信都秦恭延君、陈留假仓子骄。	《汉书》卷八十八《儒林传·张山拊传》
郑宽中		平陵	初元中，立皇太子，而博士郑宽中以《尚书》授太子，荐言禹善《论语》。	《汉书》卷八十一《张禹传》

续表

姓名	人物关系	籍贯	文献资料	出处
郑子真（郑真）		谷口	其后谷口有郑子真，蜀有严君平，皆修身自保，非其服弗服，非其食弗食。	《汉书》卷七十二《王贡两龚鲍传》
			四皓遁秦，古之逸民，不营不拔，严平、郑真。	《汉书》卷一百下《叙传下》
无明确地域记载的郑氏				
郑　昌			（楚）令故吴令郑昌为韩王，距汉兵。	《史记》卷八《高祖本纪》
郑　忠			汉王得韩信军，则复振。引兵临河，南飨军小修武南，欲复战。郎中郑忠乃说止汉王，使高垒深堑，勿与战。汉王听其计。	《史记》卷八《高祖本纪》
郑　遂			董卓入洛阳，岱从侍中出为兖州刺史。虚己爱物，为士人所附。初平三年，青州黄巾贼入兖州，杀任城相郑遂，转入东平。	《后汉书》卷七十六《循吏列传·刘宠传》
郑　勤			（永初四年）三月，南单于降。先零羌寇褒中，汉中太守郑勤战殁。徙金城郡都襄武。戊子，杜陵园火。癸巳，郡国九地震。	《后汉书》卷五《安帝纪》

以上诸位郑氏生活年代大致在两汉时期。从上表我们可以看出：一、郑氏在两汉时期已经广泛分在今河南、山东、浙江、陕西、四川等地。二、其中河南郑氏、浙江郑氏、山东郑氏几个支脉最为显著。更值得注意的是郑氏之学的兴起，特别是郑玄的经学更是影响深远。《后汉书》记载：“郑众传《周官经》，后马融作《周官传》，授郑玄，玄作《周官注》。玄本习《小戴礼》，后以古经校之，取其义长者，

故为郑氏学。”① 此当为郑氏在学术史上之一巨大贡献，亦郑氏从政积累下的坚实的政治资本。

三、荥阳与郑氏之认同

如前文所述，我们可知郑氏在两汉时期形成郑氏之学，同时郑氏也崛起成为当时的名门望族，尤其是河南开封郑氏最为显著。然而为何当今有“天下郑氏出荥阳”之说？这是有历史原因的。

郑氏起源于新郑、开封一带，开封郑氏成为当时天下诸郑之代表。诸侯兼并，韩国灭郑，郑幽公之子鲁率族人东逃陈、宋之间，以国为姓。最早有为韩入秦行疲秦之计的郑国，以开郑国渠而留名青史，其为今新郑人。汉代郑当时的崛起及开封郑氏大量进入政治集团，使其成为郑氏的代表性力量。郑氏之学的形成，成为郑氏入仕有力的政治资本。以至在南北朝门阀政治盛行的年代，郑氏成为与范阳卢氏、清河崔氏、太原王氏等齐名的士家大族。史载孝文帝“雅重门族，以范阳卢敏、清河崔宗伯、荥阳郑羲、太原王琼四姓，衣冠所推，咸纳其女以充后宫”②。

时至南北朝时期，由于士族政治的兴起，修撰谱牒，蔚然成风。在谱牒编写过程中往往以其所在郡冠于姓氏之前，以区别于其他同姓。如博陵崔氏、渤海高氏、巨鹿魏氏、河南陆氏、范阳卢氏、太原王氏、鲁郡孔氏、清河崔氏、赵郡李氏等。然而此时的开封已经从魏国都城降为荥阳郡下的一个县级行政单位。《晋书》记载泰始二年设置荥阳郡，下辖荥阳、京、密、卷、阳武、中牟、开封诸县③。这种情况一直到唐代才有所改变。此间人多以荥阳郑氏称呼开封郑氏，甚至直接称之为荥阳人。这在当时并没有什么不妥，人们总是要拿最能为人所知的名称向别人介绍自己。正如出了国介绍自己说是中国人，出了省则说是河南人。荥阳郑氏已经成为郑氏自我标榜的文化符号。

---

①[南朝宋] 范晔：《后汉书》卷七十九下《儒林列传下》，中华书局，1965 年 5 月，第 2577 页。

②[宋] 司马光：《资治通鉴》卷一百四十《齐纪六·明帝建武三年》，中华书局，1956 年 6 月，第 4393 页。

③[唐] 房玄龄：《晋书》卷十四《地理志上》，中华书局，1974 年 11 月，第 416 页。

需要注意的是荥阳位于郑国核心统治区域，在后人地理观念不甚明确的客观条件下，"荥阳"恰恰成为郑氏族人对郑国追思和对荥阳郑氏高门仰慕的结合点。而荥阳也确实有郑氏存在，如《新唐书·郑善果传》便记载郑善果为郑州荥泽人①。总之，郑氏因为对郑国的追思而立姓，因为对高门的仰慕而述祖。而荥阳凭借其郑国核心地带的条件，加之谱牒盛行年代郡级单位的优势，成为郑氏情感维系之纽带，故有"天下郑氏出荥阳"之语。

（袁延胜，郑州大学历史学院教授；时军军，郑州大学历史学院中国古代史研究生）

①欧阳修、宋祁等：《新唐书》卷一百《郑善果传》，中华书局，1975年2月，第3936页。

论荥阳郑氏祖地的历史形成

⊙陈 玮

荥阳郑氏的祖地，顾名思义，当在荥阳，此乃不争的事实。然而，因历史的久远、变迁的频仍、认识的歧义，很有必要澄清一些不同的说法，现依据史实加以阐明。

荥阳与郑氏血脉一体，乃历史所形成的。这一方热土（包括郑州市西部一带），是郑氏始祖郑桓公亲自选定的死里逃生的“寄孥”之地；是郑氏二世祖（东迁始祖）郑武公东迁后初都之地、指挥灭郐并虢领导郑国站稳脚跟崛起中原的大本营；也是东迁始祖郑武公遵依周礼周俗，寝陵于广武山的所在地；更是郑氏先贤仰慕祖德，遵循周礼，虔诚袝先人墓次之祖茔所在地。荥阳作为军事要隘建立，后又作为秦、汉设置的县治进一步发展，莫不和郑氏血脉承继。可以说，荥阳在成为荥阳郡之前形成郑氏的祖地，早已有史共鉴；而成为郡治之后，则因名人辈出更为发展、更加彰显。兹分述于后。

桓公寄孥与武公初都京城

西周末与春秋初，中国的历史发生巨变，社会震荡猛烈，周室王权进一步削弱，众多诸侯纷纷活跃于历史舞台，郑国因先天性的不足（西周末年，在无地可以裂土封侯的景况下，被封到京畿内巴掌之地的棫林），域小势弱，且又依附于周王室，致使在巨变中首当其冲，濒临危绝之境地。郑国立国之君郑桓公是一位有大智慧的人，当他无力挽救西周王室免于毁灭之时，便将郑国的基本国力转移，以求死里逃生，另谋发展，这便是历史上有名的“桓公寄孥”。桓公“寄孥”之地，《史记》《国语》《资治通鉴》等史籍都有记载。尽管这些史籍在文字上有些区别，它他们所记述的大致地区却惊人一致。“独洛之东土，河济之南可居”“地近虢郐”（《史记》）；“友徙其民于虢、郐之间。遂有其地，今河南新郑是也”（《资治通鉴》胡三省注）；“其济、洛、河、颍之间乎？是其子男之国，虢、郐为大。……若以周难之故，寄孥与贿焉，不敢不许。……若前华后河、右洛左济，主芣、騩而食溱、洧，修刑典以守之，是可以少固”（《国语》）；这些资料，若全面来认识它们，当不会发生歧义。有人依据《国语》“主芣、騩而食溱、洧”，宣称“桓公寄孥于溱、洧”“武公东迁后初都于溱、洧”，就是犯了片面地、静止地研究历史的大忌。“桓公寄孥于溱、洧”“武公初都于溱、洧”之说，有三点不符史籍所记载的史实。一、溱、洧交流处的古郑城，乃郐地，说郑国寄孥、初都于此，则置“虢”于不顾，不符“寄孥虢、郐”的记载；二、同样置洛水、黄河、济水的地望于不顾，不符“洛之东土，河济之南”的记载；三、更为可笑的是置同一句史料的主体部分于不顾，不符主体部分“前华后河、右洛左济”的记载（这句话中的“华”指的是华国，华国的都城在今新郑市郭店镇北面三里处，“前华”也就是说，南到华国）。除此而外，郑国“寄孥于溱、洧”“初都于溱、洧”之说，还有更为违背历史之处。我们知道，溱水、洧水交流处的古郑城，其实就是郐国的都城；古郑城，是郐国灭亡之后因郑国曾迁都于此而得到的称呼。郐国灭于公元前769年，郑桓公寄孥于前772年，可能寄孥到人家的都城内吗？郑武公东迁于前770年，可能把都城设立在人家的都城所在地吗？只有灭了郐国之后，方有可能把人家的都城变成自己的都城。我们还知道，郑国是在前765年才迁到溱、洧，《竹书纪年》十分明确地记载“晋文侯十四年，郑人灭虢，十六年迁溱、洧”。为了争桓公“寄孥”之地、争武公东迁后郑国的“初都”，竟罔顾历史的明确记载，实在不可取。

我们从未否认过古郑城曾作为郑国都城的史实，由陈玮编导、新华社河南分社和荥阳电视台共同制作的电视专题片《话说郑文化》，不仅专程到古郑城拍摄，而且把这段历史作为重要内容给予如实表述。

从郑国历史的发展来看，前772年“桓公寄孥”到前765年郑迁溱、洧，有7年多的时光，从前770年武公东迁到765年郑迁溱、洧也有近6年的时光，这一段时间虽短，但对死里逃生、奋发图强终于灭郐并虢且占有十国之地而崛起中原的郑国来说，实在是至为重要。在这一段时间里，桓公寄孥不会寄于毫无安全保障的荒郊野外，武公迁国也不会一直在马背上动荡，那么应该在哪里呢？我们说，京城最符合历史记载的地理位置。它符合《史记》的“洛之东土，河济之南”“地近虢、郐”；符合《资治通鉴·周纪》胡三省注释的“虢、郐之间”，它离郐都 27 公里，离虢都 22 公里；符合《国语》的“前华后河、右洛左济”这一范围。再者，它的城池规模符合桓公寄孥的需要。桓公寄孥是为了保存郑国的基本实力以谋发展，京城是这一地区城池规模最大、最坚固、最适于聚居的地方。另外，《列国志》一书在描述这段事时，指明京城是郑国的“上都”。《列国志》虽是野史，难以单独凭信，可作为佐证，也不是毫无根据。还有一个今人容易忽略而古代作为都城必须符合的祭祀体制“先君宗庙”。《左传》告诉人们，“邑有先君宗庙曰都”，京城至今尚存有桓公庙。庙，屡毁屡建，古代祭祀的石祭案仍摆列在神主之前。这一事实也从另一个角度证明“京城”曾作过郑国的都城。

关于“桓公寄孥”和武公东迁初都之地，是溱、洧交流处的古郑城（郐都城）还是京城之争议，说穿了，是寄孥于虢、郐，还是寄孥于郐之争。显然，只有寄孥于虢、郐之间，才符合历史的真实。说到历史的真实，要想弄明白它，还得进一步澄清几个问题。首先，要认清《资治通鉴》胡三省注解中“友徙其民于虢、郐之间”与下句“遂有其地，今河南新郑是也”的关系。如若把这两句当作一句，视为贯穿式的表述，语句本身就产生了矛盾：新郑其地并不在虢、郐之间，则不可解。所以，我们认为这两句是递进式的、发展性的叙述。即郑桓公先寄孥虢、郐之间后来（或者说“接着”）占有了虢、郐两国之地，这就是河南新郑。再者，还要认清《国语》中“若前华后河、左洛左济”与“主芣、騩而食溱、洧”的关系。我们认为这句话上半句和下半句是主从的关系，即“前华后河、右洛左济”是主，“主芣、騩而食溱、洧”是从。也就是说，桓公寄孥于“前华后河、右洛左济”这个范围之内，控制、掌管芣、騩两座山，食邑于溱、洧两条水的流域。而不是寄孥于溱、洧，把溱、洧当作初都。至于后来郑都迁到此地，那是周平王六年（前 765）以后的事了，根本和前 772 年的寄孥与前 770 年郑国东迁的初都搭不上界。

我们在《郑立国中原钩沉录》中，为郑国早期的历史描绘了一条轨迹：前 772 年，桓公寄孥于京城；前 771 年桓公殉国于骊山；前 770 年武公继伯位，为周平王司徒，佐平王东迁，郑国也随之东迁，初都于寄孥之地京城；前 769 年灭郐；前 767 年灭虢，遂有 10 国之地；前 765 年实施“武公之略”，迁溱、洧；前 672 年至前 654 年，郑文公又迁都“郑之新城”（即新郑，见《世本》）。

郑氏祖茔地广武山武公岭与广武原

近几年，广武原又发现了好多座唐代以前的郑氏墓碑，唐户部尚书郑善果曾孙女波罗蜜的墓志铭并序，可以说是其中的代表：

> 夫人讳波罗蜜……以开元廿九年八月遘疾，终于江都县官舍，即以其年十一月十三日合祔于广武原之旧茔，礼也！其词曰：桓公善职，实宣世德；郑武从王，始大方国……制岩西指，荥水东流；地仍居郑，祔乃从周。

爱女归葬于祖茔，无独有偶，唐工部尚书郑郎的第五女字子容，也“葬于……广武原大茔，礼也”。

再如郑道育碑：“……以开皇十一年闰十月薨于私第。……与夫人刘氏合葬于荥阳之山，礼也!”

再如郑进思碑：“……以上元二年二月廿□□，□于襄阳官第，享年五十，夫人权氏……享年八十九，即以开元□□□□□廿八日葬于广武原，礼也!”

再如郑群碑，此碑文出于唐代著名文学家韩愈之手：“……以长庆元年八月二十四日卒，春秋六十。即以其年十一月二十二日，从葬于广武原先人之墓次。”

再如郑儋神道碑，碑文亦出于韩愈之手：“……户曹殡于凉。凉，地入西戎，自景谷、徐城（按：碑文中户曹指儋父洪，徐城指儋祖抚俗，景谷指儋曾祖嘉范）三世皆未还荥阳葬。公解官，举五丧（按：除父、祖、曾祖外，还有祖母、曾祖母）为三墓，葬索东（指小索城以东）。”

还有许多碑文，不再一一列举。这些碑文中，有三点共同的内容。一为“葬于广武原（或‘索上’‘三皇山之阳’）”；一为“祔于先人墓次”；一为依周礼（“礼也”“祔乃从周”）。这便告诉人们：他们归葬于广武原，是遵循周礼，归葬于“先人之墓次”。从墓碑发现和出土的地点来看，“荥阳之山”即广武山，“三皇山之阳”和“索上”即广武原的一部分或同一地区的另一种称谓，这无可置疑。关于“祔先人墓次”，所指的“先人”，可以是父、是祖、是曾祖、直到始祖，那么这么多郑氏后裔归葬于广武原，他们各自的先人自然是距他们辈数较近的祖上，而一直往上推呢？他们不会无缘无故地都选择广武原作茔地，他们的共同的“先人”只能是他们郑氏的始祖，最先迁葬于此的始祖———东迁始祖。这里的山，原名叫作三皇山和敖山，是郑国东迁立足于此的北部的高山，而后叫作广武山；山的最高岭，恰恰叫作武公岭，也叫飞凤顶。这，不能不让人注目于“祔乃从周”和归葬于此的“礼也”。要弄明白居官在外，千里万里仍要归葬于广武原的深刻内涵，必须弄明白周礼的深刻含意。

我们知道，郑氏乃姬周的分支，郑氏的族俗是周俗的继承和发展。关于祭祖的周礼和周俗，不仅史书多有记载，而且还有近日考古的最新发现作为佐证。《大河报》2004 年 10 月 19 日载：“周人最高等级的墓葬周公庙遗址西周大墓正式发掘。”又刊载：“周公庙遗址位于岐山县城以北约 7 公里的凤凰山上。”我们从文献中早已知道：周迁丰镐的始祖古公亶父因“凤鸣岐山”而葬于岐山之高处，其子子孙孙随之在山之阳墓葬，形成了周原和岐山方域广大的墓葬群。唐代，人们虽然未能准确地知晓周公旦的墓葬所在地，仍于凤凰山之南的山梁上立庙祭祀。同样，我们认为郑从姬周的丧葬礼俗，其东迁始祖郑武公的陵寝绝不会脱离“周礼”的范畴。不仅广武山最高处的武公岭（飞凤顶）与“周礼”规范惊人地一致，广武原作为郑氏祖茔也和岐山周原完全一脉相承。这便是所有墓碑“祔乃从周”和“礼也”的根本所在。

另外，还有一点应该提及：位于广武山与广武原接合处的郑王庄，在明代还于老宗庙的旧址上修建了郑氏宗庙，祭祀始祖，遗传至今。这一境况，也和岐山的周公庙颇为近似。

总之，广武山和广武原的郑氏祖茔地是历史形成的客观事实。

郑氏祖地根于荥阳县，著于荥阳郡

郑氏以国为姓。早在公元前722年，历史上还没有“荥阳”这个地名时，荥阳这一方热土就和郑国结下了休戚相关的血脉之缘。郑国死里逃生在这儿立足、扎根、崛起。这儿，也因郑国立国之君和东迁始祖的英明决策和治理而成为当时中原最昌盛、最发达的地区。荥阳作为这一地区的地名，是前249年才出现的。它自秦、汉设县到三国曹魏正始三年（242年）初次设郡，共经过了491年。这期间，西汉大司农郑当时、西域都护郑吉、东汉大司农郑众、大经学家郑玄等人，不论他们出生于何地，均在籍贯上冠以“荥阳”二字，表示他是荥阳人，祖籍在荥阳（当然，有些称谓是后人冠之以“荥阳”。即便如此，也表明后人对他们祖籍在荥阳的承认）。郑氏二十七世祖郑奇任河南郡太守时，又举族迁回荥阳（公元前20年前后）。可以说，郑氏祖地早在荥阳设郡之前已经形成。到荥阳进一步发展成为郡治，郑氏族人兴旺发达，不断迁出荥阳县，首先在左近荥阳郡治下的几个县内发展，荥阳便在历史上成了郑氏的郡望。这一段时间内，郑氏名贤辈出，遂成为中国历史上著名的望门大族，荥阳的郡望，更加彰显。按时代顺序，郑氏祖地根在荥阳县，到设立荥阳郡时，发展为中华望族。

每个姓氏的祖地在何处，都是历史形成的。荥阳和郑氏密不可分，郑氏无论走到哪里，都要冠以“荥阳”的名号，其历史的血缘关系从我们所论述的“初都于京城”“祖茔地于广武山广武原”及荥阳县到荥阳郡的发展轨迹，不难得出结论：荥阳郑氏的祖地在荥阳。

（本文作者为荥阳市文史专家）

荥阳郑氏郡望考辨

⊙汤慧玲

郑氏家族是汉唐时期北方著名大族，这一家族在兴起、发展的过程中，与其他世家大族一样，形成郑氏家族之郡望堂号。目前所见郑氏郡望有洛阳郡、高密郡、雍州郡、陇西郡、南阳郡、荥阳郡，并出现洛阳堂、高密堂、雍州堂、陇西堂、南阳堂、荥阳堂、通德堂、博经堂、安远堂等堂号。其中，郑氏望出荥阳影响最为广泛，世传天下郑氏出荥阳，许多郑氏宗祠都书写着“荥阳堂”“荥阳世泽”“荥阳世家”“荥阳衍派”等。

一、荥阳为郑姓祖居地和郑氏郡望

郡望通常包含两层含义，一指郡中望族，二指望族的根源地或发迹地。[①] 荥阳郑氏先祖可追溯到周宣王分封的郑国。自西周分封以来，荥阳既为郑姓的祖居地，也可称为郑姓发迹之地。

郑姓的来源是和姬友封郑联系在一起的。姬友为周厉王之子，分封于郑，史称郑桓公。分封初期的郑国位于秦岭以东的渭水平原，其统治区域以棫林（今陕西华县）为中心。[②] 前773年，郑桓公见周王室处于多事之秋，祸患将至，为保全郑国，于是“桓公问太史伯曰：‘王室多故，予安逃死乎？’太史伯对曰：‘独洛之东土，河济之南可居。’公曰：‘何以？’对曰：‘地近虢、郐，虢、郐之君贪而好利，百

---

①刘德杰：《汉魏六朝望族与郡望形成》，《黄河科技大学学报》2007年第1期。

②王大良：《中华姓氏通史·郑姓》，东方出版社，2000年，第33页。

姓不附。今公为司徒，民皆爱公，公诚请居之，虢、郐之君见公方用事，轻分公地。公诚居之，虢、郐之民皆公之民也。'"① 不久，郑桓公向周幽王请求准其迁移子民至洛邑以东。郑桓公请求虢、郐划出十邑之地以存放人口和财产，并将原封地上的居民东迁到东虢国和郐国之间，史称"虢郐寄孥"或"桓公寄孥"。虢国又称东虢，为周文王弟虢叔的封地，都城在今河南荥阳市广武镇的南城村东。郐国是祝融的后代所建，国都在今河南新密市东南曲梁乡。此时郑国的城市之一——京邑，即位于今荥阳豫龙镇的京襄城村。②

公元前771年，周边犬戎乘机攻陷镐京，周幽王被杀，郑桓公阵亡。郑武公即位以后，继承郑桓公的基业，消灭郐国，在成周以东建立新的郑国，建都于新郑（今河南省新郑市）。新建的郑国以原虢国和郐国为统治中心。这一时期，郑国主要城市中的制（今荥阳汜水镇）和京（今荥阳豫龙镇），均在今荥阳境内。自郑武公之后至战国初期，今荥阳为郑国的统治区域和郑氏先祖的居住地。

郑氏以荥阳为郡望，具有悠久的历史。公元前375年郑国为韩国所灭，为纪念故国，郑国国君的部分后裔和郑国百姓于是以国名为姓氏，以郑为姓，郑姓人一直被认为与郑桓公一脉相承。如《元和姓纂》载："桓公生武公，与晋文公夹辅平王，东迁于洛。郑徙溱、洧之间，谓之新郑。传封十三代，至幽公，为韩所灭。子孙播迁于陈、宋，以国为氏。"③ 据《姓氏考略》载，郑氏望出荥阳。荥阳，郡名，荥又称"荧"。正史中所记载的郑氏人物，多称"荥阳人也"，或"其先荥阳人"，出土的北朝以来的郑姓人物墓志铭，大多称"荥阳郑公"。

二、郑氏望出荥阳形成于魏晋

汉魏六朝是望族发展的关键时期，也是大姓郡望形成的关键时期。通过史书的记载，考察荥阳郑氏兴起、发展及演变轨迹，可以看出，荥阳郑氏郡望的形成应在汉代与南北朝之间的魏晋时期。

---

①[西汉] 司马迁：《史记·郑世家》，中州古籍出版社，1996年，第512页。

②王大良：《中华姓氏通史·郑姓》，东方出版社，2000年，第54页。

③[唐] 林宝：《元和姓纂》，中华书局，1994年，第1346页。

1. 两汉史籍所见郑氏人物并非出自荥阳

《史记》《汉书》传记中，西汉时期郑氏记载的有郑荣、郑当时、郑吉等，他们的籍贯均为陈县或会稽。郑荣、郑当时为陈县人。《史记》载“郑当时字庄，陈人也。其先郑君尝事项籍，籍死而属汉”①，《汉书》中关于郑荣、郑当时也有相同的记载。据《汉书》卷七十载：“郑吉，会稽人也，以卒伍从军，数出西域，由是为郎。”② 陈县，春秋陈国，秦置县，西汉时属淮阳国，地理位置在今河南淮阳一带；西汉会稽郡在今江苏苏州一带。

西汉末年至东汉，郑氏族人从陈县迁居开封。史书记载这一时期的郑氏族人有郑兴、郑众、郑安世、郑泰、郑玄、郑均、郑弘等，他们的籍贯大多出于开封、高密和会稽。

郑兴，“字少赣，河南开封人也。少学《公羊春秋》。晚善《左氏传》，遂积精深思，通达其旨，同学者皆师之。天凤中，将门人从刘歆讲正大义，歆美兴才，使撰条例、章句、传诂，及校《三统历》”③。

郑兴之子郑众，“河南开封人也。众字仲师。年十二，从父受《左氏春秋》，精力于学，明《三统历》，作《春秋难记条例》，兼通《易》、《诗》，知名于世。”④ 郑众之子郑安世，继承家学，历任长乐，未央厩令。

郑泰，一名郑太。“郑太字公业，河南开封人，司农众之曾孙也。少有少略。灵帝末，知天下将乱，阴交结豪杰。家富于财，有田四百顷，而食常不足，名闻山东”⑤。

郑崇，“字子游，本高密大族，世与王家相嫁娶。……崇少为郡文学史，至丞相大车属”⑥。

---

①[西汉] 司马迁：《史记·汲郑列传第六十》，中州古籍出版社，1996 年，第 864 页。
②[汉] 班固：《汉书》，中华书局，1962 年，第 3005 页。
③[南朝宋] 范晔：《后汉书》，中州古籍出版社，2002 年，第 402 页。
④[南朝宋] 范晔：《后汉书》，中州古籍出版社，2002 年，第 403 页。
⑤[南朝宋] 范晔：《后汉书》，中州古籍出版社，2002 年，第 660 页。
⑥[汉] 班固：《汉书》，中华书局，1962 年，第 3254 页。

郑玄，“字康成，北海高密人也。八世祖崇，哀帝时尚书仆射”①。东汉著名经学家，世称“后郑”，以别于郑兴、郑众父子。

郑均，“字仲虞，东平任城人也。少好黄、老书”②。

郑弘，“字巨君，会稽山阴人也……从祖吉，宣帝时为西域都护”③。郑吉从孙，官至太尉。

从《汉书》《后汉书》等史书的记载来

封、北海高密、东平任城

兴、郑众、郑

均称 因此，东汉时期不是荥阳郑氏郡望

应在东汉之后。

始见于魏晋

地望”，其中“郡”一般指行政区划，从这个意义而言，荥阳郑氏

成应在荥阳郡设置之后。

荥阳在周朝时为虢国的东部地区，春秋时为郑国的城市京邑，战国时韩哀侯灭郑占有其地，韩置荥阳邑。④ 公元前 221 年，秦始皇统一全国建立秦朝后，置荥阳县，隶属三川郡。

据《汉书》卷二十八《地理志》记载，西汉设荥阳县，属河南郡。《后汉书·郡国一》记载，东汉设置荧阳郡，属河南尹，“荧阳有鸿沟水。有广武城。有虢亭，虢叔国。有陇城。有薄亭。有敖亭。有荧泽”⑤。三国魏正始三年（242），割河南郡巩县以东创建荥阳郡，治荥阳（今郑州市惠济区古荥镇），辖荥阳、京、密、卷、阳武、苑陵、开封、中牟八县，不久废。《晋书·地理志》载，西晋泰始二年（266），由河南郡分置荥阳郡，郡治在荥阳，仍统八县。唐代《元和姓纂》载，郑

①［南朝宋］范晔：《后汉书》，中州古籍出版社，2002 年，第 398 页。
②［南朝宋］范晔：《后汉书》，中州古籍出版社，2002 年，第 338 页。
③［南朝宋］范晔：《后汉书》，中州古籍出版社，2002 年，第 385 页。
④《郑州志·荥阳卷·乾隆荥阳县志》，中州古籍出版社，2006 年，第 16 页。
⑤［南朝宋］范晔：《后汉书·郡国一》，中州古籍出版社，2002 年，第 174 页。

氏族人“汉末自陈徙河南开封，晋置荥阳郡，开封隶焉，遂为郡人”①。

通过史书记载可以看出，战国时期有荥阳邑，秦至西汉有荥阳县，东汉时有荥阳郡而无荥阳郡，魏晋以来，才有荥阳郡之称。因此，从荥阳郡的发展演变轨迹来看，郑氏望出荥阳应始于魏晋，并且史书中关于郑氏族人的记载始有“荥阳郑氏”之称。

3. 魏晋荥阳郑氏影响力增强

魏晋时期，在《三国志》《晋书》等文献中，记载的郑姓族人主要有郑浑、郑袤、郑默、郑冲，其中郑袤、郑默父子身居高位，名重当时，郑氏已经发展成为声名显赫的世家大族。

郑浑，“字文公，河南开封人也。高祖父众，众父兴，皆为名儒”②。汉末及三国时曹魏名臣，东汉名儒郑众曾孙、名士郑泰之弟，位至九卿。

曹操征伐汉中时，郑浑为京兆尹，在战乱中表现出杰出的政治才能，因有功入为丞相掾。“浑以百姓新集，为制移居之法，使兼复者与单轻者相伍，温信者与孤老为比，勤稼穑，明禁令，以发奸者。由是民安于农，而盗贼止息。及大军入汉中，运转军粮为最。又遣民田汉中，无逃亡者。太祖益嘉之，复入为丞相掾”③。魏文帝即位后，拜郑浑为侍御史，加驸马都尉，历任阳平、沛郡太守。任职期间，“郡界下湿，患水涝，百姓饥乏。浑于萧、相二县界，兴陂遏，开稻田……比年大收，顷亩岁增，租入倍常，民赖其利，刻石颂之，号曰郑陂”④。后转任山阳和魏郡太守，“又以郡下百姓，苦乏材木，乃课树榆为篱，并益树五果；榆皆成藩，五果丰实。入魏郡界，村落齐整如一，民得财足用饶”⑤。魏明帝曹叡听闻郑浑的事迹之后，“下诏称述，布告天下，迁将作大匠。浑清素在公，妻子不免于饥寒。及卒，以子崇为郎中”⑥。

---

①[唐] 林宝：《元和姓纂》，中华书局，1994 年，第 1346 页。
②[晋] 陈寿：《三国志·郑浑传》，上海古籍出版社，2005 年，第 465 页。
③[晋] 陈寿：《三国志·郑浑传》，上海古籍出版社，2005 年，第 466 页。
④[晋] 陈寿：《三国志·郑浑传》，上海古籍出版社，2005 年，第 466 页。
⑤[晋] 陈寿：《三国志·郑浑传》，上海古籍出版社，2005 年，第 466 页。
⑥[晋] 陈寿：《三国志·郑浑传》，上海古籍出版社，2005 年，第 466 页。

郑袤，荥阳开封人，郑泰之子。“晋阳秋曰：泰子袤，字林叔。泰与华歆、荀攸善。见袤曰：‘郑公业为不亡矣。’初为临淄侯文学，稍迁至光禄大夫。泰始七年，以袤为司空，固辞不受，终于家。”① 郑袤历任临淄侯文学、济阴太守、大将军从事中郎、广平太守、光禄勋等职。在司马氏夺取曹魏政权的过程中，郑袤加入司马氏集团，为司马氏出谋划策。因为这一缘故，司马懿和司马师对郑袤极为器重和推崇，郑袤的官职也快速上升。据《新唐书·卷三十五·志第三十》载，郑袤有文集二卷传于世。

郑袤有六子，长子郑默，是西晋初年的名臣之一。据《晋书·卷四十四·列传第十四》载，“默字思元。起家秘书郎”②，历任魏秘书郎、尚书考功郎、司徒左长史，晋中庶子、东郡太守、散骑常侍、廷尉、太常、大鸿胪、大司农、光禄勋等职。仕魏为秘书郎时，“考核旧文，删省浮秽”，于青龙三年（235），撰成国家藏书目录《魏中经簿》十四卷，又称《中经簿》，记载了魏国藏书情况。《魏中经簿》改变了汉代刘向、刘歆《七略》中的六分法体系，将图书分为甲、乙、丙、丁四类，对后世产生较大的影响。西晋初年，秘书监荀勖与中书令张华整理书籍，采用郑默《魏中经簿》的分类方法，将图书分为四部，东晋时期仍然沿用。郑默之弟，郑质、郑舒、郑称、郑诩、郑予均官至列卿。

郑默有郑球、郑豫二子。郑球，西晋荥阳开封人，字子瑜。少辟宰府，[illegible]宫。随后历任尚书、散骑常侍、中护军、尚书左仆射，领吏部。晋末平定“八王之乱”时，成都王司马颖征讨赵王司马伦，球自顿丘太守为右长史，郑球建立功勋，以功封平寿公。累官尚书右仆射，领吏部。卒谥元。郑球之弟郑豫，在西晋官至尚书。

郑冲，字文和，荥阳开封人。“起自寒微，卓尔立操，清恬寡欲，耽玩经史，遂博究儒术及百家之言。有姿望，动必循礼，任真自守，不要乡曲之誉。”③ 魏文帝时，曾任尚书郎、陈留太守。大将军曹爽举荐郑冲为从事中郎，又转任散骑常

①《晋书·卷四十四·列传第十四》，中华书局，1974年，第1249页。
②《晋书·卷四十四·列传第十四》，中华书局，1974年，第1251页。
③《晋书·卷三十三·列传第三》，中华书局，1974年，第991页。

侍，累迁光禄勋，后又拜司空、司徒。曹奂继位，拜太保，封寿光侯。郑冲精通儒学，对律令及百家之言均颇有研究。郑冲任司空时，曾为高贵乡公曹髦讲授《尚书》。曹魏时期，郑冲与孙邕、曹羲、荀顗、何晏共同对《论语》各家注释进行收集、整理和注释，称为《论语集解》。郑冲还著有《甲乙问议》一篇，见于《晋书·礼志中》，《全晋文》亦有收录。司马昭辅政时，朝廷下令制定礼仪律令，均先咨询和参考郑冲的意见。

郑冲无子，以堂侄郑徽为后嗣。泰始九年（273），郑冲上表辞官，郑徽被任命为散骑常侍。第二年，郑冲去世，郑徽继承郑冲之爵位，后官至平原内史。

郑阿春，据《晋书·卷三十二·列传第二》载，“简文宣郑太后，讳阿春，河南荥阳人也”①。临济县令郑合孙女，安丰太守郑恺长女，晋元帝司马睿的妃子，晋简文帝司马昱的生母。

纵观魏晋时期的荥阳郑氏家族，出现三公2位、太后1位、公侯5位，另外有九卿及中下级官吏若干。其中郑浑在魏明帝时升任将作大匠，成为这一时期有实力的九卿之一；郑袤和郑冲曹魏时身居显位，在司马氏取代曹魏的过程中，他们成为司马氏改朝换代的功臣。继郑浑之后，郑浑的子孙与郑袤的子孙获得了政治上为官并世袭的特权，并且在儒学、史学与文学等方面取得一定的成就。总之，魏晋时期，荥阳郑氏家族势力不断壮大，已经发展成为一个官宦相继的世家大族，并具有较高的文化素养和较强的社会影响力。

4. 荥阳郑氏郡望应形成于北魏之前

北魏时期，荥阳郑氏与清河崔氏、范阳卢氏、太原王氏并称四大郡姓。在确定郡姓的标准中，官爵是标准之一，而官爵往往是一个家族数代累积的结果。此外，在确定汉人姓族的过程中，魏晋旧族是一流高门大族的来源之一，荥阳郑氏即是典型的汉魏旧族。正是由于荥阳郑氏在魏晋时期已是获得社会普遍承认的地方大姓，孝文帝对荥阳郑氏在地方的影响力极为重视。

北魏孝文帝统治初年，阳武人田智度蛊惑民众，扰乱京城。孝文帝启用郑羲，

---

①《晋书·卷三十二·列传第二》，中华书局，1974年，第975页。

镇压田智度起义。郑羲，字幼麟，荥阳开封人，曹魏将作大匠郑浑八世孙。因郑羲在河南百姓中威望较高，为州郡所信，旬日之间，聚集的民众散开归去。公元494年，孝文帝迁都洛阳，开始推行一系列的改革，改汉姓，定门第等级。为推动民族融合政策，孝文帝极力拉拢汉族地主，借助名门望族的势力、威望稳定统治，荥阳郑氏是孝文帝合作的对象之一。

此外，北魏皇室、高门大姓纷纷与荥阳郑氏缔结婚姻关系。南北朝时期，门阀制度盛行，婚姻门第意识增强，宗室婚姻尤为重视名望和门第。北魏孝文帝时，在孝文帝所纳的8位妃嫔中，有郑羲女和郑胤伯女2位皇妃出自荥阳郑氏。诸侯王婚姻中，有北海王元详妃（郑羲孙女）、广陵王元羽妃（郑羲从孙女）2位王妃出自荥阳郑氏。此外，郑羲从孙郑幼儒娶高阳王元雍女为妻，另一位从孙郑伯猷娶安丰王元延明之女。这一时期，荥阳郑氏与博陵崔氏、范阳卢氏、陇西李氏之间也有婚姻关系。

从北魏对荥阳郑氏的重视程度，和皇族、世家大族与荥阳郑氏的婚姻关系来看，北魏以前，荥阳郑氏在政治势力、经济实力等方面已经具有特殊地位，其郡望已经形成。正是基于魏晋时期的声望和势力，荥阳郑氏家族在北魏时期上升为一流的世家大族。

三、魏晋以后郑姓族人以荥阳为其郡望

魏晋南北朝是门阀制度的形成和鼎盛时期，随着“上品无寒门，下品无世族”局面的出现，士族特别重视自己的谱牒和血统，以防止门第被混淆。在这种背景下，郑氏特别重视宗族和血缘关系。随着郑氏家族势力和名望的发展，为标榜自己的门第尊贵及郑氏血统，自荥阳郡设置以后，郑姓族人便以荥阳为其郡望。

曹魏时期，荥阳从河南郡分置荥阳郡，治所在荥阳（今河南荥阳市西北），开封县属荥阳郡管辖。西晋在曹魏废荥阳郡后复置，开封仍属荥阳郡。南北朝以后，荥阳郡有时改为河南郡，有时又称开封郡，总体而言荥阳郡存在的时间更长。虽然荥阳郡的名称、治所和辖区出现一些变化，但荥阳郑氏之称一直沿用不变。从《后汉书》《三国志》《晋书》等文献的记载来看，自魏晋时期开封改由荥阳郡管辖以

来，郑氏家族中显要人物，便由河南开封人改称为荥阳开封人。此外，在出土的北魏以来的墓志铭材料中，见到较多的也是“荥阳开封人”的表述。①

以上这些史料说明，荥阳郑氏是由开封郑氏这一支发展并形成著名郡望，郑氏之郡望荥阳与开封紧密联系，二者实为广义的地域概念。魏晋以后，随着荥阳郡经济、政治的发展，开封及从开封迁至他地的郑氏后裔，均以荥阳郡为其标志，称“荥阳开封人”北魏时期荥阳郑氏与清河崔氏、范阳卢氏、太原王氏并称四大望族。

综上所述，东汉时期，郑兴、郑众名士的地位为荥阳郑氏家族的兴起奠定了基础。郑兴以儒学兴家，郑众官至大司农，曾出使西域，不辱使命。至东汉末年，郑氏家族世传经学，累世知名，并从经学世家转变为政治世家，进而发展成为东汉著名家族之一。

魏晋时期，荥阳郑氏积淀了深厚的家族文化，郑浑及郑袤、郑默等成为家族这一时期杰出的代表人物。郑浑出仕曹魏、西晋，历任上党、阳平、沛郡、山阳、魏郡太守、将作大将之职，其间兴修水利，劝课农桑，以政绩显著、为官清素知名于世。郑袤、郑默父子官位显赫，名重当时，郑袤其余五子均位至列卿。郑默之子郑球，清直有理识，以功封平寿公。这一时期，家族主要代表人物德行高尚，望重乡里，并且三代以上相继在朝为官。因此，从族人德行、才能、文化、声望等方面考察，郑氏已经成为名门望族，并以荥阳为其郡望，称荥阳郑氏。

南北朝时期，荥阳郑氏进入一个新的发展高峰时期，公卿辈出、累世相继，并与北魏皇族缔结婚姻关系，出现两位皇妃、两位王妃，进而迅速发展壮大成为一流的高门大族。经过南北朝的动乱以后，荥阳郑氏在隋唐时期又扮演重要角色。唐代荥阳郑氏仍为名门望族，并形成“郑半朝，满床笏”之说，这一时期荥阳郑氏家族有宰相 9 人、状元 6 人、进士 22 人，在政治、经济、文化等方面对当时的社会产生了重要的影响，荥阳郑氏也由此进入鼎盛时期。

（本文作者为黄淮学院天中历史文化研究所讲师）

---

①张武军：《郑邕墓志铭考》，《殷都学刊》2010 年第 4 期。

解读与郑姓历史发展有关的历史地理记载

⊙石小生

关于郑姓的起源、播迁、发展、郡望等历史脉络，在史书记载中应该还是比较清晰的，之所以目前在郑姓文化研究中还存在着一些争议，我认为主要是各地宗亲及姓氏文化研究学者对一些历史地理概念理解不同而产生了误读。为此，笔者尝试从与郑姓研究有关的历史地理资料入手加以解读，以化解郑姓宗亲研究一些不必要的争议。

一、关于“以国为氏”的郑国

郑国，国君为姬姓，伯爵国，别名为奠国，郑重严肃忠孝仁义之国；郑在卜辞中写作“奠”，“邑”旁（也就是右耳旁）是成为地名后加上的。“奠”在卜辞中是祭祀的酒器，后来又表示祭祀的行为，直到今天，“郑”除为地名，就是姓氏，很少有其他含义，而挂在嘴边的“郑重声明”的“郑”，还留着严肃的祭祀气氛。

郑姓的历史已有三千多年。据《新唐书·宰相世系表》记载，周宣王把他的弟弟友封于槿林（又名棫林、咸林，今陕西华县东），建郑国，友即郑桓公。周幽王时，桓公任司徒，见幽王无道，预感到要发生变乱，郑桓公把家眷和财产安置在“虢、郐之间”（今荥阳至新密一带），史称“桓公寄孥”。而他自己却留在周幽王身边。“犬戎之乱”中，周幽王葬身骊山，桓公战死。此后，桓公的儿子郑武公帮助周平王巩固了东周，因功被赏了虢、郐之间的土地，将都城迁往溱、洧（今新郑市郑韩故城一带），在那里建立了新的郑国。与此同时，郑国疆域也不断扩大。武公之子郑庄公时，郑国势力达到巅峰状态，大致范围相当于今天的郑州市及开封市西部和许昌市北部一带，即东至汴梁，南包许昌，西据虎牢，北抵黄河（因黄河改道，今原阳县一带当时在黄河南岸）一带。公元前375年，韩国攻占郑国，杀掉郑康公，郑国灭亡。郑国公族后裔四散各地，为纪念故国，原郑国子民纷纷改姓为郑。其中，桓公十五世孙郑鲁带人逃到陈、宋之间，自立为“南里君”，以国为姓，这是最早改姓郑的一支。郑国共传14代23君，431年。

对这段历史记载，绝大多数郑氏宗亲都是认可的，存在的主要问题是随着行政区划的变动，如何认定郑姓祖地的分歧。

一个姓氏究竟从什么时候算起，目前在学术界是有不同观点的，还是以郑姓为例：一种观点认为，桓公始封郑国的时候并不姓郑，而是姓姬。周宣王弟弟友的名字叫“姬友”，而郑姓得姓是在郑国灭亡之后国民以国为姓，所以，郑姓的受姓始祖应该是桓公十五世孙郑鲁。另一种观点认为，郑姓是“以国为氏”，郑国的始封就是郑姓的历史源头，所以，郑桓公应该是郑姓的得姓始祖。目前荥阳市立郑氏三公像就是秉持这种观点。

我们知道，先秦时期的姓、氏和我们今天理解的姓氏是有很大差别的，所以，我们不能在今天的姓氏研究生搬硬套远古时期的姓、氏习俗，而是应该根据历史本来的面目作区别对待。《左传·隐公八年》：“古者天子建德，因生以赐姓，胙之土而命之氏。”先秦时期，只有贵族才有姓氏，贵族男子称氏与名，女子称姓及国。吕思勉先生在《中国制度史·宗族》中讲：“人类即知有统系，必有所表之。时曰姓氏。姓所以表女系，氏所以表男系也。然及后来，男子之权既增，言统系者转以男为主，姓亦遂改而从男。女子在称呼上只传姓，不传氏。而男子则只传氏，不传姓。”这也是导致战国、秦汉以后姓、氏不分的重要原因之一。

另外，西周最重要的政治组织形式是宗法制，它源于父权家长制家庭，其核心就是“嫡长子继承制”，即嫡长子为大宗，其余的儿子为小宗。天子和其他继承古姓的一些诸侯国国君的嫡长子继承其父当天子或者国君，并继承上古时期流传下来的“古姓”，而国君的庶子也称别子，无权继承君位，必须分出去自立一家，获得新氏，每一个新氏就是一个新的贵族宗族组织，无论是由分封还是“别族”的方式产生，都是以嫡长子之外的其余诸子为始祖，这就是《礼记》中所说的“别子为祖”。简单地说，就是大宗继承君位和家族的姓，而小宗则必须另立新氏。这些另立新氏的“别子”，就是这些新的姓氏的得姓始祖。而后，这些别子开创的新氏则由这些新“氏”的大宗，即别子的嫡长子继承，其他的儿子相对嫡长子来说又是小宗，又要分封和创立新的、级别更低的姓氏。以此类推，层层分封、得氏。宗法制对姓氏的产生及演变影响深远，这也是我们中华姓氏由三代以前不多的几十个古姓发展成后世数以千万计的姓氏的主要原因。郑，就是“胙之土而命之氏”，这也就是今天郑姓从姬姓分离出来的最初起源。所以，郑国的始封就是郑氏的第一次出现，依照“别子为祖”的原则，郑桓公或者郑氏三公毫无疑问应该是当今郑姓的得氏始祖。

今天的郑姓既然是“胙之土而命之氏”，那么，与郑国历史发展密切相关的几个地方对春秋郑国的发展和郑姓起源的重要性均毋庸置疑。今陕西华县东的槿林是郑国的始封地，有郑桓公墓；今荥阳市“虢、郐之间”的京襄城是郑国东迁之后的奠基之地，是郑国走向五霸之一和创建历史辉煌的起点，北部黄河南岸有郑武公墓；今新郑市的“郑韩故城”是郑国国都，是郑国历史发展的辉煌顶点；新密市是古郐国之地，曲梁乡王岗村东郑伯岭上有郑庄公墓；而郑州市管辖范围基本上就是春秋郑国的范围，直到今天还沿用“郑”这个地名，又是河南省省会，荥阳、新密、新郑都是其下辖县级市，所以，郑姓祖地的认定并非零和博弈，而是应该在尊重历史的前提下，以春秋郑国为核心，整合资源，各地协同，共同为郑姓历史研究和郑姓宗亲寻根祭祖做出贡献。

二、关于郡望“荥阳”

荥阳与郑姓的历史发展也有着极为密切的关系。荥阳郑氏是两汉至隋唐时期的北方著名大族，与博陵崔氏、陇西李氏、赵郡李氏、范阳卢氏、清河崔氏、太原王氏并称“五姓七家”。现在分布世界各地的郑姓宗族的堂号大部分是“荥阳堂”，有“天下郑氏出荥阳”之说。

“荥阳”这个地名的出现晚于春秋时期的郑国，据史书记载，当时郑国及今荥阳市范围内没有“荥阳”这个地名，只有桓公寄孥的“京”“东虢”，郑庄公与宋、卫发生于公元前719年的北制之战的“制”（今荥阳汜水镇），公元前597年晋楚邲之战的“邲”，荥阳东北有敖山。而“荥”的出现则为《尚书·禹贡》称“导水东流为济，入于河，溢为荥”。“荥阳既潴”。这时的“荥”“荥阳”均是水名而非地名，以后又有“荥泽”。而“荥阳”是由于位于荥泽之阳而得名，晚于荥泽之地名。战国时期在此置荥阳邑，秦始置荥阳县，划归三川郡，西汉时县治位于今天的郑州市惠济区古荥镇，属河南郡。北魏孝文帝太和十七年（493）县治迁至大索城（今河南荥阳市老城，位于今荥阳市区南部）。此后，荥阳作为县级建制一直延续到今天。1993年撤县设市，现为郑州市所辖县级市。

而荥阳郡则是三国魏正始三年（242）割河南郡巩县以东设置，治荥阳（今郑州市惠济区古荥镇），辖荥阳、京、密、卷、阳武、苑陵、开封、中牟8县。不久废。晋泰始二年（266）分河南郡复置，下辖荥阳、京、中牟、苑陵、密等8县。其后辖县屡有变化，至东魏辖荥阳、成皋、京、密、卷5县。北齐改名为成皋郡，之后到隋大业年间（607～618）和唐天宝元年（742）曾二度改郑州，后复改荥阳郡。治所均在管城（今郑州市管城区）。唐代荥阳郡下辖管城、荥阳、荥泽、原武、阳武、新郑、中牟7县。唐乾元元年（758），荥阳郡又改为郑州。

由此可见，所谓“荥阳”，有两个地理概念，一个是“荥阳县”，另一个是“荥阳郡”。荥阳县就是今天的荥阳市，由周边的古代虢、京、荥阳、成皋、汜水、荥泽、武泰、河阴、广武等县和地区分合演变而成。而荥阳郡管辖范围则较为广泛并且屡有变化，尤其是东部辖境，多次将今开封祥符区覆盖于管辖范围之内。那么，史书、族谱中所说的“荥阳郑氏”“荥阳堂”“天下郑氏出荥阳”，究竟是哪个“荥阳”呢？

与荥阳有关的郑姓望族发展大体分三个阶段，其一是两汉时期。

郑国灭亡之后，郑国国君的后代和百姓出于对故国的纪念，便以国为姓氏，受姓祖叫郑鲁，最初流落在“陈（今河南淮阳）、宋（今河南商丘）之间”，西汉时出现的郑桓公十九世孙郑当时就是陈地人，他是郑姓在郑国灭亡之后重新崛起的标志，是郑姓进入望族时代的开端。《史记》记载：“郑当时者，字庄，陈人也。”他任侠善交，在梁、楚扬名。曾任太子舍人、济南郡太守、江都相、右内史，后来因在窦婴、田蚡争斗中首鼠两端贬官为詹事，后来任大司农、丞相长史、汝南郡太守。西汉末年，郑当时后代从祖居地陈县迁居河南郡开封县，其中有东汉经学家郑兴，史书记载其为“河南开封人”。其子郑众（？~83），曾任大司农，世称“郑司农”，通晓《易》《诗》等经学。后因汉武帝令“强宗大族，不得聚居”，郑姓先后从河南开封迁出两支。一是郑当时孙郑吉（？~前49）与侄郑远从河南开封南迁至会稽山阴（今浙江绍兴）。宣帝时郑吉为西域都护，封安远侯，对汉武帝拓展西域功莫大焉。西汉之经营西域史，始于张骞，而成于郑吉。张骞创凿空之功，郑吉开拓疆之业。另一支是《汉书》记载的郑玄的八世祖郑崇，字子游，由河南开封迁往高密郡，后为高密大族，时官至尚书仆射，为人刚直不阿，常与宦官、幸臣董贤等斗争，后为佞臣诬陷，惨死狱中。其后代郑玄（127~200）为东汉著名经学家。世称郑兴为“先郑”，称郑玄为“后郑”。而东汉末年留在河南开封的郑众曾孙郑泰和郑浑均为东汉末官吏。史书记载其为河南开封人。郑泰于灵帝末被大将军何进征为尚书侍郎，迁侍御史，进谏不用，乃弃官去。董卓专政，拜议郎。后与何颙、荀攸共谋诛卓，事泄，出逃，东归袁术，术表以为扬州刺史。因此时中原动荡，郑氏开始第二次大迁徙。据史书记载，南迁至江南各地的郑姓，多为曹魏征东大将军郑泰之后。

以上郑姓望族人物，因荥阳郡还未设立，史书记载均为“河南开封人”。所以，这些历史记载和郑姓人物应该与“荥阳堂”“天下郑氏出荥阳”“荥阳衍派”没有什么直接关系。

魏晋南北朝时期，是郑姓历史发展的第二个高峰期，由于三国魏正始三年（242）割河南郡巩县以东设置荥阳郡，治荥阳（今郑州市惠济区古荥镇，北魏孝文帝太和十七年县治迁至大索城），辖荥阳、京、密、卷、阳武、苑陵、开封、中牟8县。所以此后的开封郑姓望族均称“荥阳开封人”。如：

郑袤（189~273），荥阳开封人。三国曹魏末年至西晋初年大臣，东汉大司农郑众玄孙，郑浑之侄。郑羲（？~492），荥阳开封人，北魏名臣、书法家。孝文帝初镇压田智度起义，任中书令。郑道昭（？~516），荥阳开封人。郑羲之子，北魏书法家、诗人。曾任秘书郎、侍郎、秘书丞、光州刺史、青州刺史、秘书监等职，卒后赠镇北将军，谥文恭。擅书法，有《郑文公碑》及云峰山刻石等传世。其子郑述祖亦善书法，承其家学，书风遒劲雄厚。郑译（540～591），北朝、隋朝官员。荥阳开封人，出自荥阳郑氏洞林房。北周时担任内史下大夫，大象二年（580），周宣帝宇文赟死后，和刘昉矫诏使杨坚辅政。历任柱国、丞相府长史。杨坚建立隋朝，他担任隆州刺史、岐州刺史。郑元寿，荥阳开封人。隋初为骠骑将军，后转武贲郎将，数以军功晋升右光禄大夫，迁右候卫将军。大业末，出为文城太守。

由于这一时期郑姓的显赫，北魏孝文帝将荥阳郑氏与清河崔氏、范阳卢氏、太原王氏确定为汉姓最高门，郑氏因此成为天下第一流的姓氏。同时，这也是郑姓“荥阳”郡望形成的时期。除了荥阳郡这个郡望以外，还有洛阳郡、高密郡、雍州郡、陇西郡、南阳郡、会稽郡等郡望。当然，在诸多郑姓郡望中，最有名、最具代表性的还是荥阳郡。

另外，这个时期北方和西北地区的少数民族侵入内地。中原士人开始第三次南迁，郑庠为其中之一，先由荥阳开封迁寿阳，再由寿春南渡长江，被称为“南渡始祖”；郑昭从荥阳开封入闽，迁居福建永泰，曾担任泉州和建州刺史，是福建郑姓始祖。

这个时期的荥阳开封郑姓望族是荥阳郡望形成的原因没有问题。“郡望”是什么？简单地说就是郡中望族的意思，即“某郡显贵世族为标明家族身份而用的称号，意即世居某郡，为当地所仰望”。其起因，是由于姓氏发源于各自的特定区域，在发源后又由于不同的原因迁徙到不同的地方居住，随着时间的推移，不同地方的同一姓氏的人逐渐有了政治、社会地位的高下之分，其中一些可能因为家中名人辈出而成为当地的名门望族，而另外一些则可能因为家业不旺而默默无闻。这样，那些在各郡受仰望的家族为了表示与其他同姓家族的区别，便把自己的姓氏和所居住的地方并称为“郡望”，如陇西李氏、彭城刘氏、南阳邓氏、陈郡谢氏、汝南袁氏，以及荥阳郑氏等。值得注意的是，魏晋南北朝时期郡望的社会功能并非后世的以“郡望”作为凝聚同姓宗亲联系的纽带作用，而是排斥、区别其他同姓宗亲的社会符号。应当指出的是，这个时期的某姓郡望只是属于少数大族所有，而同姓的其他人是不能享用这个郡望的。于是，有一些人在其他郡中不是望族的同姓人为了抬高自己的家族和地位，就会有意无意地攀附别的郡中的同姓望族，或干脆假冒别人的郡望，自称出自名门望族，甚至假冒户籍，公然作伪。例如《南齐书·贾渊传》载，贾渊掌修撰谱牒，有一个叫王宝泰的人买通贾渊，要把自己的家族上到江左第一大高门琅琊王氏的谱中，事未成而被告发，按律贾渊当处死，由于其子向皇帝叩头流血乞求，才免去死罪。所以，妄称“郡望”是非常危险的。这种把姓氏与郡望联系起来看似简单的表象背后，其实是有深刻的历史原因和社会原因的。所以，魏晋南北朝时期的“荥阳郡望”不可能产生“天下郑氏出荥阳”的观念。同时，“望（郡望）贯（籍贯）分离”在魏晋南北朝时期已经是普遍现象，有史料记载，这个时期的荥阳郑氏家族成员除了外出做官和南迁的以外，多数已经从沦落为小县城的开封搬迁到了郡治地荥阳居住，如郑曦次子郑道昭在其所写的《郑文公碑》中明确记载郑曦“归葬于荥阳石门东南十三里三皇山之阳”。

到了唐代，经历魏晋南北朝战乱，荥阳郑氏在隋唐时已发展到鼎盛时期，其他豪门望族无人能及。当时，荥阳郑姓家族出现了22名进士、6名状元、8位驸马、9位宰相，人称“郑半朝”，这是荥阳郑氏发展的第三个高峰期。由于荥阳郡曾经改为郑州，所以，史书记载这个时期的郑姓名人籍贯，在荥阳郡存在时期用郡名，即荥阳人；改属郑州和河南郡时则为郑州荥泽、郑州荥阳人或河南荥泽、荥阳人。而这个时期的开封改属汴州，已经与荥阳毫无关联了。例如：

郑善果（569~62年），郑州荥泽人。历任隋沂州刺史、鲁郡太守。归唐，迁检校大理卿兼民部尚书，正身奉法，甚有善绩。历任礼部、刑部尚书。太宗贞观初为岐州刺史，改江州刺史。

郑虔（691~759），唐著名画家。字弱齐，郑州荥阳人。官至广文馆学士。爱弹琴，与李白、杜甫为诗酒之交。擅书画，尤工于山水画。曾献其诗画，玄宗题其“郑虔三绝”（诗、书、画）。

郑珣瑜（738~805），唐代宰相。河南荥泽人。大历中以讽谏主文科高第，授大理评事，累迁礼部侍郎，为河南尹，清静惠下，颇有政绩。进门下侍郎，同中书门下平章事。

郑覃（?~842），河南荥泽人。唐朝大臣，郑珣瑜之子。唐文宗年间任宰相，被视为牛李党争中李党的领袖之一。官至太子太师，后以病辞官。武宗初授司空。封荥阳公。

郑朗（？~856），唐宰相。字有融，河南荥泽人。郑珣瑜次子，郑覃弟。历工部尚书、御史大夫，复为工部尚书同中书门下平章事，又迁中书侍郎、集贤殿大学士兼修国史。

郑余庆（748~820），郑州荥阳人，唐朝宰相。历任国子祭酒、河南尹、兵部尚书、太子少傅、山南西道节度使、太子少师、尚书左仆射、凤翔陇右节度使、司空，封荥阳郡公。

郑从谠（？~887），郑州荥阳人，唐朝宰相，司徒郑余庆之孙，兴元节度使郑澣之子。历任校书郎、尚书郎、中书舍人、礼部侍郎、吏部侍郎、河东节度使、宣武节度使、岭南节度使、刑部尚书，封荥阳县男。

郑肃（？~847），宰相，荥阳人，儒学世家。累迁户部、兵部尚书，迁山南东道节度使。武宗会昌五年（845）以检校尚书右仆射同中书门下平章事，与李德裕同心辅政。宣宗即位，迁中书侍郎，罢为荆南节度使。

郑絪（生卒年不明），字文明，荥阳人。幼有奇志，善属文，所交皆天下名士。擢进士，宏辞高第。累迁中书舍人。

郑畋（825~883），字台文，荥阳人，唐朝末年大臣、诗人，僖宗朝宰相，桂管观察使郑亚之子。

隋唐时期郑氏在中原兴旺发达的同时，随着南迁郑氏的增加，南方郑氏也得到很大的发展。隋唐五代郑氏南迁可以确定的有五次，其中最大的一次迁徙发生于唐末。居住在荥阳的郑氏南祖、北祖、中祖支脉几乎全部南迁，居住在固始和其他地方的郑氏家族则随王审之入闽。

随着唐末五代的连续战乱，以及随之而来的社会政治变化，如科举制的逐步推行打破了那些名门望族对政治的垄断，唐末的动乱局面也使许多“衣冠旧族”遭受了灭顶之灾，衣冠荡析，“多离去乡里，或爵命中绝，而世系无所考”，时代的变迁也使人们把着眼点更多地放在现实上，而不是再去注意那些徒有虚名的旧有门第，原来颇让人引以为荣的郡望已经不再是什么了不起的事情。宋代以后，朝廷的选官用人不再看被选者是否拥有非同一般的出身，民间的嫁娶也不再讲究对方的门第是否高贵，一切都以现实为依据，亦即所谓的“取士不问家世，婚姻不分阀阅”，标榜郡望从而失去了实际意义。尽管在不少地区仍有一些较大的宗族以郡望标榜，但与此前相比已不可同日而语了。虽然郡望还在被人使用，但其主要是象征意义，唐以前那种竞相标榜的做法实际上已经不存在，或者已经失去了实际意义。在此背景下的所谓郡望，由于缺乏对某些特定人群的专指性，而变成了同姓人群的共有标志，从而也使那些姓氏相同的人之间有了更多的认同。同时，郡望已不再仅仅为部分大姓专有，《百家姓》中几乎所有的姓氏都有了自己的郡望。与唐代以前流行的一姓多望的事实并不相同，到了宋代以后基本都是一姓一望，郡望观念已经发生了本质的变化，它不再是以前那种贵族血统的标志了，它所具有的仅是一种象征的意义，已经变成了有关姓氏的代名词，成为一种姓氏的荣耀和郡望的归附，是一种特殊的文化现象。所以，“天下郑氏出荥阳”“荥阳堂”“荥阳衍派”的观念很有可能是在这一时期随着大批的南迁郑氏而逐步成为郑氏家族的主流观念的。

综上所述，与郑姓起源密切相关的是陕西华县，河南省荥阳市、新密市、新郑市及省会郑州市，与郑姓望族活动密切相关的主要是今天的开封市祥符区和荥阳市。这些都是郑姓宗亲祭祖寻根的重要地点。当然，依我之见，从起源到郡望，这里边的最大公约数应该是今天的荥阳市，荥阳既是郑姓起源的重要地区之一，又是郑姓望族活动的中心地区之一，加上荥阳市继承了历史上的“荥阳”这一地名，对分布世界各地以“荥阳堂”为堂号、信奉“天下郑氏出荥阳”的郑氏宗亲来说，无疑有极强的号召力。而且荥阳市已经投入了大量的人力、物力，为全世界郑姓宗亲寻根问祖创造了较好的基础条件，所以，以今天的荥阳市为核心，联络周边与郑姓历史发展有关的兄弟县市打造全世界郑氏宗亲祭祖圣地，应该是最好的选择。

（本文作者系河南省姓氏文化研究会副会长）

荥阳郡郡治地望与所辖区域考

⊙陈习刚

荥阳历史悠久。荥阳一名，战国时就已经出现，为一战略要地。《战国策》卷五《秦三》“范雎至秦”条：“范雎曰：‘举兵而攻荥阳，则成睪之路不通；北斩太行之道，则上党之兵不下；一举而攻荥阳，则其国断而为三。魏、韩见必亡，焉得不听？韩听而霸事可成也。’王曰：‘善。’”此后，荥阳置县、置郡，兴废移徙不常。本文仅对荥阳郡郡治地望及所辖区域略作梳理与讨论，不当之处，祈请方家批评指正。

荥阳郡的设置时代

两汉时都设置有荥阳县①，但也有人认为东汉已有荥阳郡。《后汉书》卷七九下《儒林列传六十九下》载：“召驯字伯春，……父建武中（25～55）为卷令，倜傥不拘小节。”注云：“卷，县，属荥阳郡。”校勘记：“按：《集解》引洪亮吉说，谓汉无荥阳郡，当属河南。”② 可见，唐代有人认为东汉时设有荥阳郡。

《后汉书志二十八·百官五》载：

外十二州，每州刺史一人，六百石。本注曰：秦有监御史，监诸郡，汉兴省之，但遣丞相史分刺诸州，无常官。孝武帝初置刺史十三人，秩六百石。成

①[汉] 班固撰：《汉书》卷二八上《地理志八上》“河南郡”条，[唐] 颜师古注，中华书局，1962年，第1555～1556页；[晋] 司马彪撰：《后汉书志十九·郡国一》“河南尹”条，[梁] 刘昭注补，中华书局，1965年，第3389～3390页。

②[南朝宋] 范晔撰：《后汉书》，[唐] 李贤等注，中华书局，1965年，第2573、2591页。

帝更为牧，秩二千石。建武十八年，复为刺史，十二人各主一州，其一州属司隶校尉。

“司隶校尉”，南朝梁人注云：“蔡质《汉仪》曰：……《献帝起居注》曰：‘建安十八年（213）正月庚寅，省州并郡，复《禹贡》之九州。……省司隶校尉，以司隶部分属豫州、冀州、雍州。……豫州部郡本有颍川、陈国、汝南、沛国、梁国、鲁国，今并得河南、荥阳都尉，凡八郡。……’”① 据《献帝起居注》，豫州有颍川、陈国、汝南、沛国、梁国、鲁国、河南、荥阳等八郡，这说明东汉时已经设有荥阳郡。

《后汉书·志二十八·百官五》又载：

凡州所监都为京都，置尹一人，二千石，丞一人。每郡置太守一人，二千石，丞一人。郡当边戍者，丞为长史。王国之相亦如之。每属国置都尉一人，比二千石，丞一人。……（尉一人），典兵禁，备盗贼，景帝（前156～前141年在位）更名都尉。武帝（前141～前87年在位）又置三辅都尉各一人，讥出入。边郡置农都尉，主屯田殖谷。又置属国都尉，主蛮夷降者。（东汉）中兴建武六年（30年），省诸郡都尉，并职太守，无都试之役。省关都尉，唯边郡往往置都尉及属国都尉，稍有分县，治民比郡。安帝（107～125年在位）以羌犯法，三辅有陵园之守，乃复置右扶风都尉，京兆虎牙都尉。②

这说明汉代有多种性质的都尉，如相当于郡太守的都尉、典兵禁的都尉、主管屯田的都尉、主管关隘出入的都尉、主管蛮夷归降事的都尉；但到东汉初，仅有边郡都尉和属国都尉，安帝时才重设了右扶风都尉、京兆虎牙都尉。荥阳非边郡，也非属国，安帝之前当无都尉之设。但东汉献帝时的确出现了荥阳都尉，这说明安帝之后有都尉的增设。据前引《献帝起居注》，这荥阳都尉是郡国性质的都尉，荥阳为荥阳郡。

①［晋］司马彪撰：《后汉书志》，第3617～3618页。

②［晋］司马彪撰：《后汉书志》，第3621页。

魏初文帝、明帝时所设司州有河南郡而无荥阳郡①，表明东汉献帝时荥阳郡又被废除。魏正始三年（242）复置荥阳郡，但不久又被撤并。《三国郡县表附考证》卷一《考证》“荥阳郡”条：

《水经注》：正始三年（242），岁在甲子，割河南郡县自巩阙以东，创建荥阳郡，以李胜为太守。今考《献帝起居注》，建安十八年（213）省州并郡，豫州得河南、荥阳都尉。《魏志·孙礼传》：礼在太祖时亦迁荥阳都尉。是河南郡在汉末时已置有荥阳都尉。至正始三年（242）又升作郡耳。惟《沈志》、《晋志》皆言晋泰始初置荥阳。魏时荥阳太守李胜而后但有傅嘏一人。据《魏志》本传，嘏为荥阳守时亦在正始末年（248）。《齐王芳纪》云：“自帝即位，郡国多所置省，俄复还旧。”荥阳之省疑在嘉平初年（249）也。②

《补三国疆域志补注》卷一“凡得汉旧郡四增置郡二”条：“又考《魏志》：苏峻河南中牟人、郑浑河南开封人（中牟、开封，《晋志》并属荥阳郡），盖魏末已省荥阳并河南，故承祚书法如此。”③

西晋初，荥阳郡复置。《嘉靖郑州志校释》卷一《舆地志·沿革》载：“郑州，《禹贡》豫州之域，古高辛氏火正祝融之墟。周初封管叔于此，为管国。春秋属郑国。秦属三川郡。汉属河南郡，后汉因之，分置荥阳郡。”④“分置荥阳郡”，张万钧注云：“未说明何时分置荥阳郡，疑漏一晋字。一般以荥阳郡始建于晋，实则曹魏已设，不久撤销，至晋泰始二年（二六六年）复置。《水经注》济水条云：‘魏正始三年（二四二年），岁在甲子，被癸丑诏书，割河南郡，巩县自阙以东，创建荥阳郡，并户二万五千，以南乡筑阳城乡亭侯李胜，字公照，为郡守。’可证。李胜系司马懿政敌，后为懿所杀。”⑤

---

①[清]洪亮吉撰：《补三国疆域志补注》，[清]谢重英补注，二十五史刊行委员会编：《二十五史补编》（三），中华书局，1955年，第2999页。

②[清]吴增仅撰：《三国郡县表附考证》，[清]杨守敬补正，《二十五史补编》（三），第2829页。

③[清]洪亮吉撰：《补三国疆域志补注》，第2999页。

④[明]徐恕修、王继洛纂，王洪延审定，张万钧校注，郑州地方史志编纂委员会编印，《嘉靖郑州志校释》，1988年7月，第1页。

⑤[明]徐恕修、王继洛纂：《嘉靖郑州志校释》注释，第1页。

魏晋时期荥阳郡郡治地望与所辖区域

荥阳郡初设时，其郡治无载。《北周地理志》卷七《河南上》“荧州成皋郡”条：“旧置荧阳郡，治荧阳。”而荧阳为“今河南荥阳县城关”。[①]《隋书地理志考证附补遗》卷三“荥阳郡荥阳县”条：“今县治。汉县在今荥泽县西南十七里。《寰宇记》：后魏太和十七年（493）移于今所。”[②] 就是说，荥阳郡郡治，荥阳县县治在北魏太和年间有所移徙，魏晋以前的荥阳郡郡治为汉时荥阳县县治。《元一统志》卷三“郑州”条：“晋泰始二年（266）分河南地置荥阳郡，理古荥阳城。……又移荥阳理大索城，即今之荥阳也……”“郑州荥阳县”条：“按今荥阳则古大索城也。……后魏太和十七年（493）荥阳自汉故理移于今所。”[③] 但《读史方舆纪要》卷四七《河南二》“郑州”条略载：

> 荥阳县：在州西七十里。
>
> 荥阳城：在县北。《括地志》：在今荥泽县西南十七里，殷之敖地也。……皆故荥阳城也。隋末，移治大索城。五代时，始移于今治。
>
> 荥泽县：在州北五十里。[④]

据顾祖禹，荥阳县治有三次移徙，隋末时移治大索城，五代时移治于今治，与杨守敬等观点不同。

《元和郡县图志》卷八《河南道四》“郑州荥阳县”条：“古大索城，今县理是也。楚汉战于京、索间，《汉书》注‘京县有大索亭、小索亭’。晋末荥阳人张卓、董遇鸠集流散，守固此城，因名大栅坞，今呼为大剌，盖音之讹也。”县东南20里有京县故城。[⑤] 大索城原属京县，而京县在北齐以后才并入荥阳县（详后）。因此，说后魏太和十七年（493）荥阳自汉故理移于大索城，有误；隋末移治大索城，似较为可信。这样，隋唐以前的荥阳郡郡治地望就是汉荥阳县县治，即今荥阳市北的

---

①王仲荦：《北周地理志》，北京：中华书局，1980年，第636～637页。

②[清] 杨守敬撰：《隋书地理志考证附补遗》，《二十五史补编》（四），第4778页。

③[元] 孛兰肹等撰：《元一统志》，赵万里校辑，北京：中华书局，1966年，第224页。

④[清] 顾祖禹：《读史方舆纪要》（四），贺次君、施和金点校，中华书局，2000年，第2177页。

⑤[唐] 李吉甫：《元和郡县图志》，中华书局，1983年，第203～204页。

古荥阳城。

荥阳郡所辖区域，据《三国郡县表附考证》卷一所载，荥阳郡辖有九县：荥阳、京、密、卷、阳武、苑陵、中牟、开封、原武。《考证》云：

又案：《晋志》荥阳统八县，无原武。以晋初原武郡、县俱省废也。考此九县皆在河南巩阙之东，知魏立荥阳当尽有《晋志》所载八县及原武一县，《洪志》以《晋志》无原武，故不置录，然魏初于此置典农（《魏志·毛后传》及《水经注·涑水下》），魏末又改为郡，则县未废也。今据补入。①

汉代原武县，在曹大家（班昭）《东征赋》也有记载。②

据上引《水经注》"济水"条，荥阳郡是由原河南郡巩县自阙以东的县组成的。据《汉书》卷二八上《地理志八上》，河南郡有二十二县：雒阳、荥阳、偃师、京、平阴、中牟、平、阳武、河南、缑氏、卷、原武、巩、谷成、故市（?）、密、新成、开封、成皋、苑陵、梁、新郑。③ 据《后汉书·志十九·郡国一》，河南尹有二十一县，只未见西汉时的故市（?）。④ 据《补三国疆域志补注》卷一，故市属中牟县的一座城，非县名；汉代河南郡二十二县所缺一县为陆浑县；魏时河南尹（河南郡）也是辖二十二县，与汉同。⑤ 二十二县中，巩阙以东的县还有成皋、新郑二县。

《三国郡县表附考证》卷一"成皋县""新郑县"条：

成皋（汉旧县），两汉《志》属河南；《寰宇记》魏同；《魏略·清介传》"沐并黄初中（220～226）为成皋令"，即此；《水经注》：成皋故城在大伾山上。钟英按：山在今开封府汜水县西一里。

新郑（汉旧县，《元和郡县志》：晋始省），两汉《志》属河南；《寰宇

①［清］吴增仅撰：《三国郡县表附考证》，《二十五史补编》（三），第2824、2829页。

②［梁］萧统编：《文选》卷九，〔唐〕李善注，岳麓书社，2002年，第293～294页。

③［汉］班固撰：《汉书》，第1555～1556页。

④［晋］司马彪撰：《后汉书志》，第3389～3390页。

⑤［清］洪亮吉撰：《补三国疆域志补注》，《二十五市补编》（三），第3003、3001、2999～3003页。中国历史地图集编辑组则认为三国魏时河南尹辖有二十四县，另包括阳城、阳翟二县（参见：中国历史地图集编辑组：《中国历史地图集》（第三册：三国、西晋时期），上海：中华地图学社，1975年，第5～6页）。阳城、阳翟二县，《补三国疆域志补注》认为属豫州颍川郡。

记》魏因之；《魏略》“杨沛为新郑长”，即此；杜预曰：在宛陵县西；《水经注》：洧水迳密县故城南，又东迳新郑新郑县故城中；《方舆纪要》：故城在开封府新郑县西北。①

新郑县在密县与苑陵县之间偏南，而成皋县在巩县之东，与荥阳县相近，这在曹大家（班昭）《东征赋》里也有反映。《东征赋》略云：

惟永初之有七兮，余随子乎东征。时孟春之吉日兮，撰良辰而将行。乃举趾而升舆兮，夕予宿乎偃师。遂去故而就新兮，志怆悢而怀悲。……

历七邑而观览兮，遭巩县之多艰。望河、洛之交流兮，看成皋之旋门。既免脱于峻崄兮，历荥阳而过卷。食原武之息足，宿阳武之桑间。涉封丘而践路兮，慕京师而窃叹。小人性之怀土兮，自书传而有焉。遂进道而少前兮，得平丘之北边。……到长垣之境界，察农野之居民。睹蒲城之丘墟兮，生荆棘之榛榛。……②

“惟永初之有七兮”是指公元 113 年，班昭东行，先后历偃师、巩县、成皋、荥阳、卷、原武、阳武、封丘、长垣等县。

清人方恺指出：“左氏襄十八年传：遂涉颍，次于旃然。杜注：旃然水出荥阳成皋县，东入汴。昭五年传：子太叔劳诸索氏。杜注又云：河南成皋县东有大索城。一县不应两属，未详孰是。……又案：魏收《地形志》注：成皋，晋属河南，后属荥阳。疑杜预时已改属此郡，后人误用本志改窜昭五年注文耳。”③ 此说明成皋的确属于过荥阳郡。因此，成皋、新郑二县当属荥阳郡。这样，荥阳郡初设时就辖有荥阳、京、密、卷、阳武、苑陵、中牟、开封、原武、成皋、新郑十一县地。

晋时荥阳郡辖荥阳、京、密、卷、阳武、苑陵、中牟、开封八县。④ 据上引方恺所考，原成皋县虽改属过河南郡，但应该仍属于荥阳郡。据魏收《地形志》，晋罢原武县。新郑县在晋时已并入苑陵。⑤ 又毕沅指出：《太平寰宇记》：晋泰始二年

①[清] 吴增仅撰：《三国郡县表附考证》，《二十五史补编》（三），第 3001～3002 页。
②[梁] 萧统编：《文选》，第 293～294 页。
③[清] 方恺撰：《新校晋书地理志》荥阳郡条，《二十五史补编》（三），第 3561～3562 页。
④[唐] 房玄龄等撰：《晋书》卷一四《地理志上》，中华书局，1974 年，第 415～416 页。
⑤[清] 方恺撰：《新校晋书地理志》“荥阳郡”条，《二十五史补编》（三），第 3561 页。

(266) 分河阳南置阳翟郡，密县属焉。[①]“河阳”当为“河南”之讹。不过，此说所据不清楚。这样，晋初荥阳郡辖有荥阳、京、卷、阳武、密、苑陵、中牟、开封、成皋九县之地，县虽减少，但辖地仍同三国魏时。[②]

东晋一度据有荥阳郡、河南郡，荥阳郡仍辖有荥阳、京、卷、阳武、密、苑陵、中牟、开封、成皋九县之地，辖域同西晋。[③] 十六国时，据《十六国疆域志》卷一“前赵荥阳郡”、“河南郡”条，卷二“后赵洛州荥阳郡”、“河南郡”条，卷三“前燕洛州荥阳郡”、“河南郡”条，卷四“前秦豫州荥阳郡”、“河南郡”条，卷一二“后燕豫州荥阳郡”、“河南郡”条，前赵、后赵、前燕、前秦、后燕时，荥阳郡辖有荥阳、京、卷、阳武、密、苑陵、中牟、开封八县，成皋县在河南郡；卷五“后秦豫州荥阳郡”可考有荥阳、阳武二县，成皋县在河南郡。[④] 因此，十六国时，荥阳郡辖有荥阳、京、卷、阳武、密、苑陵、中牟、开封八县，而成皋县在河南郡，辖域小于前代。

荥阳县治今河南省荥阳市城关，卷县治今河南省原阳县西南，京县治今河南省荥阳市东南，密县治今河南省密县东20公里，阳武县治今河南省原阳县东南，中牟县治今河南省中牟县东3公里，原武县治今河南省原阳县城关，苑陵县治今河南省新郑市东北，新郑县治今河南省新郑县城关，开封县治今河南省开封市南25公里。[⑤]

南北朝时期荥阳郡郡治地望与所辖区域

南北朝时期，荥阳郡郡治，如上所论，仍袭汉荥阳县县治。

---

①[清] 毕沅撰：《晋书地理志新补正》卷二，《二十五史补编》(三)，第3537页。

②中国历史地图集编辑组则认为西晋荥阳郡辖有八县，成皋县则在河南郡（参见中国历史地图集编辑组：《中国历史地图集》(第三册：三国、西晋时期)，第35～36页。)

③[清] 洪亮吉撰：《东晋疆域志》卷二“司州荥阳郡”条，二十五史刊行委员会编：《二十五史补编》(三)，中华书局，1955年，第3605～3606页。

④[清] 洪亮吉撰：《十六国疆域志》，《二十五史补编》(三)，第4089～4091、4101～4102、4123～4124、4138～4139、4163～4164、4160～4161页。

⑤王仲荦：《北周地理志》卷七《河南上》荥州“成皋郡”、“广武郡”条，“汴州陈留郡”条，中华书局，1980年，第636～643页。

南北朝时期，北魏时荥阳郡辖域一度有所扩大，东魏则明显缩小，北齐时荥阳郡废。据《魏书》卷一〇六中《地形志中》，北豫州荥阳郡领有荥阳、成皋、京、密、卷五县。① 但实际上中间仍有兴废。

《魏书》卷一〇六中《地形志中》"北豫州荥阳郡"条：卷县，北魏太平真君八年（440）废省，太和十一年（487）复置。② 同书同卷"北豫州广武郡"条：中牟县，北魏太平真君八年（440）省入阳武县，景明元年（500）复置，东魏天平初（534）属广武郡；曲梁县，北魏孝昌中（525～527）分密县置；原武县，北魏孝昌中（525～527）复置，后属广武郡；广武郡置于东魏天平初（534）；阳武、苑陵二县，东魏天平初（534）属广武郡。③ 北魏时中牟县属荥阳郡，北朝出土墓志亦可佐证。《故郑夫人墓志》："夫人讳令妃，荧阳中牟人也。"④ 据《元和郡县图志》卷八《河南道四》"郑州原武县"条，北齐天保七年（556）原武县才废入阳武县。⑤ 据《隋书》卷三〇《地理志中》"荥阳郡"条，北齐废荥阳郡，省卷、京二县入荥阳县，废曲梁县。⑥

《魏书》卷一〇六中《地形志中》"梁州开封郡"条：开封县，北魏太平真君八年（440）省入苑陵县，景明元年（500）复置，孝昌中（525～527）属陈留郡；尉氏县在北魏兴安初（452）并入苑陵县，太安三年（457）复置，属"陈留郡"。⑦ 北魏时开封县属荥阳郡，北朝出土墓志亦可佐证。《大代正光三年（522）岁次壬寅十二月己未朔廿六日壬申镇远将军后军将军郑君墓志铭》："君讳道忠，荧阳开封人。"《齐故骠骑大将军阳州长史郑君墓志铭》："君讳子尚，荧阳开封人也。"⑧

《魏书》卷一〇六中《地形志中》"北豫州成皋郡"条：东魏天平元年（534）

①［北齐］魏收撰：《魏书》，中华书局，1974 年，第 2537 页。
②［北齐］魏收撰：《魏书》，第 2537 页。
③［北齐］魏收撰：《魏书》，第 2537 页。
④王仲荦：《北周地理志》卷七《河南上》荧州成皋郡荧阳县条，第 638 页。
⑤［唐］李吉甫：《元和郡县图志》，第 205 页。
⑥［唐］魏征等撰：《隋书》，中华书局，1974 年，第 835 页。
⑦［北齐］魏收撰：《魏书》，第 2532 页。
⑧王仲荦：《北周地理志》卷七《河南上》"荧州成皋郡荧阳县"条，第 638 页。

分荥阳置，领西成皋、巩二县，西成皋县是分成皋县而置。① 北齐时又废成皋县入西成皋县，西成皋县去西字而为成皋县；此成皋县治虎牢城，即今河南省荥阳市西北汜水镇。②

这样，北魏时荥阳郡辖有荥阳、成皋、京、密、卷、中牟、开封、阳武、苑陵、原武十县。因一度设有曲梁县，一度增辖有尉氏县地，辖域一度就超过三国魏时荥阳郡辖域。

东魏时，荥阳郡才只辖有荥阳、成皋、京、密、卷五县，其中成皋县还有一部分划归西成皋县。

时曲梁县治今河南省密县东北、尉氏县治今河南省尉氏县城关。③

隋唐时期荥阳郡郡治地望与所辖区域

隋炀帝时，并省诸州，大业三年（607）四月，改州为郡④，郑州改为荥阳郡，直到唐武德四年（621）⑤。唐代天宝元年（742）改州为郡，乾元元年（758）复改郡为州⑥，荥阳郡又短暂存在。《读史方舆纪要》卷四七《河南二》“郑州”条：“天宝初，曰荥阳郡。乾元初，复为郑州。”⑦

隋唐时期，荥阳郡治管城（今郑州市）。《隋书地理志考证附补遗》卷三“大业初复为郑州”条：“《寰宇记》：炀帝二年（606），废郑州，改管州为郑州。盖又移汜水之郑州于此也。”⑧ 即郑州治管城县。《新唐书》卷三八《地理志二》荥阳郑州郡条：“雄。武德四年（621）置，治虎牢城。贞观七年（633）徙治管城。土

①［北齐］魏收撰：《魏书》，第 2537 页。
②王仲荦：《北周地理志》卷七《河南上》“荥州成皋郡成皋县”条，第 638 ~ 639 页。
③王仲荦：《北周地理志》卷七《河南上》“荥州广武郡中牟县”条、“汴州陈留郡开封县”条，第 640、643 页。
④［清］杨守敬撰：《隋书地理志考证附补遗》卷一“寻即改州为郡”条，《二十五史补编》（四），第 4707 页。
⑤［后晋］刘昫撰：《旧唐书》卷三八《地理志一》“郑州”条，中华书局，1975 年，第 1426 页。
⑥［北宋］欧阳修、宋祁撰：《新唐书》卷三七《地理志一》“同洲冯翊郡”条，中华书局，1975 年，第 965、977 页。
⑦［清］顾祖禹：《读史方舆纪要》（四），第 2175 页。
⑧［清］杨守敬撰：《隋书地理志考证附补遗》，《二十五史补编》（四），第 4776 ~ 4777 页。

贡：绢、龙莎。户七万六千六百九十四，口三十六万七千八百八十一。县七。”①

隋代，荥阳郡辖有十一县。《隋书》卷三〇《地理志中》“荥阳郡”条载：

荥阳郡：旧郑州。开皇十六年（596）置管州。大业初（605）复曰郑州。统县十一，户十六万九百六十四。

管城：旧曰中牟，东魏置广武郡。开皇初（581）郡废，改中牟曰内牟。十六年析置管城。十八年改内牟曰圃田入焉。后魏置曲梁县，后齐废。有郑水。

汜水：旧曰成皋，即武牢也。后魏置东中府，东魏置北豫州，后周置荥州。开皇初曰郑州，十八年改成皋曰汜水。大业初置武牢都尉府。有周山、天陵山。

荥泽：开皇四年置，曰广武。仁寿元年（601）改名焉。

原武：开皇十六年置。

阳武。

圃田：开皇十六年置，曰郏城。大业初改焉。

浚仪：东魏置梁州、陈留郡，后齐废开封郡入，后周改曰汴州。开皇初郡废，大业初州废。有关官。有通济渠、蔡水。

酸枣：后齐废，开皇六年复。有关官。

新郑：后魏废，开皇十六年复，大业初并宛陵县入焉。有关官。有大騩山。

荥阳：旧置荥阳郡。后齐省卷、京二县入，改曰成皋郡。开皇初郡废。有京索水、梧桐涧。

开封：东魏置郡，后齐废。②

隋代，原武县应为原陵县，置于池阳故城，唐初才改名；荥阳县地，辖有原卷、京二县地，增置荥泽县；圃田、管城，原中牟县地；增辖浚仪、酸枣县；新郑

---

①[北宋] 欧阳修、宋祁撰：《新唐书》卷三七《地理志一》“同洲冯翊郡”条，第987页。
②[唐] 魏征等撰：《隋书》，第835页。

县辖有原苑陵县地；汜水县为原成皋县地；仍辖有密县。[1] 因此，隋代，荥阳郡实际辖有管城、原陵、荥阳、荥泽、圃田、浚仪、酸枣、汜水、荥泽、开封、阳武、密十二县，辖域相对于三国魏时荥阳郡增辖有浚仪、酸枣二县地，辖域扩大。

唐代，荥阳郡辖七县。《新唐书》卷三八《地理志二》"郑州荥阳郡"条：

> 管城：望。武德四年以管城、中牟、原武、阳武、新郑置管州，并置须水、清池二县。贞观元年州废，省须水、清池，以管城、原武、阳武、新郑来属。有仆射陂，后魏孝文帝赐仆射李冲，因以为名。天宝六载（747）更名广仁池，禁渔采。
>
> 荥阳：上。天授二年（691）析置武泰县，隶洛州，寻省，更荥阳曰武泰。万岁通天元年（696）复为荥阳，又别置武泰县，二年省，更荥阳曰武泰。神龙元年（705）复故名，二年来属。
>
> 荥泽：望。
>
> 原武：紧。本原陵，唐初更名，复汉旧。
>
> 阳武：望。本原武城，武德四年置。
>
> 新郑：望。
>
> 中牟：紧。本圃田，武德三年更名，以县置牟州。四年州废，隶管州。贞观元年隶汴州，龙朔二年（662）来属。[2]

《旧唐书》卷三八《地理志一》"河南道郑州"条漏阳武县。[3] 酸枣县改属滑州灵昌郡，浚仪、开封二县改属汴州陈留郡，密县、汜水县改属河南府河南郡，荥泽县一部分划归河南府河南郡河阴县。[4] 因此，唐代荥阳郡辖管城、荥阳、荥泽、原武、阳武、新郑、中牟七县，辖域明显小于隋代，也小于三国魏时。

（本文作者为河南省社会科学院历史与考古研究所副研究员）

---

①［清］杨守敬撰：《隋书地理志考证附补遗》卷一"荥阳郡"条，《二十五史补编》（四），第4777页。

②［北宋］欧阳修、宋祁撰：《新唐书》，第1427页。

③［后晋］刘昫撰：《旧唐书》卷三八《地理志一》"郑州"条，第1426页。

④［北宋］欧阳修、宋祁撰：《新唐书》卷二八《地理志二》、卷三九《地理志三》，第986、989、983～984、1009、1010页。

荥阳在汉唐时期的重要作用

⊙张玉霞

荥阳的名称来自于荥泽。《尚书·禹贡》载有“荥陂既潴”，即济水自温县潜行入黄河，南溢为荥，聚集成泽，称为荥泽。战国时，韩国在荥泽之北筑城，称为荥阳。秦时，置荥阳县，属三川郡；三川郡初治洛阳，后徙荥阳。北魏时，县治从故城（今郑州市古荥镇南）迁至今荥阳老城。今天的荥阳所辖地域，在郑州城区以西、汜水虎牢关以东、嵩山山脉东段浮戏山以北、黄河中下游分界处的广武山以南，由历史上的东虢、京、荥阳、成皋、汜水、荥泽、武泰、河阴、广武等县分合演变而来，自汉至唐，皆为郡治所在。荥阳古郡，表里山河，“群峰峙其南，广武横其北，左环京索，右跨虎牢，实东京之襟带，三秦之咽喉也。”

一、汉唐时期荥阳是京师洛阳的东方门户

荥阳向东通过鸿沟可连接淮河、泗水，北依邙山毗邻黄河，南临索河连嵩山，西过虎牢关接洛阳，地势险要，交通便利，在历史上曾是郡治所在的政治要地。秦庄襄王元年（前249），伐韩取荥阳成皋，设三川郡。西汉时改三川郡为河南郡，辖荥阳、成皋（今荥阳汜水镇）、京等县。曹魏正始三年（242），割河南郡置荥阳郡，后复属河南郡。西晋泰始二年（266），由河南郡分置荥阳郡，郡治在荥阳，领县八。北魏在武牢（即虎牢关）设北豫州部，置荥阳郡。北周将北豫州改为荥州，州治设在成皋（即虎牢关）。隋文帝开皇十六年（596），废成皋郡置管州，寻改荥阳郡。郡废属郑州，寻又改郡，领县十一，州府治所仍设在成皋（即虎牢关）。唐武德四年（622），置郑州荥阳郡，领县七，寻改荥阳郡为汴州。唐太宗贞观七年

(633)，郑州州府治从成皋移至管城（今郑州市管城区）。天授二年（691），析置武泰县属洛州，寻省改荥阳曰武泰。万岁通天元年（696），复改荥阳县。天宝初，复改郑州为荥阳郡。

荥阳地处中原，东临千里沃野，西扼虎牢雄关。西南部群山交错，沟壑纵横，北有黄河天堑，并有广武山横亘其间，进可攻，退可守，是西部洛阳的东方大门。历史上，通汴洛古道2条：北路平坦，沿广武岭下西进，经荥泽、广武、高村、木楼、王村，出虎牢关入巩，早在夏商时期已成通途，为历代兴兵要道；南路出郑州，经小京水、须水、三十里铺、二十里铺、荥阳、界石铺、上街、汜水，出虎牢关入巩，此路沟道较多，系北魏太和十七年（493）后逐渐辟修形成的。县境中东部为平原，地面平坦，交通便利，人口稠密，是粮棉油主要产区，军需马秣，就地可取；西南部贾峪、崔庙、庙子等是浅山区，占全县面积的四分之一以上，山上有零星洞穴，大洞穴深不可测，大小岩洞可藏军、藏粮，系兵事进击、退守堡垒；北部的广武山、汉王城、霸王城、虎牢关与南部山区皇姑寨、青龙寨、桃花岭、石头寨、青树岭、卧龙台等均势高形险，是荥阳的门户和支撑点，一遇战事，易守难攻。

二、汉唐时期荥阳是军事重镇和驻军基地

荥阳自秦庄襄王元年（前249）驻兵成皋起，历汉至唐就一直是军事重镇、驻军基地。秦末，田臧率义军，章邯率秦军，在敖仓驻扎对峙数月。楚汉相争，两军在荥阳东部相峙三年之久。汉高祖十二年（前195），陈平、灌婴将兵十万驻守荥阳。景帝元年（前156），七国之乱爆发后，景帝派大将军窦婴率兵驻扎荥阳、虎牢，以阻止赵、胶东、胶西、淄川、济南等五国叛军西进。西汉末，王莽镇压各地义军，派大将军阳浚驻军荥阳、虎牢、敖仓等地。建武元年（25年），刘秀派大将寇恂、冯异自河内南渡黄河，占领虎牢关，并在此驻军，先攻下成皋以东13县，后攻入洛阳，建立了东汉。第二年，派盖延攻占敖仓。汉末黄巾军起义，汉王朝在虎牢关南设旋门关，派都督李肃镇守虎牢、旋门，保卫洛阳。董卓专权，关东十八路人马驻扎荥阳一带，联合讨伐董卓，董卓也派兵驻守虎牢关对峙。

魏晋北朝，荥阳更是多次易手。西晋惠帝永宁元年（301），赵王伦阴谋篡位，派兵驻守成皋，防止司马氏各王征剿。永兴二年（305），东海王司马越废掉赵王伦，各王兴兵讨伐，范阳王虓率兵自许昌来荥阳驻扎。同年，河间王司马颙派吕郎将将兵驻屯荥阳。怀帝永嘉二年（308），汉王刘渊威胁京城，东海王司马越自濮阳将兵屯荥阳，保卫京城。永嘉四年（310），刘渊派兵会攻洛阳，石勒出兵成皋，包围晋将王赞。第二年，刘渊攻破洛阳，俘虏晋怀帝，晋国各大臣企图收复洛阳，河南尹华卉驻军成皋。东晋元帝大兴元年（318），李矩派耿稚到河北偷袭汉营，后耿稚兵败，南渡黄河屯兵虎牢。第二年石勒叛汉，建立后赵，攻占司、豫、兖三州，荥阳归后赵，石勒派儿子石虎驻军虎牢，石虎避讳改虎牢为武牢。成帝咸和三年（328）十一月，后赵石勒率大军救洛阳，命石堪、石聪、桃豹会师荥阳，石虎驻军石门，把守河口，十二月，后赵在成皋集合步卒6万、骑兵2.7万，从成皋进兵洛阳。穆帝永和七年（351），姚弋仲等投降东晋，途中疾死，姚弋仲子姚襄扶柩与秦兵大战，失败后退屯荥阳。升平二年（358），李历、高昌降晋，李历自濮阳奔荥阳，高昌自白马奔洛阳，和荥阳太守刘远联军固守。废帝太和五年（370）二月，秦苻坚派王猛伐燕，王猛进军至虎牢、石门。燕军在石门大败秦军，进屯荥阳。王猛派梁成、邓羌围攻荥阳，大败燕军，荥阳归秦。孝武帝太元九年（384），慕容垂随苻坚在淝水失败后，率军到荥阳屯驻。安帝义熙十二年（416）八月，晋派刘裕伐秦，十月，荥阳降晋，晋兵进驻荥阳、成皋。恭帝元熙元年（419）二月，刘裕命毛德祖为荥阳太守，进驻虎牢。刘裕篡晋建宋，又进毛德祖为司州刺史，守戍虎牢。

宋武帝永初三年（422），北魏派奚斤、周几、公孙表率兵伐宋。十一月，奚斤军逼虎牢。十二月，魏将娥清、闾大肥、叔孙建合军渡河屯兵敖鄗，和奚斤成掎角之势，包围虎牢。宋少帝景平元年（423），魏奚斤、公孙表、叔孙建、伊楼拔联合围攻虎牢，毛德祖坚守孤城，战斗二百余日，无日不战，一日数战，最后城破，德祖被俘，虎牢、荥阳归北魏。文帝元嘉七年（430）三月，宋派到彦之等率军伐魏。七月，尹冲驻守虎牢，魏军北退，荥阳、虎牢归宋。八月，魏派安颉督各军进攻到彦之，魏陆俟攻破虎牢，虎牢归魏。魏主命王惠龙为荥阳太守，率军守戍虎牢。元嘉二十七年（450）七月，宋派刘铄等北伐，王阳儿、张略率军进占索亭，魏豫州刺史拓跋仆兰驻军大索城，王阳儿进占大索，拓跋仆兰退屯虎牢，刘铄又进逼虎牢。十一月，魏永昌王率兵救虎牢，宋军南撤。二十九年三月，宋又出师北伐，鲁爽进军大索，拓跋仆兰也从虎牢率军到大索，两军大战，仆兰退守虎牢，鲁爽进围虎牢。后鲁爽听说宋军其他各路南撤，他才回师。

梁武帝中大通元年（529），梁将陈庆之送元颢返魏，督军七千自大梁向荥阳进发。魏派大都督杨昱将兵7万戍守荥阳，陈庆之攻破荥阳，生俘杨昱。天穆率兵救荥阳，将城包围，陈庆之大破天穆军，进驻虎牢，尔朱世隆率军逃跑。魏派费穆将兵2万攻虎牢，费穆投降陈庆之。西魏大统四年（538），东魏侯景驻军荥阳。北齐天保九年（558），豫州刺史司马消难在虎牢驻军戍守，大都督伏敬远在东城驻兵。

隋大业十二年（616），翟让率瓦岗军驻荥阳北，隋荥阳通守张须陀率兵驻荥阳城。唐武德元年（618），李密率瓦岗军驻武牢。武德四年（621），窦建德率大军30万援助王世充，驻军广武山一带，在板渚筑宫。秦王李世民率兵驻武牢。玄宗天宝十四载（755），安禄山反唐，唐派崔无诐为荥阳太守驻兵守荥阳，十二月八日，安禄山攻破荥阳，驻扎荥阳、武牢。肃宗乾元二年（759），李光弼在武牢、荥阳驻兵，九月，史思明大军到荥阳，李光弼弃武牢西退。宝应元年（762），仆固怀恩率兵东征，驻守武牢、荥阳。僖宗中和元年（881），黄巢起义军一部屯驻河阴。

三、汉唐时期荥阳虎牢关是洛阳锁钥，多次重要战争发生在此地

秦在荥阳广武山麓建敖仓，储积大量粮食并派驻重兵，使荥阳成为著名的军事重镇，汉唐时期也是兵家必争之所。发生大小战争百多次，如楚汉“荥阳之战”、李世民和窦建德“武牢之战”等，影响深远。

楚汉荥阳之战。汉高祖二年（前205），汉王刘邦攻入彭城（今徐州），项羽大败汉军，汉军向西退至荥阳。刘邦筑通道以取敖仓粟济军。项羽屡次侵夺甬道，汉军乏食，刘邦向项羽求和，请割荥阳以西为汉地，项羽不同意。陈平用计离间项羽、范增君臣，计谋得逞，范增怒而辞归，中道病死，项羽失去臂助。高祖三年，项羽围荥阳急，汉军绝食，危在旦夕。纪信在东门诈降，被项羽烧死，刘邦得以逃

出荥阳，后至南阳，与九江王英布联合。后城破，周苛、枞公都为项羽所杀。项羽东进与彭越作战，汉王拥军北上，占据成皋。高祖四年，项羽击败彭越后，又兵围成皋。汉王和夏侯婴出成皋玉门，北渡黄河，到张耳、韩信军营，项羽东撤时留曹咎守成皋。汉军大败楚军，曹咎、塞王欣自杀。汉王始得渡汜水，驻西广武城。项羽也回师成皋，与刘邦隔涧对峙，驻军东广武城。九月，楚汉均粮缺兵疲，楚汉订立合约，划鸿沟以西为汉，以东为楚，项羽归还汉王父母妻子，引兵东归。刘邦与项羽在这里相持年余、反复争夺，最终以鸿沟为界中分天下。

李世民、窦建德武牢之战。唐高祖武德三年（620），秦王李世民率兵征讨王世充，包围洛阳。武德四年三月，窦建德援助王世充，驻军成皋之东广武山，在板渚宫筑营。李世民听说窦建德攻陷荥阳，欲助王世充，即亲率骁勇 3500 人，于三月二十五日驰赴武牢，阻建德军西进。五月二日，建德全军出动，从板渚到牛口峪摆开阵势，北临大河，西迫汜水，南连鹊山，连绵 20 里，击鼓前进。世民命王君廓领长槊队 200 人应战。天将午时，建德的士卒饥饿疲倦。世民亲率轻骑先进，大军后继，东渡汜水，直逼敌阵，率秦琼等卷旗而入，所向披靡。奔至敌营后展开唐旗，建德将士见唐军已占中营，溃乱奔逃，唐军追杀 30 余里，杀死 3000 多人。建德中槊受伤，奔至牛口峪落马被擒，将士大部溃逃。武牢之战，秦王李世民以三千铁骑败窦建德十万大军，生擒窦建德，迫使盘踞洛阳的王世充投降唐朝，奠定了唐朝统一天下的根基。

此外，宋魏虎牢之战、宋魏两战大索城、隋与瓦岗军决胜于大海寺等，影响也比较大。宋魏虎牢之战尤其惨烈，宋司州刺史毛德祖，在虎牢陷入重围、粮水殆绝，魏兵援军不断的状况下，仍守城不懈，虎牢被围二百多天，无日不战，劲兵勇将战死殆尽，破城之日，将士均不降而死。

四、汉唐时期荥阳是大运河中转运输的咽喉

荥阳自秦建敖仓至隋唐，都是内河水运的南北转输中顿之处，向为水利枢纽、粮储中心。魏惠王开鸿沟，在荥阳北开口（荥口），引黄河水流向东南经圃田入大梁，与淮水、泗水、济水、汝水等汇合，把荥阳同陈（今淮阳）、山东定陶等著名

城市及江淮一带连成一个商业贸易网。秦始皇疏鸿沟以通淮、泗，漕运淮河南北粮食至荥阳敖仓。后因黄河南移，济黄混流，黄河泛滥频繁，水道、河口常因淤塞而交通梗阻，历代多次开挖疏浚，并从东汉安帝永初七年（113）开始，先后在荥阳、汜水、河阴县境内修建水利设施，有八激堤、石门、金堤、汴口堰、斗门、广武上下埽输水口等，以利舟船运行。唐代输天下之粮于武牢仓、河阴仓，再运至长安。汉唐时的荥阳，是大运河的重要节点。

汉唐时期，内河水运得到空前的发展，漕运已经能够支撑起一个国家政治管理与国防建设的交通运输体系，从战国继承下来的渠运路线，有自“荥阳下引河东南为鸿沟，以通宋、郑、陈、蔡、曹、卫，与济、汝、淮、泗会于楚，西方则通渠汉川、云梦之际，东方则通沟江淮之间；于吴，则通渠三江、五湖；于齐则通淄济之间[①]。”西汉时期主管财政的大司农桑弘羊，就把荥阳列为“天下名都”之一，与邯郸、洛阳等著名城市并列。东汉明帝时，又发卒数十万人，命著名水利工程专家王景、王吴主持治理黄河，“修渠筑堤，自荥阳东至千乘海口千余里”[②]。汴渠成为汉代东方的主要运道。

隋代重开西汉大运河各段而规模更为宏伟，以汴渠为骨干，全国航运网再次形成。汴渠是大运河的骨干航道，隋唐多有修整。隋开皇七年（587），在河阴西二十里、汜水东北五十里的汴口建梁公堰，增修石门，筑堰逼黄河水入汴。大业元年（605），炀帝开通济渠，自西苑引谷水、洛水分支入洛水正流通黄河，自汜水东北三十五里的板渚引黄河水经一段旧汴渠至大梁城西南入新渠。

唐代汴河也称广济渠。开元二年（714），河南尹李杰重修梁公堰，设斗门。开元十五年（727）由于梁公堰口渐淤，命匠作大将范安疏浚两口河道，筑堤、修堰，修斗门。二十七年（739），下游曾一度改道。天宝元年（742）又修梁公堰。广德元年（763），刘晏自长安，历三门峡，至梁公堰，循汴河至江淮，全面勘察运河河道。二年，重开汴渠，重定维修、管理制度：“扬州距河阴斗米费钱百二十，宴为

---

①《汉书·沟洫志》。

②《后汉书·循吏列传》。

歇艎支江船二千艘，每船受千斛。十船为纲，每纲三百人，篙工五十人，自扬州遣将部送至河阴，上三门号上门填阙船，米斗减为九十。调巴蜀襄汉麻枲、竹筱为绹挽舟，以朽索腐材代薪，物无弃者。未十年，人人习河险。江船不入汴，汴船不入河，河船不入渭。江南之运积扬州，汴河之运积河阴，河船之运积渭口，渭船之运入太仓。岁转粟百一十万石，无升斗溺者。”唐代以洛阳为东都，是第一个受惠于大运河的王朝，在中央工部设置水部，“掌天下川渎、陂池之政令，以导达沟洫、堰决河渠。凡舟楫、灌溉之利咸总而举之”。浚治运河是当时的常务。

五、汉唐时期荥阳是世家阀门——“荥阳郑氏”的郡望圣地

自三国魏始设荥阳郡之后，天下郑姓言源流者，皆曰出自荥阳。郑姓人中自古有“天下郑姓出荥阳”或“荥阳郑氏遍天下”的说法。和许多中古世家大族一样，汉唐间的郑氏家族也经历了一个兴起、壮大、鼎盛、衰落的发展过程。在这一过程中，家族冠盖连绵，人才辈出，在政治、经济、文化等各个方面给当时的社会以长远、深刻的影响，为世人瞩目。

郑氏家族的崛起可追溯到西汉时期官至大司农的郑当时，在其影响下，子弟任二千石高官者达六七人。东汉郑兴、郑众父子及其同宗郑玄皆为著名的经学家，在古代经学史上占有重要地位，从此，郑氏家族逐渐走上了以经学传家、以通经入仕的稳定的发展之路。魏晋时期，郑浑及郑袤、郑默父子官位显赫，名重当时，郑氏成功跻身于世家大族的行列。由于子孙的不断繁衍，加上剧烈的社会动荡，到五胡十六国时期，荥阳郑氏逐渐分化为北祖晔、中祖恬、南祖简三支，北祖晔又分为白麟、小白、洞林、叔夜、归藏、连山、幼麟七房，号称“七房郑氏”。北朝时期，郑氏家族发展渐趋高潮，郑氏与崔氏、卢氏、王氏同被定为汉族四大著姓，享有政治、经济等多种特权，郑氏族人通过与皇室及权贵错综复杂的婚姻关系，极大地巩固了家族地位，郑羲、郑道昭、郑述祖、郑孝穆、郑伟等人在家族的发展过程中产生了重要影响。

唐朝是荥阳郑氏发展的鼎盛时期，家族中先后有十二人为相，北祖有珣瑜和余庆（均相德宗）、覃（相文宗）、朗（相宣宗）、涯（相宣宗）、从谠（相僖宗）、

昌图（相僖宗）、延昌（相昭宗），南祖有絪（相德宗），郑少邻支有畋（相僖宗），沧州郑氏有愔（相中宗），房支不详者肃（相武宗）。郑絪、郑余庆同时为相，分住长安昭国坊南、北，人称“南郑相”“北郑相”。郑珣瑜、郑覃、郑郎父子三人先后皆为宰相。郑畋、郑从谠同时以宰相身份率兵出征，保卫唐王朝，人称“二郑公”。郑氏有 6 人高中状元，肃宗上元二年（761）状元郑益，德宗贞元元年（785）状元郑全济，宪宗元和十一年（816）状元郑解，武宗会昌二年（842）状元郑言，懿宗咸通八年（867）状元郑弘业，僖宗光启四年（888）状元郑中贻，“郑氏六元，几于艳绝千古”。从唐肃宗至唐昭宗的 130 年间，河南进士 97 人，荥阳郑氏高中 22 人，将近四分之一；从唐高宗至唐顺宗 11 代帝王招郑氏 8 人为驸马。另有出仕朝中官员、地方官员、其他官员的多人，家族地位和声望十分显赫。从唐末五代开始，伴随着世族的整体消亡，荥阳郑氏逐渐走向衰落。

综上，汉唐时期的荥阳，是京师洛阳的东方门户，是军事重镇和驻军基地，是洛阳锁钥，多次重要战争发生在此地，是隋唐大运河中转运输的咽喉，也是世家阀门——“荥阳郑氏”的郡望圣地，“传之史册，炳炳麟麟”。

（本文作者为河南省社会科学院历史与考古所副研究员）

郑姓名人及其他研究

郑国与郑国渠

⊙王星光　郑言午

郑国是我国古代著名的水利专家，也是郑氏家族的杰出人物。其修建的郑国渠为秦国三大水利工程之一，在中国科技史上具有显著的地位。因工程技术先进、社会效益突出，郑国与郑国渠历来都是学界研究的重点。特别是自1985年在陕西泾阳县发现了秦郑国渠渠首大坝遗址后[①]，引发了一场对郑国渠的引水方式、淤灌面积、存续时间等技术问题的讨论。本文所要探讨的是郑国“间秦”与当时秦国政治之间的关系及郑国渠修筑的根本原因，借以推动这一课题的研究。

一、郑国“间秦”与秦国的政治背景

历史上有关郑国本人的记载并不多，其家世出身也难以考证[②]。史书记载郑国是韩国派出的水工，其实早在公元前375年，“韩哀侯灭郑，并其国”[③]。郑亡后，韩迁都于新郑，郑国遗民便以国为姓，散落于河南东部及山东、安徽等地，故水工

---

①可参见赵荣、秦建明：《秦郑国渠大坝的发现与渠首建筑特征》，《西北大学学报》1987年第1期；王兆麟：《陕西发现秦代郑国渠拦河坝和水库遗址》，《农业考古》1987年第2期；等等。

②笔者曾在“世界郑氏网”上见《郑氏的起源与发展》一文（http：//www. zhengshi. org/view/759. html），其中第五节“上接十三世祖儒公一支”提到郑国的父亲和祖父分别是郑朱和郑强。郑朱见于《史记·平原君虞卿列传》，曾为赵媾秦，助秦伐韩；郑强见于《战国策·韩策一》，曾“载八百金入秦，请以伐韩”。但均无相关史料可以证明其二者是郑国的父亲和祖父。且郑朱和郑强目的是“伐韩”，而郑国则是助韩，似不合情理，故疑之。另外“上接十三世祖儒公一支”中还列举有东汉经学大师郑玄，其远祖确实也叫郑国，为孔子“七十二贤”之一。《史记·仲尼弟子列传》记载：“郑国字子徒。”司马贞注曰：“《家语》薛邦字徒，《史记》作‘国’而《家语》称‘邦’者，盖避汉祖讳而改。”可知此郑国非水工郑国。《郑氏的起源与发展》一文中提及郑国为郑朱之子且后世为郑玄的说法在网上广为流传，仔细推敲下却漏洞百出，故特此纠正。

③［汉］司马迁：《史记》卷四二《郑世家》，中华书局，1956年，第1776页。

郑国极有可能是郑国的后人。有关郑国渠的修建，传世文献中都有较为详细的记载，例如《史记·河渠书》道：

> 韩闻秦之好兴事，欲罢之，毋令东伐，乃使水工郑国间说秦，令凿泾水自中山西邸瓠口为渠，并北山注洛三百余里，欲以灌田。中作而觉，秦欲杀郑国，郑国曰：始臣为间，然渠成亦秦之利也，秦以为然，卒使就渠。渠就，用注填阏之水，溉泽卤之地四万余顷，收皆亩一钟，于是关中为沃野，无凶年，秦以富强，卒并诸侯，因命曰郑国渠。①

《汉书·沟洫志》和《资治通鉴》中均延续了《史记·河渠书》中的记载，只是文句略有不同。张守节在《史记·李斯列传》中补充道“又曰韩苦秦兵，而使水工郑国间秦作注溉渠，令费人工，不东伐也”②。颜师古也在《汉书·沟洫志》中注曰“罢读曰疲，令其疲劳不能出兵”③。于是便可得知这样一个史实：战国时期群雄并起，西北方的秦国经过商鞅变法，国力大增，有“席卷天下，包举宇内，囊括四海之意，并吞八荒之心”④。秦国的野心让紧临其旁的韩国感到了空前的恐惧，而又无奈于实力羸弱，只能使出“疲秦”之计，派出水工郑国入秦，要求帮助秦国开凿一条利国利民的大型水利工程，试图以此拖累秦国的人力财力，进而延缓其东伐。但事与愿违，秦国反因郑国渠的修建成功而变得更加强大，并于公元前230年彻底灭韩。看似这只是一个失败的间谍故事，其实背后却隐藏着复杂的政治背景。

据《史记·六国年表》记载，秦始皇元年（前246），“作郑国渠”。而此时秦始皇嬴政年仅13岁，即便再年少聪慧，恐难做出如此之大的决定。《史记·秦始皇本纪》中记述：

> 吕不韦为相，封十万户，号曰文信侯。招致宾客游士，欲以并天下。李斯为舍人。蒙骜、王齮、麃公等为将军。王年少，初即位，委国事大臣。⑤

---

①《史记》卷二九《河渠书》，第1408页。

②《史记》卷八七《李斯列传》，第2541页。

③班固《汉书》卷二九《沟洫志》，中华书局，1962年，第1678页。

④《史记》卷六《秦始皇本纪》，第278页。

⑤《史记》卷六《秦始皇本纪》，第223页。

可判断秦始皇继位时尚无执政能力，委政于诸多大臣，而其中最重要的人物便是吕不韦。吕不韦是战国风云中赫赫有名的人物，也是一位具有远见卓识的政治家。由他编写的《吕氏春秋》中的《上农》《任地》《辨土》《审时》则是农家思想的集中体现，专门论述了农业生产、农业经营、耕种适时等问题。农业生产离不开水，故吕不韦也特别重视水利工程的兴建。金迪在《郑国渠修建背景之我见》中说道："郑国到秦国时，秦始皇年纪尚幼，朝廷大事由吕不韦执掌，郑国渠修建的决策权显然归吕不韦所有。……吕不韦为了巩固自己的政治地位招致宾客、游士，急于建功立业，而郑国提议修建郑国渠与吕不韦的想法不谋而合。"① 姚汉源甚至提出："吕不韦出身是'阳翟大贾'，阳翟（今河南禹州）是韩之故都。郑国是韩国水工，他入秦最可能是吕不韦招致的或以游士身份投在吕氏门下，吕不韦采纳他的计划引泾开渠。这一决策事关重大，是重要的政治问题，因而和吕不韦的政治生命有不可分割的关系。"② 郑国入秦是否是吕不韦招致还有待商榷，但至少可以推论出，郑国渠的开凿其实并非秦始皇的决策，而是以吕不韦为首的大臣们的决议。不过工程的修建并非如预想中的顺利，秦始皇十年（前 237），"会韩人郑国来间秦，以作注溉渠，已而觉"③。大臣们纷纷上奏称："诸侯人来事秦者，大抵为其主游间于秦耳，请一切逐客。"④ 于是秦王下"逐客令"，欲杀郑国，郑国渠也面临着被废止的险况。不过，史书中并没有记载郑国间秦之事如何被发觉，但却不得不联系起之前发生的一个重要事件。据《史记·吕不韦列传》记载：

> 始皇九年，有告嫪毐实非宦者，常与太后私乱，生子二人，皆匿之。与太后谋曰"王即薨，以子为后"。于是秦王下吏治，具得情实，事连相国吕不韦。……王欲诛相国，为其奉先王功大，及宾客辩士为游说者众，王不忍致法。秦王十年十月，免相国吕不韦。⑤

秦始皇九年（前 236），嫪毐作乱。次年吕不韦因受嫪毐的牵连而被免去相国

①金迪：《郑国渠修建背景之我见》，《秦汉研究（第四辑）》，2010 年。

②姚汉源：《黄河水利史研究》，黄河水利出版社，2003 年，第 592 页。

③《史记》卷八七《李斯列传》，第 2541 页。

④《史记》卷八七《李斯列传》，第 2541 页。

⑤《史记》卷八五《吕不韦列传》，第 2512 页。

的高位，后“恐诛，乃饮酖而死”①。吕不韦的死引起全国的轩然大波，而对秦朝旧贵族而言则是个重大利好。秦自立国以来，一直对人才方面极为重视。孝公时期商鞅变法改革，其中最重要的一点便是废除旧世卿世禄制，奖励军功和耕织，唯才是用；吕不韦更是招贤纳士，广收人才，门下宾客三千，家僮万人。秦国开放的人才政策一方面使得其国力迅速增强，但也极大地伤害了旧贵族的利益，他们一直以来对六国之士都有着很深的敌意。吕不韦的倒台则刚好成为这一怨恨爆发的导火索，于是他们大肆鼓吹“诸侯人来事秦者，大抵为其主游间于秦耳”，希望借此机会赶走在秦国受到重用的客卿。郑国是韩国人，主持着如此庞大的工程，加之郑国渠为吕不韦执政时的决策，首当其冲地受到了大臣们的攻击，而在这种政治背景下产生的“郑国间谍论”其实并非只是针对郑国个人，最重要的目的是促使秦王下“逐客令”，驱逐六国之士，扫除吕不韦的党羽。

所幸郑国只是个水工。他虽然背负着“间秦”的使命，但在修渠时并没有偷工减料，反倒是精益求精，认真负责。故当面对秦王的质问时，他坦然解释道：“始臣为间，然渠成亦秦之利也。臣为韩延数岁之命，而为秦建万世之功。”② 此回答有理有据，不卑不亢，让秦始皇不得不重新思考要不要杀郑国。郑国的慷慨陈词也可表明，他是一位具有远见卓识的工程家。首先，他认识到，统一乃春秋战国以来的大势所趋。秦国凭借国富民强的实力，顺应时代发展之大势和中原人民期盼安定统一的愿望，具备了一统天下的条件。统一天下，乃大势所趋，韩国此时已无力回天，只是在苟延残喘。且历史潮流，浩浩荡荡，顺之则昌，逆之则亡。郑国“始臣为间”，逐渐转变为心甘情愿地投身于自己所钟爱的水利工程事业，正是具有审时度势的理智和胆识的表现。其次，郑国深刻认识到水利工程对社会进步和国计民生的重大作用。他明确指出，修建“郑国渠”可为“秦建万世之功”。事实无可争辩地证明，郑国渠的修建，不但使关中的土地得以灌溉和改良，使“关中为沃野，无凶年”；而且，“秦以富强，卒并诸侯”。秦国很快得到充足的粮食和富强的国力，

①《史记》卷八五《吕不韦列传》，第 2513 页。
②《汉书》卷二九《沟洫志》，第 1678 页。

以无可抵挡的实力横扫六合，统一了中国。而且，郑国渠修成后的2200多年来，经过历代的修缮改造，至今依然造福于三秦人民。这正应验了当年郑国所预见的渠成可“为秦建万世之功”的推断。郑国作为具有远见卓识的工程家可谓当之无愧。

郑国的所作所为实际上也对秦国是否坚持开放包容、革新进取的国策产生了直接的影响。由于郑国“间秦”这一导火索导致了秦王发布了“逐客书”，而得逞的秦国旧贵族驱逐非秦人士的逆行，也使时任客卿的李斯面临去留存亡的窘境。李斯愤然上书，即著名的《谏逐客书》。他写道：

> 是以泰山不让土壤，故能成其大；河海不择细流，故能就其深；王者不却众庶，故能明其德。是以地无四方，民无异国，四时充美，鬼神降福：此五帝三王之所以无敌也。今乃弃黔首以资敌国，却宾客以业诸侯，使天下之士退而不敢西向，裹足不入秦，此所谓“藉寇兵而赍盗粮”者也。夫物不产于秦，可宝者多。士不产于秦，而愿忠者众。今逐客以资敌国，损民以益雠，内自虚而外树怨于诸侯，求国无危，不可得也。①

全篇始终围绕着秦国的利益而写，并说明了驱逐客卿会给秦国带来的巨大危害，从而影响最终的大一统目标的实现。此文理通词胜，立意高深，彻底打动了这位铁腕君王，不仅解围了李斯、拯救了郑国，更是警醒了秦王嬴政。开放则兴，封闭则衰，广开才路，方成霸业。于是秦王收回了逐客令，并让郑国继续主持修建这一浩大的水利工程。秦国正是因为有了商鞅、吕不韦、李斯、郑国等这样一批来自他国的贤士能人的大力襄助，集天下智慧为己所用，坚持了改革开放、兼容并蓄的基本国策，才最终完成了统一中国的宏图大业。而尤为值得指出的是，对郑国不计前嫌的破格重用，也表现出秦嬴政对科技人才的尊重。说明他既重视治国安邦的政治军事人才，也重视精通农耕水利的科技人才。

二、郑国渠修筑的根本原因

如史书所言，“韩闻秦之好兴事，欲罢之，毋令东伐，乃使水工郑国间说秦”②。

---

①《史记》卷八七《李斯列传》，第2545页。

②《史记》卷二九《河渠书》，第1408页。

从表面上看似乎韩国使郑国间秦是修建郑国渠的主要原因。然事物的变化发展，主要是由内部矛盾引起的，韩国所用的“疲秦”之计固然有影响，但也只能算是外因，秦国自身的因素才最为关键。

首先是自然环境的影响。郑国渠地处关中地区，即以咸阳、长安为中心的平原地带，四周群山环抱。《史记·货殖列传》记载“关中自汧、雍以东至河、华，膏壤沃野千里，自虞夏之贡以为上田，……”① 自古便有“八百里秦川”的美称。据竺可桢考证，“在战国时期，气候比现在温暖得多”②。朱士光等人的研究也指出“战国时期，关中气候仍以温暖为主。……秦与西汉前期同春秋、战国时期一样，气候暖润，年平均温度高于现在1—2℃，年均降水量也多于现在”③。按理说应当是非常适合农作物生长。可是由于“这一地区，地势低洼，地下水位高，水流排泄不畅。加之所经地区先秦时湖泽泉多布，易淋洗溶解附近高处表土的可溶性盐分聚集于沼泽，故盐碱地面积也不小”④。盐碱地在关中东部地区的大量存在严重影响了这一地区的农业发展，而这对于急速扩张的秦国而言，显然是一个发展的“瓶颈”。史念海先生曾在《古代的关中》一文中写道：“郑国渠不仅是前所未有的大规模的农田水利工程，而且还起了改良土壤的作用。它所经过的地区本是一片盐碱土地，是不适于种植农作物的。由于郑国渠的开凿成功，盐碱土地得到渠水的冲洗，过去荒芜的原野变成庄稼茂盛的沃土。……郑国渠的开凿和渭北广大地区土壤的改良，基本扭转了关中粮食不足的问题。”⑤ 由此可见，因为盐碱地的限制，秦国修建相应的水利工程也是迫在眉睫。

其次，郑国渠的修建与执政者也有着直接的联系。如上文所说，郑国渠的修建最初就是秦相吕不韦的决策，而这和他重视农业生产的思想是密不可分的。实际上秦国另外一项重要的水利工程——都江堰也是修建于吕不韦执政期间，并得到了他的大力支持，由此可见吕不韦对水利事业的关心。朱绍侯先生认为：“过去都把郑

---

①《史记》卷一二九《货殖列传》，第3261页。

②竺可桢：《中国近五千年来气候变迁的初步研究》，《考古学报》1972年第1期。

③朱士光、王元林、呼林贵：《历史时期关中地区气候变化的初步研究》，《第四纪研究》1998年2月。

④王元林：《历史上关中东部盐碱地的改良》，《唐都学刊》2010年第5期。

⑤史念海：《古代的关中》，出自《河山集》，生活·读书·新知三联书店，1963年，第52～54页。

国渠、都江堰的兴建完全归功于郑国、李冰。他们的创建之功，当然不能磨灭，但是，在秦中央政府中如果没有吕不韦这样一位关心水利工程的相国，像郑国渠、都江堰那样耗费巨大人力、财力的水利工程得以顺利兴建，是绝对不可能的。我们有理由给吕不韦也记上一功。”① 在郑国渠的修建中吕不韦的决策起到了不可或缺的作用，也正是在他的大力支持下，关中地区才成为了秦国重要的粮仓，为统一六国奠定了坚实的经济基础。但这并非贬低了秦始皇的作用，虽然郑国渠的开凿是吕不韦的决策，但在他失位自杀后，让工程继续完成却是秦始皇的功劳。另外郑国渠的命名也能反映出秦始皇对郑国渠的推动，王子今、郭诗梦指出：“‘郑国渠’名号，未必如前引诗句所见其他‘功名’，是民间‘政声’‘欢腾’的反映。这样的舆情，大概是需要一定时间方能形成的。而由‘因命曰郑国渠’文字看，可推知确定‘郑国渠’命名的，应当是秦国执政当局。当然这一命名，不排除以民间呼声为基础。前引有人于‘因名曰郑国渠’句后感叹‘始皇虽少，而其谋国者乃如此’，联系后来又有表彰巴蜀寡妇清‘筑女怀清台’的举动，可知‘郑国渠’命名确实体现了秦始皇的行政风格。”② 能在“疲秦”之计败露后继续允许郑国负责修筑水利工程，并在最后以一个邻国人的名字为渠道命名，不得不承认秦始皇有着宽广的胸襟和高远的见识。也正是因为有这样一位明主力挺，郑国渠才得以最终完工并造福千秋。

综上所述，郑国渠的修筑不仅仅是韩国的“疲秦”之计所驱，更重要的是秦国自身的客观因素所致。韩国派郑国前来仅仅是在恰当的时间上投其所好，即便是没有郑国入秦修筑，也会出现其他类似的水利工程，这是一种历史必然。另外，传统的观念认为郑国渠的开凿是由军队以及郡县的土木营造机构来实行的，但日本学者藤田胜久指出：“对于军队而言，就算临时的筑城、水攻之类的工事是可能的，其也不可能成为长达十年对于郑国渠持续施工的机构。另外，作为县单位的土木机构，从劳动力的调度以及工事期间方面来看，其有可能胜任，但对于涉及数县的工事区域进行统辖却

①朱绍侯：《秦相吕不韦功过简论》，《河南大学学报（社会科学版）》2000 年第 5 期。

②王子今、郭诗梦：《秦“郑国渠”命名的意义》，《西安财经学院学报》2011 年第 3 期。

是不可能的。……从工事的背景来看，此行政机构必须要在秦王元年之前成立。从结论来讲，其被认为是相当于郡县太守的秦的内史的成立。”“于是可以说在关中，在郑国渠开凿以前统辖数县实施大规模水利事业的行政机构已经确立。郑国渠的开凿也是在以这样的行政机构为背景的前提下才成为可能。”[①] 由此可知，其实在郑国来秦之前，秦国早就有了修筑大型水利工程、改造关中平原的打算。故韩国的计谋只是一个重要外因，秦国对水利工程的迫切需求、当政者对水利事业的重视及嬴政具有“并吞八荒”的雄才大略才是郑国渠得以修筑的根本原因。

史念海先生曾经说过：“郑国渠的开凿使泾水以东渭水以北大片的舄卤田亩得到冲洗，变成良田。”[②] 郑国渠除了普通的引水灌溉功能外，最重要的就是具有淤沙肥田和改良盐碱土地的作用，从而使关中东部地区得到了更好的开发。据李令福的研究，“汉白渠与郑国渠是同时并存的两大灌渠，……西汉以后的郑国渠经过历代的多次修复，仍然断续地发挥其放淤与浇灌的作用，历魏晋北朝，直到唐代中期，才发生了根本变化，再不可恢复”[③]。实际上，虽然郑国渠系到了唐代中期已濒临崩溃，但后世依然在此基础上不断地重建复修引泾灌溉工程，使得关中平原上的引泾灌溉如接力赛般的延续。如唐代的三白渠、北宋的丰利渠、元代的王御史渠、明代的广惠渠、清代的龙洞渠直至近代著名水利专家李仪祉主持兴建的泾惠渠，都是对郑国渠的发展和继承，共同哺育着关中地区的文明。郑国渠作为一项伟大的水利工程功垂千秋，在中国科技史和水利史上具有里程碑式的地位，成了人们常说常新的研究课题。而郑国作为一位伟大的水利工程专家，亦将彪炳于中华文明的史册。

（王星光，郑州大学历史学院教授；郑言午，郑州大学历史学院博士研究生）

①［日］藤田胜久：《古代中国的关中开发——对于郡县制形成过程的一次考察》，出自钞晓鸿主编《海外中国水利史研究：日本学者论集》，人民出版社，2014 年，第 299～300、303 页。

②史念海：《古代的关中》，出自《河山集》，第 65 页。

③李令福：《关中水利开发与环境》，人民出版社，2004 年，第 56 页。

从正史比较东汉的两位“郑众”

⊙李海龙

东汉前期，中原（今河南省内）出了两个叫郑众的历史人物，并且这两个郑众的社会活动还在东汉明帝（57～75 年在位）、章帝（75～88 年在位）、和帝（88～105 年在位）时期有交叉。这两位郑姓的名人有巨大的文化差异，也有被人们忽视的相似点。比较差异讲区别，比较共同点讲联系。面对郑姓的这两位同名的历史文化名人，我们试图从史料中分析出他们之间的内在联系和区别，从差异中找出精神文化的相似点。

我郑重地查阅了有关“郑众”的相关资料，主要还是依据《后汉书》卷三十六《郑范陈贾张列传第二十六》和《后汉书》卷七十八《宦者列传第六十八》中两位郑众的传记，同时延伸翻阅了《魏书》《晋书》有关他们后人的传记，以及查找了《资治通鉴》的相关年代。如果能再查阅他们以后的儒家注解“经史”的著作，就会更全面些。

因为是同名同姓的两位历史人物，后文中，我们把出生于古荥阳郡开封的这位称作老郑众（？～89，一说卒于 83 年，我认为是对史书“后八年”的误读），出生于今平顶山市鲁山的称作小郑众（？～114）。比较时不注明资料出处的引文，均是《后汉书》传记中的文字。

一、“郑众”们的出身

（一）老郑众有个了不起的父亲郑兴，其传记有 1930 字，而郑众的传记只有 870 多字，查到其后代（子孙到曾孙郑公业）传记字数 1300 多字（《晋书》）。可见，一个了不起的父亲对他的影响巨大。老郑众的父亲：

> 郑兴，字少赣，河南开封人也。少学《公羊春秋》。晚善《左氏传》，遂积精深思，通达其旨，同学者皆师之。天凤中，将门人从刘歆讲正大义，歆美兴才，使撰条例、章句、传诂，及校《三统历》。……兴好古学，尤明《左氏》、《周官》，长于历数，自杜林、桓谭、卫宏之属，莫不斟酌焉。世言《左氏》者多祖于兴，而贾逵自传其父业，故有郑、贾之学。

可见老郑众的父亲郑兴不仅是很有影响的“经师”，而且精通历法。郑兴在王莽时期已经声闻朝堂，被刘歆赏识，在“更始时期”开始从政，做过长史，后升为谏议大夫，颇有作为，但运气不佳，被连带贬官。后据关西也仍然被割据势力隗嚣尊重，在劝降隗嚣投东汉未果的情况下，借口葬父母，于东汉初年（汉光武帝第六年）东归路上已有“妻”“子（郑众）”。到洛阳被征召为太中大夫，“书奏，多有所纳”。“兴数言政事，依经守义，文章温雅，然以不善谶，故不能任。”他曾经和人一起成功用兵，试图重建荒废的郡县，不果。此后就不再复出为官，专心经学到老。

（二）小郑众就没有这么深厚的家学背景和官宦背景，就是说他的门第不行。因为那时候成为宦官的人多数是街头的混混和家境贫寒的人，甚至有的是犯了某些罪的人，他们充当着“奴才”的角色，是一种特殊的家奴、奴隶。小郑众家世背景不详，从历史的视角看，除因宦官在史官眼中社会地位低下外，怕也没有什么好陈述入册的家族史，绝对不是“官二代”“富二代”。

二、“郑众”们的宦（仕）途

（一）老郑众，字仲师，家学渊源深厚，自幼就犯“驿马星”。老郑众小时候随父亲郑兴颠簸在路途，从开封到长安，从长安回到开封安葬祖父母，再到洛阳，往返奔波。老郑众少年时代已经被皇太子“奇之”，成年后被新登基的汉明帝刘庄“辟司空府，以明经给事中，再迁越骑司马，复留给事中。……八年，显宗遣众持节使匈奴（北匈奴）。众至北庭，虏欲令拜，众不为屈。……乃更发使随众还京师”。

北匈奴继续邀请汉朝廷派遣使节，郑众上书朝廷陈述利害，希望不要再派遣使节却不被喜欢专权的皇帝应允，第二次出使北匈奴。但郑众在路途上仍然不断上书要求使节返程，这样就被半途抓回来，恰好遇到大赦才回家当老百姓。后来因为这位有作为又专权的皇帝念及郑众出使北匈奴威武不屈的壮勇——

> 乃复召众为军司马，使与虎贲中郎将马廖击车师。至敦煌，拜为中郎将，使护西域。会匈奴胁车师，围戊己校尉，众发兵救之。迁武威太守，谨修边备，虏不敢犯。迁左冯翊，政有名迹。建初六年，代邓彪为大司农。

这段文字的最后一句是，到了东汉的第三位皇帝汉章帝刘炟继位的第六年，老郑众担任了大司农。此时，汉章帝封小郑众做小黄门，后进一步又升为中常侍。为了区别这个小郑众，人称老郑众为郑司农。后来，因为反对汉章帝“议复盐铁官”，“诏数切责，至被奏劾，众执之不移，帝不从”。后来郑众“受诏作《春秋删》十九篇”。为官“在位以清正称”。

（二）《后汉书》关于小郑众的传记只有不足200字，加上评价和标点甚至后代记录才200多字，但是内容非常丰富：

> 郑众字季产，南阳犨人也。为人谨敏有心几。永平中，初给事太子家。肃宗即位，拜小黄门，迁中常侍。和帝初，加位钩盾令。时窦太后秉政，后兄大将军宪等并窃威权，朝臣上下莫不附之，而众独一心王室，不事豪党，帝亲信焉。及宪兄弟图作不轨，众遂首谋诛之，以功迁大长秋。策勋班赏，每辞多受少。由是常与议事。中官用权，自众始焉。十四年，帝念众功美，封为鄛乡侯，食邑千五百户。永初元年，和熹皇后益封三百户。

小郑众是南阳郡犨（chōu）县人，故城址在今平顶山市鲁山县张官营镇西约2.5公里，现今仍有城基遗址。小郑众在汉章帝还是太子的时候就是他的伴童，基于优良表现，得到汉章帝持续赏识，小郑众先是小黄门，后以小黄门迁中常侍。在老郑众去世的前一年，小郑众又成为新皇帝汉和帝刘肇的心腹，加位钩盾令（皇家花园主管），并于永元四年（92）为汉和帝立下大功。

从历史上看宦官制度，“汉兴，仍袭秦制，置中常侍官。然亦引用士人，以参其选，皆银珰左貂，给事殿省”。但是，到了“中兴之初，宦官悉用阉人，不复杂调他士。至永平中，始置员数，中常侍四人，小黄门十人”。由此可以看出小郑众是出类拔萃的人才，庞大的皇家内勤服务集团，定岗定编只有区区四位高管、十位中层领导，小郑众能在汉章帝时候担任十位小黄门之一，后又迁升高层主管中常侍，绝对是个人才！到汉和帝时候他不仅作为四大主管之一，还管理了皇家园林，权力很大。但是小郑众不依附外戚，一心忠于王室，因此得到了汉和帝的宠信。在公元92年，小郑众策划和配合汉和帝“清君侧”，成功驱逐了专权的外戚势力——窦氏集团，到公元102年被封为鄛乡侯，食邑1500户。这实际上和西汉初年汉高祖刘邦订立的规矩相背离。后来（107），小郑众食邑加到1800户，直到最后（159）达2000户。小郑众虽然宦在后庭，但服务过汉章帝刘炟、汉和帝刘肇、汉殇帝刘隆、汉安帝刘祜，可以说是做了四朝元老。

我们看到老郑众和小郑众对刘氏王朝都很忠心，但小郑众的为宦之道比起老郑众，甚至比老郑众的父亲郑兴，都顺畅得多。

三、“郑众”们对其后人的荫庇

（一）老郑众的后人们

> 子安世，亦传家业，为长乐，未央厩令。延光中，安帝废太子为济阴王，安世与太常桓焉、太仆来历等共正议谏争。及顺帝立，安世已卒，追赐钱、帛，除子亮为郎。众曾孙公业，自有传。

老郑众的儿子也是个耿直的主，“共正议谏争”。孙子为郎，曾孙有“传”。查看《晋书·郑公业传》，他被董卓任命为将军，谋杀董卓未遂，逃逸投靠袁术，被袁术推荐为扬州刺史，赴任路上身亡，享年四十一岁。我们继续沿着历史文献查寻郑家的延伸轨迹：

郑太（郑泰），字公业，子郑袤、郑浑（将作大匠）。

1.《晋书·郑袤传》，郑袤被封侯。另外郑袤有六个儿子，长子郑默，袭爵密陵侯，官至光禄勋，卒谥成；另外五子郑质、郑舒、郑诩、郑称、郑予，都官至九卿。

作为老郑家嫡传长孙的郑默有“传”。从《晋书·郑默传》看，他是目录学家，也世袭侯爵；儿子是郑球、郑豫。

郑球（？~308）西晋荥阳开封人，字子瑜。少辟宰府，入侍二宫。成都王司马颖征讨赵王司马伦，球自顿丘太守为右长史，以功封平寿公。

2. 我们再看郑公业的二儿子郑浑的后人。郑浑八世孙郑羲是北魏中书令；郑羲兄弟六人，他是最小的，排行老六，其余五位兄长都为北魏重臣。

郑羲子道昭（455~516），自称“中岳先生”，为兖州刺史，号北方书圣，留下的《郑文公碑》成为魏碑的肇始和楷模，郑道昭的楷书和王羲之的行书各领风骚。

郑俨（？~528）北魏大臣，官至中书令，名震天下，据兵抗敌未果被杀。

郑浑十一世孙郑孝穆为北周中书令，郑伟为北周襄城郡公、龙骧大将军、江陵防主。

郑孝穆子郑译（540~591），为北周内史上大夫，助杨坚建立隋朝，被封为沛国公、岐州刺史。郑译精通音律，参议定乐，为《乐府声调》。

郑译子郑元寿历仕隋、唐两朝，官拜鸿胪卿。郑元寿堂兄郑善果，历任隋唐两朝的兵部、户部、工部尚书，卒于江州刺史之职。

唐代荥阳郑氏有十一人为宰相，节度使、将军、司马、参军等非常多（隋唐时期在史书留下传记者达十一人，留名者更多）。举例：

唐代荥阳郑虔（691~759），字趋庭，又字若齐（一字弱齐、若斋），学富五车，精通经史，书画成就卓然，是盛唐著名文学家、诗人、书画家，又是一位精通天文、地理、博物、兵法、医药的近乎百科全书式的一代通儒，“诗圣”杜甫称赞他“荥阳冠众儒”“文传天下口”。

郑珣瑜，唐代宰相，《新唐书》有传。其子郑覃（？~842），封荥阳公，唐文宗年间任宰相，被视为牛李党争中李党的领袖之一。官至太子太师，后以病辞官。武宗初授司空。郑朗（？~856），唐宰相。字有融，郑珣瑜次子。

郑余庆，宰相。儿子是兴元节度使郑澣。孙子郑从谠（？~887），字正求，进士及第，唐朝宰相。

郑亚（生卒年不详），唐代管观察使。儿子郑畋（tián）（825~883），字台文，进士，唐朝宰相、诗人。

郑延昌（生卒年不详），字光远，唐代官至尚书左仆射。

郑回（生卒年不详），是荥阳郑氏在唐末的重要代表人物。郑回于玄宗天宝中举明经，天宝年间（742～756）为西泸（今四川西昌）县令，后为南诏所俘，被迫迁居太和城（今云南大理南）。郑回学识渊博，推动了当地的文化发展，也得到了南诏王室的赏识，并促成唐王朝与南诏结盟。

郑买嗣（？～909），郑回孙子，曾为南诏重臣。乾宁四年（897），郑买嗣指使杨登杀死南诏王隆舜。天复二年（902），郑买嗣起兵杀死隆舜之子舜化贞及南诏王族八百余人，灭亡南诏，建立大长和国。后卒于开平三年（909）。

从这些举例看得出，老郑众的后代，在郑家家风家学形成的家族文化基因的影响下，勃兴长达几百年之久，从经师传家，到经诗传家，到诗书传家的大家族，我们需要对其家族文化进一步研究、挖掘和整理。

（二）小郑众的后人去哪里了

小郑众于元初元年（114）卒，养子闳嗣。郑闳卒，郑闳子安嗣。后国绝。桓帝延熹二年（159），诏封郑众曾孙郑石雔为关内侯。汉亡，十常侍事件后，三国两晋时期，甚至南北朝时期，宦官基本被消除了政治影响（虽然存在宦官被政治斗争利用的事件）。隋唐明清时期（宋代影响较小），宦官的影响多次勃兴，每次兴亡都伴随相应的历史环境。

小郑众后人没有参与历史事件的明确社会活动记载，存在多种可能：比如他的后人没有靠自己努力被“举孝廉”等获得成功进阶的机会，易于坐吃山空；抑或作为宦官的后人，汉末反对宦官（中官）的大背景，迫使他们隐藏了身份。当然也有宦官的后人发展起来的例子，譬如曹操的父亲曹嵩，再到曹操后人转型为门阀世家，成功延续了家世历史。

四、“郑众”们的历史影响

（一）老郑众“年十二，从父受《左氏春秋》，精力于学，明《三统历》，作《春秋难记条例》，兼通《易》《诗》，知名于世”。郑众及其父亲，有对“五经”

解释和发展的一面，也有教条的一面。郑兴用教条对付军阀隗嚣，坚持不懂“谶纬”反对迷信，搬《春秋》和《周礼》的教条，对付光武帝刘秀。郑众也是。

> 建武中，皇太子及山阳王荆，因虎贲中郎将梁松以缣帛聘请众，欲为通义，引籍出入殿中。众谓松曰：“太子储君，无外交之义，汉有旧防，藩王不宜私通宾客。”遂辞不受。松复风众以“长者意，不可逆”。众曰：“犯禁触罪，不如守正而死。”

当然，在重视经学的时代，他们坚持的教条也保护了自己，尤其是郑众“太子及荆闻而奇之，亦不强也。及梁氏事败，宾客多坐之，惟众不染于辞”。后来老郑众出使北匈奴也能坚持严格的礼仪，捍卫了国家和自己的尊严。坚持“社会公德”（当时的经学教条）一方面保护了他们自己，另一方面也在官宦道路上遭遇了相应的挫折。

老郑众虽然为官清正，政绩也很显赫，但是在儒家学说统治的两千多年中，立言的价值远远大于为朝廷立功，他的盛名更多来自他对经学的贡献。《后汉书·马融列传第五十上》中载马融评价说：“贾君精而不博，郑君博而不精。既精既博，吾何加焉！”宋代的钱时在《两汉笔记》里评价：“郑众立志坚确，发言正大，真可垂戒于后，岂特免祸于一已而已哉。”贞观二十一年（647），唐太宗诏令历代先贤先儒二十二人配享孔子，其中就包括郑众。大中祥符二年（1009），宋真宗追封郑众为中牟伯，仍从祀孔庙。（《宋史·志第五十八》）

至于对郑众出使的评价，《后汉演义》第二十五回“抗北庭郑众折强威”：

> 郑众出使匈奴，抗礼不屈，幸得脱身南归，是固可谓不辱使命者矣。明帝必欲令众再往，是使之复入虎口，于国无益，于身有害，无惑乎众之一辞再辞也。况众已具陈情迹，言之甚详，而明帝犹未肯听纳，强迫忠臣于死地，果胡为者？及召还系狱，嫉众违命，微虏使言，则罪及忠臣，几何不令志士短气耶？

（二）小郑众为人谨慎机敏有心计，皇帝论功赐赏，郑众每每辞多受少，能够一心向着皇室，不巴结豪党，汉和帝非常亲信他，常与他议事，和他一起谋划诛杀专权的窦氏，“故郑众得专谋禁中，终除大憝，遂享分土之封，超登宫卿之位。于是中官始盛焉”。因功升任大长秋。不过，史书判定：“中官用权，自众始焉。”东汉宦官弄权干政自此而起，宦官养子世袭爵位，也是郑众开的先例。由于皇帝赐赏，郑众能做到“辞多受少”，这是他生存发展的技巧，或者说是为取得更大利益而采取的阴谋，其实当时的郑众也没有“家”，不需要“发家”，他更多的是谦卑、谨慎和忠诚。也是因为小郑众封侯了，继养了后代，这也就需要荫庇后人，甚至亡国后还要能惠及曾孙。至于后来汉代皇帝效仿汉和帝亲近内侍，导致很多政治问题发生，多是小皇帝或者弱皇帝的被迫选择，这需要我们历史地看待和评价。至于隋唐明清宦官问题，其实都是新的政治背景的产物，不可同日而语。

五、对东汉两位“郑众”小结

东汉两位“郑众”都是历史名人，在特定的历史时期，从各自的身份和地位上，实现了其历史价值，在当时发挥的是正向的重大作用，对他们的人生都应该做出肯定性结论。历史上的郑姓人氏和其他大姓的历史人物一样，有正面的英雄典型，也会有反面的历史典型，他们的本质是“一切特定的历史社会关系的总和”，这总和中，有生物学的基因，更有文化学的基因。我们需要重视文化学的姓氏基因中的优良成分，能把它们发扬光大才是我们研究的归宿地。如果我们仅仅把姓氏研究作为本姓氏发展的平台，那价值就真的太小了。这就是我想讨论郑姓东汉前半期两个“郑众”的出发点。

最后再次郑重地用表格更清晰地比较一下两位郑众：

史料来源	个人简介	主要事件	后代	社会影响和历史评价	本文点评
《后汉书·列传第二十六》、《晋书》	郑众（？～89），字仲师，河南开封人，东汉著名经学家，出身经学世家，后世习称先郑（以区别于汉末的郑玄）。官至大司农，后人称郑司农（以区别于当时的宦官郑众）。汉明帝时为给事中，汉章帝时为大司农，以清正著称。	郑众十二岁时随其父郑兴习《春秋左氏传》，后通晓《三统历》《易经》和《诗经》，作有《春秋难记条例》，少年知名。皓首穷经注解《左传》，晚年曾奉诏作《春秋删》十九篇。曾出使匈奴，守边疆，任大司农。	曾孙公业（太）为将军、留议郎，后扬州刺史（未到任），太子郑袤、郑浑（将作大匠）。《晋书·郑袤传》郑袤有六个儿子，长子郑默袭爵密陵侯，其余五子位列九卿。《晋书·郑默传》郑默子郑球、郑豫。郑球有传。郑浑后代的历史也很辉煌。	政治活动和军事活动史迹被收入《东汉演义》，著述为后世经学家所重视，唐宋曾被配享孔庙。	老郑家是一个门阀家族，经学传统扎实，举孝廉和科举都很厉害，人才辈出。对后代影响大。
《后汉书·列传第六十八》	东汉宦官郑众（？～114），字季产，南阳郡犨县（今鲁山张官营镇西）人。汉明帝时侍奉太子刘炟，刘炟继位，授小黄门后迁升中常侍。汉和帝刘肇时加位钩盾令，后加升大长秋。因功封鄛乡（新野南）侯，食邑1500户，后增到1800户，后代增到2000户。	窦太后秉政，其兄大将军窦宪等窃取威权，朝廷官员都依附他。窦氏图谋不轨时，郑众谋划和参与了忠于皇室行动，汉和帝非常亲信他。汉和帝论功赐赏，郑众每每辞多受少。后来也居然被封侯。	郑闳是郑众养子，袭封鄛乡侯。孙子郑安袭封鄛乡侯。后亡国，曾孙在汉桓帝延熹二年被封关内侯。	郑众为人谨敏有心机，和帝常他议事，因功享分土之封，超登公卿之位。东汉宦官弄权干政自此而起。宦官养子世袭爵位，从此开的先例。	小郑家聪慧机敏，果断忠诚，封地受禄。历史论说宦官干预政治、封官和养子从郑众开始，正确而不公允。但他对宦官制度有很大影响。

（本文作者为郑州航空工业管理学院中国文化与市场经济研究所所长）

唐代荥阳郑氏宰相考略

⊙杨 波

官制是构成中国古代政治制度的主要内容。唐代官制既对汉魏以来的官制变化作了总结，又深刻地影响到宋元明清官制的发展，在中国古代官制史上具有承上启下的意义。余英时在《“君尊臣卑”下的君权与相权》一文中，曾经就古代官制进行过一段精辟的论述：“在中国的政治传统中，君权和官僚制度的关系更是一部不断摩擦，不断调整的历史。当官僚制度的机器发展得不符合‘君尊臣卑’的要求时，君主便对这部机器作一次基本的调整。由于相权是处在这部机器运转的枢纽地位，因此每一次重大的调整便导致宰相制度的变更。”① 荥阳郑氏是中古世家大族，唐高宗时期与太原王、范阳卢、清河博陵二崔、赵郡陇西二李等望族并称“七姓”②，唐代中后期先后有九人为宰相，家族地位和社会声望显赫一时。考察唐代荥阳郑氏宰相，以期对唐代职官制度研究和当前的姓氏文化研究提供一些有益的借鉴。

一、唐代宰相制度沿革

中国的宰相制度一共经历了三个基本的发展阶段，即秦汉的三公九卿制，隋唐的三省制和明、清的内阁制。③ 而隋唐时期实行的“三省六部制”，在中国古代官制史上具有承上启下的独特价值。

---

①余英时：《中国思想传统的现代诠释》，江苏人民出版社，2003 年，第 106 页。

②[宋] 李昉等：《太平广记》卷一八四《氏族》“七姓”条，中华书局，1961 年，第 1377 页。

③参见余英时：《中国思想传统的现代诠释》，江苏人民出版社，2003 年，第 106 页。

所谓“三省六部制”，是指中国封建社会形成的一套组织严密的中央官制，也是隋唐至宋时期的中央最高政府机构。其中“三省”指中书省、门下省、尚书省，“六部”指尚书省下属的吏部、户部、礼部、兵部、刑部、工部，每部各辖四司，共为二十四司。三省六部制确立于隋朝，主要掌管中央政令和政策的制定、审核与贯彻执行，至唐代发展成较为成熟的政治体系。《新唐书》卷四六《百官志》载：

唐之官制，其名号禄秩虽因时增损，而大抵皆沿隋故。其官司之别，曰省、曰台、曰寺、曰监、曰卫、曰府，各统其属，以分职定位。其辩贵贱、叙劳能，则有品、有爵、有勋、有阶，以时考核而升降之，所以任群材、治百事。其为法则精而密，其施于事则简而易行，所以然者，由职有常守，而位有常员也。方唐之盛时，其制如此。盖其始未尝不欲立制度、明纪纲为万世法，而常至于交侵纷乱者，由其时君不能慎守，而徇一切之苟且，故其事愈繁而官益冗，至失其职业而卒不能复。①

与秦汉时期的丞相制相类似，唐代宰相仍以“佐天子总百官、治万事”（《新唐书·百官志一》）为其根本职责，但在具体的机构设置、职责归属、职位名称上有所不同。据《新唐书》卷四六《百官志》载：

宰相之职，佐天子总百官、治万事，其任重矣。然自汉以来，位号不同，而唐世宰相，名尤不正。初，唐因隋制，以三省之长中书令、侍中、尚书令共议国政，此宰相职也。其后，以太宗尝为尚书令，臣下避不敢居其职，由是仆射为尚书省长官，与侍中、中书令号为宰相，其品位既崇，不欲轻以授人，故常以他官居宰相职，而假以他名。自太宗时，杜淹以吏部尚书参议朝政，魏徵以秘书监参与朝政，其后或曰“参议得失”“参知政事”之类，其名非一，皆宰相职也。贞观八年，仆射李靖以疾辞位，诏疾小瘳，三两日一至中书门下平章事，而“平章事”之名盖起于此。其后，李勣以太子詹事同中书门下三品，谓同侍中、中书令也，而“同三品”之名盖起于此。然二名不专用，而佗官居

---

①[宋] 欧阳修、宋祁：《新唐书》，中华书局，1975 年，第 1181 页。下文凡征引《新唐书》者，均采用此版本，只标注书名、卷次和页码，不再一一标注版本情况。

职者犹假佗名如故。自高宗已后，为宰相者必加“同中书门下三品”，虽品高者亦然；惟三公、三师、中书令则否。其后改易官名，而张文瓘以东台侍郎同东西台三品，“同三品”入衔，自文瓘始。永淳元年，以黄门侍郎郭待举、兵部侍郎岑长倩等同中书门下平章事，“平章事”入衔，自待举等始。自是以后，终唐之世不能改。①

从上文可以推断出，唐代实行的是多宰相制度，或者说是宰相集体负责制，其制度设置情况比较复杂：或以三省行政长官为宰相，或以他官兼任宰相；有名副其实的真宰相，亦有仅仅挂个“同平章事”虚名的使相，更有“虽无宰相之名，但俨有宰相之实”的内相（即翰林学士）。

唐代众多的宰相名号与宰相制度的发展沿革息息相关。唐初，以他官参与宰相事务的情况比较常见，大致分为两种类型：一种是给资历较浅的官员加以“参议得失”“参知政事”“参议朝改”“专典机密”等名号，使其能够参与宰相事务，如杜淹曾以吏部尚书身份参议朝政，魏徵曾以秘书监身份参与朝政，虽然名称不统一，但都是宰相之职的称谓；另一种是给资格较老的元勋功臣加以“平章事”“同平章事”“同三品”“同中书门下三品”等名号，使其得以继续预闻宰相事务，如太宗诏以足疾请求致仕的李靖“三两日一至中书门下平章事”，诏“李勣以太子詹事同中书门下三品，谓同侍中、中书令也”，即为此例。高宗以后，以他官参与宰相事务的情况有了新的变化，除了三公、三师、中书令之外，其他官员无论品秩高低，凡任宰相者，必定要加以“同中书门下三品”称号。高宗永淳元年（682）以后，“同中书门下三品”“同中书门下平章事”逐渐从太宗时期优待功元老忠臣的临时名号，演变成正式宰相的固定名号，“终唐之世不能改”。

唐代中后期荥阳郑氏家族涌现出来的众多宰相，正是唐代官制演变和世家大族发展轨迹的生动展示。下文就以后晋刘昫《旧唐书》、北宋欧阳修等《新唐书》、元辛文房《唐才子传》、清劳格等《唐尚书省郎官石柱题名考》、清徐松《登科记考》、唐张彦远《历代名画记》、宋计有功《唐诗纪事》、清修《全唐诗》、吴廷燮

①《新唐书》卷四六，第1182页。

《唐方镇年表》等文献为主要依据，参之以历代书目、地方志、笔记小说等材料，对唐代郑氏宰相逐一加以考证。

二、唐代荥阳郑氏宰相统计

关于荥阳郑氏家族的研究，学界已有不少研究成果，其中尤以宋国祯主编的《荥阳郑氏研究丛书》（中州古籍出版社 1994 年版）、周显才编著的《中华望族——荥阳郑氏》（中州古籍出版社 1994 年版）、王大良等编著的《中华姓氏通史·郑姓（插图本）》（东方出版社 2000 年版）和《中华姓氏谱·郑姓卷》（北京现代出版社、华艺出版社 2002 年版）等著作，日本学者矢野主税的《郑氏研究》（《长崎大学教育学部社会科学论丛》8～10，1958 年 3 月至 1960 年 8 月）、爱宕元的《唐代荥阳郑氏研究》（《京都大学人文》35，1989 年），张卫东《唐代荥阳郑氏的入仕途径》（《史学月刊》2004 年第 10 期）等论文，在学术界影响较大。这些研究主要集中在姓氏文化研究、家族史研究、族源世系问题研究、郑氏家族人物研究等几个方面，虽已取得诸多成果，但对不同时段郑氏家族群体的研究，仍有待深入。下面试从唐代荥阳郑氏宰相入手，以考察唐代中原地区的家族变迁和文化影响。

《新唐书》卷七一上至卷七五下的《宰相世系表》，是二十四史中唯一一部记录帝室王族之外谱系的巨表，对于研究唐代政治、历史、社会、文学诸方面具有重要的参考价值。此表共收入唐宰相 369 人，凡 98 族，三公三师 71 人。其中卷七五上《宰相世系表五》上详细考述了郑氏的家族起源、迁徙历史、得姓缘由、谱系源流等问题。文曰：

> 郑氏出自姬姓。周厉王少子友封于郑，是为桓公，其地华州郑县是也。生武公，与晋文侯夹辅平王，东迁于洛，徙溱、洧之间，谓之新郑，其地河南新郑是也。十三世孙幽公为韩所灭，子孙播迁陈、宋之间，以国为氏。幽公生公子鲁，鲁六世孙荣，号郑君，生当时，汉大司农，居荥阳开封。生韬，韬生江都守仲，仲生房，房生赵相季，季生议郎奇。奇生稺，汉末自陈居河南开封，晋置荥阳郡，遂为郡人。稺生御史中丞宾，宾生兴，字赣，莲勺令。兴生众，字仲师，大司农。众生城门校尉安世，安世生骑都尉綝，綝生上计掾熙，熙二

子：泰、浑。浑，魏少府大匠。浑生崇，晋荆州刺史。崇生遹，遹生随，扶风太守。随生赵侍中略，略六子：翳、豁、渊、静、悦、楚。豁字君明，燕太子少傅、济南公，生温。温四子：涛、晔、简、恬。涛居陇西。晔，后魏建威将军、南阳公，为北祖。简为南祖。恬为中祖。晔生中书博士茂，一名小白，七子：白麟、胤伯、叔夜、洞林、归藏、连山、幼麟，因号"七房郑氏"。大房白麟后绝，第三房叔夜后无闻。①

接着，谱表详细列出郑氏各房的家族世系表，并根据文献材料得出结论："郑氏定著二房：一曰北祖，二曰南祖。宰相九人。北祖有珣瑜、覃、朗、余庆、从谠、延昌；南祖有絪；荥阳郑氏有畋；沧州郑氏有愔。"② 考《新唐书·郑氏世系表》，实际著录宰相10人，除上述9人外，"北祖郑氏"条下尚有郑涯，任职"检校左仆射、同中书门下平章事"，位同宰相。此外，郑肃、郑綮和郑昌图也都先后为宰相。现将唐代郑氏宰相的任职情况列表如下：

唐代郑氏宰相的任职情况表

姓　名	所属分支	入仕出身	入相时间及所任职务
郑珣瑜	北祖郑氏	大历年间以讽谏主文科高第	相德宗。德宗贞元（785~805）后期，以吏部侍郎进门下侍郎、同中书门下平章事。
郑　覃	北祖郑氏	以父荫补弘文校理	相文宗。文宗大和九年（835）冬，以右仆射授同中书门下平章事。
郑　朗	北祖郑氏	长庆元年进士甲科	相宣宗。宣宗大中九年（855）前后，以工部尚书加同中书门下平章事，又迁中书侍郎、集贤殿大学士兼修国史。
郑余庆	北祖郑氏	大历年间进士及第	相德宗、宪宗。两次入相。德宗贞元十四年（798），任中书侍郎、同中书门下平章事；顺宗永贞元年（805），授尚书左丞，同年八月，宪宗即位，擢升其为同平章事。

①《新唐书》卷七五上，第3258~3259页。
②《新唐书》卷七五上，第3354页。

续表

姓　名	所属分支	入仕出身	入相时间及所任职务
郑　涯	北祖郑氏	不详	相宣宗。宣宗大中年间（847～859），任检校左仆射、同中书门下平章事。
郑从谠	北祖郑氏	会昌二年进士及第	相僖宗。两次入相。僖宗乾符五年（878），授任中书侍郎兼礼部尚书、同中书门下平章事；次年，改任门下侍郎兼兵部尚书。
郑昌图	北祖郑氏	咸通十三年壬辰科状元及第	相昭宗。懿宗咸通十三年（872）壬辰科状元及第，僖宗广明元年（880）任凤翔副使，历官司勋员外郎、户部侍郎等。
郑延昌	北祖郑氏	咸通末年进士及第	相昭宗。官至尚书左仆射。
郑　细	南祖郑氏	擢进士第登宏词科	相德宗、宪宗。德宗时，以翰林转司勋员外郎、知制诰；宪宗即位，拜中书侍郎、平章事，加集贤殿大学士，后转为门下侍郎、弘文馆大学士，居相位凡四年。后又以河中节度使入为检校尚书左仆射。
郑　肃	荥阳郑氏	进士及第书判拔萃	相武宗。武宗会昌五年（845），以检校尚书右仆射加中书、门下二侍郎，同平章事。
郑　畋	荥阳郑氏	会昌二年进士及第	相僖宗。三次入相。僖宗乾符四年（877），任吏部侍郎加平章事；同年，由中书侍郎特进改任门下侍郎兼礼部尚书、集贤殿大学士，封荥阳郡侯；中和二年（882），担任检校尚书左仆射、同中书门下平章事，充任京西诸道行营都统。
郑　綮	荥阳郑氏	进士及第	相昭宗。昭宗大顺年间（890～891），以右散骑常侍授礼部侍郎、同中书门下平章事。
郑　愔	沧州郑氏	进士及第	相中宗。中宗时任中书舍人、太常少卿，与崔日用等佞附武三思。景龙三年（709），以吏部侍郎升任宰相。后因阴谋叛乱被诛。

按：《新唐书·宰相世系表》中共收录唐代宰相 369 人，其中两次入相者 57 人，郑余庆、郑从谠与焉；三次入相者 12 人，郑畋与焉；四次入相者、五次入相

者均有3人，郑氏无人与焉。表中还收录“三公三师”71人，其中包括“宗室亲王”20人，“以宰相及前宰相迁者”27人，“以军功进者”20人，“以恩泽进者”4人；郑畋、郑从谠名列“以宰相及前宰相迁者”。[①]

据郑姓族人统计，从郑益于唐高宗上元二年（675）乙亥科状元及第始，直至唐朝灭亡，郑氏家族在二百年间共计出了13个宰相、6个状元、22个进士、8个驸马，其他各级官员更是不胜枚举。另据王兴亚《河南古代状元谱》一文考证，唐代共有状元137人，其中河南共有49人，荥阳郑氏占10人，分别是郑益、郑全济、郑解、郑颢、郑言、郑洪业、郑昌图（一作郑昌符）、郑合敬、郑蔼、郑忠贻。[②]唐代郑氏一族可谓人才济济，簪缨满门，无怪时人有“上殿半朝郑，下殿满床笏”之誉，也从一个侧面反映了唐代中原地区文化教育之兴盛、世家大族文化传承之厚重。

三、唐代荥阳郑氏宰相考略

唐代郑氏家族共计出了13位宰相，除了郑氏第一位宰相郑愔外，其他12位均出自荥阳郑氏。他们或为父子，或为祖孙，或为同宗，或为同族，纵横驰骋于中晚唐时期的政坛，为中原地区的历史文化平添了几分内涵，增加了几许厚重。下文大致按照家族分支和任职先后，就12位荥阳郑氏宰相的生平事迹逐一加以考证。

郑珣瑜是唐代荥阳郑氏第一位宰相，也是“北祖郑氏”最值得称道的家族人物。他不仅自己任职德宗朝宰相，还培育出两位宰相，即其子郑覃和郑朗。

郑珣瑜（738～805），字元伯，郑州荥泽人。郑珣瑜少年成孤，又遇上天宝之乱，于是就退耕陆浑山，又因奉养老母的缘故，不愿出仕为官。代宗大历年间，才以讽谏主文科高第，授大理评事，调阳翟丞，以拔萃为万年尉。历经玄宗、肃宗、代宗、德宗、顺宗五朝，历官大理评事、左补阙、侍御史、刑部员外郎、饶州刺史、谏议大夫、吏部侍郎、河南尹、吏部尚书等职，德宗朝以吏部侍郎进门下侍

---

①《新唐书》卷七五下，第3465～3466页。

②王兴亚：《河南古代状元谱》，《中州今古》2004年第1期，第70～71页。

郎、同中书门下平章事。顺宗时，因王叔文、韦执谊用事，忧愤而归卧家七日不出，被罢为吏部尚书，加之有疾，数月后而卒，年六十八。卒赠尚书左仆射，谥文献。[①] 生平事迹见《新唐书》卷一六五《郑珣瑜传》、卷七五上《宰相世系表》五上，《唐尚书省郎官石柱题名考》卷四《吏部员外郎》，《登科记考》卷十。有六子：郑覃、郑朗、郑潜、郑权、郑颢、郑泳，其中郑覃、郑朗皆任宰相；郑潜、郑权皆登进士第，权曾任穆宗朝工部尚书、岭南节度使；郑颢，大中年间曾任刺史；郑泳，曾任左司员外郎。

珣瑜任河南尹时，有两件事传颂千古：一是进退有度，坚持原则。郑珣瑜刚被任命为河南尹，尚未入境，正赶上德宗生日。按照惯例，府尹应当献马进贡，当时的府吏"欲前取印，白珣瑜视事，且内挚"，珣瑜却不紧不慢地说："未到官而遽事献，礼欤?"最终没有听从府吏的建议去献贡。二是清静惠下，理政有方。他到河南尹任上后，"贱敛贵发以便民"，故下无怨讟，"时谓治河南比张延赏，而厚重坚正过之"。[②] 张延赏（726～787），出身于河东张氏，唐中书令张嘉贞之子，大历二年（767）任河南尹、诸道营田副使，因治政崇尚简约使得中原一带重现繁荣，德宗贞元初加虚衔左仆射，授同平章事。时人将郑珣瑜与张延赏相提并论，认为其在"厚重坚正"方面甚至超过了张延赏，评价确实很高。

郑覃（？～842），宰相郑珣瑜之子。以父荫补弘文校理，历拾遗、补阙、考功员外郎、刑部郎中、谏议大夫、工部尚书、户部尚书、刑部尚书，进右仆射。文宗大和年间以本官同平章事，封荥阳郡公，加门下侍郎弘文馆大学士，进太子太师。开成四年（839）罢相，守左仆射。会昌二年（842）以司徒致仕。生平事迹见《旧唐书》卷一七三《郑覃传》，《新唐书》卷一六五《郑覃传》（附见《郑珣瑜传》后）、卷七五上《宰相世系表》五上，《全唐文》卷七二一《郑覃小传》，《唐尚书省郎官石柱题名考》卷十《考功员外郎》，《翰苑群书》卷上等。

郑覃出身于世家大族，年少时即"清苦贞退，不造次与人款狎"，"位至相国，

①《新唐书》卷一六五，第5065页。

②参见《新唐书》卷一六五，第5064～5065页。

所居未尝增饰，才庇风雨。家无媵妾，人皆仰其素风”。但他为人处世疾恶有余，节制不足，故《旧唐书》称其“嫉恶太过，多所不容，众惮而恶之”[1]，这一性格给他带来的结果，可谓喜忧参半。如唐宪宗取五中官为和擢使，覃奏罢之；穆宗不恤政事，喜欢游宴，郑覃与同职崔玄亮等人廷奏抗论，时人赞之；文宗即位，改郑覃为左散骑常侍，后以本官充翰林侍讲学士，拜工部侍郎。

郑覃长于经学，稽古守正。他不喜文辞，认为“文人多佻薄”，病进士多浮夸，于开成初建议废止进士科，曰：“南北朝所以不治，文采胜质厚也。士惟用才，何必文辞。”[2] 有一次，文宗在延英殿谈论古今诗句的工拙问题，郑覃趁机规劝道：“孔子所删，三百篇是也。降此五言七言，辞非雅正，不足帝王赏咏。夫《诗》之《雅》、《颂》，皆下刺上所为，非上化下而作。王者采诗，以考风俗得失。仲尼删定，以为世规。近代陈后主、隋炀帝皆能章句，不知王者大端，终有季年之失。章句小道，愿陛下不取也。”[3] 这段话生动地反映出郑覃对待文学与政治的态度。

郑覃曾经奏请起居郎周墀、水部员外郎崔球、监察御史张次宗、礼部员外郎温业等人共同校定《九经》文字并立于太学，加门下侍郎、弘文馆大学士、监修国史。文宗大和九年（835）冬，迁尚书右仆射，兼判国子祭酒，召入禁中草制敕，后以本官授同平章事，封荥阳郡公，食邑二千户。因深陷“牛李党争”，郑覃多次遭到贬黜，但因文宗非常看重他，又屡次起用。文宗开成三年（838）十二月，郑覃虽被“诏落太子太师”，“仍三五日一入中书，商量政事”。武宗即位，李德裕用事，打算援引郑覃为宰相，覃以足疾为由，坚决推辞不任朝谒。会昌二年（842），守司徒致仕，卒。其子郑裔绰，亦以荫授渭南尉，直弘文馆。

郑朗（？～856），字有融。宰相郑珣瑜之子，郑覃之弟。穆宗长庆元年（821）登进士甲科。始辟柳公绰山南幕府，入为右拾遗。文宗开成中，累拜起居郎、御史中丞、户部侍郎，后为鄂岳浙西观察使，进义武、宣武二节度使。武宗会

---

①[后晋] 刘昫：《旧唐书》卷一七三，中华书局，1975 年，第 4489～4492 页。下文凡征引《旧唐书》者，均采用此版本，仅标注书名、页码，版本情况不再一一注出。

②《新唐书》卷一六五，第 5067 页。

③《旧唐书》卷一七三，第 4491 页。

昌初，为给事中，出为华州刺史，入为御史中丞、户部侍郎，判本司事。宣宗大中年间，出为定州刺史、义武军节度使、易定观察使、北平军使等，寻迁检校户部尚书、汴州刺史、宣武军节度使、宋亳汴颍观察使等，大中九年（855），入为工部尚书，迁御史大夫，改礼部尚书，后以本官同平章事，加中书侍郎、集贤殿大学士，修国史。罢为太子少师。卒赠司空。生平事迹见《旧唐书》卷一七三《郑朗传》（附见《郑覃传》），《新唐书》卷一六五《郑朗传》（附见《郑珣瑜传》后）、卷七五上《宰相世系表》五上，《全唐文》卷七九一《郑朗小传》，《唐尚书省郎官石柱题名考》卷九《考功郎中》，《翰苑群书》卷上，《唐方镇年表》卷二、卷五、卷六，《嘉定镇江志》卷一四等。

文宗大和末年，奢侈之风盛行。文宗皇帝"恭勤节俭，冀革其风"，宰臣进言称"陛下节俭省用，风俗已移，长裾大袂，渐以减损。若更令戚属绝其侈靡，不虑下不从教"，于是君臣之间进行过一番深入的讨论，当时郑朗"执笔螭头下"。等宰臣退后，皇帝要看看郑朗关于此事的记录，郑朗当即拒绝了皇帝的要求，表现出史家秉笔直书的治学传统；当文宗说明其看起居注的目的在于"朕恐平常闲话，不关理体，垂诸将来，窃以为耻"，"何妨一见，以诫丑言"时，"朗遂进之"，随后被迁为考功郎中、谏议大夫。文曰：

> 朗曰："臣执笔所记，便名为史。伏准故事，帝王不可取观。昔太宗欲览国史，谏议大夫硃子奢云：'史官所述，不隐善恶。或主非上智，饰非护失，见之则致怨，所以义不可观。'又褚遂良曰：'今之起居郎，古之左右史也；记人君言行，善恶必书，庶几不为非法，不闻帝王躬自观史。'"帝曰："适来所记，无可否臧，见亦何爽？"乃宣谓宰臣曰："郑朗引故事，不欲脱见起居注。夫人君之言，善恶必书。朕恐平常闲话，不关理体，垂诸将来，窃以为耻。异日临朝，庶几稍改，何妨一见，以诫丑言。"朗遂进之。①

宣宗大中十年（856），郑朗以疾辞谏议大夫，进加检校右仆射、守太子少师。十一年十月卒。皇帝下了一道诏书，追赠其为司空，从官方的角度给予其高度的评

---

①《旧唐书》卷一七三，第4493页。

价。诏书曰：

故通议大夫、检校尚书右仆射、兼太子少师、上柱国、赐紫金鱼袋郑朗，植操端方禀气庄重；蔼若瑞玉，淡如澄川。智略合乎蓍龟，诚信服于僚友。自膺宠寄，颇负全才，竭匪躬于谏垣，彰尽瘁于琐闼。载践方岳，亟登师坛。观风推惠爱之心，训士得抚循之术。政溢闻听，念兹征还，位冠冬卿，职重邦计。经费有节，财用不亏。繄彼休功，明我推择。爰嘉峭峻，俾总纪纲。公望益隆，典彝具举；式谐注意，且沃深衷。俄参化源，以提政柄。三事仰清廉之节，百度见损益之能。近煦和风，远浃膏雨。方俟坐镇雅俗，表率庶官，颐养或乖，膝理生疾，屡陈章疏，乞遂退闲。既坚乃诚，式允其请。每图懿绩，唯冀有瘳。何竟至于弥留，而遽闻于捐代。阅奏兴悼，临轩载怀。将辍视朝之仪，兼列上公之秩。慰兹幽坏，期尔有知，可赠司空。①

诏书中称郑朗“植操端方，禀气庄重；蔼若瑞玉，淡如澄川”“观风推惠爱之心，训士得抚循之术”“三事仰清廉之节，百度见损益之能”，从德、能、勤、绩、廉几个方面刻画出郑朗资政爱民的正面形象，对其评价远超其兄郑覃。

郑余庆（748～820），字居业，荥阳人。颍川太守郑长裕之孙，中书舍人、刑部侍郎郑少微之侄孙，太子舍人郑慈之子。余庆少勤学，善属文。大历中举进士，早年曾入严震幕府，历任山南西道从事、殿中侍御史、兵部员外郎、库部郎中、翰林学士、工部侍郎等职。德宗贞元八年（792），选为翰林学士；十四年，拜中书侍郎、平章事；不久，因德宗与宰臣议赈事未行而为中书吏所泄，被贬为郴州司马凡六载。顺宗永贞元年（805），以尚书左丞召；同年八月，宪宗即位，复以本官知政事，后因得罪权臣，罢为太子宾客。此后，累除太子少师、尚书左仆射、凤翔陇右节度使、司空等，封荥阳郡公。穆宗即位，进位检校司徒。元和十五年（820），郑余庆进位司徒，同年十一月病卒，年七十五，追赠太保，谥号贞。郑余庆与其从父郑絪均家昭国坊，絪第在南，余庆第在北，世人并称其为“南郑相”“北郑相”。生平事迹见《旧唐书》卷一五八《郑余庆传》，《新唐书》卷一六五《郑余庆传》、

①《旧唐书》卷一七三，第4494页。

卷七五上《宰相世系表》五上、卷五八《艺文志》二、卷六〇《艺文志》四，《全唐文》卷四七八《郑余庆小传》，《全唐诗》卷三一八《郑余庆小传》，《唐诗纪事》卷四五“郑余庆”条，《唐尚书省郎官石柱题名考》卷二《左司员外郎》，《翰苑群书》卷上，《登科记考》卷一一，《唐方镇年表》卷二、卷四等。

郑余庆“砥名砺行，不失儒者之道；清俭率素，始终不渝”，两次为相“罢免皆非大过，尤以清俭为时所称。洎中外践更，郁为耆德，朝廷得失，言成准的”。他曾受诏撰写《惠昭太子哀册》，其文辞甚工。郑余庆好古博雅，“通究《六经》深旨，奏对之际，多以古义传之”，晚年更致力于儒学的复兴，其中有两件事最值得称道：一是元和十三年（818）任尚书左仆射之后，因为余庆谙练典章，遇到“朝廷礼乐制度有乖故事”的情况，宪宗就“专委余庆参酌施行，遂用为详定使”。余庆于是“复奏刑部侍郎韩愈、礼部侍郎李程为副使，左司郎中崔郾、吏部郎中陈珮、刑部员外郎杨嗣复、礼部员外郎庾敬休，并充详定判官”，对于“朝廷仪制、吉凶五礼，咸有损益焉”，为相关部门制定出切实可行的规范仪制。二是元和十四年，郑余庆以凤翔陇右节度使兼任太子少师、检校司空，封荥阳郡公，兼判国子祭酒事。面对“太学荒毁日久，生徒不振”的现实状况，他向宪宗皇帝建言说：“兵兴以来，学校废，诸生离散。今天下承平，臣愿率文吏月俸百取一，以资完葺。”宪宗下诏同意其建议后，余庆于是“奏率文官俸给修两京国子监”，为唐代古文运动的兴起和儒学的复兴创造了良好的氛围，打下了坚实的基础。① 余庆有文集、表疏、碑志、诗赋共五十卷行于世，《新唐书·艺文志》有著录。

郑余庆一生历仕四朝，两度为相，宦海浮沉垂五十年。他将做官所得俸禄“悉赒所亲”，“或济人急，而自奉粗狭”。他常常告诉身边人说：“禄不及亲友而侈仆妾者，吾鄙之。”② 他接引后学，谆谆教导；倡言经义，成就儒学。自肃宗至德年间以降，朝廷有一种不好的风气，“方镇除授，必遣中使领旌节就第宣赐，皆厚以金帛遗之。求媚者唯恐其数不广，故王人一来，有获钱数百万者”。宪宗皇帝深谙

①此段引文参见《旧唐书》卷一五八，第4163～4166页；《新唐书》卷一六五，第5059～5061页。
②《新唐书》卷一六五，第5061页。

其风，每次加封其官职时，都会提前告诫使者说："余庆家贫，不得妄有求取。"甚至在郑余庆病卒之后，穆宗皇帝还特别体恤郑家，"上以家素清贫，不办丧事，宜令所司特给一月俸料，以充赙赠，用示褒荣"。① 因为郑余庆曾经做过穆宗的师父，所以穆宗登极后将其"进位检校司徒，优礼甚至"，并在余庆病卒后下诏，盛赞其"再秉台衡，屡分戎律""贵而能贫，卑以自牧""受命有考父之恭，待士比公孙之广"的高贵品格。录诏书如下：

故金紫光禄大夫、检校司徒、兼太子少师、上柱国、荥阳郡开国公、食邑二千户郑余庆，始以衣冠礼乐，行于山东，余力文章，遂成志学。出入清近，盈五十年。再秉台衡，屡分戎律。凡所要职，无不践更。贵而能贫，卑以自牧。謇谔闻于台阁，柔睦化于闺门。受命有考父之恭，待士比公孙之广。焚书逸礼，尽可口传；古史旧章，如因心匠。朕方咨禀，庶罔昏逾。神将祝予，痛悼何及！乞言既阻，赗礼宜优，可赠太保。②

郑余庆有一子四孙。其子郑澣，本名涵，因避文宗藩邸时名讳而改之，贞元十年（794）举进士，历任礼部侍郎、兵部侍郎、吏部侍郎、河南尹、刑部尚书兼判左丞事、山南西道节度观察使、检校户部尚书、兴元尹兼御史大夫、户部尚书等职，卒赠右仆射，谥曰宣。③ 四孙分别取名允谟、茂休、处诲、从谠，皆入仕，且有成，从谠亦为宰相。

郑涯，生卒年不详，出身于北祖郑氏。《全唐文》卷七六一称其"太和朝官司勋员外郎"，并录其所撰《武宗·庙议》和《武宗·庙合祧迁议》两篇文章。《新唐书·宰相世系表》则记载其于宣宗大中年间（847～859）任检校左仆射、同中书门下平章事。生平事迹见《新唐书》卷七五上《宰相世系表》五上，《全唐文》卷七六一，《唐尚书省郎官石柱题名考》卷八《司勋员外郎》，《翰苑群书》卷上，《唐方镇年表》卷二、卷四、卷五等。

---

①《旧唐书》卷一五八，第 4166 页。

②《旧唐书》卷一五八，第 4166 页。

③《旧唐书·郑余庆传》和《新唐书·郑余庆传》附录均作称"澣，本名涵"，唯有《新唐书·宰相世系表五上》作"澣，本名淳，兴元节度使"，二者记载不一致，姑从本传。

郑从谠（？～887），字正求，出身于荥阳北祖郑氏小白房，司徒郑余庆之孙，兴元节度使郑澣之子。会昌二年（842）进士及第，初授秘书省校书郎。历任拾遗、补阙、尚书郎、中书舍人、礼部侍郎、吏部侍郎、河东节度使、宣武节度使、岭南节度使、刑部尚书等职，封荥阳县男。郑从谠自咸通三年（862）担任礼部侍郎，多次主持贡举考试和典选，因处事公允、选官得当而著称。咸通七年，因拒绝请托而得罪权臣，失去一次入相的机会，被外放为检校礼部尚书、太原尹、北都留守、御史大夫、上柱国、河东节度管内观察处置等使，赐爵荥阳县男。咸通十一年，郑从谠又因政绩突出遭到当权者的嫉恨，改任为广州刺史、岭南节度使，便招募夷獠土豪委以重任，带领当地百姓保卫城池，抵御外侮，保障了交州、广州一带的社会安定。乾符五年（878），僖宗拜郑从谠为宰相，授予其中书侍郎兼礼部尚书、同中书门下平章事；次年，改任门下侍郎兼兵部尚书。广明元年（880），郑从谠以使相出镇河东，再任河东节度使，进拜侍中，并派部将参与平叛黄巢之乱。中和三年（883），郑从谠被召拜司空，历任司徒、太傅。光启三年（887），由太傅兼侍中罢为太子太保，不久病逝，赐谥文忠。郑从谠一生两次入相，以文臣而出镇河东，组织兵力镇守太原重地，阻止黄巢起义军进犯长安。郑从谠与郑畋同样以宰相身份出镇，凭借忠义传檄讨贼，首倡大义，与叛军抗衡，复振国威，被逆贼并称为“二郑”。刘昫在《旧唐书》中评价其“貌温而气劲，沉机善断，奸无遁情。凡凶谋盗发，无不落其彀中，以是群豪惕息”，“知人善任，性不骄矜，故所至有声绩”，认为其“文忠致君，无忝乃祖，衣冠之盛，近代罕俦”。[①] 生平事迹见《旧唐书》卷一五八《郑从谠传》，《新唐书》卷一六五《郑从谠传》、卷七五上《宰相世系表》五上，《唐尚书省郎官石柱题名考》卷四《吏部员外郎》，《翰苑群书》卷上，《登科记考》卷二二、卷二三，《唐方镇年表》卷二、卷四、卷七等。

郑延昌，字光远，生卒年不详。出身于北祖郑氏。咸通末得进士第，迁监察御史。据《新唐书》卷一八二《郑延昌传》所载，郑畋镇守凤翔时，“表在其府。黄

①参见《旧唐书》卷一五八《郑从谠传》及卷尾《史臣赞》，第4170、4172、4178页。

巢乱京师，畋倚延昌调兵食，且谕慰诸军”①。因此，当郑畋再次入相秉政时，擢升延昌为司勋员外郎、翰林学士，累进兵部侍郎，兼京兆尹判度支。昭宗时官拜户部尚书，以中书侍郎同中书门下平章事，兼刑部尚书。后因病罢相，官终尚书左仆射。生平事迹见《新唐书》卷一八二《郑延昌传》、卷七五上《宰相世系表》五上，《全唐文》卷八一八《郑延昌小传》，《唐尚书省郎官石柱题名考》卷八《司勋员外郎》，《登科记考》卷二三等。

郑絪（752～829），字文明，荥阳人。池州刺史郑羡之子。郑絪年幼时即有奇志，善属文。代宗大历年间，与天下儒学名士如张参、蒋乂、杨绾、常衮等人相交相知。擢进士第，登宏词科，授秘书省校书郎、鄠县尉。张延赏镇守西川时，辟絪为书记，入除补阙、起居郎，兼史职。不久即擢为翰林学士，转司勋员外郎、知制诰。郑絪在德宗朝任内职十三年，兢兢业业，谦恭谨慎，颇得皇帝赏识。宪宗即位，拜为中书侍郎、平章事，加集贤殿大学士，转门下侍郎、弘文馆大学士。居相位凡四年，以“谦默多无所事”罢为太子宾客，出为岭南节度观察使、广州刺史、检校礼部尚书，后又历任工部尚书、太常卿、同州刺史、长春宫使、东都留守、检校尚书、左仆射等职。大和二年（828），以太子太傅致仕。次年卒，年七十八，赠司空，谥曰宣。郑絪守道寡欲，治事笃实，所居不为烜赫事，与当时博闻好古之士，为讲论名理之游，时人以耆德推之。著有文集三卷，传于世。生平事迹见《旧唐书》卷一五九《郑絪传》，《新唐书》卷一六五《郑絪传》、卷七五上《宰相世系表》五上、卷六〇《艺文志》四，《全唐文》卷五一一《郑絪小传》，《全唐诗》卷三一八《郑絪小传》，《唐诗纪事》卷三三“郑絪”条，《唐尚书省郎官石柱题名考》卷六《司封员外郎》、卷八《司勋员外郎》，《翰苑群书》卷上，《登科记考》卷二七，《唐方镇年表》卷七，《书史》卷五等。

郑畋（825～883），字台文，荥阳人。郑畋出身于荥阳郑氏，其曾祖郑邻、祖郑穆、父郑亚，并登进士第。会昌二年（842），18 岁的郑畋中进士第。但因其父桂管观察使郑亚与李德裕关系甚厚，一直受到相继执掌朝政的白敏中、令狐绹等人

①《新唐书》卷一八二，第 5376～5377 页。

的排挤，于是郑畋就随侍在父亲身边。宣宗大中十三年（859），令狐绹出任河中节度使，郑畋才被刘瞻征辟为从事，此后历任虞部员外郎、刑部员外郎、万年县令等。懿宗咸通年间，宰相刘瞻推荐郑畋为户部郎中、翰林学士，不久又加知制诰；咸通十年（869），被任命为户部侍郎、翰林学士承旨；咸通十一年，因起草罢免宰相刘瞻的诏书时多有褒美之词，被贬为梧州刺史。僖宗乾符四年（877），郑畋迁吏部侍郎，不久即“进加中书侍郎，进阶特进，转任门下侍郎，兼礼部尚书、集贤殿大学士”①，封荥阳郡侯。《全唐文》卷七六七录有郑畋《谒升仙太子庙诗题后》，文末称“乾符四年闰二月三日，开府仪同三司、行门下侍郎兼兵部尚书、平章事、监修国史郑畋记”②，未知此处“兵部尚书”与《旧唐书》中所云“礼部尚书”孰是孰非，待考。乾符六年（879），因招安黄巢之事与卢携发生争执，罢免相位，被贬为太子宾客，俄召拜吏部尚书。明年，为凤翔陇西节度使，后“迁检校尚书右仆射、西面行营都统”。中和元年（881），郑畋率兵在龙尾坡（今陕西岐山东）大破贼将王璠，声威震动京师。中和二年，僖宗“复拜其为司空、门下侍郎、平章事，军务一以咨决”。③ 不久即罢，后授检校司徒、太子太保。卒年六十三，赠太尉，又赠太傅。昭宗时追赠司徒，谥文昭。生平事迹见《旧唐书》卷一七八《郑畋传》，《新唐书》卷一八五《郑畋传》、卷七五上《宰相世系表》五上、卷六〇《艺文志》四，《全唐文》卷七六七《郑畋小传》，《全唐诗》卷五五七《郑畋小传》，《唐诗纪事》卷五六“郑畋”条，《唐尚书省郎官石柱题名考》卷一一《户部郎中》、卷一五《釜部郎中》，《翰苑群书》卷上，《登科记考》卷二二，《唐方镇年表》卷一，《郡斋读书志》卷中，《直斋书录解题》卷一六等。

郑畋最为人称道的行为，就是檄讨黄巢一事，《讨巢贼檄》一文最能体现其儒将爱国的情怀。录首段内容如下：

凤翔陇右节度使、检校尚书左仆射、同中书门下平章事、充京西诸道行营都统、上柱国、荥阳郡开国公、食邑二千户郑畋，移檄告诸藩镇、郡县、侯

①《旧唐书》卷一七八，第4632页。

②[清] 董诰等：《全唐文》卷七六七，中华书局影印清嘉庆本，1983年。

③参见《新唐书》卷一八五，第5403～5405页。

伯、牧守、将吏曰：夫屯亨有数，否泰相沿，如日月之蔽亏，似阴阳之愆伏。是以汉朝方盛，则莽、卓肆其奸凶；夏道未衰，而异浞骋其残酷。不无僭越，寻亦诛夷。即知妖孽之生，古今难免。代有忠贞之士，力为匡复之谋。我国家应五运以承乾，蹑三王之垂统。绵区饮化，匝宇归仁。十八帝之嘉猷，铭于神鼎；三百年之睿泽，播在人谣。加以政尚宽宏，刑无枉滥。翼翼勤行于王道，孜孜务恤于生灵。足可传宝祚于无穷，御瑶图于不朽。①

檄文开门见山，首先交代了郑畋当时的身份、职务、俸禄情况，接着回顾了历史上曾经出现过的叛乱事件及叛乱、僭越之类事件发生的原因，又分析了大唐帝国立国的正统性、统治的合理性，并号召"诸藩镇郡县侯伯牧守将吏"为了国家的长治久安和民众的日常生活，团结起来以平定叛乱，说理循循善诱，劝导铿锵有力，令听者为之振奋。

郑肃（？～847），字义敬，荥阳人。他出身于儒学世家，宪宗元和三年（808）擢进士第。文宗大和初（827），入朝为尚书郎，六年（832）转太常少卿，后以谏议大夫兼长史进尚书右丞。文宗开成二年（837），以陕虢都防御观察使兼御史大夫召拜吏部侍郎。郑肃能为古文，长于经学。皇帝因其言论典正，诏兼太子宾客，为太子李永授经，后出为检校礼部尚书、河中节度使。武宗立，累迁户部、兵部尚书，迁山南东道节度使；会昌五年（845），以检校尚书右仆射加同中书门下平章事，监修国史，与李德裕同心辅政。宣宗即位，迁中书侍郎，罢为荆南节度使，后再拜太子太保。卒赠司空，谥曰文简。生平事迹见《旧唐书》卷一七六《郑肃传》，《新唐书》卷一八二《郑肃传》，《唐尚书省郎官石柱题名考》卷一《左司郎中》、卷四《吏部员外郎》，《登科记考》卷一七，《唐方镇年表》卷四、卷五等。

郑綮（？～899），字蕴武，郑州荥阳人。《旧唐书》卷一七九载其小传，称其"以进士登第，历监察、殿中，仓、户二员外，金、刑、右司三郎中。家贫求郡，出为庐州刺史。黄巢自岭表还，经淮南剽掠。綮移黄巢文牒，请不犯郡界。巢笑而从之，一郡独不被寇。天子嘉之，赐绯鱼袋。罢郡，有钱千缗，寄州帑。后郡数

---

①《旧唐书》卷一七八《郑畋传》，第4634～4635页。另，《全唐文》卷七六七。

陷，盗不犯郑使君寄库钱。至杨行密为刺史，送所寄于京师还綮”①，其言行事迹颇具传奇色彩。生平事迹见《旧唐书》卷一七九《郑綮传》，《新唐书》卷一八三《郑綮传》，《全唐诗》卷五九七、卷八七〇，《唐诗纪事》卷六五，《唐尚书省郎官石柱题名考》卷一《左司郎中》、卷四《吏部员外郎》、卷一二《户部员外郎》、卷一五《金部郎中》、卷一八《仓部员外郎》，《登科记考》卷二七。

郑綮善于作诗，性格诙谐，其作品大多讽刺时事，故落格调，时号“郑五歇后体”。他初去庐江任职，与郡人告别时说：“唯有两行公廨泪，一时洒向渡头风。”诸如此类的滑稽事非常多。王徽为御史大夫时，奏请皇帝封綮为兵部郎中、知台杂，迁给事中，赐金紫。郑綮为人诙谐，但做事进退有度，敢于直言上奏，遇到“朝政有阙，无不上章论列”。执政者非常厌恶他，一度将其由左散骑常侍贬为国子祭酒，后因惧怕物议而复用为常侍。光化初年，昭宗认为郑綮的诗文非常蕴蓄，所以打算加封其为礼部侍郎、平章事。当“中书胥吏诣其家参谒”时，郑綮开玩笑说：“诸君大误，俾天下人并不识字，宰相不及郑五也。”当胥吏说出“圣旨特恩，来日制下”时，他仍然不敢相信地说：“万一如此，笑杀他人。”郑綮出任宰相后，一反往日之常态，“侃然守道，无复诙谐”，但他始终认为自己以往的物望不适合宰相的位置，所以多次要求引退。做了三个多月的宰相之后，郑綮“移疾乞骸，以太子少保致仕”，卒于光化二年（899）。《全唐诗》卷五九七收录有郑綮诗三首，其中《题卢州郡斋》诗曰：“九衢尘里一书生，多达逢时拥旆旌。醉里眼开金使字，紫旂风动耀天明。”表现其愿意为朝廷建功立业的壮志情怀。

郑昌图（一作郑昌符），字光业，生卒年不详。出身于北祖郑氏。懿宗咸通十三年（872）壬辰科状元及第，僖宗广明元年（880）任凤翔副使，曾任司勋员外郎，官至户部侍郎。相昭宗。生平事迹见《新唐书》卷七五上《宰相世系表》五上，《唐尚书省郎官石柱题名考》卷八《司勋员外郎》，《登科记考》卷二三，《唐方镇年表》卷四等。

关于郑昌图生平事迹的文献记载，正史中比较罕见。宋代敕修的大型类书《太

---

①《旧唐书》卷一七九，第4662页。

平广记》卷一八三收录有专门条目，记载了关于郑昌图的两则轶闻，或可窥得其形貌品性之一二。照录如下：

广明年中，凤翔副使郑侍郎昌图未及第前，尝自任以广度弘襟，不拘小节，出入游处，悉恣情焉。洎至舆论喧然，且欲罢举。其时同里有亲表家仆，自宋亳庄上至，告其主人云："昨过洛京，于穀水店边，逢见二黄衣使人西来，某遂与同行。至华岳庙前，二黄衣使与某告别，相揖于店后面，谓某曰：'君家郎君应进士举无?'仆曰：'我郎主官已高，诸郎君见修学次。'又问曰：'莫亲戚家儿郎应无?'曰：'有。'使人曰：'吾二人乃是今年送榜之使也，自泰山来到金天处，押署其榜，子幸相遇。'仆遂请窃窥其榜。使者曰：'不可，汝但记之。'遂画其地曰：'此年状头姓，偏傍有"阝"，名两字，下一字在口中；榜尾之人姓，偏傍亦有此"阝"，名两字，下一字亦在口中。记之记之。'遂去。"郑公亲表颇异其事，遂访岐副具话之，具勉以就试。昌图其年状头及第，榜尾邹希回也，姓名画点皆同。(出《玉堂闲语》)

又咸通中，以进士车服僭差，不许乘马。时场中不减千人，谁势可热手，亦皆骑驴。或嘲之曰：今年敕下尽骑驴，短袖长鞦满九衢。清瘦儿郎犹自可，就中愁杀郑昌图。(小字自注：相国魁伟甚，故有此句。)(出《唐摭言》)①

四、唐代荥阳郑氏的科举情怀与深远影响

唐代贡举分为常科和制科。其中常科包括秀才、明经、进士、明法、明书、明算等六科，且以进士和明经二科为主；制科则是由皇帝临时确定科目举行的考试，设置的出发点就在于待非常之才，所以名目非常繁多。据《唐会要》卷七六《制举》所载，从高宗显庆三年（658）到文宗大和二年（828），共有七十八科次制科考试。从唐代荥阳郑氏宰相的入仕出身来看，在12位宰相中，除了郑珣瑜以讽谏主文科高第入仕、郑覃以父荫补弘文校理、郑涯出身无考外，其他9位宰相均为进士及第，其中郑昌图还是咸通十三年壬辰科状元及第。这一串串与科举密不可分、

①《太平广记》卷一八三《贡举》六"郑昌图"条。

令人惊叹的数字，自有其产生的历史背景：唐代中后期荥阳郑氏宰相扎堆出现，一方面与世家大族郑氏诗礼传家的儒家传统教育密不可分，另一方面也是当时科举考试在国家政治生活中的重要地位和深远影响所致。

经过秦汉时期奠定的官制基础和魏晋南北朝的发展演变，唐代已经基本形成了完整齐备的品阶勋爵制度，确立了以科举取士为核心的选官制度。进士和明经两科虽然并列于常科，但两者地位的高下和及第的难易，却大不相同，在人们心目中的价值也有天壤之别。《唐摭言》卷一《散序进士》中所云，最能反映唐人对待科举的微妙心理。文曰：

进士科始于隋大业中，盛于贞观、永徽之际。缙绅虽位极人臣，不由进士者，终不为美，以致岁贡常不减八九百人。其推重谓之“白衣公卿”，又曰“一品白衫”；其艰难谓之“三十老明经，五十少进士”。

陈寅恪《元白诗笺证稿》第一章《长恨歌》有云：“唐代科举之盛，肇于高宗之时，成于玄宗之代，而极于德宗之世。”郑珣瑜、郑余庆、郑絪三位宰相，都在德宗朝做过宰相；郑珣瑜与郑覃、郑朗，父子三人均为宰相；郑余庆与郑从谠，爷孙二人先后入相；郑絪和郑肃二位宰相，都是既在常科中擢进士第，又参加了制科考试，前者登宏词科，后者登书判拔萃科，等等。这些都是唐代中后期科举制度和宰相制度发展过程中出现的典型例子。

科举考试是唐代中后期很多士人出仕入相的重要阶梯，但又不是唯一的选拔途径。由于中唐以后国家内忧外患不断，政局跌宕起伏，宰相群体庞大，职位更迭频繁，所谓“相事无不统，故不以一职名官，自开元以后，常以领他职，实欲重其事，而反轻宰相之体。故时方用兵，则为节度使；时崇儒学，则为大学士；时急财用，则为盐铁转运使，又其甚则为延资库使”①，情况比较复杂。

正如《新唐书》卷七十一《宰相世系表》一上所云：“唐为国久，传世多，而诸臣亦各修其家法，务以门族相高。其材子贤孙不殒其世德，或父子相继居相位，或累数世而屡显，或终唐之世不绝。呜呼，其亦盛矣！然其所以盛衰者，虽由功德

①《新唐书》卷四六《百官志》，第1183页。

薄厚，亦在其子孙。”唐代中后期荥阳郑氏家族的盛衰，正是中原地区发展历史的缩影，也是五千年华夏文明发展史的缩影。

（本文作者为河南省社会科学院中原文化研究所副研究员、文学博士）

中唐翰林学士郑絪

⊙杜学霞

一、翰林学士在中唐政治中枢中的地位和作用

要论及郑絪任翰林学士的情况，就有必要先说说中晚唐翰林学士在政坛上活动的大致情况。

唐代翰林院的设置是从唐明皇李隆基开元初开始的。据《唐会要》卷五七“翰林院”条记载：“（翰林院）开元初置。……盖天下以艺能技术见召者之所也。”《资治通鉴》也有关于翰林院设置的记载：“上（玄宗）即位，始置翰林院，密迩禁廷，延文章之士，下秩僧、道、书、画、琴、棋、数术之工皆处之，谓之待诏。”① 在这些人才中，翰林待诏多是文学之士、一代才彦，也是翰林学士的前身。随后，为了有别于其他待诏，玄宗特地建立翰林学士院，翰林学士正式出现。唐玄宗之所以设立翰林学士，是为了处理越来越繁重的军国大事，也是为了避开宰相权力，有意加强自身权力的结果。

作为皇帝私人秘书班子的翰林学士，在中晚唐政治格局中是一股不容忽视的政治力量。如学者袁刚认为，中唐以后，“一个由翰林、枢密、中书门下共同组成的新中枢完全取代了以中书、门下、尚书三省组成的旧中枢。三省虽有名号，却唯剩

---

①司马光：《资治通鉴》卷二一七，玄宗天宝十三载，中华书局，2013 年第 2 版，7042 页。

躯壳，实际上已不发生作用”①。由此可见翰林学士中晚唐时期在政治上的地位。纵观唐代后期历史，翰林学士这个团体在政治上的地位不可小觑。如唐德宗时期，翰林学士陆贽在建中之乱时期辅佐德宗，屡次建言，深得德宗信任，有“内相”之称。

毛蕾的博士论文《唐代翰林学士》系统地研究了翰林学士在中唐的地位和作用。在这部著作中，她对唐代翰林学士的由来、选拔条件、在唐代政治中枢中的作用等进行了详尽的分析，并对唐代中后期德宗、顺宗、宪宗、穆宗等几个朝代翰林学士在政治上的具体活动情况进行了研究。据毛蕾研究，翰林学士的选拔有一定条件。首先，翰林学士多由一代文彦担任，也即是说，要有文学才华。（这又附带了一个条件，即翰林学士多由进士出身的选任。）其次，被选拔为翰林学士的人要谨恪缜密。翰林学士为皇帝起草诏书，职居近密，接触机密要事，甚至了解宫闱秘事，因此对学士在保密性方面要求甚高：“至于参我密命，立于内廷，即必取其识器宏深，文翰遒丽，动能持正静必居中”者②。第三，翰林学士选拔还要求被选者是“清直无党”，这主要是为了保证翰林学士居职的公正性，防止学士之间结党营私，利用亲近皇帝之便为同党谋私利。关于翰林学士主要工作职能，是为皇帝起草诏书，同时，翰林学士还充当皇帝的私人顾问，在一些重大问题上发表自己的看法。最后，也是极为重要的是，由于翰林学士院处于内廷，与处于外廷的中书省相比，在皇帝病危时，翰林学士可以在立太子和储君继位等重大问题上坚持自己的意见，对中晚唐宦官的专权起到一定的遏制作用。关于翰林学士离开翰林院后的升迁问题，也是毛蕾非常关注的。据毛蕾统计，在中唐时期，翰林学士的入相率为38%。宪宗以后，翰林学士院设置翰林承旨学士一人，翰林承旨学士拜相率更高，可达58%。因此，翰林学士是一个清要之职，其离开翰林院后的仕途一般都被看好。

---

①袁刚：《隋唐中枢体制的发展演变》，台湾文津出版社，1994年，第4页。

②董浩：《全唐文》，中华书局，1983年，第3313页。

二、作为翰林学士的郑絪

郑姓作为唐代高门大姓，因为在朝中为官的人非常多，素有“郑半朝”之称。其中，荥阳郑姓在唐朝也出了不少历史名人。据统计，在唐朝的396位宰相中，郑姓宰相有13位之多，明确出自荥阳郑姓的就有9位。其中，曾经在德宗、顺宗、宪宗三朝先后担任过十五年翰林学士（也是中唐时期任职时间最长的翰林学士），后来在元和时期又荣任宰相的郑絪，就是出自荥阳郑姓家族。

据《新唐书》记载，郑絪“幼有奇志，善属文，所交皆天下有名士”①。据《旧唐书》记载，郑絪“大历中，有儒学高名，如张参、蒋乂、杨绾、常衮，皆相知重”②。科举是唐朝人才选拔的重要途径，其中进士科尤为为人推重，郑絪即是由进士科踏入仕途，后又应制科宏辞科高第。入仕后，先后任秘书省校书郎和鄠县尉等职务。张延赏任剑南节度使，辟郑絪为书记。又入朝为补阙、起居郎，兼史职，无几，擢拔为翰林学士。

郑絪担任翰林学士十五年，先后辅佐德宗、顺宗、宪宗三任皇帝。他在担任翰林学士期间做了几件大事，为稳定唐王朝的基业立下了不朽功劳。

1. 抑制宦官势力

宦官弄权是唐朝中晚期政治的一大痼疾，这与皇帝利用宦官典军有很大关系。由于宦官专典禁军制度化和担任枢密使等机要职务，其在中晚唐的势力恶性膨胀。其中，唐德宗是任用宦官典军，造成宦官势力膨胀的主要推手。史载：“德宗自兴元还，置六军统军视六尚书，以处功臣，除制用白麻付外。又废宣威军益左右神策，以监军为中尉。”德宗朝有个叫窦文场的宦官气焰特别嚣张，主要原因是他在建中之乱中扈从德宗赢得了德宗的信任。当时，窦文场自恃有功，要求用白麻写制。其时在翰林学士位上的郑絪，马上意识到这不仅仅是一纸诏书的问题，而是关系到国家和朝廷制度的问题，因而据理力争。他指出，以白麻写制只有军国重大事

---

①欧阳修、宋祁：《新唐书》卷一六五，中华书局，1975年，第5075页。

②刘昫：《旧唐书》卷一五九，中华书局，1975年，第4180页。

宜才可使用，不应给予宦官如此宠荣：“天子封建，或用宰相，以白麻署制，付中书、门下。今以命中尉，不识陛下特以宠窦文场邪？随著为令也？”郑絪一句话提醒了唐德宗，打消了德宗用白麻任命窦文场为中尉的念头。第二天，德宗见郑絪，还特地说：“宰相不能拒中人，得卿言乃悟。”[1] 郑絪在关键时刻对任命中尉用白麻制诏提出异议，实际上是在维护朝廷制度和尊严，他的行为是对窦文场嚣张气焰的一次极大的遏制。

2. 两定国本

在封建王朝，皇帝晏驾，太子（储君）是否能够正常继位，是关系国家根本的大事。所以，一般人都把立太子称为“定国本”。如果皇帝晏驾时未能立储君，更是关系到朝廷生死存亡。这类问题如果处理不好，轻则发生宫廷动乱，重则动摇王朝的根基。此时，守护在皇帝身边的宦官很容易操纵皇帝的继位问题。唐朝自德宗、顺宗而后，除敬宗以太子继位外，其余无不由宦官拥立。唐朝由于宰相处于外廷，没有权力接近宫禁深处的皇帝，而翰林学士却因为工作性质的原因，身居内廷，往往能够参与皇位继承人的确立工作，对制约宦官的权力会起到很重要的作用。究其原因，一则宦官虽然在皇帝左右，毕竟不能承担起起草诏书之类的事情；二则他们对翰林学士们作为朝臣的地位还是有所顾忌的。

做了十五年翰林学士的郑絪，在两位皇帝的废立上，都发挥了重要作用。郑絪在德宗朝，曾任翰林学士十三年，“小心兢谦，上遇之颇厚”[2]。贞元末，德宗病危，东宫太子李诵患中风，仓促召学士郑絪等至金銮殿。宦官中有人说“内中商量，所立未定”，想以此阻止作为太子的李诵登基。时任翰林学士的卫次公马上言道：“皇太子虽有疾，地居冢嫡，内外系心。必不得已，当立广陵王。若有异图，祸难未已。”[3] 郑絪也坚决站在卫次公的立场上，坚持让太子李诵登基。实际上，如果没有卫次公和郑絪的坚持，太子李诵能否顺利继位是个很大的疑问。而太子不能如期继位，很有可能引发朝局动荡。因为，当时朝廷内外都在为李诵能否顺利登基

①欧阳修、宋祁：《新唐书》，中华书局，1975 年，第 5075 页。
②刘昫：《旧唐书·郑絪传》，中华书局，1975 年，第 4181 页。
③刘昫：《旧唐书·卫次公传》，中华书局，1975 年，第 4179 页。

甚感忧虑。据《资治通鉴》记载，永贞元年新正，诸王、亲戚入贺德宗，“太子独以疾不能来，德宗涕泣悲叹，由是得疾，日益甚，凡二十余日，中外不通，莫知两宫安否”。德宗晏驾后，“太子知人情忧疑，紫衣麻鞋，力疾出九仙门，召见诸军使，人心粗安”。“甲午，宣遗诏于宣政殿，太子缞服见百官；丙申，即皇帝位于太极殿。卫士尚疑之，企足引领而望之，曰：‘真太子也！’乃喜而泣。”① 正是由于翰林学士卫次公与郑絪为太子据理力争，才避免了一次唐王室的政治危机。

如果说这一次在李诵皇位继承问题上郑絪还只是处于次要位置的话，那么在李纯被立为太子的问题上，郑絪则起到了关键作用。由于顺宗继位时已经中风，口不能言，继位后并不能真正承担皇帝的工作，实际权力掌握在顺宗当太子时的宫中旧人王叔文等人手里。后来，顺宗病情加重，立太子的问题又一次提到日程上来。王叔文与伺候在皇帝身边的牛美人忌惮广陵王（顺宗的长子李纯）英睿，怕失去权力，百般阻挠，不愿意早立太子。关键时刻，郑絪在立太子的问题起到了重要作用。据李肇《国史补》中记载：“顺宗风禁不言，太子未立，牛美人有异志。上乃召学士郑絪于小殿，令草立储诏。絪搦管不请而书‘立嫡以长’四字，跪而上呈。帝深然之，乃定。”② 郑絪所书的“立嫡以长”中所要立的太子李纯，就是唐朝后期历史上著名的中兴英主——唐宪宗。郑絪在关键时刻主张立李纯为太子，符合封建王朝立嫡、立长、立贤的惯例。正是由于郑絪的勇敢和果断，唐王朝再次避免了一场政治危机。

3. 与王叔文集团的斗争

史学界评论王叔文等人的历史地位，一般都将顺宗继位的八个多月时间称为“永贞革新”，并对王叔文集团掌权期间的执政行为多有称誉。笔者认为，不管是两唐书还是《资治通鉴》，都对王叔文集团有所保留不是没有道理的。唐顺宗李诵继位时已经重疾缠身，以至于口不能言，缺乏独立执政的能力，他当东宫太子时的旧人王叔文、王伾，在顺宗继位后入翰林学士院成为翰林学士，把持朝政，结党营

①司马光：《资治通鉴》，中华书局，2013 年第 2 版，第 7729 页。
②李肇：《国史补》，古典文学出版社，1957 年，第 36 页。

私。当时朝廷的重大事务都是由宦官李忠言、牛美人、翰林学士王叔文等决定的。由于王叔文等人的专权，当时的宰相贾耽、郑珣瑜“相次归卧”，杜佑、高郢等则慑于王叔文等人的声势，“莫敢出言”，说明正常的政治活动已经无法开展，此一时期的政治也是非常不稳定的。虽然王叔文等人在顺宗在位期间也曾经做了一些改革，但其力度、效果都很有限。也由于二王自身人格有问题，他们的行事未能得到当时大多数重要朝臣的认同。郑絪是站在王叔文、王伾的对立面的，他对王叔文等人的专权十分不满，与当时的另一位翰林学士卫次公一道，在自己能力许可的情况下尽量抑制二王的势力。如《旧唐书》卷一五九《卫次公传》记载，“顺宗在谅闇，外有王叔文辈操权树党，无复经制，次公与郑絪同处内廷，多所匡正”。前面所述的在立太子的问题上郑絪坚持立顺宗嫡长子李纯为太子，就是典型的例子。在其他问题上，郑絪也是极力抵制王叔文等人的势力，维护朝廷的制度和常规。

三、荣升宰相

入相，位极人臣，是大多数中国知识分子的梦想。由于中晚唐从翰林学士荣升为宰相的概率较大，翰林学士院往往被认为储相之所。如白居易曾在元和二年到元和六年担任翰林学士一职，当时与其同时担任翰林学士的六个人里，除了白居易一人外，其他五位先后入相，因此白居易后来在其诗中写道：“白首故情在，青云往事空。同时六学士，五相一渔翁。”① 可见翰林学士的政治前景往往是非常被看好的。唐宪宗继位不久，任命郑絪为翰林承旨学士，这是唐朝的首任翰林承旨学士，足见唐宪宗对郑絪的恩宠。翰林承旨学士，又被称为翰林学士院的院长，一般从翰林学士中选拔，“择年深德重者一人额外承旨”②，“位在诸学士上。……凡大诰令、大废置、丞相之密画、内外之密奏、上之所甚主意者，莫不专受专对，他人无得而参”③。宪宗任命郑絪为翰林承旨学士，为他入相作了准备。果然，同一年，郑絪就被拜为中书侍郎，同平章事（唐制，加平章事的即为宰相）。郑絪入相，应该是由

---

①顾学颉校点：《白居易集》，中华书局，1979 年，第 830 页。

②刘昫：《旧唐书》卷四三，中华书局，1975 年，第 1854 页。

③[唐] 元稹：《承旨学士院记》，洪遵：《翰苑群书》卷二，文渊阁四库全书本，第 595 册。

两个方面的原因促成的。一是郑絪有丰富的政治经验。郑絪任翰林学士十五年，也即是说在皇帝身边工作了十五年，先后辅佐德宗、顺宗、宪宗三位皇帝，从军国大事到朝政的日常事务，郑絪都是亲眼所见，甚至亲自经历的，这就使他积累较多的政治经验。一是郑絪本人在立宪宗为太子上起过重要作用，命郑絪为相可以看作是宪宗对他拥戴自己为皇帝的报答。

作为宰相的郑絪，人品受到当时士林的尊重。举一事可知：元和二年，宪宗对时任翰林学士的李绛说："朕与郑絪议敕从史（卢从史）归上党，续征入朝。絪乃泄之从史，使称上党乏粮，就食山东。为人臣负朕乃尔，将何以处之？"李绛说："审如此，灭族有余矣！"但他接着说，"臣窃闻缙绅之论，称絪为佳士，恐必不然"。[①] 一语打消了宪宗的疑虑。但是，或许是对政治上的翻手为云、覆手为雨和伴君如伴虎的经历产生了恐惧，或许是他与宪宗在对待削藩问题上的意见有分歧（宪宗即位后励精图治，尤其是在削藩上态度坚决。宪宗削藩是唐代后期重要的历史事件。当时为了削藩，朝廷动用了大量的兵力和财力。元和初年，削藩便取得了阶段性胜利，其中平定刘闢叛乱、平定李錡叛乱对当时的藩镇具有很强的震慑作用。当时的另一位宰相杜黄裳支持宪宗的削藩，提出了很多建设性的建议，深得宪宗信任。而郑絪在削藩问题上，却很少发表自己的建议），总之，郑絪任宰相后并没有显示出应有的才干和胆识，反而变得谨慎与保守，在当了四年宰相后，因为"谦默多无所事"，结果被宪宗贬为太子宾客。

后来郑絪又历任岭南节度观察史、广州刺史、检校礼部尚书、工部侍郎、太常卿、同州刺史、东都留守等职务，以廉政著称。晚年以太子太傅致仕，享年七十八岁。

作为荥阳郑姓的高门大族，郑絪家有余庆，其孙子郑颢以才学显，尚宣宗爱女万寿公主，深受宣宗恩宠。

（本文作者为郑州师范学院中原文化研究所教授、文学博士）

①司马光：《资治通鉴》，中华书局，2013年第2版，第7786页。

唐代荥阳郑氏繁荣的若干思考

⊙郭树伟

唐代郑姓的繁荣背后有特定的时代因素，其中既关涉南北民族的文化融合因素，也关涉科举制度因素。

一、唐代荥阳郑姓繁荣发展的历史伏笔

大唐盛世，郑姓在中国北方的荥阳已经发展到了鼎盛时期，多人在朝中官至宰相，家族地位和声望十分显赫，其中郑姓家族出现了22名进士、6名状元、8位驸马、9个宰相，人称“郑半朝”。郑姓在朝中的强大势力更是其他豪门望族所无法比拟的。古代中国，一个家族要想成为世家大族并进而成为望族，需要一系列机缘和条件。一、需要有足够的家族成员；二、应该具有一定的经济实力；三、家族必须代有人才，连绵不断，并出任从中央到地方的各种官职，包括文官和武职；四、这个家族在当时的文化领域占有一席之地；五、历史能够给这个家族一定的机遇。前四条属于主观条件，后一条则是客观条件。要想成为历史幸运的选民，上述条件缺一不可。检诸史籍，唐代的博陵崔氏、太原王氏、陇西李氏、荥阳郑氏、范阳卢氏无疑是时代的幸运儿，荥阳郑氏家族之所以能从诸多姓氏中脱颖而出，正是上述条件共同作用的结果。

《后汉书·郑太传》一开始就说郑太“家富于财，有田四百顷，而食常不足，

名闻山东"①。传记结尾又说"（董）卓既迁都长安，天下饥乱，士大夫多不得其命。而公业（郑太）家有余资，日引宾客高会倡乐，所赡救者甚众"。这篇数百字的记传，反复说其"家富于财""家有余资"，看来经济实力是断不会弱了，而"食常不足"则是因为他广交豪杰，开销巨大所致。至于宦途，荥阳郑氏更是连绵不绝。郑众任汉大司农。郑太，富于才略，董卓擅权，他与何颙、荀攸共同谋杀董卓，事情败露，投身袁术，拜扬州刺史。最后死于赴任的路上。郑太之子郑袤为晋司空，密陵侯。袤子默为晋大司农。默子球为晋尚书右仆射，平寿公。郑浑仕曹魏，任阳平、沛郡等太守、京兆尹，治行卓著，清俭奉公。浑子崇，为晋荆州刺史，崇孙郑随为扶风太守。随子略任后赵侍中。略子豁在后燕政权中任太子太傅，济南公。豁子温为太子詹事。北魏以后，荥阳郑氏更是声势显赫，能臣武将，绵延不绝，堪称荥阳郑氏的第一个鼎盛时期。在文化上，荥阳郑氏更非泛泛之辈。早在汉代，河南荥阳郑氏就在文化事业上誉满天下了。郑兴，少学《公羊春秋》，晚精《左氏传》，开始奠定郑氏经学传家的传统。兴子众，少从父学《左氏春秋》，兼通《易》《诗》等，是东汉著名的经学家，与贾逵齐名，世称"贾郑"；又与北海郑玄并立，有"先郑"（郑众）、"后郑"（郑玄）之说。北魏时代的荥阳郑氏在文化上同样也是卓有成就的。这一时期，荥阳郑氏人物传记中诸如"文学为优""涉猎经史""博学有文才，早知名"之类的记载令人目不暇接，其在文化上的地位不言而喻。由于家族的政治地位和文化知名度，荥阳郑氏家族在北魏孝文帝改革的文化背景下，一跃成为屈指可数的海内望族，孝文帝"雅重门族，以范阳卢敏、清河崔宗伯、荥阳郑羲、太原王琼四姓，衣冠所推，咸纳其女以充后宫"，这实际上是以政治手段确立了荥阳郑氏等姓族的特殊地位，埋下了唐代荥阳郑姓兴旺发达的历史伏笔。

二、唐代荥阳郑氏是名门大族的联姻优选门第之一

唐代的社会风尚是婚姻讲究门第郡望，人们相信与大族通婚可以提高自己的社

①范晔：《后汉书》，中华书局，1965年，第2257页。

会地位，反之则起相反的效果。关于这方面的例子在唐代文献中随处可见。据《隋唐嘉话》记载，薛收之子薛元超是朝廷显贵，非常有地位，然而就是这样一个富贵骄人的人，还是对别人说他平生有三恨，其中之一就是“不得娶五姓女”。①《唐语林》记载说：“清河崔氏亦小房最著，崔程（其夫人为荥阳郑氏）出清河小房也。……程累郡无政绩，小杜相（杜审权）闻程诸女有容德，致书为其子让能娶焉。程初辞之，谓人曰：‘崔氏之门，若有一杜郎，其何堪矣。’而杜相坚请不已，程不能免，乃于宝应诸院取一娣侄嫁之。”② 崔程官不过是区区郡太守，且无政绩，但贵为宰相的杜审权却极想和他攀亲，而他还十分不情愿。上面两例，一为唐前期的，一为唐后期的，这说明整个唐代都弥漫着这种婚求名门的社会风气，也可见当时人们对与名门联姻是何等渴求，其中荥阳郑氏正是天下名门大族的联姻优选对象之一。当然，荥阳郑氏联姻也乐于与其他名门士族联姻，也诚然是出于维持自身社会地位的考虑。

关于唐代郑姓“婚姻”，荥阳郑氏的主要联姻对象是各名门大族，在全部婚姻材料中所占比例高达72%，其中所谓“七姓十家”占全部通婚材料的比例为55%，占与名门大族通婚材料的比例为77%；同时荥阳郑氏与一般家族通婚的比例为21%左右。③ 李唐皇室对荥阳郑氏是青睐有加，郑氏多次与皇室联姻，有唐一代，共有8位郑姓驸马：郑敬言、郑孝义、郑万钧、郑潜曜、郑巽、郑沛、郑河、郑颢。独孤及《郑驸马孝行记》写的就是驸马特进郑潜曜的事迹。郑潜曜的父亲郑万钧也是皇室驸马。文章记载了这一历史事实：“特进、驸马都尉荥阳郑潜曜，字某，睿宗外孙，玄宗之甥，代国长公主之才子也。……公开元二十八年，尚玄宗第十二女临晋长公主。”④ 不仅如此，郑氏还是其他世家大族甚至北方贵族青睐的联姻对象。以独孤及家族为例：独孤及其姐归于郑氏，见于《唐故亳州刺史郑公故夫人河南独孤氏墓板文》：“夫人，河南洛阳人也。……夫人颍川府君长女，性聪异有志

①刘悚：《隋唐嘉话》，中华书局，1979年，第28页。
②周勋初：《唐语林校证》，中华书局，1987年，第376页。
③张卫东：《唐代荥阳郑氏个案研究》，陕西师范大学硕士论文，2003年，第18页。
④刘鹏、李桃校注：《毘陵集校注》，辽海出版社，2006年，第382页。

尚。宽仁慈顺，加之以明，柔而不惑，俭必中礼。归郑氏，生二男二女而寡。……及敢书伯姊之德，铭诸墓石云。"① 另一个姐姐嫁于皇族李氏，见于《唐万年县尉崔肃洌故妻李氏墓志铭》："夫人，其先陇西人也，皇唐高平郡王道立之玄孙。毕国公景淑之曾孙，祖仲康，开元中为尚书主客郎中楚州刺史。父涛，以贞信笃行为宗室冠冕，历宋城尉、衢州司士参军而殁。德厚而位不称，启手足之日，为守道者所痛。夫人吾之姊子也，禀气于家君之中和、母氏之柔明，故姿度淑茂，恭俭谦顺，天性孝慈，聪慧有识。"② 独孤及本人娶妻博陵崔氏。见于《祭亡妻博陵郡君文》："维大历八年二月十五日，检校司封郎中兼舒州刺史独孤及，谨以清酌菜果之奠，祭于故博陵郡君之灵：呜呼！及顾惟鄙薄，谬忝好合，采蘩助祭，岁时未几。执手偕老，昊天遽夺，齐体苦晚，遗迹太早。……今也卮酒，将抒永别。尚飨！"③ 独孤及的两个姐姐分别嫁于郑氏、李氏，独孤及娶于崔氏，由此而言之，这个来自北方的匈奴后裔也彻底融入时代尚婚娅的文化大合唱。这里尤其应该注意一个小细节，独孤及相当大的年纪才结婚，大历八年，独孤及48岁左右，根据"采蘩助祭，岁时未几。执手偕老，昊天遽夺，齐体苦晚，遗迹太早"若干言语可知，他很在意自己妻子的门阀身份，为了娶一个望姓之女，他愿意等待，这也很明显地显示了独孤及及独孤家族的婚姻对象的价值取向。唐代荥阳郑氏正是名门大族的联姻优选对象之一。

三、唐代荥阳郑氏繁荣的社会学因素臆测

征服者为被征服者的文明和文化所征服——北魏孝文帝的改革即是这样的一个文化实例。北魏统一北方后，民族矛盾和阶级矛盾仍然尖锐，而其中北魏统治集团与各族人民的阶级矛盾上升为主要矛盾。要解决这些矛盾必须进行政治、经济、文化全面的深入的改革。公元495年孝文武迁都洛阳。孝文帝向任城王元澄讲了迁都的理由："今日之行，诚知不易，但国家兴自北土，徙居平城，虽富有四海，文轨

---

①刘鹏、李桃校注：《毘陵集校注》，辽海出版社，2006年，第232页。

②刘鹏、李桃校注：《毘陵集校注》，辽海出版社，2006年，第282页。

③刘鹏、李桃校注：《毘陵集校注》，辽海出版社，2006年，第434页。

未一，此间用武之地，非可文治，移风易俗，信为甚难。崤函帝宅，河洛王里，因兹大举，光宅中原。”元澄回答：“伊洛中区，均天下所据，陛下制御华夏，辑平九服，苍生闻此，应当大庆。”① 为了迁都洛阳，孝文帝于公元439年十月“幸金墉城。诏征司空穆亮与尚书李冲，将作大匠董爵经始洛京。己卯，幸河南城。……乙未解严，设坛于滑台城东，告行庙以迁都之意”。迁都之后，又进行了禁胡服、断北语、改姓氏、定族姓等一系列移风易俗的改革。史称魏孝文帝为了争取汉族地主——特别是大族的支持，在北魏大力推行士族门阀制度，在对鲜卑贵族的地位明确作出规定的同时，对汉族地主的地位也重新予以厘定，其中孝文帝“雅重门族，以范阳卢敏、清河崔宗伯、荥阳郑羲、太原王琼四姓，衣冠所推，咸纳其女以充后宫，陇西李冲以才识见任，当朝贵重，所结姻联，莫非清望，帝亦以其女为夫人”②。而且“时赵郡诸李，人物尤多，各盛家风，故世之一言高华者，以五姓为首”，这就是当时及延续很长时间的所谓海内五大姓。

唐代的郑姓繁荣和当时的教育条件有关。在中国古代，能够进入学校读书的平民子弟是极少数的一部分，实际上，娶一个郑姓女子在某一种意义上就是聘请了一位家庭教师，这些妇女，由于出身于诗书之家，本身具有较高的文化素养，因而能够承担起教育子女的重任。在这方面一个突出的典型就是元稹的母亲郑氏。元稹母亲郑氏（746～806），出身诗书之家，父亲郑济，睦州刺史，母亲为范阳卢氏。夫人为女时，事父母以孝闻，友兄姊，睦弟妹。嫁给元宽（元稹父）时，元家甚贫，赖夫人治家以道，家业渐丰。夫人操持家务，极为尽心。每祭祀时，夫人“终夜不寝，煎和涤濯，必躬亲之，虽隆暑冱寒之时，而服勤亲馈，面无怠色”。③ 夫人十分精通礼仪，“凡中外吉凶之礼有疑义者，皆质于夫人，夫人从而酌之，靡不中礼”。元宽去世之后，其子稹尚幼，而家贫，请不起老师。于是“夫人亲执书，诲而不倦，四五年间，二子皆通经入仕”。其中元稹尤为出色，应该说这和母亲郑氏的教育密不可分。在教育子侄、培养人才方面，还有一位郑氏夫人应该特别提及，

①魏收：《魏书》，中华书局，1974年，第464～465页。
②司马光：《资治通鉴》，中华书局，1956年，第4393页。
③朱金城：《白居易集笺校》，上海古籍出版社，1988年，第2715页。

那就是韩会的夫人。这位郑夫人贤惠明识，知书达礼，除了女工持家外，还有相当高的文化修养。她出自荥阳郑氏家族。韩愈少孤，自小养于长嫂，韩愈成人后，一直对嫂子充满了敬服感激之情。他在《祭郑夫人文》中说："我生不辰，三岁而孤；蒙幼未知，鞠我者兄；在死而生，实维嫂恩。""微嫂之力，化为夷蛮。""视余犹子，诲化谆谆。"① 当建中三、四年（782～783）间中原兵祸时，嫂子带着他和全家避乱江南，即所谓："百口偕行，避地江南。"在嫂子抚养教育下，韩愈成就学业后于贞元二年（786）进京应试。可以说，韩愈的一生在政治、文学、思想上能够有所成就，与郑夫人对他的抚养教育是分不开的。所以，当郑氏亡故之后，韩愈"为之服期以报之"。做母亲的尽心抚育子女成才，原是分内之事，可是做嫂子的像母亲一样教育幼弟成才，这就非常令人钦佩了。郑氏及其他崔氏、卢氏等五姓女均有一定文化，这也是当时山东尚婚娅的一个社会学因素。

唐代中后期荥阳郑氏的崛起也与科举制度的推行密切相关。唐高宗以后，进士在官员尤其是宰相的选拔中占据越来越重要的地位，而文化优势恰恰是像荥阳郑氏这样家族的真正优势。门阀士族在兴起之初，多以"经明行修"而致身通显，此后，儒家的经学就与士族结下了不解之缘。以后虽时移世易，人道沧桑，士族中的不少家族仍注重经学传家，这是门阀士族持续保持竞争力的秘密所在，也是荥阳郑氏在唐代中后期强势崛起的真正优势。至唐中后期，科举制（尤其是进士科）日益成为虽非唯一却是最重要的入仕途径，加剧了人们之间的竞争，因而使人们空前地重视子女的教育。唐人沈既济指出，开元天宝以后，整个社会对科举制形成了一种狂热的崇拜，因此人们"父教其子，兄教其弟，无所易业，大者登台阁，小者仕郡县，资身奉家，各得其足，五尺童子，耻不言文墨焉"②。这种狂热情绪，在妇女身上也得到了充分体现。翻检史籍，我们发现在宋人所作笔记小说中，记载了大量诸如母亲督促儿子、妻子激励丈夫求学仕进的感人事例。可以说，较之前代，唐代社会有着更为浓厚的文化氛围。具体到荥阳郑氏来说，这个家族本身就有儒学传家

---

①林纾：《韩柳文研究法》，商务印书馆，1933年，第36页。
②杜佑：《通典》（第1册），中华书局，第357～358页。

的传统，本来就是一个文化大族，所以这个家族的许多女性文化素养较高也是自然而然的事情。由于她们具有较高的文化修养，所以在教育子女方面，她们既有意识又有能力，故而世人“尚婚娅”也是顺理成章的事情。由此而言之，唐代郑姓妇女对子侄的教育如此用心，其原因固然和中国人重视子女教育的传统有关，更重要的原因是由于科举制的兴起与发达，她们虽然由于性别身份不能走向政治前台，但是她们为社会上科举制度的发展做出了自己历史性的贡献是不容否认的！

结语

汉代以来，荥阳郑氏的家族文化传承是郑姓在唐代繁荣的重要原因，这一文化优势使其在北魏孝文帝汉化的改革中确立了其门阀大族的地位，随着隋唐帝国的重新统一，科举制度的确立，荥阳郑氏家族的文化传承使其获得空前的历史发展机遇，这是唐代荥阳郑姓兴旺的重要原因！

（本文作者为河南省社会科学院中原文化研究所副研究员）

郑氏家风的文化内涵及当代价值

⊙郭　艳

家风，顾名思义，是一个家庭的风气，是家庭成员共同形成和恪守的道德标准、精神规则和价值取向。郑氏家族作为名门望族，不论哪一分支，都非常重视培育良好家风。由于时代局限，郑氏家风中虽然也有一些封建糟粕的东西，但总体来说，它的价值取向是积极的、向上的，无论是忠厚孝义，还是怜贫惜老；无论是诚实守信，还是廉洁奉公，这些人生准则在当今也是具有积极的价值和意义的。

一、历史上郑氏的名门家族

郑氏是中国历史上的名门望族，南北朝时荥阳郑氏与清河崔氏、范阳卢氏、太原王氏并称为中国四大望族，隋唐荥阳郑氏的声望达到鼎盛。郑氏家族发展史上，有的家族涌现出大量名臣廉吏，有的家族涌现出许多卫国英雄，有的家族涌现出一批治学大家，都为中国的社会经济文化发展作出了贡献。

1. 荥阳世家

荥阳郑氏自西汉大司农郑当时，成为汉唐时期的大族。东汉末年，以郑当时一脉的郑泰、郑浑等人为开始，逐渐发展为高门望族。荥阳郑氏家族历史悠久、文化底蕴深厚，名人辈出。唐代这个家族出了 8 个状元、11 个宰相、数十位进士，在中国一千多年科举史中也是首屈一指。荥阳世家祖祖辈辈以家族和睦、尊长敬幼、为人正直、勤耕勤读、俭朴度日作为立家之本。其第一任大家长郑当时一生为官清廉，不添置私产，仅用官俸和赏赐所得馈送年长友人，所送的礼物也只是用竹器盛的一些食物。他平等待人，与属下谈话时非常谦和，做右内史时告诫属下：来访者不论尊贵或低贱一律不得让其滞留门口等候。他还积极推举贤能。班固对郑当时评价颇高："张释之之守法，冯唐之论将，汲黯之正直，郑当时之推士，不如是，亦何以成名哉！"① 这一家族出现了经学家郑兴、郑众，汉末名臣郑泰，曹魏名臣郑浑，晋国开国元勋郑冲，西晋重臣郑袤子孙四世，北魏名臣郑羲兄弟六人，还有郑俨、郑孝穆、郑伟、郑译、郑元寿、郑善果等人均在当朝担任要职。仅唐朝，荥阳郑氏有 11 人为宰相，节度使、将军、司马等职更有多人。

2. 义门世家

浦江郑氏从宋代的始居祖郑琦起，全族内部共财聚食，以孝义治家，自南宋至明代中叶，十五世同居共餐，历经宋、元、明三代，长达 360 余年。明初，朱元璋在南京破格召见了郑濂，擢其弟郑湜、郑沂、郑济等为高官，赐"江南第一家"予以旌表。浦江郑氏成为义门与其家族注重教养、治家有方密不可分。第五世郑文融在父辈治家实践的基础上，制定了《家规五十八条》，这就是《郑氏家规》的雏形，后又由明代开国文臣宋濂为"郑义门"参酌审定的《郑氏家范》一百六十八条，构成了郑氏二十世同居的家庭法典。家规相当全面，涉及家政管理、子孙教育、冠婚丧祭、生活学习、为人处世等方方面面。

3. 明谟世家

明谟世家是郑氏出身显赫的一支。郑清之，字德源，号安晚，浙江鄞县人，生于南宋时期，历任光禄大夫，左、右丞相，太傅卫国公等职。他在经学、文学、治政等方面颇有成就，支持宋理宗即位，辅佐理宗开启"端平之治"，还支持中兴名将赵范、赵葵北上收复三京（开封、洛阳、商丘）；起用大批人才。嘉熙四年（1240），宋理宗赐他楮十万缗用以建房，并御书"辅德明谟"之阁。郑清之的辅佐理政才能深受其家影响。郑清之的先祖郑覃、郑珣瑜都曾做过丞相。郑覃，荥阳公，唐文宗年间任宰相，被视为牛李党争中李党的领袖之一。郑覃年轻时生活清苦，为人正直谦让。官位高至宰相，作风依旧简朴，住所从未增建装饰，仅能遮蔽风雨，家中没有妾婢。郑珣瑜，唐代宰相，河南荥泽人，为官清正廉洁，直言善

---

①[汉] 班固：《汉书》卷五十《张冯汲郑传第二十》，中华书局，1962 年。

谏，是有名的清廉大臣。正是家族里这种清正不阿、敢于谏言、疾恶如仇的风气，使得郑清之在仕途上取得了巨大成就。郑清之为相期间，任人唯贤，豁达大度，从俭务实，多有进表，向理宗帝进谏“十龟元吉箴”：一、持政，二、典学，三、崇俭，四、力行，五、能定，六、明善，七、谨微，八、察言，九、惜时，十、务实。郑清之生性耿直，敢于承担责任，绍定四年（1231），临安失火殃及太庙，他主动承担责任，引咎辞职。正是由于郑清之的不朽政绩，其后裔门第才有了“明谟世家”或“明谟第”的称呼。

4. 屐声世家

屐声世家源自“郑履”的典故。汉朝的郑崇官居尚书之职，性格耿直，敢于谏言。他平素穿着朴素，常穿木屐。每逢早朝皇帝听闻木屐之声，就知郑崇入朝。后世往往以“郑履”来代称为官清正、敢于谏争的人。其后人也就沿用“屐声世家”来自报家门。后世中郑玄最有名气。郑玄，字康成，北海高密（今山东省高密市）人。生于东汉顺帝永建二年（127），卒于东汉献帝建安五年（200 年）。不尚虚荣，天性务实，勤奋好学，在经学方面颇有造诣。做乡吏期间勤政爱民，甚得好评。郑玄一心向学，不热衷于功名，多次守节不仕、隐居授徒，特别讲究尊师重道。

5. 郑氏十七房

据清光绪《郑传笈朱卷》载，郑氏一支“宋南渡迁居灵绪乡（今镇海澥浦一带）择山之阳塘路沿，称路沿郑。传六世之后，分居十七房，始祖贲，明贝也赠登士郎，晋封林郎”，后繁衍成族。明万历年间，东房道三公六世孙东沧公（约 1530 ~约 1606）因子孙繁衍，在现在的宁波镇海区澥浦镇十七房村建设新宅。这个家族崇商尊儒、明礼诚信、乐善好施、慈孝睦邻。镇海郑氏十七房商人成为宁波帮最早经商家族集团之一。康熙年间，镇海十七房郑世昌（1664 ~ 1728）就奉父命外出经商，在北京东四大街开设四恒银号（即恒兴、恒利、恒和、恒源），历久不衰，钱庄、银号业影响着全国。时任顺天府尹的陈夔龙在《梦蕉亭杂记》写道：“越日东四牌楼著名钱铺四恒首先歇业。开设京都已二百余年，信用最著，流通亦广。一旦歇业，关系京城数十万人财产生计，举国惶惶。甚至惊动了慈禧太后，下令拨库银一百万两接济四恒。”[①] 此后，郑光礽、郑维嘉、郑德标等人外出经商，经营有方。郑德标四子郑勋、五子郑熙，郑德标弟郑德楹，侄子郑士旦，也都继承祖业外出经商。从康熙到光绪中期，郑氏共有 6 支经商集团，约计 40 余人，形成郑氏一族的庞大商业队伍。鸦片战争以后，郑勋在上海开了宁波帮最早的钱庄，生意兴隆，后又转到宁波，成了宁波钱庄业的巨头，“盖屹然为甬江砥柱二十年”。

二、郑氏家风的文化内涵

郑氏家族历史上涌现出无数名人，这与其良好的家风密不可分。

1. 崇孝重义。孝义是郑氏家风的两大支柱。百善孝为先，孝是伦理道德的基础。义门郑氏的先祖郑绮就是一个孝行的表率。“宋郑绮性至孝，母张氏嗜溪泉，值旱，凿数初小得泉，绮拗哭其下，三日夜小息，水为涌出，俄顷，溢丈余，人以为孝感所致。”[②] 郑绮七世孙郑渊也以孝义闻名。郑渊的母亲生病，他终日在旁侍奉不离，母亲因吃西瓜而亡，他就终身不再吃西瓜，并且因为母亲去世悲伤过度患上眼疾。后来他的父亲死后，每逢祭日，郑渊先吃七天素斋，痛哭好像初丧。宋濂表其墓曰“贞孝处士”。郑钦曾经用刀“刺血”治疗父亲的疾病：“文融卒，嗣子钦继之，尝刺血疗本生父疾。”[③]《郑氏家范》里处处渗透着孝道的思想，每天早晨，让未成年的子弟朗诵男女训诫之辞，“男训云：……居家则孝弟，处事则仁恕，凡所以济人者皆是也。”“女训云：……事舅姑以孝顺，奉丈夫以恭敬，待娣姒以温和，接子孙以慈爱，如此之类是已。……”（《郑氏家范》第十二条）每月的初一、十五，家族成员都会聚在一起，一起聆听“孝悌歌”。“听听听！凡为子者必孝其亲，为妻者必敬其夫，为兄者必爱其弟，为弟者必恭其兄。”（《郑氏家范》第十一条）如第一百零五条：“子侄虽年至六十者，亦不许与伯叔连坐，违者家长罚之，会膳不拘。”孝不仅是狭义的孝敬父母，在郑氏家风里更是对长者的尊敬。“卑幼不得抵抗尊长，一日之长皆是。其有

①[清] 陈夔龙：《梦蕉亭杂记》，上海古籍出版社，1983 年。

②[清] 善广修、[清] 张景青：《光绪浦江县志稿》，何保华编校：《明清浦江县志两种》，中华书局 2015 年。

③宋濂：《元史・列传第八十四・孝友》，中华书局，1976 年。

出言不逊、制行悖戾者，姑诲之。诲之不悛者，则重箠之。”（《郑氏家范》第一百零六条）“子孙受长上苛责，不论是非，但当俯首默受，毋得分理。”（《郑氏家范》第一百零六条）郑氏家风中的“义”主要体现在同辈之间的手足情义。《明史》就记载了宋朝的郑德珪和郑德璋两兄弟争死的故事。明洪武年间，有人告郑家与胡惟庸案有牵连，“吏捕之，兄弟六人争欲行，濂弟竟往。时谏在京师，迎谓曰：‘吾居长，当任罪。’曰：‘兄年老，吾自往辩。’二人争入狱。太祖召见曰：‘有人如此，肯从人为逆耶？’有之”。又：“洪武十九年，镰坐事当逮，从弟消曰：‘吾家称义门，先世有兄弟代弟死者，吾可不代兄死乎？’诣吏自诬服，斩于市。”①郑德珪和郑德璋两兄弟是郑氏第五世祖。弟弟郑德璋是武官，性格豪爽、刚正不阿，得罪小人被诬判死罪，要到扬州问斩。哥哥郑德珪是龙游县丞，得知此事赶往扬州代弟去死。弟弟郑德璋到达扬州时，哥哥郑德珪已冤死在狱中，他就为哥哥守墓 3 年。兄弟争死彰显了郑氏家族中可歌可泣的兄弟情义。郑氏家风的孝义可贵之处还在于它不仅限于自己的小家族之间，它还延伸到了国家大义之中。在建文帝“靖难之变”落难之时，郑氏族人郑洽冒着满门抄斩的危险，将建文帝藏在枯井之中，后来又护送其逃往南方。这体现出郑氏家风效忠国家的大义凛然。

2. 崇廉尚洁。《郑氏家范》对子孙为官寄以重望，嘱咐他们一定要体恤民情，清正廉洁。“子孙倘有出仕者，当早夜切切以报国为务，抚恤下民，实如慈母之保赤子，有申理者，哀矜肯恻，务得其情，毋行苟虚。又不可一毫妄取于民，违者天实临之。”并且在第八十八条明确规定：“子孙出仕，有以赃墨闻者，生则削谱除族籍，死则牌位不许入祠堂。”正是由于郑氏家风中廉洁奉公的长期熏陶，以及第八十八条家规的严厉制约，“郑义门”出仕的 173 位官吏中，大至礼部尚书，小至普通税令，无一贪官污吏。郑铢，是元代宣政院照磨，负责管理江南寺院档案。这一职务所管理的档案关系到和尚的等级、津贴等利益，因此前几任都有作奸犯科的情况。郑铢到任后，和尚给他钱贿赂，郑铢严词拒收。在宣政院推选廉政官吏的时候，全院齐推郑铢为真“廉吏”。郑机任知县期间，从不收下属及百姓的礼物，被

---

①张廷玉等：《明史》卷二九六，中华书局，1974 年。

誉为清官。郑机50岁生日那天，原本准备了一斤鱼、两斤肉、一斤豆腐和黄酒作为晚餐，后被手下换成了名贵佳肴。郑机知道后，让夫人退回了同等价钱的银两。郑氏家风的无形熏陶使得义门郑氏清官廉吏辈出。为了鼓励子弟勤政爱民，郑氏家族还专门设立专项出仕基金："子孙器识可以出仕者，颇资勉之，既仕，须奉公勤政，毋踏贪默以忝家法。"（《郑氏家范》第八十六条）

3. 扶贫济弱。郑氏家风追求大爱，尽自家财力、物力资助贫苦族人、乡人也是家风的重要内容。郑氏先祖就具有乐善好施之德。郑绮之祖郑淮卖田一千多亩以赈济灾民，以致家道中落。元末至正年间，郑氏同居业已六世，颇具规模，家族自觉担负起贩济乡邻的职责。《郑氏家范》中规定："里党或有缺食，裁量出谷借之，后催元谷归还"（《郑氏家范》第九十七条），不收利息。"展药市一区，收贮药材"（《郑氏家范》第九十八条），以治邻族疾病。家规明确要求，子孙当尽力修桥补路，"桥圮路淖，子孙倘有余资，当助修治，以便行客。或遇隆暑，又当于通衢设汤茗一二处，以济渴者。自六月朔至八月朔止"（《郑氏家范》第九十九条）。郑板桥在其家书中也告诫子孙要救济贫弱。清代书画家郑板桥自幼家贫，为官以后生活条件才得改善，但他经常把所得俸银分给亲友、乡邻。他在家信中谈及族人吃糠咽菜的贫困生活时写道："每一念及，真含泪欲落也。汝持俸钱南归，可挨家比户，逐一散给。"① 并且开列了这些族人及亲友、同学的具体名单，要求堂弟将俸银全部分完："敦宗族，睦亲姻，念故交，大数既得；其余邻里乡党，相周相恤，汝自为之，务在金尽而止。"② 郑板桥要求幼子应经常将自家的纸笔墨砚，送给众同学。尤其是"每见贫家之子，寡妇之儿，求十数钱，买川连纸订仿字簿，而十日不得者，当察其故而无意中与之。至阴雨天不能即归，辄留饭"③。

4. 尊师重教。郑氏义门历来崇尚耕读，郑绮的第五世孙郑德璋主持家政时，痛心于本族子弟失学荒业，于是创办了东明书院，他规定年满十六岁的本族子弟必须就读其中，并且聘请了当时社会上的著名学者来书院执教。明代儒学大师宋濂就

①郑燮：《郑板桥集》，《范县署中寄舍弟墨》，山西古籍出版社，2008年。
②郑燮：《郑板桥集》，《范县署中寄舍弟墨第二书》，山西古籍出版社，2008年。
③郑燮：《郑板桥集》，《潍县寄舍弟墨第三书》，山西古籍出版社，2008年。

曾留任精舍主讲长达20多年，为郑氏家族培养了大量的人才。郑氏家族非常重视子弟文化知识的学习，家里广储书籍，并制订了详细的学习规程：小儿五岁，就要“参祠讲书”、学礼；“八岁入小学，十二岁出就外傅，十六岁入大学”，假如到了二十一岁，学业上还无成就，就令他们学习治家理财的本领。郑氏先人素有重教的传统，汉代郑氏家族就涌现出郑兴、郑众、郑玄等大学问家。《世说新语·文学篇》记载：“郑玄家奴婢皆读书。尝使一婢，不称旨，将挞之。方自陈说，玄怒，使人曳箸泥中。须臾，复有一婢来，问曰：‘胡为乎泥中？’答曰：‘薄言往槊，逢彼之怒。’”① 一则小轶事侧面反映出郑玄的读书家传之风。在东汉郑玄家连奴婢都熟读《诗经》，何况子嗣呢！“胡为乎泥中？”（语出《诗经》，意为：为什么站在泥中？）“薄言往愬，逢彼之怒。”（语出《诗经》，意为：我说错了话，惹他生气。）

三、弘扬郑氏优良家风的当代价值

随着时代的发展，中国的家庭结构也发生了变化，但是传统优良家风仍然潜移默化地影响着人们的生活理念和生活方式。习近平指出，“家庭是社会的基本细胞，是人生的第一所学校”。郑氏家风里蕴含着丰富的中华优秀传统文化，在不同时期的家训中都积极倡导“格物、致知、诚意、正心、修身、齐家、治国、平天下”的价值理念，在封建社会中起到了稳定社会、缓和矛盾、调节人际关系的作用。今天，随着时代的发展，传承创新郑氏家风依然具有重要的积极意义。

1. 有助于弘扬中华优秀传统美德

仁爱孝悌不仅是郑氏家风中的核心价值理念，更是中华民族优秀传统美德的集中体现。“仁”的核心是爱人，即“仁者爱人”，它形成了一种浓厚的悲天悯人的情结；“孝悌”的基本内容是父慈子孝、兄友弟恭，它形成了一种浓烈的家庭亲情，对家庭的和睦，从而也对社会的稳定起了巨大的促进作用，是国家团结的基础。仁爱孝悌之情扩展开来，就是要求人们在社会上为人处世以诚待人、推己及人，形成“四海之内皆兄弟”“不独亲其亲，不独子其子”的社会风尚。郑氏家风中体现出

---

①刘义庆：《世说新语·文学》，中华书局，2011年。

来的“谦和知礼”也是中华传统文化的突出特色。谦虚是中华传统美德之一，“谦受益、满招损”“谦和”在人们日常生活中体现为在荣誉、利益面前谦让不争，以及人际关系中的互相尊重，接人待物上的和气。这在郑氏家族里的许多先人身上都多有体现。有礼、重礼是中国人立身处世的重要美德，根源于人的恭敬之心，体现在对长者、对尊者、对兄弟朋友的辞让之情。郑氏家训里对于礼仪的规定详之又详。例如《郑氏家范》关于祭祀礼仪就有专门条款加以详细规范：第一条“四时祭祀，其仪式并遵《文公家礼》。然各用仲月望日行事，事毕更行会拜之礼”。第二条“时祭之外，不得妄祀徼福。凡遇忌辰，孝子当用素衣致祭。不作佛事，象钱寓马亦并绝之。是日不得饮酒、食肉、听乐，夜则出宿于外”。第三条“祠堂所以报本，宗子当严洒扫扃钥之事，所有祭器服不许他用。祭器服，如深衣、席褥、盘盏、碗碟、椅桌、盥盆之类”。第四条“其或行礼不恭，离席自便，与夫跛倚、欠伸、哕噫、嚏咳，一切失容之事，督过议罚。督过不言，众则罚之。”郑氏优良家风是中华优秀传统美德的微观载体。弘扬郑氏优良家风，可以从家庭这一最小的社会结构，培育践行中华优秀传统美德。习近平总书记说过，“家庭是社会的基本细胞，是人生的第一所学校。不论时代发生多大变化，不论生活格局发生多大变化，我们都要重视家庭建设，注重家庭、注重家教、注重家风，紧密结合培育和弘扬社会主义核心价值观，发扬光大中华民族传统家庭美德”。

2. 有助于加强当前廉政建设

郑氏义门让人敬仰的一个很重原因是其族人为官的清正廉洁。从宋、元到明、清，郑义门约有173人为官，尤其是明代，出仕者达47人，最高者位居礼部尚书。但令人赞叹的是，郑氏子孙中没有出现一个贪官。这里郑氏规范功不可没。郑氏家族正是通过家规来约束家族里为官的人要廉政，家规明确“子孙出仕，有以赃墨闻者，生则削谱除族籍，死则牌位不许入祠堂”。为了弘扬廉政精神，2015年5月22日，中纪委监察部网站推出专栏“中国传统中的家规”，明太祖朱元璋亲赐的“江南第一家”、孝义传家900年的浦江郑义门成为首期。家风影响作风和党风。家风正，则民风淳；家风正，则政风清；家风正，则党风端。当前党中央查处的一些大案要案，其中的一些“大老虎”，如周永康、薄熙来、徐才厚、令计划、苏荣等都是“全家腐败”。领导干部的堕落犯罪，受家庭成员的影响很大。党员干部的家风，是反映党风和社会风气的一个重要窗口。习近平总书记指出，领导干部的家风，不是个人小事、家庭私事，而是领导干部作风的重要表现。党员领导干部不仅要保持自身廉洁自律，还要约束配偶子女的言行举止。良好的家风就成为抵御腐败的重要防线。因此，党员领导干部必须重视家风建设。培育良好家风，关键在于立家规，发挥祖训家规在涵养家风中的约束作用。郑氏家风就为当前的党员干部家庭提供了一个好的范本。

3. 有助于构建和谐社会

中国人自古以来就有“家国”情怀，认为家国相依，家是最小的国，国是千万人的家。一个有良好家风的社会必定是一个健康文明的社会。郑氏家风继承了中华民族传统文化的许多优秀内容，阐明了修身治家之道：尊老爱幼、亲穆存心，为人谦和、诚实守信，清白传家、俭以养德，积德行善、和睦乡邻，奉先思孝、严教子孙，施惠无念、以行德义，贫贱不移、富贵不淫，当官励节等。其价值内核也是社会主义核心价值观的组成部分。郑氏家风首先要求家庭关系的和睦，倡导夫妻恩爱、尽职尽责、同甘共苦；倡导父母好好教养子女，倡导子女爱老敬老、自觉赡养老人。有了良好的家风，社会才会更加和谐有序。“家风”带动“民风”。习近平总书记指出“千千万万个家庭的家风好，子女教育得好，社会风气好才有基础”，“家风是一个家庭的精神内核，也是一个社会的价值缩影”。可以说，建设良好家风是构建全社会良好风气的出发点和落脚点。家庭是社会文明的核心，不仅是亲情的集聚地，也制约着人的行动。家庭可以通过家风将社会主义核心价值观、传统美德、长辈教诲、融合形成一种自我精神约束，从而影响每个家庭成员的道德观念、法纪意识、为人处世、工作学习。家风对每一个公民具有潜移默化的影响。家风好了，良好的社会风气自然也就容易建树起来。家风相连成民风，民风相融汇国风。良好家风是一种“正能量”，可以使核心价值观落到实处，消除那些消极落后、萎靡颓废的不良风气，促进社会和谐。

（本文作者为河南省社会科学院中原文化研究所副研究员）

历史上荥阳故城周边水系及其价值

⊙陈隆文 陈东川

司马迁《史记·河渠书》中说："荥阳下引河东南以为鸿沟，以通宋、陈、陈、蔡、曹、卫，与济、汝、淮、泗会。"① 从此中原地区形成了以鸿沟为干渠的水运交通网络，鸿沟水系的形成不仅改变了黄淮平原上的水系面貌，而且促进了中原地区水运灌溉及城市的成长。古城荥阳作为鸿沟水系的枢纽，不仅为沟通济、汝、淮、泗发挥过重大作用，而且它的成长也受益于鸿沟水系的畅通。

《史记·河渠书》中载，"荥阳下引河东南为鸿沟"② 的荥阳，其地理位置就位于郑州市西北的惠济区古荥镇，其遗址犹存，该城最早建于战国时期，至北魏城废。城址略呈南北长方形，城垣大部尚存。西墙自古荥镇西北隅南伸至纪信庙村以东，临索须河折向东至古城村又北折百米左右。东墙已被黄河冲没，仅存东南和东北两个城角，北墙自钓鱼台的东北城角西至古荥镇西北隅与西墙相连。故城南北长约2000米，东西宽约1500米，周长约7000米。残存城墙最高处约8米，上宽10米，基宽30米。城墙系版筑而成，层次分明，夯窝清晰。西城墙有3处缺口，当为西城门遗迹。③ 若以荥阳故城为坐标，再辅以《水经注·济水·卷七》的相关文献记载，不仅可以说明鸿沟水系与古荥阳城之间的紧密依存关系，而且荥阳故城在鸿沟水运中的枢纽地位更由此可见一斑。

按《水经注》所载，荥阳故城的南、东两侧有索、须水，索须水向北与济水相

---

①[汉] 司马迁：《史记》，中华书局，2007年，第192页。

②[汉] 司马迁：《史记》，中华书局，2007年，第192页。

③任艳、李静兰：《试论郑州地区早期运河对荥阳故城的影响》，《中共郑州市委党校学报》2012年第2期。

通，而鸿沟水系的上段与济水又是同一段河道，因此，索须水与荥阳故城北面的济水也就是鸿沟水系形成了天然联通，故《水经注·济水·卷七》载："济水又东，索水注之，水出京县西南嵩渚山，与东关水同源分流，即古旃然水也。其水东北流，器难之水注之。《山海经》曰：少陉之山，器难之水出焉，而北流注于侵水。即此水也。其水北流径金亭，又北径京县故城西，入于旃然之水。城，故郑邑也。庄公以居弟段，号京城大叔。祭仲曰：京城过百雉，国之害也。城北有坛山冈。《赵世家》成侯二十年，魏献荥阳，因以为坛台冈也。其水乱流，北径小索亭西。京相璠曰：京有小索亭。世语以为本索氏兄弟居此，故号小索者也。又为索水。索水又北径大栅城东，晋荥阳民张卓、董迈等遭荒，鸠聚流杂保固，名为大栅坞。至太平真君八年，豫州刺史崔白，自虎牢移州治此，又东开广旧城，创制改筑焉。太和十七年，迁都洛邑，省州置郡。索水又屈而西流，与梧桐涧水合，水出西南梧桐谷，东北流注于索。斯水亦时有通塞，而不常流也。索水又北屈，东径大索城南，春秋传曰：郑子皮劳叔向于索氏，即此城也。晋地道志所谓京有大索、小索亭。汉书京、索之间也。索水又东径虢亭南。应劭曰：荥阳，故虢公之国也，今虢亭是矣。司马彪《郡国志》曰：县有虢亭，俗谓之平桃城。城内有大冢，名管叔冢，或亦谓之为虢咷城，非也。盖虢、虢字相类，字转失实也。风俗通曰：俗说高祖与项羽战于京、索，遁于薄中，羽追求之，时鸠止鸣其上，追之者以为必无人，遂得脱。及即位，异此鸠，故作鸠杖以扶老。案《广志》，楚鸠一名嗥啁，虢咷之名，盖因鸠以起目焉，所未详也。索水又东北流，须水右入焉。水近出京城东北二里榆子沟，亦曰柰榆沟也，又或谓之为小索水。东北流，木蓼沟水注之，水上承京城南渊，世谓之车轮渊，渊水东北流，谓之木蓼沟。又东北入于须水。须水又东北流，于荥阳城西南北注索。索水又东径荥阳县故城南。……索水又东流，北屈西转，北径荥阳城东，而北流注济水。"①

根据《水经注》的记载，索水本源自京县西南嵩渚山，经京县故城西、小索亭西、大栅城东、大索城南汇合须水后，称索须水，其间又有器难水、梧桐涧水、须

①[北魏]郦道元著，陈桥驿校证：《水经注校证》，中华书局，2007年，第192页。

水注，索、须两水在荥阳故城西南汇合后，向东流，再在荥阳县故城的南面经过荥阳故城，然后再“北屈西转”，绕荥阳故城东向北流注济水，与济水相汇。根据我们对《水经注》中索须水的考察，我们认为古代的索须水是济水或鸿沟水系的一条支津，而今天的索须水则成为贾鲁河的主要支流，淮河的三级支流。具体地讲，索河源于新密市袁庄镇龙泉寺，流经荥阳市崔庙镇竹园村石岭寨，经三仙庙、丁店、楚楼、河王等中小型水库，在中原区的大榆林村与须水汇流；全长 54.8 千米，流域面积 333.7 平方千米。须水发源于荥阳贾峪邓湾，再经师家河、铁炉寨、马寨跨东风渠向东至马庄，从惠济区花园口镇祥云寺东南入贾鲁河，至汇合口全长 35 千米，流域面积 137.1 平方千米。① 古今相比，索须水上源变化不大，但索、须两水汇合以后的走向与尾闾已经发生了重大变化。因此，至少在北魏以前索须水构成了荥阳故城与济水联系的一条重要水上通道。

除了索须水外，荥阳故城的西侧，还有一条古河与济水相通，这条古河就是《水经注》上的砾石溪水：“济水又东，砾石溪水注之。水出荥阳城西南李泽，泽中有水，即古冯池也。《地理志》曰：荥阳县，冯池在西南是也。东北流，历敖山南。《春秋》，晋、楚之战，设伏于敖前，谓是也。径虢亭北，池水又东北径荥阳县北断山，东北注于济，世谓之砾石涧，即《经》所谓砾溪矣。《经》云济出其南，非也。”② 这条砾石溪水的源头在荥阳故城西南的李泽，李泽就是《汉书·地理志》中的冯池，今考察荥阳高村镇、王村镇南张村——柏垛——新店的连霍高速路以南，直抵金寨回族乡——西大村——武庄，似在仰韶、龙山时期为一片古浅湖沼、湿地区，所谓李泽恐属其一。至少到北魏时期（甚至宋元），可能仍缺少一般人文遗址，多为荒野隙地。此地后世多烧砖取土、挖掘深坑，也为一证。③ 按照徐海亮先生的考察，李泽与冯池的位置与郦道元《水经注》稍有出入，但李泽（冯池）应位于荥阳故城之西侧确是毫无疑问的，源自李泽的石砾溪水在经过敖山之南和荥阳县北的断山之后，向东北流最后汇入济水，构成了荥阳故城与济水的又一条水上

①徐海亮：《郑州古代地理环境与文化探析》，科学出版社，2015 年，第 44 页。
②［北魏］郦道元著，陈桥驿校证：《水经注校证》，中华书局，2007 年，第 192 页。
③徐海亮：《郑州古代地理环境与文化探析》，科学出版社，2015 年，第 63 页。

通道。若与索须水相比，这条河道不过没有索须水近捷而已。由此来看，砾石溪水与索须水这两条河流，一西一东围绕着荥阳故城，而在荥阳故城南又兼有索须水的主干河道。就水运交通而言，荥阳故城对索须水的依存，可能要甚于砾石溪水，但无论怎样，利用济水与砾石溪水、索须水所形成的水运优势，魏晋以前，荥阳取得了中原水运的枢纽地位，这点毋庸置疑。

荥阳故城之北的济水河道应该就是鸿沟水系的上源，这是毫无疑问的。故《水经注·济水》载："济水又东过荥阳县北，曹太祖与徐荣战，不利，曹洪授马于此处也。"① 明确说明荥阳故城北就是济水，而历史上的济水是一条连贯中原东、西的大河。荥阳故城北的一段济水河道对鸿沟水系来说非常之重要。司马迁说鸿沟引河是由荥阳开始，实际就是济水分河的地方。因为鸿沟和济水在这里所行的乃一条河道，经过一段流程后，才正式分开。济水东流，鸿沟东南流。鸿沟这个名称可以用作某一段水道的专名，其实却是由荥阳通往宋、郑、陈、蔡、卫诸国的几条河流的总名，可以称之为鸿沟系统。这个鸿沟系统还能够和济、汝、淮、泗四条河流联系起来，鸿沟系统内诸水包括渠水、阴沟水、汳水、获水、睢水，还有其他一些分支。整个流域所涉及的地方，则有今河南东部、山东西南部、江苏西北部和安徽的北部。② 由此来看，至少在战国时期，荥阳故城就位于整个鸿沟水系的渠首的位置，其地位自然相当重要。通过鸿沟（济水）水系，荥阳故城及其周边水系成为中国早期黄淮平原上，特别是河、济、江、淮所构成的水运网络的渠首，因此，大大方便了这一区域与河、济、江、淮流域内其他地区的政治、经济、文化交流，改变了中原地区的水运状况，促进了这一地区城市、经济的进一步发展，荥阳故城周边水系的价值不容小视。

（陈隆文，郑州大学历史学院教授；陈东川，郑州大学历史学院研究生）

①［北魏］郦道元著，陈桥驿校证：《水经注校证》，中华书局，2007年，第192页。
②史念海：《河山集》第三集，人民出版社，1988年，第306页。

研讨会相关文件

在荥阳与中华郑姓源流研讨会上的讲话

⊙谷建全

尊敬的各位专家学者、各位嘉宾，同志们、朋友们：

大家上午好！

在这秋高气爽的日子里，大家从全国各地汇聚荥阳，参加由河南省社会科学院中原文化研究中心、河南省姓氏文化研究会主办，河南省姓氏文化研究会郑姓委员会承办的荥阳与中华郑姓源流研讨会，我谨代表主办方河南省社会科学院中原文化研究中心和河南省姓氏文化研究会，对此次研讨会的召开表示热烈祝贺！对与会的各位专家、学者表示热诚的欢迎和衷心的感谢！

中华民族具有五千多年连绵不断的文明历史，创造了博大精深的中华文化，为人类文明的进步做出了不可磨灭的贡献。经过几千年的沧桑岁月，把我国56个民族、13亿多人紧紧凝聚在一起的，是我们共同经历的非凡奋斗，是我们共同创造的美好家园，是我们共同秉持的民族精神，而贯穿其中的、最重要的是我们共同坚守的理想信念。这种理想信念与中华传统文化密不可分。党的十八大以来，党中央高度重视弘扬中华优秀传统文化。习近平总书记指出，中国人民的理想和奋斗，中国人民的价值观和精神世界，是始终深深植根于中国优秀传统文化沃土之中的。中国优秀传统思想文化体现着中华民族世世代代在生产生活中形成和传承的世界观、人生观、价值观、审美观等，其中核心的内容已经成为中华民族最基本的文化基因。抛弃传统、丢掉根本，就等于割断了自己的精神命脉。

姓氏文化作为中华传统文化的重要组成部分，蕴藏着丰富的优秀文化因子。在中国传统文化中，家国同构，国与家密不可分，治国先治家，治家中蕴含着治国的道理。习近平指出，“家庭是社会的基本细胞，是人生的第一所学校”。翻开中国厚重的史书，我们不难发现，凡是那些家风好、家教有方、以诗书和耕读传家的家庭，虽也历经时局动荡、朝代更替，却仍代有才人出。郑氏家族作为中国历史上的名门望族，涌现了大批国家栋梁之材，为国家经济社会发展做出过巨大贡献。今年5月22日，中纪委官网头条推出“中国传统中的家规”专栏，首期推荐《郑义门：孝义传家九百年》。浙江省浦江郑宅镇的郑氏义门，号称“江南第一家”。历经元、明、清三朝，十五世同居，三千多人同财共食，173人为官无一贪官，这在家族史上实属罕见，而“孝义文化”则是郑氏文化的精髓。郑氏家风里蕴含着丰富的中华优秀传统文化，在今天依然具有重要的现实意义。

“天下郑氏出荥阳，荥阳郑氏遍天下。”荥阳是天下郑氏的发源地。荥阳郑氏源自古郑国，是我国历史悠久的大姓，在百家姓中排名第21位，是当今中国南方八大姓氏之一。战国时期郑国灭亡，公室子孙播迁他地，以故国国名为氏，形成郑姓。后世郑氏族人在荥阳大发展成为望族。东汉末年，以郑当时一脉的郑泰、郑浑等人为开始，逐渐发展为高门望族。魏晋南北朝时期，荥阳郑氏中高官累世不断，荥阳郑与清河崔、范阳卢、太原王并为中国四大望族。唐代荥阳郑氏出了9位宰相，其他尚书、侍郎、节度使等更多，声望达到鼎盛，成为后世天下郑姓最为显赫的一支。荥阳郑氏为中华文化的发展繁盛做出了重要贡献。

荥阳郑氏文化研究和宗亲联谊，在荥阳市委、市政府的大力支持下，在郑朝增、郑如杰、郑朝阳、郑自修等宗亲带领下，做了大量工作，筹办了中国荥阳首届郑氏文化节、兴建了郑氏名人苑、编撰了《郑氏大典》等，为郑文化的传承创新、发扬光大打下了坚实基础。现在正在积极筹备的第二届郑文化节，将是今年河南姓氏文化的又一次盛会，必将为建设华夏历史文明传承创新区、构建全球华人根亲文化圣地做出积极贡献。

河南省社会科学院是全省哲学社会科学研究最高学术机构，是省委、省政府的“思想库”“智囊团”。为充分发掘利用我省历史文化资源，系统开展中原文化研究，省社科院在河南省中原文化重点研究基地的基础上，以中原文化研究所、历史与考古研究所、哲学与宗教研究所等单位为依托，成立了中原文化研究中心。中心成立以来，积极开展中原文化重点课题研究，组织中原文化相关课题研讨会，推动中原文化研究向纵深发展。今年 8 月，我们与河南姓氏文化研究会姜姓委员会在郑州成功举办了首届中华姜姓源流研讨会，产生了良好的社会效益。相信此次与荥阳市委、市政府及河南姓氏文化研究会郑姓委员会的合作，将加强彼此之间的联系，密切彼此之间的友谊，为进一步深化郑姓文化研究奠定更加坚实的基础，把郑姓文化研究向纵深推进。

河南省人民政府发展研究中心是省政府领导下从事河南经济与社会发展的综合性、长期性、战略性研究的决策咨询研究机构，今后也将对我省的文化建设特别是姓氏根亲文化研究与开发予以密切关注。今后，河南省社会科学院中原文化研究中心与河南省姓氏文化研究会将继续秉承一贯的宗旨，和各单姓委员会积极合作，开展姓氏文化研究，为华夏历史文明传承创新区建设和河南文化强省建设做出应有的贡献。

最后，预祝荥阳与中华郑姓源流研讨会圆满成功！祝各位专家学者身体健康，阖家幸福！

谢谢大家！

（本文作者为河南省政府发展研究中心主任、研究员）

在荥阳与中华郑姓源流研讨会上的致辞

⊙宫长为

尊敬的各位领导、各位来宾、各位专家学者、郑氏宗亲和社会各界朋友们：

大家上午好！

金秋十月，硕果飘香。

我们有机会再次来到华夏文明的核心区、中原腹地，再次来到历史文化名城、郑氏祖庭——荥阳，应邀参加由河南省社会科学院中原文化研究中心、河南省姓氏文化研究会、荥阳市人民政府世界郑氏联谊中心联合主办，荥阳市人民政府世界郑氏联谊总会、河南省姓氏文化研究会郑姓委员会、河南省郑文化研究院承办的荥阳与中华郑姓源流研讨会。

在这里，请允许我代表中国先秦史学会，代表中国先秦史学会名誉会长李学勤先生，谨向来自全国各地的专家学者，谨向多年来关心、支持郑文化建设和发展的各级领导、社会各界人士，致以最热烈的祝贺和最美好的祝福！

大家知道，荥阳历史悠久，文化底蕴深厚。有关郑文化的遗址、遗迹，包括一些民间传说，千百年来广泛传承，影响至深至远。

郑文化作为中华民族优秀传统文化的重要组成部分，中华郑姓源流研究是其主要内容之一。弘扬郑文化，探索郑姓源流，不仅有着重要的历史意义，更有着积极的现实意义。

多年以来，以河南省社会科学院为中心，包括河南省社会科学院中原文化研究中心、河南省姓氏文化研究会、荥阳市人民政府世界郑氏联谊中心、荥阳市人民政府世界郑氏联谊总会、河南省姓氏文化研究会郑姓委员会和河南省郑文化研究院等多家单位致力于郑文化研究，致力于中华郑姓源流研究，弘扬中华民族优秀传统文化，传承郑文化精神，连续成功举办中华郑姓源流学术研讨会和世界郑氏宗亲恳亲大会，取得了丰厚的学术成果，在海内外产生了广泛、深刻的影响，不断地推动地方经济建设和文化事业的发展，赢得世人的瞩目和高度的赞誉。

今天，我们在党的十八大精神的指引下，在各级领导的关心支持下，在与会的专家学者的共同努力之下，再次举办“荥阳与中华郑姓源流研讨会”。我们相信，本次学术研讨会也一定会取得圆满成功，在郑文化研究上留下浓重色彩的一笔。

最后，我们预祝大会圆满成功，恭祝各位身体健康！

谢谢大家！

（本文作者为中国先秦史学会副会长兼秘书长、中国社会科学院历史研究所研究员）

在荥阳与中华郑姓源流研讨会上的致辞

⊙张宏伟

尊敬的谷主任、宫会长、卫主任，各位专家、各位教授：

今天，我们迎来了由河南省社会科学院中原文化研究中心和河南省姓氏文化研究会等单位共同举办的“荥阳与中华郑姓源流研讨会”。这是河南姓氏文化研究中正本清源、拨乱反正的一次极为重要的学术活动，是肯定荥阳在中华郑氏源流中历史地位的一项重大举措！

在此，对各位专家教授百忙之中出席本次会议，表示衷心感谢和热烈的欢迎！向为本次会议做出卓越贡献的河南省社会科学院中原文化研究中心及河南省姓氏文化研究会的各位领导、各位专家致以崇高的敬意！

“荥阳郑氏”是历史形成的具有世界影响的文化现象。荥阳市是国内最早开展姓氏文化研究，特别是郑氏文化研究的地区之一。荥阳市及国内有关地区民间郑氏文化研究组织，积极开展郑文化研究，目前已发表和出版了一批郑文化方面的论文和专著，曾经为荥阳和世界各地开展郑氏文化研究工作提供了宝贵的理论指导。希望本次荥阳与中华郑姓源流研讨会，为郑姓源流文化研究发挥正本清源的作用，为世界各地开展郑文化研究和文化建设提供科学的理论支持。

荥阳是一个文化资源极为丰厚的地方。自秦置县，已有2200多年历史，曾是富冠海内的“天下名都”“东方名郡”，《史记》中涉及荥阳的记载达160多处，是“中国诗歌之乡”“中华诗词之乡”“中国象棋文化之乡”“中国嫘祖文化之乡”，是中华望族郑氏、潘氏、冯氏祖地。历史名人有申不害、刘禹锡、郑虔、赵国英、周开谟等。唐朝有六状元、八驸马、三十二朝官，宋代有“三朝枢密史，九子十进士”之称。近代和当代，有董天知、张漫萍等革命先驱，有张伯声、杨景宇、李伯谦、牛满江等著名学者和科学家。目前，全市人民正在围绕建设“富强荥阳、美丽荥阳、平安荥阳、文明荥阳”的目标，努力推动经济社会持续健康快速发展。

预祝会议取得圆满成功！

祝各位专家教授身体健康，万事如意！

谢谢大家！

（本文作者为荥阳市人民政府副市长）

荥阳与中华郑姓源流研讨会会议纪要

⊙李立新

2015年10月16日至18日，由河南省社会科学院中原文化研究中心、河南省姓氏文化研究会、荥阳市人民政府世界郑氏联谊中心主办，荥阳市人民政府世界郑氏联谊总会、河南省姓氏文化研究会郑姓委员会、河南郑文化研究院承办的“荥阳与中华郑姓源流研讨会”在河南省荥阳市隆重召开，来自中国社会科学院、北京师范大学、中国青年政治学院、北京第二外国语学院、陕西历史博物馆、郑州大学、河南大学、河南教育学院、郑州航空工业管理学院、河南科技大学、郑州师范学院、黄淮学院、河南省史志办、河南省社会科学院，以及中国先秦史学会、中国殷商文化学会、河南省姓氏文化研究会、河南省郑文化研究院等本专科院校和科研机构的专家学者六十余人参加了会议。与会期间，大家参观考察了荥阳三公像、京城遗址公园、郑氏名人苑、荥阳堂文化苑等地方名胜，围绕中华郑姓起源与流变、郑国历史与文化、荥阳郡与荥阳堂、郑姓家族文化与郑氏名人等主题，展开深入讨论，并就以下问题达成共识：

一、中华郑氏可溯源于郑国，历史上存在着妃姓郑国、姜姓郑国和姬姓郑国。甲骨文“郑”字作“奠”，意思是置酒尊以祭祀，引申为安置，用作安置归附之民的专门用语，并进而成为被安置地的地名，“北奠”“南奠”“西奠”就是郑地的由来。卜辞显示在商代存在一个妃姓郑国，位于古本《竹书纪年》所说的“郑父之丘”，地当今河南郑州一带。西周时期，关中西北还存在一个姜姓郑国。西周末年，周宣王封其弟友于今之陕西华县，是为姬姓郑国，姬姓郑国后迁于今河南新郑，公元前375年为韩国所灭，子孙以国为氏。妃姓郑国最早，姜姓郑国和姬姓郑国承袭其名，姬姓郑国的后裔发展繁衍，成为当今中华郑氏的主干。

二、荥阳是中华郑氏魂牵梦萦的精神家园、寻根谒祖的文化圣地。荥阳郡始置于曹魏，确立于西晋，自西汉大司农郑当时之后迁居于此，世代显赫，成为世家大族。北魏时，荥阳郑氏与范阳卢氏、清河崔氏、太原王氏并称为四大望族，享有无上特权。直到唐代依旧世代为官，名人辈出，与博陵崔氏、陇西李氏、赵郡李氏、范阳卢氏、清河崔氏、太原王氏，并称为五大著姓，因而有“天下郑氏出荥阳”“荥阳郑氏遍天下”之说。“荥阳堂”“荥阳衍派”“荥阳世泽”“荥阳家声”的匾额及含有“荥阳”字样的堂联随处可见，“荥阳”二字成为中华郑氏一致认同的文化符号。位于今荥阳京襄城村的京城遗址和位于荥阳市豫龙镇的两周城址娘娘寨遗址，最有可能是郑桓公的寄孥之地，与桓公、武公、庄公郑氏三公关系密切，所以荥阳不仅是中华郑氏的郡望地，也是郑姓的起源地之一，是中华郑氏的文化圣地。

三、中华郑氏借儒学以昌盛、以孝义而传家，其家族文化是中华优秀传统文化的重要组成部分，值得我们传承和弘扬。从颍考叔纯孝感庄公，到郑玄、郑众、郑樵等诗书传家，到江南郑氏义门第一家，中华郑氏以孝义为特点薪火相传，形成了“荥阳郑氏”这一名垂千古的世家高门和今天的南方姓氏巨族。郑氏家族家风家训之合理内核，与社会主义核心价值观有相通之处，以家族文化予以宣扬传承，更易于内化于心外化于行，值得与时代精神相融合，进一步挖掘提升，发扬光大！

四、荥阳市研究开发郑文化的文化自觉和文化担当值得赞扬。“荥阳”二字在中华郑氏族人心目中有巨大的影响力、感召力和凝聚力，多年来，荥阳市从政府到民间围绕郑姓文化做了大量工作，成立了正科级单位荥阳市人民政府世界郑氏联谊中心，筹建了郑氏三公巨像、郑氏名人苑、荥阳堂文化苑，编纂了《郑氏大典》，取得了显著成效。希望荥阳市以第二届郑氏文化节为契机，组织专家对荥阳广武山武公岭大墓予以考证认定，继续推进荥阳堂文化苑和郑氏名人苑建设，把荥阳郑文化进一步做大做强，为建设华夏历史文明传承创新区、构建全球华人根亲文化圣地做出应有的贡献。